Auswirkungen materiell unrichtiger Entsprechenserklärungen auf den Bestand von Hauptversammlungsbeschlüssen

Zivilrechtliche Schriften

Beiträge zum Wirtschafts-, Bank- und Arbeitsrecht

Herausgegeben von Arnd Arnold und Hartmut Oetker

Begründet von Peter Kreutz und Dieter Reuter

Band 66

PL ACADEMIC RESEARCH

Sylvia Witt

Auswirkungen materiell unrichtiger Entsprechenserklärungen auf den Bestand von Hauptversammlungsbeschlüssen

PL ACADEMIC RESEARCH

Bibliografische Information der Deutschen Nationalbibliothek
Die Deutsche Nationalbibliothek verzeichnet diese Publikation in der Deutschen Nationalbibliografie; detaillierte bibliografische Daten sind im Internet über http://dnb.d-nb.de abrufbar.

Zugl.: Trier, Univ., Diss., 2015

Gedruckt auf alterungsbeständigem, säurefreiem Papier.

D 385
ISSN 0941-147X
ISBN 978-3-631-66847-4 (Print)
E-ISBN 978-3-653-06137-6 (E-Book)
DOI 10.3726/978-3-653-06137-6

PL Academic Research ist ein Imprint der Peter Lang GmbH.

Peter Lang – Frankfurt am Main · Bern · Bruxelles · New York · Oxford · Warszawa · Wien

Diese Publikation wurde begutachtet.

www.peterlang.com

Meinen Eltern

Vorwort

Die vorliegende Arbeit wurde im Sommersemester 2015 vom Fachbereich Rechtswissenschaft der Universität Trier als Dissertation angenommen. Dafür wurden Rechtsprechung und Schrifttum bis zum Sommer 2014 berücksichtigt. Vor der Veröffentlichung konnten u. a. noch die DCGK-Novelle 2015 sowie das Gesetz für die gleichberechtigte Teilhabe von Frauen und Männern an Führungspositionen in der Privatwirtschaft und im öffentlichen Dienst vom 24.04.2015 Eingang in die Arbeit finden.

Mein herzlicher Dank gilt zunächst meinem Doktorvater, Herrn Prof. Dr. Arnd Arnold, Dipl.-Vw., der mit seiner Hilfe bei der Themenauswahl und -eingrenzung die Strukturierung dieser Arbeit sehr erleichtert hat. Seine wertvollen Anregungen und die unkomplizierte Betreuung trugen erheblich zu ihrem Gelingen bei. Bedanken möchte ich mich bei ihm, ebenso wie bei Herrn Prof. Dr. Hartmut Oetker, auch für die Aufnahme der Arbeit in die Reihe „Zivilrechtliche Schriften – Beiträge zum Wirtschafts-, Bank- und Arbeitsrecht". Ebenfalls herzlich bedanke ich mich bei Herrn Prof. Dr. Peter Reiff für die Erstellung des Zweitgutachtens.

Ferner möchte ich mich bei der Rechtsanwaltssozietät Kubicki & Schöler bedanken. Sowohl meine Nebentätigkeit dort als auch die Freiräume, die mir dabei gelassen wurden, haben mir eine fokussierte Arbeit an der Dissertation erst ermöglicht.

Auch meinem privaten Umfeld, insbesondere Herrn Dr. Matthias Badenhop, danke ich für die Unterstützung bei der Anfertigung dieser Arbeit, sei es durch inhaltliche Diskussionen, Ratschläge, Hinweise und Korrekturen oder durch moralische Unterstützung.

Mein größter Dank gilt jedoch meinen Eltern, die mich nicht nur während der Erstellung dieser Arbeit, sondern schon während meines gesamten Studiums großartig unterstützt haben und auf deren Beistand und Zuspruch ich stets vertrauen konnte. Ihnen ist diese Arbeit daher gewidmet.

Kiel, im Sommer 2015

Inhaltsverzeichnis

Literaturverzeichnis

Adler, Hans / Düring, Walther / Schmaltz, Kurt: Rechnungslegung und Prüfung der Unternehmen, Teilband 4, Stuttgart, 1997

Arens, Tobias / Petersen, Sabrina: Über (Irr-)Wege zur Anfechtbarkeit eines Entlastungsbeschlusses wegen fehlerhafter Entsprechenserklärung, Der Konzern 2011, S. 197–207

Arnold, Michael / Carl, Steffen / Götze, Cornelius: Aktuelle Fragen bei der Durchführung der Hauptversammlung, AG 2011, S. 349–362

Assmann, Heinz-Dieter / Schneider, Uwe: Kommentar zum Wertpapierhandelsgesetz, 6. Aufl., Köln, 2012 (zitiert: *Bearbeiter*, in: Schmidt/Assmann, WpHG)

Bachmann, Gregor: Der Corporate-Governance-Kodex wird zum Anfechtungsrisiko, F.A.Z. Nr. 28 vom 03.02.2010, S. 19

Bachmann, Gregor: Die Erklärung zur Unternehmensführung (Corporate Governance Statement), ZIP 2010, S. 1517–1526

Bachmann, Gregor: Corporate Governance nach der Finanzkrise, AG 2011, S. 181–193

Bachmann, Gregor: Reform der Corporate Governance in Deutschland, AG 2012, S. 565–579

Bachmann, Gregor / Becker, Eric: Anmerkung zum Urteil des OLG München vom 23.01.2008 – 7 U 3668/07, WuB II A. § 161 AktG 2.08, S. 591–594

Balzli, Beat / Dettmer, Markus / Hornig, Frank / Hüetlin, Thomas / Mahler, Armin / Pauly, Christoph / Reuter, Wolfgang / Rosenbach, Marcel / Schießl, Michaela / Schulz, Thomas: Schuld und Sühne, DER SPIEGEL Nr. 8/2009, S. 60–72

Baumbach, Adolf / Hopt, Klaus J. (Hrsg.): Kommentar zum Handelsgesetzbuch, 36. Aufl., München, 2014

Baumbach, Adolf / Hueck, Alfred (Hrsg.): Kommentar zum Gesetz betreffend die Gesellschaften mit beschränkter Haftung, 20. Aufl., München, 2013

Baumbach, Adolf / Hueck, Alfred / Hueck, Götz: Kommentar zum Aktiengesetz, 13. Aufl., München, 1968

Baums, Theodor: Empfiehlt sich eine Neuregelung des aktienrechtlichen Anfechtungs- und Organhaftungsrechts, insbesondere der Klagemöglichkeit von Aktionären? Gutachten zum 63. Deutschen Juristentag 2000, in: Verhandlungen des 63. Deutschen Juristentages 2000, Band I (Gutachten), München, 2000 (Gutachten)

Baums, Theodor: Aktienrecht für globalisierte Kapitalmärkte – Generalbericht, ZHR Beiheft 71 (2002), S. 13–25

Baums, Theodor (Hrsg.): Bericht der Regierungskommission „Corporate Governance" (Unternehmensführung, Unternehmenskontrolle, Modernisierung des Aktienrechts), Köln, 2001 (Bericht)

Baums, Theodor / Vogel, Hans-Gert / Tacheva, Maja: Rechtstatsachen zur Beschlusskontrolle im Aktienrecht, ZIP 2000, S. 1649–1655

Baums, Theodor / Keinath, Astrid / Gajek, Daniel: Fortschritte bei Klagen gegen Hauptversammlungsbeschlüsse? Eine empirische Studie, ZIP 2007, S. 1629–1650

Baums, Theodor / Drinhausen, Florian / Keinath, Astrid: Anfechtungsklagen und Freigabeverfahren. Eine empirische Studie, ZIP 2011, S. 2329–2352

Bayer, Walter: Grundsatzfragen der Regulierung der aktienrechtlichen Corporate Governance, NZG 2013, S. 1–16

Bayer, Walter / Hoffmann, Thomas / Sawada, Tobias: Beschlussmängelklagen, Freigabeverfahren und Berufskläger, ZIP 2012, S. 897–911

Bayer, Walter / Lieder, Jan: Die Lehre vom fehlerhaften Bestellungsverhältnis, NZG 2012, S. 1–10

Berg, Stefan / Stöcker, Matthias: Anwendungs- und Haftungsfragen zum Deutschen Corporate Governance Kodex, WM 2002, S. 1569–1582

Bernhardt, Wolfgang: Der Deutsche Corporate Governance Kodex: Zuwahl (comply) oder Abwahl (explain), DB 2002, S. 1841–1846

Bertrams, Helge: Die Haftung des Aufsichtsrats im Zusammenhang mit dem Deutschen Corporate Governance Kodex und § 161 AktG, Berlin, 2004; zugl.: Diss., Univ. Augsburg, 2003 (Haftung)

Böcking, Hans-Joachim / Eibelshäuser, Beate: Die Erklärung zur Unternehmensführung nach BilMoG (§ 289a HGB), Der Konzern 2009, S. 563–572

Bollweg, Hans-Georg: Die Wahl des Aufsichtsrates in der Hauptversammlung der Aktiengesellschaft, Köln u. a., 1997; zugl.: Diss., Univ. Bielefeld, 1995 (Wahl)

Borges, Georg: Selbstregulierung im Gesellschaftsrecht – zur Bindung an Corporate Governance-Kodizes, ZGR 2003, S. 508–540

Bröcker, Norbert: Selbstbindung mit Anfechtungsrisiko – Was sind die richtigen Sanktionsmechanismen für den Deutschen Corporate Governance Kodex?, Der Konzern 2011, S. 313–321

Bürgers, Tobias: Aktienrechtlicher Schutz beim Delisting?, NJW 2003, S. 1642–1644

Büschemann, Karl-Heinz: Kopflos in Berlin, Süddeutsche Zeitung Nr. 132 vom 11.06.2013, S. 18

Bundesministerium für Familie, Frauen, Senioren und Jugend: Frauen in Führungspositionen – Auswirkungen auf den Unternehmenserfolg bei deutschen Unternehmen, Studie aus dem August 2011, abrufbar unter http://www.bmfsfj.de/Redaktion BMFSFJ/Broschuerenstelle/Pdf-Anlagen/Frauen-in-Fuehrunspositionen-langfassung,property=pdf,bereich=bmfsfj,sprache=de,rwb=true.pdf (zuletzt abgerufen am 07.07.2015)

Bundesministerim der Justiz: Beschlüsse der Cromme-Kommission jetzt amtlich, Pressemitteilung Nr. 55/05 vom 04.07.2003, abrufbar unter http://www.dcgk.de/

files/dcgk/usercontent/de/download/2003/Beschluesse_jetzt_amtlich_original.pdf (zuletzt abgerufen am 07.07.2015)

Bundesministerium der Justiz: Corporate Governance Kodex – ein richtiger Weg, Pressemitteilung vom 09.02.2011, abrufbar unter http://www.bmjv.de/SharedDocs/Archiv/DE/Pressemitteilungen/2011/20110209_Corporate_Governance_Kodex_Ein_richtiger_Weg.html?nn=4795776 (zuletzt abgerufen am 07.07.2015)

Bundesverband der Deutschen Industrie e.V.: Positionspapier „Herausforderungen für den Deutschen Corporate Governance Kodex" vom 08.06.2011, abrufbar unter http://www.bdi.eu/download_content/RechtUndOeffentlichesAuftragswesen/BDI-Positionspapier_Herausforderungen_fuer_den_DCGK_endg.pdf (zuletzt abgerufen am 07.07.2015)

Butzke, Volker: Die Hauptversammlung der Aktiengesellschaft, 5. Aufl., Stuttgart, 2011

CDU-Bundesfachausschuss Wirtschafts-, Haushalts- und Finanzpolitik: Deutschen Corporate Governance Kodex verfassungsfest weiterentwickeln, Beschluss vom 14.10.2011, abrufbar unter http://www.cdu.de/sites/default/files/media/dokumente/111014-beschluss-bfa-dcgk.pdf (zuletzt abgerufen am 07.07.2015)

Claussen, Carsten / Bröcker, Norbert: Corporate-Governance-Grundsätze in Deutschland – nützliche Orientierungshilfe oder regulatorisches Übermaß?, AG 2000, S. 481–491

Claussen, Carsten / Bröcker, Norbert: Der Corporate Governance-Kodex aus der Perspektive der kleinen und mittleren Börsen-AG, DB 2002, S. 1199–1206

Cromme, Gerhard: Ausführungen anlässlich der Pressekonferenz nach Übergabe des Deutschen Corporate Governance-Kodex an die Bundesministerin der Justiz Frau Prof. Dr. Herta Däubler-Gmelin am 26. Februar 2002 in Berlin, abrufbar unter http://www.dcgk.de/de/kommission/die-kommission-im-dialog/deteilansicht/ausfuehrungen-von-dr-gerhard-cromme.html?file=files/dcgk/usercontent/de/download/2002/RedeDrCromme-Uebergabe-de.pdf (zuletzt abgerufen am 07.07.2015)

Cziupka, Johannes / Pitz, Sebastian: Anmerkung zum Urteil des BGH vom 19.02.2013 – II ZR 56/12, NJW 2013, S. 1539

Dahlkamp, Jürgen / Reuter, Wolfgang: Über den Löffel balbiert, DER SPIEGEL Nr. 47/1999, S. 132–134

Decher, Christian: Die gerichtliche Überprüfung der Entlastung durch die Hauptversammlung, Festschrift für Klaus J. Hopt, Band 1, Berlin, 2010, S. 499–516

Deilmann, Barbara / Albrecht, Frauke: Corporate Governance und Diversity – was empfiehlt der neue Kodex?, AG 2010, S. 727–734

de Raet, Tobias: Die Angaben bei den Wahlvorschlägen zum Aufsichtsrat gem. Ziff. 5.4.1 Abs. 4–6 des Deutschen Corporate Governance Kodex, AG 2013, S. 488–498

Deutscher Anwaltsverein – Handelsrechtsausschuss: Stellungnahme zum Referentenentwurf des Transparenz- und Publizitätsgesetzes, ZIP 2002, S. 186–188

Deutscher Anwaltsverein – Handelsrechtsausschuss: Stellungnahme zu den Änderungsvorschlägen der Regierungskommission Deutscher Corporate Governance Kodex vom 1.2.2012, NZG 2012, S. 335–339

Deutscher Anwaltsverein – Handelsrechtsausschuss: Stellungnahme zu den Änderungen des Deutschen Corporate Governance Kodex in 2015, NZG 2015, S. 508–510

Deutsches Aktieninstitut e.V.: Stellungnahme zur Konsultation der Regierungskommission Deutscher Corporate Governance Kodex zu den vorgeschlagenen Kodexanpassungen vom 20.03.2012, abrufbar unter https://www.dai.de/files/dai_usercontent/dokumente/positionspapiere/2011-03-02%20Stellungnahme%20DAI_DCGK.pdf (zuletzt abgerufen am 07.07.2015)

Deutsches Aktieninstitut e.V.: Deutsches Aktieninstitut stellt die Geschäftsstelle der Regierungskommission Deutscher Corporate Governance Kodex, Pressemitteilung vom 17.09.2013, abrufbar unter https://www.dai.de/files/dai_usercontent/dokumente/pressemitteilungen/2013-09-17%20PM%20Geschaeftsstelle%20Kodexkommission%20Dt.%20Aktieninstitut.pdf (zuletzt abgerufen am 07.07.2015)

Diekmann, Hans / Fleischmann, Dermot: Umgang mit Interessenkonflikten in Aufsichtsrat und Vorstand der Aktiengesellschaft, AG 2013, S. 141–150

Diekmann, Hans / Leuering, Dieter: Der Referentenentwurf eines Gesetzes zur Unternehmensintegrität und Modernisierung des Anfechtungsrechts, NZG 2004, S. 249–257

Döring, Claus: Unterm Strich: Das Versagen der Aufsichtsräte, Börsen-Zeitung Nr. 110 vom 12.06.2010, S. 8

Ederle, Anton: Die jährliche Entsprechenserklärung und die Mär von der Selbstbindung, NZG 2010, S. 655–660

Ellrott, Helmut / Förschle, Gerhart / Grottel, Bernd / Kozikowski, Michael / Schmidt / Stefan / Winkeljohann, Norbert (Hrsg.): Beck'scher Bilanz-Kommentar, 9. Aufl., München, 2014 (zitiert: *Bearbeiter*, in: Beck'scher Bilanz-Kommentar)

Fleischer, Holger: Ungeschriebene Hauptversammlungszuständigkeiten im Aktienrecht: Von „Holzmüller" zu „Gelatine", NJW 2004, S. 2335–2339

Gehling, Christian: Diskussionsbericht zu „Deutscher Corporate Governance Kodex – Eine kritische Bestandsaufnahme", ZIP 2011, S. 1181–1182

Gehling, Christian: Deutscher Corporate Governance Kodex – Was spricht für eine Atempause?, DB 2011, Beilage zu Heft 31, S. 51–52

Gelhausen, Hans Friedrich / Hönsch, Henning: Folgen der Änderung des Deutschen Corporate Governance Kodex für die Entsprechenserklärung, AG 2003, S. 367–371

Gentz, Manfred: Die Regierungskommission – ihre Rolle und ihr Selbstverständnis, Rede anlässlich der 13. Corporate Governance Konferenz am 24. / 25.06.2014, abrufbar unter http://www.dcgk.de/de/kommission/die-kommission-im-dialog/deteilansicht/rede-gentz-kodex-konferenz-126.html?file=files/dcgk/usercontent/de/download/2014/konferenz-2014/2014-06-25%20Rede%20Gentz%20DCGK-Konferenz.pdf (zuletzt abgerufen am 07.07.2015)

Geßler, Ernst / Hefermehl, Wolfgang / Eckardt, Ulrich / Kropff, Ulrich (Hrsg.): Kommentar zum Aktiengesetz (zitiert: *Bearbeiter*, in: Geßler/Hefermehl/Eckardt/Kropff, AktG)

Band 5, München, 1986

Goette, Wulf: Umschreibungsstopp – Einzelentlastung – Entsprechenserklärung: Neue Aussagen des II. Zivilsenats, GWR 2009, S. 459–461

Goette, Wulf: Die aktuelle gesellschaftsrechtliche Rechtsprechung des BGH, in: Gesellschaftsrecht in der Diskussion 2009, Schriftenreihe der Gesellschaftsrechtlichen Vereinigung (Hrsg.), Band 15, Köln, 2010, S. 1–56

Goette, Wulf: Zu den Rechtsfolgen unrichtiger Entsprechenserklärungen, in: Festschrift für Uwe Hüffer zum 70. Geburtstag, München, 2010, S. 225–235

Götze, Cornelius: „Gelatine" statt „Holzmüller" – Zur Reichweite ungeschriebener Mitwirkungsbefugnisse der Hauptversammlung, NZG 2004, S. 585–589

Goslar, Sebastian / von der Linden, Klaus: § 161 AktG und die Anfechtbarkeit von Entlastungsbeschlüssen, NZG 2009, S. 1337–1339

Goslar, Sebastian / von der Linden, Klaus: Anfechtbarkeit von Hauptversammlungsbeschlüssen aufgrund fehlerhafter Entsprechenserklärung zum Deutschen Corporate Governance Kodex, DB 2009, S. 1691–1696

Grobe, Tony: Die Geschlechterquote für Aufsichtsrat und Vorstand, AG 2015, S. 289–303

Großkommentar zum Aktiengesetz (zitiert: *Bearbeiter*, in: GroßkommAktG)

Band 3, 3. Aufl. (Hrsg.: *Barz, Carl / Brönner, Herbert / Klug, Ulrich / Mellerowicz, Konrad / Meyer-Landrut, Joachim / Schilling, Wolfgang / Wiedemann, Herbert / Würdinger, Hans*), Berlin, 1973

Band 4 (§§ 95–117 AktG), 4. Aufl. (Hrsg.: *Hopt, Klaus / Wiedemann, Herbert*), Berlin, 2006

Band 5 (§§ 118–149 AktG), 4. Aufl. (Hrsg.: *Hopt, Klaus / Wiedemann, Herbert*), Berlin, 2008

Band 7/2 (§§ 241–277 AktG), 4. Aufl. (Hrsg.: *Hopt, Klaus, Wiedemann, Herbert*), Berlin, 2013

38. Lieferung: Nachtrag § 161, 4. Aufl. (Hrsg.: *Hopt, Klaus / Wiedemann, Herbert*), Berlin, 2012

Habersack, Mathias: Die Auswirkungen der Nichtigkeit des Beschlusses über die Bestellung des Abschlussprüfers auf den festgestellten Jahresabschluss, NZG 2003, S. 659–667

Habersack, Mathias: „Kirch/Deutsche Bank" und die Folgen – Überlegungen zu § 100 Abs. 5 AktG und Ziff. 5.4, 5.5 DCGK, in: Festschrift für Wulff Goette zum 65. Geburtstag, München, 2011, S. 121–134

Habersack, Mathias: Staatliche und halbstaatliche Eingriffe in die Unternehmensführung, Gutachten zum 69. Deutschen Juristentag 2012, Abteilung Wirtschaftsrecht, in: Verhandlungen des 69. Deutschen Juristentages 2012, Band I (Gutachten), München 2012, S. E 1–E 106 (Gutachten)

Habersack, Mathias / Mülbert, Peter / Schlitt, Michael (Hrsg.): Handbuch der Kapitalmarktinformation, 1. Aufl., München, 2008 (zitiert: *Bearbeiter*, in: Handb. Kapitalmarktinformation)

Habersack, Mathias / Stilz, Eberhard: Zur Reform des Beschlussmängelrechts, ZGR 2010, S. 710–732

Hanfland, Philipp: Haftungsrisiken im Zusammenhang mit § 161 AktG und dem Deutschen Corporate Governance Kodex, Baden-Baden, 2007; zugleich: Diss., Univ. Heidelberg, 2006 (Haftungsrisiken)

Happ, Wilhelm: Zur Wirksamkeit von Rechtshandlungen eines fehlerhaft bestellten Aufsichtsrates, in: Festschrift für Uwe Hüffer zum 70. Geburtstag, München, 2010, S. 293–308

Harbarth, Stephan: Deutscher Corporate Governance Kodex in der Krise?, DB 2011, Beilage zu Heft 31, S. 53–54

Hartmann, Jens / Tauber, Andre: Starke Männer unter Druck, Die Welt Nr. 17 vom 21.01.2013, S. 11

Hasselbach, Kai / Jakobs, Janis: Die Unabhängigkeit von Aufsichtsratsmitgliedern, BB 2013, S. 643–652

Hawranek, Dietmar / Knaup, Horand / Schießl, Michaela / Schmergal, Cornelia / Tietz, Janko: Deckel drauf!, DER SPIEGEL Nr. 11/2013, S. 70–73

Heckelmann, Martin: Drum prüfe, wer sich ewig bindet – Zeitliche Grenzen der Entsprechenserklärung nach § 161 AktG und des Deutschen Corporate Governance Kodex, WM 2008, S. 2146–2153

Heemann, Peter: Anmerkung zum Urteil des KG Berlin vom 30.06.2000 – 14 U 8337/98, NZG 2000, S. 1134

Heidel, Thomas (Hrsg.) Aktienrecht und Kapitalmarktrecht, 4. Aufl., Baden-Baden, 2014 (zitiert: *Bearbeiter*, in: Heidel)

Heidelberger Kommentar zum Aktiengesetz (Hrsg.: *Bürgers, Tobias / Körber, Thorsten*), 3. Aufl., Heidelberg u. a., 2014 (zitiert: *Bearbeiter*, in: HeidelbKommAktG)

Heintzen, Markus: Der Deutsche Corporate Governance Kodex aus Sicht des deutschen Verfassungsrechts, ZIP 2004, S. 1933–1938

Hemeling, Peter: Staatliche und halbstaatliche Eingriffe in die Unternehmensführung, Referat zum 69. Deutschen Juristentag 2012, Abteilung Wirtschaftsrecht, in: Verhandlungen des 69. Deutschen Juristentages 2012, Band II/1 (Sitzungsberichte), München, 2013, S. N 31–N 49 (Referat)

Henze, Hartwig: Neuere Rechtsprechung zu Rechtsstellung und Aufgaben des Aufsichtsrates, BB 2005, S. 165–175

Henze, Marc / Rosch, Christina: Diversity – Praktische Umsetzung der Vorgaben des DCGK für die Besetzung von Aufsichtsräten, Vorständen und Führungsfunktionen, ArbRAktuell 2010, S. 573

Herb, Anja: Gesetz für die gleichberechtigte Teilhabe an Führungspositionen – Umsetzung in der Praxis, DB 2015, S. 964–970

Hölters, Wolfgang (Hrsg.): Kommentar zum Aktiengesetz, 2. Aufl., München, 2014 (zitiert: *Bearbeiter*, in: Hölters, AktG)

Hoffmann-Becking, Michael: Deutscher Corporate Governance Kodex – Anmerkungen zu Zulässigkeit, Inhalt und Verfahren, in: Festschrift für Uwe Hüffer zum 70. Geburtstag, München, 2010

Hoffmann-Becking, Michael: Zehn kritische Thesen zum Deutschen Corporate Governance Kodex, ZIP 2011, S. 1173–1176

Hommelhoff, Peter / Schwab, Martin: Regelungsquellen und Regelungsebenen der Corporate Governance: Gesetz, Satzung, Codices, unternehmensinterne Grundsätze, in: Hommelhoff/Hopt/v. Werder, Handbuch Corporate Governance, 2. Aufl., Köln, 2009, S. 71–122

Hopt, Klaus J.: Unternehmensführung, Unternehmenskontrolle, Modernisierung des Aktienrechts – Zum Bericht der Regierungskommission Corporate Governance, ZHR Beiheft 71 (2002), S. 27–67

Hueck, Alfred: Anfechtbarkeit und Nichtigkeit von Generalversammlungsbeschlüssen bei Aktiengesellschaften, Mannheim u. a., 1924 (Anfechtbarkeit)

Hüffer, Uwe: Kommentar zum Aktiengesetz, 6. Aufl., München, 2004

Hüffer, Uwe: Kommentar zum Aktiengesetz, 10. Aufl., München, 2012

Hüffer, Uwe: Kommentar zum Aktiengesetz, 11. Aufl., München, 2014

Hüffer, Uwe: Zur Wahl von Beratern des Großaktionärs in den Aufsichtsrat der Gesellschaft, ZIP 2010, S. 1979–1984

Hüffer, Uwe: Anfechtbarkeit von HV-Beschlüssen wegen Abweichung von der Entsprechenserklärung, in: Gesellschaftsrecht in der Diskussion 2010, Schriftenreihe der Gesellschaftsrechtlichen Vereinigung (Hrsg.), Band 16, Köln, 2011, S. 63–83

Hutter, Stephan / Kaulamo, Katja: Das Transparenzrichtlinie-Umsetzungsgesetz: Änderungen der anlassabhängigen Publizität, NJW 2007, S. 471–478

Ihrig, Hans-Christoph / Meder, Manuel: Zweifelsfragen bei der Zielbenennung zur Zusammensetzung des Aufsichtsrats nach dem Kodex, ZIP 2012, S. 1210–1216

Ihrig, Hans-Christoph / Wagner, Jens: Die Reform geht weiter: Das Transparenz- und Publizitätsgesetz kommt, BB 2002, S. 789–797

Ihrig, Hans-Christoph / Wagner, Jens: Corporate Governance: Kodex-Erklärung und ihre unterjährige Korrektur, BB 2002, S. 2509–2514

Jahn, Joachim: Die Schraube ist überdreht, Der Aufsichtsrat 2010, S. 169

Jahn, Joachim: Höchste Zeit für eine Kodex-Pause, F.A.Z. Nr. 137 vom 17.06.2010, S. 11

Jahn, Joachim: Debatte um Auflösung der Kodex-Kommission, F.A.Z. Nr. 46 vom 24.02.2011, S. 11

Jahn, Joachim: Pause für den Kodex, F.A.Z. Nr. 46 vom 24.02.2011, S. 11

Jahn, Joachim: Missbrauchter Kodex, F.A.Z. Nr. 158 vom 11.07.2011, S. 9

Jahn, Joachim: Die Kommission für „gute Unternehmensführung" in der Sinnkrise, F.A.Z. Nr. 116 vom 22.05.2013, S. 15

Jahn, Joachim / Knop, Carsten: Widerstand gegen den Corporate Governance Kodex, F.A.Z. Nr. 236 vom 11.10.2010, S. 17

Jahn, Daniel / Rapp, Steffen / Strenger, Christian / Wolff, Michael: Die Wirkungen des Deutschen Corporate Governance Kodex aus Investorenperspektive: Ergebnisse einer Studie, ZCG 2011, S. 64–68

Kersting, Christian: Die aktienrechtliche Beschlussanfechtung wegen unrichtiger, unvollständiger oder verweigerter Erteilung von Informationen, ZGR 2007, S. 319–350

Kiefner, Alexander: Fehlerhafte Entsprechenserklärung und Anfechtbarkeit von Hauptversammlungsbeschlüssen, NZG 2011, S. 201–209

Kiefner, Alexander / Seibel, Vanessa: Der potentiell rechtswidrig bestellte Aufsichtsrat als fehlerhaftes Organ – probates Mittel zur Überwindung der Rechtsunsicherheit?, Der Konzern 2013, S. 310–315

Kiethe, Kurt: Falsche Erklärung nach § 161 AktG – Haftungsverschärfung für Vorstand und Aufsichtsrat?, NZG 2003, S. 559–565

Kirschbaum, Tom: Entsprechenserklärungen zum englischen Combined Code und zum Deutschen Corporate Governance Kodex, Köln u. a., 2006; zugl.: Diss., Univ. Bonn, 2005 (Entsprechenserklärungen)

Kleefass, Steffen: Die Entsprechenserklärung zum Deutschen Corporate Governance Kodex und die Anfechtbarkeit von Hauptversammlungsbeschlüssen, Aachen, 2012; zugl.: Diss., Univ. Münster, 2012 (Entsprechenserklärung)

Kleindiek, Detlef: Anfechtbarkeit von Entlastungsbeschlüssen wegen unrichtiger Entsprechenserklärung, in: Festschrift für Wulf Goette zum 65. Geburtstag, München, 2011, S. 239–252

Knop, Carsten: Kodex in der Krise, F.A.Z. Nr. 236 vom 11.10.2010, S. 13

Koalitionsvertrag von CDU/CSU und SPD für die 18. Legislaturperiode vom 16.12.2013, abrufbar unter http://www.bundesregierung.de/Content/DE/_Anlagen/2013/2013-12-17-koalitionsvertrag.pdf?__blob=publicationFile&v=2 (zuletzt abgerufen am 07.07.2015)

Kocher, Dirk: Ungeklärte Fragen der Erklärung zur Unternehmensführung nach § 289a HGB, DStR 2010, S. 1034–1037

Kocher, Dirk: Die Diversity-Empfehlung des neuen Corporate-Governance-Kodex, BB 2010, S. 264–266

Kocher, Dirk: Zur Bedeutung von Beschlussvorschlägen der Verwaltung für die Fassung und Anfechtung von Hauptversammlungsbeschlüssen, AG 2013, S. 406–414

Kocher, Dirk: Anmerkung zum Urteil des BGH vom 19.02.2013 – II ZR 56/12, BB 2013, S. 1170

Kocher, Dirk / Bedkowski, Dorothea: Besondere Aufmerksamkeit der Praxis in Bezug auf professionelle Anfechtungskläger gefordert, BB 2009, S. 235

Kocher, Dirk / Lönner, Andreas: Anfechtungsrisiken durch die Briefwahlempfehlung des DCGK?, BB 2011, S. 907–909

Kölner Kommentar zum Aktiengesetz (zitiert: *Bearbeiter*, in: KölnKommAktG)

Band 1, 1. Aufl. (Hrsg.: *Zöllner, Wolfgang*), Köln u. a., 1985

Band 2, 1. Aufl. (Hrsg.: *Zöllner, Wolfgang*), Köln u. a., 1985

Band 2/2 (§§ 95–117 AktG), 3. Aufl. (Hrsg. *Zöllner, Wolfgang / Noack, Ulrich*), Köln, 2013

Band 3, 2. Teillieferung (§§ 121–130 AktG), 3. Aufl., (Hrsg.: *Zöllner, Wolfgang / Noack, Ulrich*), Köln 2011

Band 3/2 (§§ 142–178 AktG), 3. Aufl. (Hrsg.: *Zöllner, Wolfgang / Noack, Ulrich*), Köln, 2015

Band 3, Teillieferung 3, 3. Aufl. (Hrsg.: *Zöller, Wolfgang / Noack, Ulrich*), Köln, 2012

Kollmann, Katharina: Aktuelle Corporate-Governance-Diskussion in Deutschland – Deutscher Corporate-Governance-Kodex der Regierungskommission sowie Transparenz- und Publizitätsgesetz, WM 2003, Sonderbeilage 1, S. 1–18

Kort, Michael: Corporate Governance-Grundsätze als haftungsrechtlich relevante Standards?, in: Festschrift für Karsten Schmidt zum 70. Geburtstag, Köln, 2009, S. 945–964

Kort, Michael: Das fehlerhaft bestellte Aufsichtsratsmitglied, Der Aufsichtsrat 2011, S. 84–85

Kremer, Thomas: Der Deutsche Corporate Governance Kodex auf dem Prüfstand: bewährte Selbst- oder freiwillige Überregulierung?, ZIP 2011, S. 1177–1181

Kremer, Thomas: Zur Anwendung des Kodex aus Unternehmenssicht, DB 2011, Beilage zu Heft 31, S. 55–56

Kremer, Thomas / v. Werder, Axel: Unabhängigkeit von Aufsichtsratsmitgliedern: Konzept, Kriterien und Kandidateninformation, AG 2013, S. 340–348

Krieger, Gerd: Interne Voraussetzungen für die Abgabe der Entsprechenserklärung nach § 161 AktG, in: Festschrift für Peter Ulmer zum 70. Geburtstag, Berlin, 2003, S. 365–380

Krieger, Gerd: Corporate Governance und Corporate Governance Kodex in Deutschland, ZGR 2012, S. 202–227

Kruchen, Carsten: Erklärung zur Unternehmensführung gem. § 289a HGB und „dauerhafte“ Abrufbarkeit von Internetadressen (Pfaden), ZIP 2012, S. 62–66

Kubis, Dietmar: Die Entlastung nach rechtswidrigem Organhandeln in der Aktiengesellschaft, NZG 2005, S. 791–796

Leuering, Dieter: Keine Anfechtung wegen Mängeln der Entsprechenserklärung, DStR 2010, S. 2255–2258

Leutheusser-Schnarrenberger, Sabine: Potentiale besser nutzen! Aufsichtsräte müssen professioneller und weiblicher werden, Grußwort anlässlich der 9. Corporate Governance Konferenz am 16./17.06.2010, als Video abrufbar unter http://www.dcgk.de/de/kommission/die-kommission-im-dialog/deteilansicht/dokumentation-9-corporate-governance-konferenz.html (zuletzt abgerufen am 07.07.2015)

Leutheusser-Schnarrenberger, Sabine: Recht mitgestalten – Bemerkungen zur liberalen Rechtspolitik anlässlich des 69. Deutschen Juristentages, RuP 2012, S. 129–137

Leutheusser-Schnarrenberger, Sabine: Der Deutsche Corporate Governance Kodex wird zehn Jahre alt, WPg 2012, Heft 6, S. I

Leyens, Patrick: Staatliche und halbstaatliche Eingriffe in die Unternehmensführung, Referat zum 69. Deutschen Juristentag 2012, Abteilung Wirtschaftsrecht, in: Verhandlungen des 69. Deutschen Juristentages 2012, Band II/1 (Sitzungsberichte), München, 2013, S. N 13–N 29 (Referat)

Liebscher, Thomas: Ungeschriebene Hauptversammlungszuständigkeiten im Lichte von Holzmüller, Macrotron und Gelatine, ZGR 2005, S. 1–33

Litzenberger, Gabriel: Zur Anfechtbarkeit von Entlastungsbeschlüssen, NZG 2010, S. 854–856

Lowe, Karl-Hermann: Fehlerhaft gewählte Aufsichtsratsmitglieder, Köln u. a. 1989; zugl.: Diss., Univ. Tübingen, 1987/88 (Aufsichtsratsmitglieder)

Lutter, Marcus: Zur Herrschaft mehrerer Unternehmen über eine Aktiengesellschaft, NJW 1973, S. 113–118

Lutter, Marcus: Die Treupflicht des Aktionärs, ZHR 153 (1989), S. 446–471

Lutter, Marcus: Der doppelte Wirtschaftsprüfer, in: Festschrift für Johannes Semler zum 70. Geburtstag, Berlin u. a., 1993, S. 835–852

Lutter, Marcus: Vergleichende Corporate Governance – Die deutsche Sicht, ZGR 2001, S. 224–237

Lutter, Marcus: Bericht der Regierungskommission „Corporate Governance“, in: Gesellschaftsrecht in der Diskussion 2001, Schriftenreihe der Gesellschaftsrechtlichen Vereinigung (Hrsg.), Band 5, Köln, 2002, S. 47–59

Lutter, Marcus: Die Erklärung zum Corporate Governance Kodex gemäß § 161 AktG, ZHR 166 (2002), S. 523–543

Lutter, Marcus: Deutscher Corporate Governance Kodex und die Erklärungen nach § 161 AktG, in: Festschrift für Ulrich Huber zum 70. Geburtstag, Tübingen, 2006, S. 871–883

Lutter, Marcus: Deutscher Corporate Governance Kodex, in: Hommelhoff/Hopt/v. Werder (Hrsg.), Handbuch Corporate Governance, 2. Aufl., Köln, 2009, S. 123–135

Lutter, Marcus: Der Kodex und das Recht, in: Festschrift für Klaus J. Hopt zum 70. Geburtstag, Berlin, 2010, S. 1025–1037

Lutter, Marcus: Anmerkung zum Urteil des LG Hannover vom 17.03.2010 – 23 O 124/09, BB 2010, S. 2267–2268

Lutter, Marcus: Der Kodex bedarf keiner demokratischen Legitimation, Börsen-Zeitung Nr. 49 vom 09.03.2012, S. 8

Marsch-Barner, Reinhard: Zur Anfechtung der Wahl von Aufsichtsratsmitgliedern, in: Festschrift für Karsten Schmidt zum 70. Geburtstag, Köln, 2009, S. 1109–1128

Maser, Peter / Göttle, Maren: Rechtlicher Rahmen für die Vergütung des Aufsichtsrats, NZG 2013, S. 201–207

McKinsey & Company (Hrsg.): Global Investor and Emerging Market Policymaker Opinion Surveys on Corporate Governance, 2002; die zentralen Befunde der Studie können der Präsentation des „OECD-World Bank Eurasian Corporate Governance Roundtable" zum Thema „The Value and Challenges of Good Corporate Governance" entnommen werden, abrufbar unter http://www.oecd.org/daf/ca/corporategovernanceprinciples/31874964.pdf (zuletzt abgerufen am 07.07.2015)

Meck, Georg: BASF-Chef Bock will die Tugendwächter loswerden, F.A.S. Nr. 20 vom 19.05.2013, S. 28

Melcher, Winfried / Mattheus, Daniela: Zur Umsetzung der HGB-Modernisierung durch das BilMoG: Neue Offenlegungspflichten zur Corporate Governance, DB 2009, Beilage Nr. 5 zu Heft 23, S. 77–82

Mense, Christian / Klie, Marcus: Geplante Kodex-Änderungen für 2015 – Weitere Professionalisierung der Aufsichtsratsarbeit im Fokus der Kodex-Kommission, GWR 2015, S. 92–98

Mense, Christian / Rosenhänger, Erik: Mehr Vielfalt wagen – Zu den jüngsten Änderungen des Deutschen Corporate Governance Kodex, GWR 2010, S. 311–314

Mülbert, Peter: Corporate Governance in der Krise, ZHR 174 (2010), S. 375–384

Mülbert, Peter / Wilhelm, Alexander: Grundfragen des Deutschen Corporate Governance Kodex und der Entsprechenserklärung nach § 161 AktG, ZHR 176 (2012), S. 286–325

Müller, Klaus-Peter: Gute Corporate Governance – Vertrauen durch Transparenz und Klarheit der Information, Rede anlässlich der 11. Corporate Governance Konferenz am 13./14.06.2012, abrufbar unter http://www.dcgk.de/de/kommission/die-kommission-im-dialog/deteilansicht/dokumentation-11-corporate-governance-konferenz.html?file=files/dcgk/usercontent/de/download/2013/konferenz-2012/D_CorGov_Kodex_Mueller_Hauptrede_Pressefassung.pdf (zuletzt abgerufen am 07.07.2015)

Müller, Klaus Peter: „Kommission ist kein moralischer Schiedsrichter", Börsen-Zeitung Nr. 112 vom 14.06.2012, S. 11

Müller, Klaus Peter: „In der Gesprächskultur holen wir in Deutschland auf", Börsen-Zeitung Nr. 109 vom 11.06.2013, S. 11

Münchener Kommentar zum Aktiengesetz (zitiert: *Bearbeiter*, in: MünchKomm-AktG)

Band 1, 3. Aufl. (Hrsg.: *Goette, Wulf / Habersack, Mathias*), München, 2008

Band 2, 2. Aufl. (Hrsg.: *Kropff, Bruno /Semler, Johannes*), München, 2004

Band 2, 4. Aufl., (Hrsg.: *Goette, Wulf / Habersack, Mathias*), München, 2014

Band 3, 3. Aufl. (Hrsg.: *Goette, Wulf / Habersack, Mathias*), München, 2013

Band 4, 3. Aufl. (Hrsg.: *Goette, Wulf / Habersack, Mathias*), München, 2011

Band 5/1, 2. Aufl., (Hrsg.: *Kropff, Bruno / Semler, Johannes*), München, 2003

Band 5, 3. Aufl. (Hrsg. *Goette, Wulf / Habersack, Mathias*), München, 2010

Münchener Kommentar zum Handelsgesetzbuch, Band 4, 3. Aufl. (Hrsg.: *Schmidt, Karsten / Ebke, Werner*), München, 2013 (zitiert: *Bearbeiter*, in: MünchKommHGB)

Mutter, Stefan: Überlegungen zur Justiziabilität von Entsprechenserklärungen nach § 161 AktG, ZGR 2009, S. 788–804

Niehus, Rudolf: IAS 24: Related Party Disclosures – „Nahe Familienangehörige" als Gegenstand der Rechnungslegung und Abschlussprüfung, WPg 2003, S. 521–532

Nikoleyczik, Tobias / Schult, Ludger: Mehr Transparenz im Aufsichtsrat – Neufassung 2012 des Deutschen Corporate Governance Kodex, GWR 2012, S. 289–292

Noack, Ulrich / Zetzsche, Dirk: Die Informationsanfechtung nach der Neufassung des § 243 Abs. 4 AktG, ZHR 170 (2006), S. 218–246

Nowak, Eric / Rott, Roland / Mahr, Till: Wer den Kodex nicht einhält, den bestraft der Kapitalmarkt?, ZGR 2005, S. 252–279

Oetker, Hartmut (Hrsg.): Kommentar zum Handelsgesetzbuch, 3. Aufl., München, 2013 (zitiert: *Bearbeiter*, in: Oetker, HGB)

Ogorek, Markus / von den Steinen, Barnim: Anmerkung zum Urteil des LG München vom 22.11.2007 – 5 HK O 10614/07, EWiR § 161 AktG 1/08, S. 65–66

Ogorek, Markus / Witte, Hubertus: Anmerkung zum Urteil des LG München vom 31.01.2008 – 5 HK O 15082/07, EWiR § 161 AktG 2/08, S. 355–356

Olsen, Hans Peter: Nachholbedarf für viele Aufsichtsräte, Börsen-Zeitung Nr. 80 vom 25.04.2012, S. 13

Ott, Nicolas: Bericht über die Diskussion des Referates Hüffer, in: Gesellschaftsrecht in der Diskussion 2010, Schriftenreihe der Gesellschaftsrechtlichen Vereinigung (Hrsg.), Band 16, Köln, 2011, S. 85–89

Oxe, Jennifer: Anmerkung zum Urteil des OLG München vom 23.01.2008 – 7 U 3668/07, EWiR § 161 AktG 3/08, S. 547–548

Palandt, Otto (Hrsg.): Kommentar zum Bürgerlichen Gesetzbuch, 74. Aufl., München, 2015 (zitiert: *Bearbeiter*, in Palandt, BGB)

Paschos, Nikolaos / Goslar, Sebastian: Unabhängigkeit von Aufsichtsratsmitgliedern nach den neuesten Änderungen des Deutschen Corporate Governance Kodex, NZG 2012, S. 1361–1366

Pellens, Bernhard / Hillebrandt, Franca / Ulmer, Björn: Umsetzung von Corporate-Governance-Richtlinien in der Praxis, BB 2001, S. 1243–1250

Peltzer, Martin / v. Werder, Axel: Der „German Code of Corporate Governance (GCCG)" des Berliner Initiativkreises, AG 2001, S. 1–15

Peltzer, Martin: Corporate Governance Codices als zusätzliche Pflichtenbestimmung für den Aufsichtsrat, NZG 2002, S. 10–16

Peltzer, Martin: Für einen schlankeren Kodex!, NZG 2012, S. 368–371

Pfitzer, Norbert / Oser, Peter / Orth, Christian (Hrsg.): Deutscher Corporate Governance Kodex – Ein Handbuch für Entscheidungsträger, 2. Aufl., Stuttgart, 2005 (zitiert: *Bearbeiter*, in: Pfitzer/Oser/Orth, DCGK)

Pientrancosta, Alain: Enforcement of corporate governance codes: A legal perspective, in: Festschrift für Klaus J. Hopt zum 70. Geburtstag, Berlin u. a., 2010, S. 1109–1138

Pluskat, Sorika: Anmerkung zum Urteil des OLG München vom 06.08.2008 – 7 U 5628/07, EWiR § 161 AktG 1/09, S. 259–260

Pofalla, Ronald: Gute Unternehmensführung in Deutschland im Spannungsfeld zwischen Selbstregulierung und gesetzgeberischem Auftrag, WPg 2013, Sonderheft 1, S. 2–3

Priester, Hans-Joachim: Reichweite der Bindung an die bekannt gemachte Tagesordnung der Hauptversammlung, in: liber amicorum für Wilhelm Happ zum 70. Geburtstag, Köln u. a., 2006

Priester, Hans-Joachim: Interessenkonflikte im Aufsichtsrat – Offenlegung versus Vertraulichkeit, ZIP 2011, S. 2081–2085

Priester, Hans-Joachim: Beschlussmitwirkung fehlerhaft bestellter Aufsichtsratsmitglieder, GWR 2013, S. 175–177

Radke, Christoph: Die Entsprechenserklärung zum Deutschen Corporate Governance Kodex nach § 161 AktG, Frankfurt a.M. u. a., 2004; zugl.: Diss., Univ. Bayreuth, 2004 (Entsprechenserklärung)

Ramm, Joachim: Gegenantrag und Vorschlagsliste – Zur Gestaltung des aktienrechtlichen Verfahrens für die Wahl zum Aufsichtsrat, NJW 1991, S. 2753–2755

Reger, Gerald / Theusinger, Ingo: Anmerkung zum Urteil des LG Hannover vom 17.03.2010 – 23 O 124/09, EWiR § 161 AktG 2/10, S. 345–346

Regierungskommission Deutscher Corporate Governance Kodex: Pressemitteilung vom 08.06.2004, abrufbar unter http://www.dcgk.de/de/presse/deteilansicht/mitteilung-fuer-die-presse.html (zuletzt abgerufen am 07.07.2015)

Regierungskommission Deutscher Corporate Governance Kodex: Bericht der Regierungskommission Deutscher Corporate Governance Kodex an die Bundesregierung, November 2010, abrufbar unter http://www.dcgk.de/de/presse/deteilansicht/pressemitteilung-22.html?file=files/dcgk/usercontent/de/download/2010/Governance_Bericht_Nov_2010.pdf (zuletzt abgerufen am 07.07.2015)

Regierungskommission Deutscher Corporate Governance Kodex: Corporate Governance Kodex gut aufgestellt, Pressemitteilung vom 19.01.2011, abrufbar unter http://www.dcgk.de/de/presse.html?file=files/dcgk/usercontent/de/download/pressemitteilungen/Pressemitteilung_2011_01_19.pdf (zuletzt abgerufen am 07.07.2015).

Regierungskommission Deutscher Corporate Governance Kodex: Corporate Governance Kodex: Keine Anpassungen in 2011, Pressemitteilung der Kodex-Kommission vom 04.05.2011, abrufbar unter http://www.dcgk.de/de/presse.html?file=files/dcgk/usercontent/de/download/pressemitteilungen/Pressemitteilung_2011_05_04.pdf (zuletzt abgerufen am 07.07.2015)

Regierungskommission Deutscher Corporate Governance Kodex: Wenige materielle Kodexanpassungen beschlossen, Pressemitteilung vom 16.05.2012, abrufbar unter http://www.dcgk.de/de/kommission/die-kommission-im-dialog/deteilansicht/kodexanpassungen-2012.html?file=files/dcgk/usercontent/de/download/2012/Pressemitteilung_Kodexanpassungen_16_05_2012_de.pdf (zuletzt abgerufen am 07.07.2015)

Regierungskommission Deutscher Corporate Governance Kodex: Erläuterungen der Änderungsvorschläge der Kodexkommission aus den Plenarsitzungen vom 9. und 31. Januar 2013, abrufbar unter http://www.dcgk.de/de/kommission/die-kommission-im-dialog/deteilansicht/vorschlaege-fuer-kodexaenderungen-2013-veroeffentlicht.html?file=files/dcgk/usercontent/de/download/2013/konsultationsverfahren_2013_02_05/Erlaeuterungen_Kodexaenderungsvorschlaege_2013_05_02.pdf (zuletzt abgerufen am 07.07.2015)

Regierungskommission Deutscher Corporate Governance Kodex: Kodexkommission beschließt Änderungen zur Vorstandsvergütung und verschlankt Regelwerk, Pressemitteilung vom 14.05.2013, abrufbar unter http://www.dcgk.de/de/kommission/die-kommission-im-dialog/deteilansicht/kodexanpassungen-2013-veroeffentlicht.html?file=files/dcgk/usercontent/de/download/pressemitteilungen/Pressemitteilung_14_05_2013.pdf (zuletzt abgerufen am 07.07.2015)

Regierungskommission Deutscher Corporate Governance Kodex: Manfred Gentz übernimmt Kodexkommissionsvorsitz zum 30. September, Pressemitteilung vom 17.09.2013, abrufbar unter http://www.dcgk.de/de/presse.html?file=files/dcgk/usercontent/de/download/pressemitteilungen/Pressemitteilung_17_09_2013.pdf (zuletzt abgerufen am 07.07.2015)

Regierungskommission Deutscher Corporate Governance Kodex: 13. Konferenz Deutscher Corporate Governance Kodex: „Weniger neue Empfehlungen, mehr erklären und kommentieren", Pressemitteilung vom 25.06.2014, abrufbar unter http://www.dcgk.de/de/presse.html?file=files/dcgk/usercontent/de/download/pressemitteilungen/Pressemitteilung_2014-06-25.pdf (zuletzt abgerufen am 07.07.2015)

Regierungskommission Deutscher Corporate Governance Kodex: Erläuterungen der Änderungsvorschläge der Regierungskommission Deutscher Corporate Governance Kodex aus der Plenarsitzung vom 03. Februar 2015, abrufbar unter http://www.dcgk.de/de/kommission/die-kommission-im-dialog/deteilansicht/vorschlaege-fuer-kodexaenderungen-2015.html?file=files/dcgk/usercontent/de/Konsultationen/2015/150225%20Erlaeuterung%20der%20Aenderungsvorschlaege%20der%20Regierungskommission.pdf (zuletzt abgerufen am 07.07.2015)

Regierungskommission Deutscher Corporate Governance Kodex: Kodexänderungen 2015 unterstreichen zunehmende Rolle des Aufsichtsrats, Pressemitteilung vom 11.05.2015, abrufbar unter http://www.dcgk.de/de/kommission/die-kommission-im-dialog/deteilansicht/kodex-aenderungen-2015-beschlossen.html?file=files/dcgk/usercontent/de/download/pressemitteilungen/2015-05-11%20PM%20Kodexaenderung%20Beschluesse.pdf (zuletzt abgerufen am 07.07.2015)

Regierungskommission Deutscher Corporate Governance Kodex: Kodexanpassungen 2015 – Präsentation zur Medien-Telefonkonferenz am 11.05.2015, abrufbar unter http://www.dcgk.de/de/kommission/die-kommission-im-dialog/deteilansicht/kodexaenderungen-2015-beschlossen.html?file=files/dcgk/usercontent/de/download/kodex/2015-05-11%20Kodexaenderungen%20Beschluesse2015.pdf (zuletzt abgerufen am 07.07.2015)

Reuter, Wolfgang: Retter im Zwielicht, DER SPIEGEL Nr. 19/2001, S. 96–98

Rieckers, Oliver: Fortsetzung der Anfechtungsklage gegen Aufsichtsratswahlen nach Rücktritt des Aufsichtsrats, AG 2013, S. 383–383

Rieder, Markus: Hauptversammlungsprotokoll, Entsprechenserklärung und vieles andere mehr – Grundsätzliches zur HV-Praxis im BGH-Fall Kirch ./. Deutsche Bank, GWR 2009, S. 25–29

Rieder, Markus: Anfechtbarkeit von Aufsichtsratswahlen bei unrichtiger Entsprechenserklärung, NZG 2010, S. 737–739

Ringleb, Henrik-Michael / Kremer, Thomas / Lutter, Marcus / v. Werder, Axel (Hrsg.): Kommentar zum Deutschen Corporate Governance Kodex, 4. Aufl., München, 2010 (zitiert: *Bearbeiter*, in: Ringleb/Kremer/Lutter/v. Werder, DCGK)

Ringleb, Henrik-Michael / Kremer, Thomas / Lutter, Marcus / v. Werder, Axel (Hrsg.): Kommentar zum Deutschen Corporate Governance Kodex, 5. Aufl., München, 2014 (zitiert: *Bearbeiter*, in: Ringleb/Kremer/Lutter/v. Werder, DCGK)

Ringleb, Henrik-Michael / Kremer, Thomas / Lutter, Marcus / v. Werder, Axel: Die Kodex-Änderungen vom Mai 2010, S. 1161–1166

Ringleb, Henrik-Michael / Kremer, Thomas / Lutter, Marcus / v. Werder, Axel: Die Kodex-Änderungen vom Mai 2012, NZG 2012, S. 1081–1089

Rosengarten, Joachim: Der Bericht der Regierungskommission „Corporate Governance“ – Kritik und Zustimmung aus Sicht der Praxis, in: Gesellschaftsrecht in der Diskussion 2001, Schriftenreihe der Gesellschaftsrechtlichen Vereinigung (Hrsg.), Band 5, Köln, 2002, S. 71–89

Rosengarten, Joachim / Schneider, Sven: Die „jährliche“ Abgabe der Entsprechenserklärung nach § 161 AktG, ZIP 2009, S. 1837–1844

Rüthers, Bernd / Fischer, Christian / Birk, Axel: Rechtstheorie, 7. Aufl., München, 2013

Scheffler, Eberhard: Aufsichtsrat und Abschlußprüfer als Überwachungsorgane der Aktiengesellschaft, in: Festschrift für Hans Havermann zum 65. Geburtstag, Düsseldorf, 1995, S. 651–680

Schiessl, Maximilian: Deutsche Corporate Governance post Enron, AG 2002, S. 593–604

Schmidt, Karsten: Handelsrecht, 5. Aufl., München, 1999

Schmidt, Karsten: Macrotron oder: weitere Ausdifferenzierung des Aktionärsschutzes durch den BGH, NZG 2003, S. 601–606

Schmidt, Karsten / Lutter, Marcus (Hrsg.): Kommentar zum Aktiengesetz (zitiert: *Bearbeiter*, in: K. Schmidt/Lutter)

Band 1, 2. Aufl., Köln, 2010

Band 2, 2. Aufl., Köln, 2010

Schneider, Uwe H. / Strenger, Christian: Die „Corporate Governance-Grundsätze“ der Grundsatzkommission Corporate Governance (German Panel on Corporate Governance), AG 2000, S. 106–113

Schockenhoff, Martin: Die nachgeschobene Nichtigkeitsklage gegen den Hauptversammlungsbeschluss einer AG, ZIP 2008, S. 1945–1951

Scholz, Kai-Steffen: Unzulässigkeit der Beschlussfassung der Hauptversammlung gem. § 124 Abs. 4 AktG, AG 2008, S. 11–17

Schubert, Claudia / Jacobsen, Gönke: Personelle Vielfalt als Element guter Unternehmensführung – die Empfehlung des Corporate Governance Kodex und die Rechtsfolgen ihrer unzureichenden Berücksichtigung, WM 2011, S. 726–734

Schüppen, Matthias: To comply or not to comply – that's the question! „Existenzfragen" des Transparenz- und Publizitätsgesetzes im magischen Dreieck kapitalmarktorientierter Unternehmensführung, ZIP 2002, S. 1269–1279

Schürnbrand, Jan: Zur fehlerhaften Bestellung von Aufsichtsratsmitgliedern und fehlerhaften Abberufung von Vorstandsmitgliedern, NZG 2008, S. 609–612

Schürnbrand, Jan: Normadressat der Pflicht zur Abgabe einer Entsprechenserklärung, in: Festschrift für Uwe H. Schneider zum 70. Geburtstag, Köln, 2011, S. 1197–1209

Schürnbrand, Jan: Noch einmal: Das fehlerhaft bestellte Aufsichtsratsmitglied, NZG 2013, S. 481–484

Schulte-Bunert, Kai / Weinreich, Gerd (Hrsg.): Kommentar zum Gesetz über das Verfahren in Familiensachen und in den Angelegenheiten der freiwilligen

Gerichtsbarkeit, 4. Aufl., Köln, 2014 (zitiert: *Bearbeiter*, in: Schulte-Bunert/ Weinreich, FamFG)

Schulz, Stephan / Ruf, Christian: Zweifelsfragen der neuen Regelungen über die Geschlechterquote im Aufsichtsrat und die Zielgrößen für die Frauenbeteiligung, BB 2015, S. 1155–1163

Schulze-Osterloh, Joachim: Das deutsche Gesellschaftsrecht im Banne der Globalisierung, ZIP 2001, S. 1433–1440

Seibert, Ulrich: Im Blickpunkt: Der Deutsche Corporate Governance Kodex ist da, BB 2002, S. 581–584

Seibert, Ulrich: Anmerkung zum Beschluss des LG Schweinfurt vom 01.12.2003 – 5 HKO 69/03, WPg 2004, S. 341–342

Seibt, Christoph: Deutscher Corporate Governance Kodex und Entsprechens-Erklärung, AG 2002, S. 249–259

Seibt, Christoph: Deutscher Corporate Governance Kodex: Antworten auf Zweifelsfragen in der Praxis, AG 2003, S 465–477

Seidel, Wolfgang: Der Deutsche Corporate Governance Kodex – eine private oder doch eine staatliche Regelung, ZIP 2004, S. 285–294

Seidel, Wolfgang: Kodex ohne Rechtsgrundlage, NZG 2004, S. 1095–1096

Semler, Johannes: Anforderungen an die Befähigung eines Aufsichtsratsmitgliedes, in: Festschrift für Karsten Schmidt zum 70. Geburtstag, Köln, 2009, S. 1489–1505

Semler, Johannes / v. Schenck, Kersten: Arbeitshandbuch für Aufsichtsratsmitglieder, 3. Aufl., München, 2009 (zitiert: *Bearbeiter*, in: Semler/v. Schenck, Arbeitshdb. Aufsichtsratsmitglieder)

Semler, Johannes / Volhard, Rüdiger / Reichert, Jochem (Hrsg.): Arbeitshandbuch für die Hauptversammlung, 3. Aufl., München, 2011 (zitiert: *Bearbeiter*, in: Semler/ Volhard/Reichert; Arbeitshdb. HV)

Semler, Johannes / Wagner, Elisabeth: Deutscher Corporate Governance Kodex – Die Entsprechenserklärung und Fragen der gesellschaftsinternen Umsetzung, NZG 2003, S. 553–558

Sethe, Rolf: Die aktienrechtliche Zulässigkeit der sogenannten „Teilentlastung", ZIP 1996, S. 1321–1327

Spindler, Gerald: Die Reform der Hauptversammlung und der Anfechtungsklage durch das UMAG, NZG 2005, S. 825–831

Spindler, Gerald: Zur Zukunft der Corporate Governance Kommission und des § 161 AktG, NZG 2011, S. 1007–1013

Spindler, Gerald / Stilz, Eberhard (Hrsg.): Kommentar zum Aktiengesetz (zitiert: *Bearbeiter*, in: Spindler/Stilz, AktG)

Band 1, 2. Aufl., München, 2010

Band 2, 2. Aufl., München, 2010

Staake, Marco: Anmerkung zum Urteil des OLG München vom 19.11.2008 – 7 U 2405/08, EWiR § 161 AktG 2/09, S. 361–362

Stadler, Max: 10 Jahre Corporate Governance Kodex – Bewertung unter dem Gesichtspunkt der gestiegenen Transparenz, Grußwort anlässlich der 11. Corporate Governance Konferenz am 13. / 14.06.2012, abrufbar unter http://www.dcgk.de/de/kommission/die-kommission-im-dialog/deteilansicht/dokumentation-11-corporate-governance-konferenz.html?file=files/dcgk/usercontent/de/download/2013/konferenz-2012/Rede_Parl_Staatssekretaer_bei_der_Bundesministerin_der_Justiz_Dr_M_Stadler_MdB.pdf (zuletzt abgerufen am 07.07.2015).

Stein, Ursula: Das faktische Organ, Köln u. a., 1984; zugl: Diss., Univ. Frankfurt a.M., 1983 (Organ)

Stephanblome, Markus: Der Unabhängigkeitsbegriff des Deutschen Corporate Governance Kodex, NZG 2013, S. 445–452

Storn, Arne: Gut, dass es sie gibt, DIE ZEIT Nr. 52 vom 22.12.2010, S. 37

Streit, Georg: Anmerkung zum Urteil des BGH vom 25.11.2002 – II ZR 133/01 („Macrotron"), ZIP 2003, S. 392–395

Strenger, Christian: Unabhängigkeit des Aufsichtsrats – mehr denn je relevant, Der Konzern 2012, S. 10–15

Stüber, Katharina: Die Frauenquote ist da – Das Gesetz zur gleichberechtigten Teilhabe und die Folgen für die Praxis, DStR 2015, S. 947–955

Tielmann, Jörgen / Struck, Henning: Empfehlungen zur Sicherung der Handlungsfähigkeit des Aufsichtsrats bei der Anfechtung der Wahl von Aufsichtsratsmitgliedern, BB 2013, S. 1548–1551

Timm, Wolfram: Corporate Governance und Finanzkrise, ZIP 2010, S. 2125–2133

Theusinger, Ingo / Liese, Jens: Rechtliche Risiken der Corporate Governance-Erklärung, DB 2008, S. 1419–1423

Thomas, Heinz / Putzo, Hans: Kommentar zur Zivilprozessordnung, 36. Aufl., München, 2015 (zitiert: *Bearbeiter*, in: Thomas/Putzo, ZPO)

Thümmel, Roderich: Die Abweichung von der Entsprechenserklärung nach § 161 AktG – Neue Risiken für Vorstände und Aufsichtsräte, CCZ 2008, S. 141–144

Tröger, Tobias: Aktionärsklagen bei nicht-publizierter Kodex-Abweichung, ZHR 175 (2011), S. 746–786

Tüngler, Marc: Neue Vorschläge für Kodex-Änderungen, Board 2015, S. 56–59

Ulmer, Peter: Aktienrecht im Wandel, AcP 202 (2002), S. 143–177

Ulmer, Peter: Der Deutsche Corporate Governance Kodex – ein neues Regulierungsinstrument für börsennotierte Aktiengesellschaften, ZHR 166 (2002), S. 150–181

Ulmer, Peter / Habersack, Matthias / Henssler, Martin (Hrsg.): Mitbestimmungsrecht, 3. Aufl., München, 2013 (zitiert: *Bearbeiter*, in: Ulmer/Habersack/Henssler)

Veil, Rüdiger: Klagemöglichkeiten bei Beschlussmängeln der Hauptversammlung nach dem UMAG, AG 2005, S. 567–576

Velte, Patrick: Die Zusammenarbeit zwischen Aufsichtsrat und Abschlussprüfer, AG 2009, S. 102–109

Vetter, Eberhard: Die Änderungen 2007 des Deutschen Corporate Governance Kodex, DB 2007, S. 1963–1968

Vetter, Eberhard: Der Deutsche Corporate Governance Kodex nur ein zahnloser Tiger?, NZG 2008, S. 121–126

Vetter, Eberhard: Der Tiger zeigt Zähne, NZG 2009, S. 561–567

Vetter, Eberhard: Aufsichtsratswahlen durch die Hauptversammlung und § 161 AktG, Festschrift für Uwe H. Schneider zum 70. Geburtstag, Köln, 2011, S. 1345–1370

Vetter, Eberhard: Anfechtung der Wahl der Aufsichtsratsmitglieder, Bestandschutzinteresse der AG und die Verantwortung der Verwaltung, ZIP 2012, S. 701–711

Vetter, Eberhard / van Laak, Hendrik: Die angefochtene Aufsichtsratswahl, ZIP 2008, S. 1806–1813

Vogel, Arne: Die Haftung von Gesellschaften, Vorständen und Aufsichtsräten im Zusammenhang mit der Entsprechenserklärung zum Deutschen Corporate Governance Kodex gemäß § 161 AktG, Frankfurt a.M. u. a., 2011; zugleich: Diss., Univ. Kiel, 2010 (Haftung)

Volhard, Rüdiger / Weber, Dolf: Entlastung, wie oft? NZG 2003, S. 351–353

von den Steinen, Barnim: Die verweigerte Organentlastung in der Aktiengesellschaft, Baden-Baden 2009; zugl.: Diss., Univ. Köln, 2009 (Organentlastung)

von der Linden, Klaus: Darstellung von Interessenkonflikten im Bericht des Aufsichtsrats an die Hauptversammlung, GWR 2011, S. 407–410

Waclawik, Erich: Beschlussmängelfolgen von Fehlern bei der Entsprechenserklärung zum DCGK, ZIP 2011, S. 885–893

Wandt, Andre: Zur Neufassung von Ziff. 5.4.6 Abs. 3 Satz 1 DCGK oder: Das BMJ als heimlicher Kodexgeber?, ZIP 2012, S. 1443–1445

Weber, Robert / Kersjes, Julia: Hauptversammlungsbeschlüsse vor Gericht, München, 2010 (Hauptversammlungsbeschlüsse)

Weber-Rey, Daniela: 10 Jahre Deutscher Corporate Governance Kodex, KSzW 2013, S. 77–82

Weber-Rey, Daniela: Staatliche und halbstaatliche Eingriffe in die Unternehmensführung, Referat zum 69. Deutschen Juristentag 2012, Abteilung Wirtschaftsrecht, in: Verhandlungen des 69. Deutschen Juristentages 2012, Band II/1 (Sitzungsberichte), München, 2013, S. N 51–N 83 (Referat)

Weber-Rey, Daniela / Buckel, Jochen: Die Pflichten des Aufsichtsrats bei der Mandatierung des Vergütungsberaters, NZG 2010, S. 761–766

*Weber-*Rey, *Daniela /Handt, Friederike*: Vielfalt / Diversity im Kodex – Selbstverpflichtung, Bemühenspflicht und Transparenz, NZG 2011, S. 1–5

Weitemeyer, Birgit: Die Entlastung im Aktienrecht – neueste Entwicklungen in Gesetzgebung und Rechtsprechung, ZGR 2005, S. 280–308

v. Werder, Axel: Der Deutsche Corporate Governance Kodex – Grundlagen und Einzelbestimmungen, DB 2002, S. 801–810

v. Werder, Axel: Problemfelder der Corporate Governance, DB 2011, Beilage zu Heft 31, S. 49–50

v. Werder, Axel / Bartz, Jenny: Corporate Governance Report 2012: Kodexregime und Kodexinhalt im Urteil der Praxis, DB 2012, S. 869–878

v. Werder, Axel / Bartz, Jenny: Corporate Governance Report 2013: Abweichungskultur und Unabhängigkeit im Lichte der Akzeptanz und Anwendung des aktuellen DCGK, DB 2013, S. 885–895

v. Werder, Axel / Bartz, Jenny: Corporate Governance Report 2014: Erklärte Akzeptanz des Kodex und tatsächliche Anwendung bei Vorstandsvergütung und Unabhängigkeit des Aufsichtsrats, DB 2014, S. 905–914

v. Werder, Axel / Talaulicar, Till / Kolat, Georg: Kodex Report 2003: Die Akzeptanz der Empfehlungen des Deutschen Corporate Governance Kodex, DB 2003, S. 1857–1863

v. Werder, Axel / Talaulicar, Till: Kodex Report 2009: Die Akzeptanz der Empfehlungen und Anregungen des Deutschen Corporate Governance Kodex, DB 2009, S. 689–696

v. Werder, Axel / Talaulicar, Till: Kodex Report 2010: Die Akzeptanz der Empfehlungen und Anregungen des Deutschen Corporate Governance Kodex, DB 2010, S. 853–861

Werner, Winfried: Bekanntmachung der Tagesordnung und bekanntmachungsfreie Anträge, in: Festschrift für Hans-Joachim Fleck zum 70. Geburtstag, Berlin u. a., 1988, S. 401–421

Wernsmann, Rainer / Gatzka, Ulrich: Der Deutsche Corporate Governance Kodex und die Entsprechenserklärung nach § 161 AktG, NZG 2011, S. 1001–1007

Wieneke, Laurenz: Beschlussfassung in der Hauptversammlung in Abweichung von den Vorschlägen der Verwaltung, in: Festschrift für Eberhard Schwark zum 70. Geburtstag, München, 2009, S. 305–328

Wilsing, Hans-Ulrich (Hrsg.): Kommentar zum Deutschen Corporate Governance Kodex, 1. Aufl., München, 2012 (zitiert: *Bearbeiter*, in: Wilsing, DCGK)

Wilsing, Hans-Ulrich / von der Linden, Klaus: Unabhängigkeit, Interessenkonflikte und Vergütung von Aufsichtsratsmitgliedern – Gedanken zur Kodexnovelle 2012, DStR 2012, S. 1391–1394

Wilsing, Hans-Ulrich / von der Linden, Klaus: Vorstandsvergütung und ihre Transparenz – Gedanken zur Kodexnovelle 2013, DStR 2013, S. 1291–1295

Wind, Martina / Klie, Marcus: Beziehungen zum Mehrheitsaktionär als unabhängigkeitsgefährdender Interessenkonflikt von Aufsichtsratsmitgliedern?, NZG 2010, S. 1413–1416

Wirth, Gerhard: Anforderungsprofil und Inkompabilitäten für Aufsichtsratsmitglieder, ZGR 2005, S. 327–347

Woitzyk, Jonas: Die Anfechtung von Hauptversammlungsbeschlüssen infolge unrichtiger Entsprechenserklärung, Frankfurt a.M. u. a., 2012; zugleich: Diss., Univ. Freiburg, 2012 (Anfechtung)

Wolf, Martin: Corporate Governance – Der Import angelsächsischer "Self-Regulation" im Widerstreit zum deutschen Parlamentsvorbehalt, ZRP 2002, S. 59–60

Ziesemer, Bernd: Der Fetisch guter Unternehmensführung, Handelsblatt Nr. 21 vom 30.01.2012, S. 10

Einleitung

Im dreizehnten Jahr ihres Bestehens sind Deutscher Corporate Governance Kodex (nachfolgend: DCGK) und die dazugehörige Entsprechenserklärung gem. § 161 AktG in der deutschen Unternehmenspraxis sowie in Rechtswissenschaft und -praxis fest verankert. Obgleich von manchen despektierlich als „Mischung aus einem Kochbuch für Manager und einer Werbefibel für ausländische Investoren"[1] oder als „eine Art von Versandhauskatalog für gesellschaftspolitische Anliegen"[2] bezeichnet, werden Spitzenpolitiker und Unternehmensvertreter nicht müde zu beteuern, der Kodex habe sich bewährt und maßgebenden Anteil daran gehabt, dass die Corporate Governance-Thematik inzwischen zum integralen Bestandteil der – untechnisch gesprochen – „Tagesordnung(en) deutscher Unternehmen"[3] geworden sei[4].

Während für die Rechtswissenschaft in den ersten Jahren nach Einführung des Systems aus Kodex und korrespondierender Erklärungspflicht die daraus möglicherweise erwachsenden Haftungsrisiken im Vordergrund standen[5], ist in jüngster Vergangenheit, bedingt durch zwei richtungsweisende höchstrichterliche Entscheidungen aus dem Jahre 2009, eine andere Problematik in den Fokus gerückt: diejenige der Anfechtbarkeit von Hauptversammlungsbeschlüssen infolge einer unrichtigen Kodex-Erklärung. Dabei beschränkt sich dieses Problem nicht nur, wie in den vom BGH entschiedenen Fällen, auf Entlastungsbeschlüsse; in der instanzgerichtlichen Rechtsprechung wird inzwischen die Auffassung vertreten, auch Beschlüsse über die Wahl von Aufsichtsratsmitgliedern seien wegen Verstoßes gegen § 161 AktG anfechtbar. Die so eröffnete Möglichkeit der Sanktionierung unrichtiger Entsprechenserklärungen im Wege der gerichtlichen Kassation von Aktionärsbeschlüssen hat in den letzten Jahren einen signifikanten Anstieg entsprechender Anfechtungsprozesse zur Folge gehabt, an denen auch namhafte Unternehmen der deutschen Wirtschaft beteiligt waren. In Anbetracht der aus einem Verstoß gegen § 161 AktG erwachsenden Anfechtungsrisiken ist es für die deutsche Unternehmenspraxis von größter Wichtigkeit, die Anforderungen an eine ordnungsgemäße Kodex-Erklärung zu erfüllen. Dafür gilt es für Vorstände und Aufsichtsräte zunächst, sich stetig mit den – häufig sehr offen gehaltenen – Empfehlungen des DCGK auseinanderzusetzen,

---

1 *Jahn*, Der Aufsichtsrat 2010, S. 169.

2 *Jahn,/Knop*, F.A.Z. Nr. 236 vom 11.10.2010, S. 17 („Widerstand gegen den Corporate Governance Kodex").

3 *Kremer*, DB 2011, Beilage zu Heft 31, S. 55.

4 Vgl. auch *Leutheusser-Schnarrenberger*, WPg 2012, Heft 6, S. I; *Pofalla*, WPg 2013, Sonderheft 1, S. 2.

5 Siehe hierzu die Monographien von *Bertrams*, *Hanfland*, *Radke* und *Vogel*; des Weiteren u. a. *Goette*, in: MünchKommAktG, § 161 Rn. 65 ff.; *Leyens*, in: GroßkommAktG, § 161 Rn. 518 ff.; *Lutter*, in: KölnKommAktG, § 161 Rn. 152 ff.; *Kiethe*, NZG 2003, S. 559 (562 ff.); *Kort*, in: FS K. Schmidt, S. 945 (948 ff.).

sie zu interpretieren und zu prüfen, inwieweit sie auf die eigene Gesellschaft Anwendung finden sollen. Bereits diese Aufgabe kann angesichts der beinahe jährlichen Überarbeitung des Kodex als Herausforderung bezeichnet werden. Sodann müssen die Verwaltungsorgane dafür sorgen, dass sich die getroffene Entscheidung über die Kodex-Befolgung auch in der Entsprechenserklärung widerspiegelt. Dabei stellt sich die zentrale Frage, ob Vorstand und Aufsichtsrat die Kodex-Erklärung nach ihrer Abgabe wieder aus den Augen lassen können oder ob sie nicht vielleicht auf ihre fortwährende Richtigkeit zu achten und ggf. Korrekturen vorzunehmen haben.

Die Schwierigkeiten hinsichtlich der Bestimmung des Pflichtenprogramms, die aus dem Zusammenspiel des DCGK mit § 161 AktG – dessen Wortlaut nicht nur in nur in Bezug auf eine Aktualisierungspflicht Fragen offen lässt – resultieren, wiegen umso schwerer, betrachtet man die Auswirkungen der von der Rechtsprechung geschaffenen Möglichkeit zur Ahndung von Verstößen gegen selbiges im Wege einer Beschlussmängelklage. Die Folgen eines angefochtenen Hauptversammlungsbeschlusses sind mannigfaltig; sie reichen von rein persönlichen bzw. wirtschaftlichen Konsequenzen für den Einzelnen über Auswirkungen auf die Position des Unternehmens am Kapitalmarkt bis hin zu rechtlichen Folgen, die die Tätigkeit der gesamten Gesellschaft behindern können. Insofern stellen anfechtbare Beschlüsse stets ein großes Risiko für Reputation und Handlungsfähigkeit der Aktiengesellschaft dar. Dieses ist jedoch hinzunehmen, soweit es tatsächlich um den Schutz von Minderheitsaktionären geht, die die Rechtmäßigkeit von Hauptversammlungsbeschlüssen anzweifeln und für Legalität innerhalb der Gesellschaft sorgen wollen. Zählen die Anfechtungskläger aber zu der Gattung der sog. räuberischen Aktionäre, die bei Erhebung einer Beschlussmängelklage auf ihren eigenen, finanziellen Vorteil bedacht sind, so könnte die Problematik von Anfechtungsklagen, gestützt auf (vermeintliche) Verstöße gegen § 161 AktG, eine neue Dimension erreichen.

Bevor auf die bisherige Rechtsprechung zur Anfechtbarkeit von Hauptversammlungsbeschlüssen infolge einer unrichtigen Entsprechenserklärung eingegangen wird, sind zunächst grundlegende Untersuchungen zum DCGK anzustellen. Dabei wird zum einen die Frage nach der Rechtsnatur des Kodex besondere Berücksichtigung finden, um zu klären, ob diesem selbst Bedeutung im Rahmen von Beschlussmängelklagen zukommen kann. Zum anderen gilt es, die Verfassungsmäßigkeit des Kodex eingehend zu untersuchen; denn wenn sich dieser als verfassungswidrig erweisen würde, so verböte sich schlechterdings seine Hinzuziehung im Rahmen von Anfechtungsklagen. In einem nächsten Schritt ist die gesetzliche Pflicht zur Abgabe der Entsprechenserklärung in den Blick zu nehmen. Auch insoweit bedarf es zunächst einer Auseinandersetzung mit der Frage der Verfassungsmäßigkeit, da andernfalls § 161 AktG in beschlussmängelrechtlichen Streitigkeiten nicht fruchtbar gemacht werden könnte. Sodann gilt es, das Verfahren der Abgabe der Entsprechenserklärung sowie die Verteilung der Kompetenz hinsichtlich der Rechtshandlungen, die in diesem Zusammenhang vorzunehmen sind, näher zu beleuchten, um im Folgenden beurteilenden zu können, welches Organ von den beschlussmängelrechtlichen Folgen einer unrichtigen Entsprechenserklärung überhaupt betroffen sein kann. Schließlich bedarf es einer Antwort auf die bereits erwähnte Frage, ob die Verwaltung auf die fortwährende inhaltliche Richtigkeit einer Kodex-Erklärung zu achten hat; nur wenn eine solche Pflicht bestünde, könnten Verstöße gegen § 161 AktG im Rahmen von Anfechtungsklagen herangezogen werden.

In ihrem Kern widmet sich die vorliegende Arbeit der Frage, ob die von der Rechtsprechung gewählten Ansätze zur Begründung der Anfechtbarkeit von Hauptversammlungsbeschlüssen infolge einer Unrichtigkeit der Entsprechenserklärung tatsächlich überzeugen, oder aber ob diese nicht bereits dem Grunde nach oder in Einzelpunkten verfehlt sind. Zur Beantwortung bedarf es zunächst aber noch eines Überblicks über die Systematik des Beschlussmängelrechts. Anhand dessen kann sodann untersucht werden, inwieweit sich die bisherigen Gerichtsentscheidungen über die Auswirkungen einer unrichtigen Entsprechenserklärung auf Entlastungs- und Aufsichtsratswahlbeschlüsse in eben dieses System einfügen; ggf. wird eine eigene Einordnung vorgenommen werden. Im Rahmen der Prüfung der beschlussmängelrechtlichen Konsequenzen eines Verstoßes gegen § 161 AktG für die Aufsichtsratswahl bieten sich zudem allgemeine Überlegungen zu den Konsequenzen eines unwirksamen Beschlussvorschlags gem. § 124 Abs. 3 AktG an, welche gleichfalls an dieser Stelle angestellt werden sollen. Schließlich sollen noch jene Kategorien von Hauptversammlungsbeschlüssen, die im Zusammenhang mit § 161 AktG bislang noch nicht Gegenstand gerichtlicher Entscheidungen waren, in den Blick genommen werden; insoweit bedarf es einer Prüfung, ob sich die bisher gefundenen Ergebnisse übertragen lassen.

Selbst wenn sich im Rahmen der zentralen Untersuchung ergeben sollte, dass die bisherige Rechtsprechung zu den beschlussmängelrechtlichen Folgen einer unrichtigen Entsprechenserklärung in Gänze oder aber nur in einzelnen Punkten abzulehnen ist, so kann ihre Bedeutung für die deutsche Unternehmenspraxis nicht negiert werden. Bislang haben sich die Gerichte allerdings nur wenigen Kodex-Empfehlungen – ausschließlich diese sind als Bestandteil des DCGK im Rahmen der Entsprechenserklärung von Bedeutung – und den ihnen innewohnenden Anfechtungsrisiken geäußert. Für die Praxis hilfreich wäre daher eine Betrachtung sämtlicher Kodex-Empfehlungen im Hinblick auf ihr Potential, durch eine auf sie bezogene, materiell unzutreffende Entsprechenserklärung die Anfechtbarkeit verschiedener Hauptversammlungsbeschlüsse auszulösen. Auch hierzu will nachfolgende Untersuchung einen Beitrag leisten.

Schließlich soll nachfolgend der Frage nachgegangen werden, inwieweit sich die von den Gerichten anerkannte Möglichkeit von Beschlussmängelklagen, gestützt auf § 161 AktG, mit den bisherigen Bemühungen von Gesetzgeber und Rechtsprechung, dem Phänomen rechtsmissbräuchlicher Anfechtungsklagen Herr zu werden, verträgt. Dabei wird es entscheidend darauf ankommen, das Missbrauchspotential einer gegen einen – zuvor als taugliches „Ziel“ ausgemachten – Hauptversammlungsbeschluss gerichteten Anfechtungsklage zu bestimmen. Auch in diesem Zusammenhang bieten sich allgemeine Überlegungen an, namentlich zu den Rechtsfolgen einer erfolgreich angefochtenen Aufsichtsratswahl. Abschließend soll mit Blick auf die bis dahin gefundenen Ergebnisse untersucht werden, welche Möglichkeiten zur Lösung der (möglichen) Problematik der gerichtlichen Kassation von Hauptversammlungsbeschlüssen infolge unrichtiger Entsprechenserklärung bestehen.

Die bisherigen monographischen Aufarbeitungen der Frage nach den Auswirkungen einer unrichtigen Entsprechenserklärungen von *Kleefass* und *Woitzyk* haben sowohl die Problematik räuberischer Anfechtungsklagen außer Betracht gelassen als auch auf eine eingehende Auseinandersetzung mit den verschiedenen Möglichkeiten zur künftigen Verringerung des Risikos solcher Beschlussmängelklagen, die auf Verstöße gegen § 161 AktG gestützt werden, verzichtet. Zudem ist die Möglichkeit, allgemeinen Erwägungen zu der Bedeutung von Wahlvorschlägen des Aufsichtsrats oder den Rechtsfolgen einer angefochtenen Aufsichtsratswahl anzustellen, nicht genutzt worden. Insbesondere diese Lücken soll die vorliegende Arbeit schließen.

A. Deutscher Corporate Governance Kodex und die Entsprechenserklärung nach § 161 AktG

Bevor im Folgenden die Rechtsprechung zu den Auswirkungen einer unrichtigen Entsprechenserklärung auf den Bestand von Hauptversammlungsbeschlüssen dargestellt und analysiert wird, gilt es zunächst, den DCGK und die dazugehörige Erklärung gem. § 161 AktG in den Blick zu nehmen.

I. Deutscher Corporate Governance Kodex

1. Hintergrund der Schaffung des Kodex

Die Definitionen des Begriffes „Corporate Governance" in Deutschland sind vielfältig; eine bloße Übersetzung aus dem Englischen („Unternehmensverfassung") vermag keinen Erkenntnisgewinn zu bringen. Wenngleich sich die verschiedenen Versuche, den Sinngehalt dieses Begriffes zu erfassen, in ihren Details unterscheiden und jeweils unterschiedliche Aspekte betonen, so meinen sie im Kern jedoch alle das Gleiche: Unter dem Stichwort „Corporate Governance" versteht man die Diskussion um die Frage nach guter und verantwortungsvoller Unternehmensführung und -kontrolle[6].

Dass zur Beantwortung der Frage nach guter Unternehmensleitung ein deutscher Corporate Governance Kodex existiert, mag auf den ersten Blick überraschen, erscheint doch das deutsche Aktienrecht mit seiner Regelungsdichte diesbezüglich ausreichend zu sein und nur wenig Spielräume zu lassen[7]. Um zu verstehen, warum mit dem DCGK weitere Regulierungsebene geschaffen wurde, ist es notwendig, einen Blick auf die Entwicklungen im deutschen Gesellschaftsrecht, insbesondere im Aktienrecht, der letzten Jahre zu werfen. Dabei lassen sich im Wesentlichen zwei Gründe für die Etablierung eines Corporate Governance Kodex auch in

6 *Lutter*, in: Hommelhoff/Hopt/v. Werder, Hdb. Corporate Governance, S. 123 (124); vgl *v. Werder*, in: Ringleb/Kremer/Lutter/v. Werder, DCGK, Rn. 1; *Hanfland*, Haftungsrisiken, S. 25; vgl. auch den Auftrag des damaligen Bundeskanzlers an die Regierungskommission „Corporate Governance" und die Präambel des DCGK. Teilweise wird der Aspekt der „guten" Unternehmensführung noch weiter ausgeführt, so z. B. bei *Schulze-Osterloh*, ZIP 2001, S. 1433 (1434): „Leitung und Kontrolle von Unternehmen, deren Ziel eine langfristige Wertschöpfung im Interesse der Anleger und der anderen an der Wohlfahrt des Unternehmens Interessierten ist." Zum Begriffsverständnis der Wirtschaftspraxis *Pellens/Hillebrandt/Ulmer*, BB 2001, S. 1243 (1246).

7 *Schulze-Osterloh*, ZIP 2001, S. 1433 (1434); *Seibert*, BB 2002, S. 581.

Deutschland[8] konstatieren: Zum einen hat seit Ende des letzten Jahrhunderts die Globalisierung auch im deutschen Aktienrecht Einzug gehalten, internationale Investitionen führten zu einer stärkeren Verknüpfung der Kapitalmärkte. Finanzierten sich deutsche Gesellschaften früher überwiegend aus einbehaltenen Gewinnen und Bankkrediten, rückten in den 1990er Jahren institutionelle Investoren, zumeist aus dem Ausland, wie etwa US-amerikanische Pensionsfonds, als Fremdkapitalgeber in den Fokus der deutschen Aktiengesellschaften.[9] Dies hatte aber zur Folge, dass sich deutsche Aktiengesellschaften nunmehr in einem globalen Wettbewerb um Anleger wiederfanden, in dem für deutsche Unternehmen gänzlich unbekannte Kriterien den Ausschlag für und wider Investitionsentscheidungen gaben[10]. Zu diesen zählten auch die im angelsächsischen Rechtskreis seit langem etablierten „Corporate Governance Principles". Die Tatsache, dass solche in Deutschland zu diesem Zeitpunkt noch nicht formuliert waren, entpuppte sich schnell als echter Wettbewerbsnachteil. Denn die vorherrschende Auffassung deutscher Unternehmen, hierzulande bedürfe es angesichts der schon gegebenen Regelungsdichte keiner weiteren Festlegung von Standards guter Unternehmensführung, vermochte angelsächsische Investoren nicht zu überzeugen. Sie missverstanden diese Aussage dahingehend, dass es in Deutschland schlicht kein System der guten und verantwortungsvollen Unternehmensleitung und -kontrolle gebe[11]. Bedenkt man aber das Gewicht, das diese Investoren einer guten Corporate Governance bei ihrer Investitionsentscheidung beimessen[12], entpuppte sich diese Entwicklung als fatal für den „Finanzplatz Deutschland"[13] und insoweit korrekturbedürftig.

Neben der wachsenden Bedeutung der Kapitalmärkte führte die Vielzahl an Aufsehen erregenden inländischen Unternehmenskrisen der 1990er Jahre[14] infolge von Missmanagement zu einem Umdenken bzgl. der Notwendigkeit von deutschen

8 Zu der Etablierung von Verhaltenskodices im angelsächsischen Rechtskreis *Berg/Stöcker*, WM 2002, S. 1569; zu der diesbezüglichen Entwicklung in der EU *Baums*, Bericht, Rn. 5.

9 Zu dieser Entwicklung *Lutter*, in: Hommelhoff/Hopt/v. Werder, Hdb. Corporate Governance, S. 123 (125).

10 *Baums*, ZHR Beiheft 71 (2002), S. 13 (14); *v. Werder*, in: Ringleb/Kremer/Lutter/v. Werder, DCGK, Rn. 2.

11 Vgl. *Lutter*, in: Gesellschaftsrecht in der Diskussion 2001, S. 47 (51).

12 Vgl. insoweit die McKinsey Global Investor and Emerging Market Policymaker Opinion Surveys on Corporate Governance aus dem Jahre 2002, der zufolge Investoren der Corporate Governance-Praxis eines Unternehmens ein ebenso starkes Gewicht beimessen wie finanziellen Aspekten. Zwei Drittel der Befragten gaben an, dass sie Unternehmen mit einer schlechten Corporate Governance meiden würden, ein Drittel würde sogar keine Investitionen in Ländern tätigen, die nicht über ein Rahmenkonzept zur verantwortungsvollen Unternehmensleitung und -kontrolle verfügen.

13 Mitteilung des Bundeskanzleramts vom 21.06.2000, siehe *Baums*, Bericht, S. 1.

14 Hier werden insbesondere immer wieder die schwere Krise der *Metallgesellschaft AG* 1993 und die in den Medien damals sehr präsente Krise der *Philipp Holzmann AG* genannt. Weitere Beispiele bei *Ulmer*, AcP 202 (2002), S. 143 (146).

Corporate Governance-Grundsätzen. Politik, Wissenschaft und Unternehmen mussten sich nunmehr notgedrungen die Frage stellen, ob das deutsche Aktienrecht insbesondere im Hinblick auf die Kontrolle des Managements durch den Aufsichtsrat nicht doch defizitärer war als gedacht[15].

2. Entstehungsprozess

Der Gesetzgeber reagierte auf diese Entwicklungen 1998 mit dem Gesetz zur Kontrolle und Transparenz im Unternehmensbereich (KonTraG)[16], dessen Ziele die „Verbesserung im Rahmen der Arbeit des Aufsichtsrats, Erhöhung von Transparenz, Stärkung der Kontrolle durch die Hauptversammlung, [...] Verbesserung der Qualität der Abschlußprüfung und der Zusammenarbeit von Abschlußprüfer und Aufsichtsrat"[17] waren. Wenngleich auch das KonTraG somit Inhalte der Corporate Governance-Diskussion aufgriff, war damit noch nicht die Schaffung eines deutschen Corporate Governance Kodex verbunden. Diesbezüglich wurden zunächst private Initiativen tätig.

a) Private Initiativen zur Schaffung eines Corporate Governance Kodex

1999 fand sich in Frankfurt am Main die „Grundsatzkommission Corporate Governance" zusammen und formulierte mit den sog. Corporate Governance-Grundsätzen (Code of Best Practise) nicht nur eine Zusammenfassung der bestehenden Gesetzeslage, sondern auch konkrete Empfehlungen für eine gute und verantwortungsvolle Unternehmensleitung und-überwachung[18]. Bereits 2000 präsentierte dann der Berliner Initiativkreis mit dem „German Code of Corporate Governance" ebenfalls ein Konzept zur Leitung und Kontrolle börsennotierter Gesellschaften[19]. In ihrer Grundstruktur ähneln sich beide Kodizes, der Frankfurter Code of Practise mit einer eher juristischen Prägung legt den Fokus allerdings auf die Tätigkeit des Aufsichtsrats, während der eher betriebswirtschaftlich ausgerichtete Berliner Entwurf das Hauptaugenmerk auf die Vorstandstätigkeit richtet[20].

---

15 *Lutter*, in: Hommelhoff/Hopt/v. Werder, Hdb. Corporate Governance, S. 123 (125); *Ulmer*, AcP 202 (2002), S. 143 (146).

16 Gesetz vom 27.04.1998, BGBl. I, S. 786.

17 Begr. RegE KonTraG, BT-Drs. 13/9712.

18 Abgedruckt in AG 2000, S. 109–113; zu Selbstverständnis und Arbeitsweise des Frankfurter Initiativkreises vgl. *Schneider/Strenger*, AG 2000, S. 106 ff.

19 Abgedruckt in AG 2001, S. 6–15; Erläuterungen zum GCCG bei *Peltzer/v. Werder*, AG 2001, S. 1 ff.

20 *Borges*, ZGR 2003, S. 508 (513); *Schneider/Strenger*, AG 2000, S. 106 (108); *Peltzer/v. Werder*, AG 2001, S. 1 (2). Zur Akzeptanz beider Initiativen *Pellens/Hillebrandt/Ulmer*, BB 2001, S. 1243 (1247 f.).

b) Regierungskommission „Corporate Governance"

Wenngleich beide Kodizes sowohl im Hinblick auf ihre Existenz als auch bzgl. ihres Inhalts von der Praxis durchweg positiv aufgenommen wurden, wurde das Nebeneinander zweier privater, unterschiedlich konzipierter Werke als unbefriedigend bewertet und ein einheitlicher deutscher Kodex gefordert[21]. Daher wurde die Corporate Governance-Diskussion schließlich auch von staatlicher Seite aufgegriffen. Der damalige Bundeskanzler *Gerhard Schröder* setzte Ende Mai 2000 die Regierungskommission „Corporate Governance – Unternehmensführung – Unternehmenskotrolle – Modernisierung des Aktienrechts" ein und beauftragte sie, „sich aufgrund der Erkenntnisse aus dem Fall Holzmann mit möglichen Defiziten des deutschen Systems der Unternehmensführung und -kontrolle [zu] befassen. Darüber hinaus soll[te] sie im Hinblick auf die durch Globalisierung und Internationalisierung der Kapitalmärkte sich vollziehenden Wandels [sic] unserer Unternehmens- und Marktstrukturen Vorschläge für eine Modernisierung unseres rechtlichen Regelwerkes unterbreiten."[22]. Diesen Auftrag nahm die mit namhaften Persönlichkeiten der deutschen Wirtschaft, Rechtswissenschaft und Politik besetzte Kommission[23] unter dem Vorsitz von *Prof. Dr. Theodor Baums* an und legte bereits im Juni 2001 nach Einholung von Stellungnahmen von in- und ausländischen Sachverständigen und Verbänden und umfangreichen Beratungen ihren Bericht vor. Neben einer Vielzahl konkreter Vorschläge zur Änderung des AktG und des HGB empfahl die Regierungskommission mit Blick auf die Entwicklungen, denen das deutsche Aktienrecht seit den 1990er Jahren unterworfen war, einen einheitlichen deutschen Corporate Governance Kodex mit rechtlich unverbindlichen Empfehlungen bzgl. Standards guter Unternehmensführung zu schaffen, flankiert von einer gesetzlichen Pflicht zur Information über den Umgang mit diesen Kodex-Empfehlungen[24]. Mit der Formulierung der deutschen Corporate Governance-Grundsätze sollte indes eine zweite Kommission – ebenfalls besetzt mit sachkundigen Vertretern aus Wirtschaft und Wissenschaft – von der Bundesregierung beauftragt werden[25], während sich die Empfehlung zur Einführung einer sog. Entsprechenserklärung nach dem Grundsatz „befolge oder erkläre" (comply or explain) direkt an den Gesetzgeber richtete[26].

---

21 Vgl. *Hopt*, ZHR Beiheft 71 (2002), S. 27 (29). AA insoweit *Bernhardt*, DB 2002, S. 1841 (1842), der abfällig von einem „Einheitstarif" spricht. Vgl. auch die Ergebnisse der Studie von *Pellens/Hillebrandt/Ulmer*, BB 2001, S. 1243 (1248).

22 *Baums*, Bericht, S. 1. Einzelheiten zum „Fall Holzmann" von *Dahlkamp/Reuter*, DER SPIEGEL Nr. 47/1999, S. 132 ff.; *Reuter*, DER SPIEGEL Nr. 19/2001, S. 96 ff.

23 Liste der Kommissionsmitglieder bei *Baums*, Bericht, S. 3.

24 *Baums*, Bericht, Rn. 7 f.

25 *Baums*, Bericht, Rn. 17.

26 *Baums*, Bericht, Rn. 10.

c) Kodex-Kommission

Die Vorschläge der Regierungskommission „Corporate Governance“ wurden von der Bundesregierung in ihrer Gesamtheit übernommen. Zur Ausarbeitung eines einheitlichen Corporate Governance Kodex berief die damalige Bundesjustizministerin *Prof. Dr. Herta Däubler-Gmelin* noch im September 2001 eine weitere Kommission unter der Leitung von *Dr. Gerhard Cromme*, dem damaligen Aufsichtsratsvorsitzenden der *ThyssenKrupp AG*, ein, die sog. Kodex-Kommission[27]. Ihr Auftrag war die Formulierung von Standards guter Unternehmensführung auf der Basis geltenden Rechts, um so zum einen das deutsche System der Unternehmensleitung und -kontrolle für ausländische Investoren transparent zu machen (Kommunikationsfunktion des Kodex) und zum anderen die Qualität eben dieses Systems zu verbessern (Ordnungsfunktion)[28]. Ziel war es, das Vertrauen in- und ausländischer Investoren in die Tätigkeit der Verwaltungsorgane börsennotierter deutscher Gesellschaften zu fördern und so die entstandenen Wettbewerbsnachteile auszugleichen[29]. Der Auftrag an die Kodex-Kommission endete aber nicht bei der bloßen Ausarbeitung des Kodex, sondern beinhaltete auch die ständige Überprüfung, Anpassung und Weiterentwicklung des einmal geschaffenen Werkes. Insoweit handelt es sich bei der Kodex-Kommission um eine „Standing Commission“[30].

d) Verabschiedung und Veröffentlichung

Nach Auswertung eingeholter Stellungnahmen und anschließenden intensiven Beratungen konnte bereits im Dezember 2001 ein erster Entwurf eines DCGK veröffentlicht werden; die endgültige Fassung wurde Ende Januar 2002 von der Kodex-Kommission verabschiedet, im Internet veröffentlicht[31] und am 26.02.2002 schließlich an die Justizministerin übergeben. Der übergebene Kodex wurde sodann vom Bundesministerium der Justiz auf eventuelle Rechtsverstöße und inhaltliche Ausgewogenheit geprüft. Zudem wurde sein Entstehungsprozess noch einmal im Hinblick auf Fairness und tatsächliche Beteiligung aller Betroffenen beleuchtet[32]. Letzter Schritt auf dem Weg zur Schaffung eines einheitlichen DCGK war schließlich

---

27 Liste der ursprünglichen Mitglieder bei *Ringleb*, in: Ringleb/Kremer/Lutter/v. Werder, DCGK, Rn. 9. Die jeweils aktuelle Liste der Kommissionsmitglieder ist abrufbar unter http://www.dcgk.de.

28 *V. Werder*, DB 2002, S. 801 (803).

29 *Ringleb*, in: Ringleb/Kremer/Lutter/v. Werder, DCGK, Rn. 25.

30 *Ringleb*, in: Ringleb/Kremer/Lutter/v. Werder, DCGK, Rn. 51; vgl. auch den letzten Absatz der Präambel des DCGK.

31 Die jeweils aktuelle Fassung des DCGK ist ebenfalls abrufbar unter http://www.dcgk.de.

32 *Seibert*, BB 2002, S. 581 (582). Die inhaltliche Prüfung durch das Bundesjustizministerium beschränkt sich indes nicht nur auf den „Ursprungs-Kodex“, sondern kommt bei jeder Überarbeitung des DCGK erneut zum Tragen.

seine Veröffentlichung im elektronischen Bundesanzeiger durch das Bundesjustizministerium im September 2002.

e) *Inhaltliche Fortentwicklung des DCGK*

Seit 2002 hat die Kodex-Kommission entsprechend ihrem Charakter als „Standing Commission" den DCGK beinahe jährlich inhaltlich überarbeitet; lediglich in den Jahren 2004, 2011 und 2014 blieb der Kodex unangetastet[33]. Selbst gestecktes Ziel der Kommission ist es, den DCGK „so wenig wie möglich und so viel wie nötig" zu ändern[34]; ob die Kommission diesem eigenen Anspruch tatsächlich gerecht wird, steht allerdings auf einem anderen Blatt[35]. Als Reaktion auf die in den vergangenen Jahren immer lauter gewordene Kritik, die Kodex-Änderungen würden „in einem Geheimverfahren hinter verschlossenen Türen ausgehandelt"[36], beschloss die Kommission 2011, künftig ein schriftliches Konsultationsverfahren durchzuführen, bei dem die interessierte Öffentlichkeit Gelegenheit zur Stellungnahme zu den von der Kommission beabsichtigten Kodex-Änderungen erhalten sollte[37]; dieses Verfahren gelangte im Rahmen der Kodex-Novelle 2012 erstmals zur Anwendung. Mit mehr als 70 eingegangenen Stellungnahmen[38] war die Teilnahme daran rege. Während im Jahr 2013 die Möglichkeit, Anregungen zu unterbreiten, in weitaus geringerem Umfang als noch im Vorjahr wahrgenommen wurde – lediglich knapp 40 Stellungnahmen fanden

33 Zu den bisherigen inhaltlichen Überarbeitungen des Kodex ausführlich *Weber-Rey*, KSzW 2013, S. 77 ff.. Im Jahr 2014 wurden zwar keine Änderungen am eigentlichen Inhalt des Kodex vorgenommen; die Fußnoten der Mustertabellen für die Vorstandsvergütung wurden jedoch um einige klarstellende Erläuterungen ergänzt, siehe die Pressemitteilung der Regierungskommission Deutscher Corporate Governance Kodex vom 25.06.2014. Zu den Kodex-Änderungen 2015 siehe die Pressemitteilung der Regierungskommission Deutscher Corporate Governance Kodex vom 11.05.2015 und die Medien-Präsentation vom gleichen Tage.

34 Pressemitteilung der Regierungskommission Deutscher Corporate Governance Kodex vom 16.05.2012.

35 Zu den Reformvorschlägen, insb. zur Verschlankung des Kodex, unter H. IV.

36 *Jahn*, Der Aufsichtsrat 2010, S. 169; vgl. auch *Bachmann*, AG 2011, S. 181 (191); *Bundesverband der Deutschen Industrie e.V.*, Positionspapier „Herausforderungen für den Deutschen Corporate Governance Kodex" vom 08.06.2011, S. 6; *Deutsches Aktieninstitut e.V.*, Stellungnahme zur Konsultation der Regierungskommission Deutscher Corporate Governance Kodex zu den vorgeschlagenen Kodexanpassungen 2013 vom 20.03.2012, S. 1; *DAV-Handelsrechtsausschuss*, NZG 2012, S. 335; *Gehling*, DB 2011, Beilage zu Heft 31, S. 51; *Kremer*, ZIP 2011, S. 1177 (1180). Siehe auch die Ergebnisse der im Rahmen des „Corporate Governance Report 2012" durchgeführten Befragung bei *v. Werder/Bartz*, DB 2012, S. 869 (872).

37 Pressemitteilung der Regierungskommission Deutscher Corporate Governance Kodex vom 04.05.2011.

38 Pressemitteilung der Regierungskommission Deutscher Corporate Governance Kodex vom 16.05.2012.

Eingang in die Kommissionsberatungen[39] –, konnte die Kommission im Rahmen der Kodex-Novelle 2015 wieder eine stärke Beteiligung am Konsultationsverfahren verzeichnen: Zu den im Februar 2015 vorgestellten Änderungsvorschlägen gingen mehr als 60 Stellungnahmen aus dem In- und Ausland ein, die in die abschließenden Beratung der Kodex-Kommission am 05.05.2015 einflossen[40]. Die aktuelle Fassung des Kodex ist mit ihrer Veröffentlichung durch das Bundesjustizministerium im elektronischen Bundesanzeiger am 12.06.2015 in Kraft getreten.

3. Inhalt des Kodex

Der DCGK beinhaltet zum größten Teil die Wiedergabe gesetzlicher Regelungen. Dies entspricht sowohl der Kommunikations- als auch der Ordnungsfunktion des Kodex: Ausländische Investoren sollen sich zum einen über die Grundprinzipien des deutschen Aktienrechts schnell und verständlich informieren können. Dies war bisher angesichts eines über 400 Paragraphen starken und in deutscher Sprache[41] verfassten Aktiengesetzes sowie zahlreicher weiterer Regelungen in anderen Gesetzen, wie etwa dem HGB, nur schwer möglich. Zum anderen soll die Zusammenfassung der gesetzlichen Grundlagen aber auch den Verwaltungsorganen deutscher Gesellschaften die Arbeit erleichtern, indem sie Ordnung in das schwer zu überblickende Dickicht der Regelungen zur Unternehmensleitung und -kontrolle bringt[42]. Des Weiteren enthält der Kodex rechtlich unverbindliche Empfehlungen („sollen"), die Vorstand und Aufsichtsrat im Sinne einer guten und verantwortungsvollen Unternehmensleitung und -überwachung beachten sollen. Diese wurden seinerzeit zum großen Teil von der Regierungskommission übernommen[43]. Die dritte inhaltliche Kategorie stellen Verhaltensanregungen („sollten")[44] dar. Diese sind ebenfalls rechtlich unverbindlich. Im Unterschied zu den Empfehlungen, denen nach den Vorstellungen der Kodex-Kommission schon jetzt im Sinne einer „best practice" in den Unternehmen gefolgt wird, sind die Anregungen dadurch gekennzeichnet, dass sie derzeit noch nicht zu den praktizierten Grundsätzen guter Unternehmensführung zählen, es in Zukunft wohl aber werden[45].

---

39 Pressemitteilung der Regierungskommission Deutscher Corporate Governance Kodex vom 14.05.2013.

40 Pressemitteilung der Regierungskommission Deutscher Corporate Governance Kodex vom 11.05.2015.

41 Der DCGK steht demgegenüber im Internet auch in englischer Sprache zur Verfügung.

42 Vgl. *Lutter*, in: Gesellschaftsrecht in der Diskussion 2001, S. 47 (51).

43 *Ringleb*, in: Ringleb/Kremer/Lutter/ v. Werder, DCGK, Rn. 42 ff.

44 Das Nebeneinander der Wörter „sollte" und „kann" zur Kennzeichnung einer Anregung wurde im Rahmen der Kodex-Änderung 2012 zum Zwecke der Vereinfachung aufgehoben, siehe die Pressemitteilung der Regierungskommission Corporate Governance Kodex vom 16.05.2012.

45 *Lutter*, in: Hommelhoff/Hopt/v. Werder, Hdb. Corporate Governance, S. 123 (127).

4. Rechtsnatur des Kodex

Der DCGK ist ein „Novum des deutschen Rechts“[46], seine rechtliche Einordnung dementsprechend unklar. Wie immer man ihn auch qualifizieren mag – als bloßes „Marketinginstrument“[47], „verallgemeinerte Managementgrundsätze“[48], „außerrechtliche Fachnormen“[49]„soft law“[50] bzw. „soft law 2.0“[51], „Normen im faktischen Sinne“[52] oder „halbstaatliches Recht“[53] – eine klare Aussage über seine Rechtsnatur ist damit nicht verbunden. Dabei ist die Frage nach der Rechtsnatur des DCGK für die nachfolgende Untersuchung der Anfechtbarkeit von Hauptversammlungsbeschlüssen wegen fehlerhafter Entsprechenserklärung von großer Bedeutung. Denn § 243 Abs. 1 AktG als zentrale Anfechtungsnorm bestimmt, dass Hauptversammlungsbeschlüsse nur wegen einer Verletzung von Gesetz oder Satzung mit Erfolg angefochten werden können. Bevor insoweit auf die gesetzliche Flankierung des DCGK durch § 161 AktG eingegangen wird[54], gilt es zu klären, ob nicht schon eine Verletzung des Kodex an sich ausreicht, um die Anfechtbarkeit eines von den Aktionären gefassten Beschlusses zu begründen.

Dass ein Verstoß gegen diejenigen Passagen des Kodex, die die gesetzliche Ausgangslage des deutschen Corporate Governance-Systems beschreiben, zur Anfechtbarkeit von Hauptversammlungsbeschlüssen führen kann, ist unzweifelhaft. Dieser Geltungsanspruch wird aber nicht erst durch den DCGK begründet, sondern bereits durch das Gesetz selbst[55]. Daher ist die Frage nach der Rechtsnatur des Kodex nur hinsichtlich des Empfehlungs- und des Anregungsteils tatsächlich relevant.

a) Gesetz

Im Rahmen des § 243 Abs. 1 AktG gilt der materielle Gesetzesbegriff des Art. 2 EGBGB[56], d. h. ein Verstoß gegen jede Rechtsnorm begründet die Anfechtbarkeit von Hautversammlungsbeschlüssen.

---

46 *Ulmer*, ZHR 166 (2002), S. 150 (152).

47 *Berg/Stöcker*, WM 2002, S. 1569 (1570); *Leutheusser-Schnarrenberger*, WPg 2012, Heft 6, S. I.

48 *Claussen/Bröcker*, AG 2002, S. 481 (485).

49 *Hanfland*, Haftungsrisiken, S. 85.

50 *Lutter*, ZGR 2001, S. 224 (225); *v. Werder*, DB 2011, Beilage zu Heft 31, S. 49.

51 *Pietrancosta*, in: FS Hopt, S. 1111 (1125).

52 OLG München ZIP 2009, S. 133 (134) („MAN“).

53 *Weber-Rey*, KSzW 2013, S. 77.

54 Nachfolgend unter A. II.

55 *Hommelhoff/Schwab*, in: Hommelhoff/Hopt/v. Werder, Hdb. Corporate Governance, S. 71 (75).

56 *Hüffer*, AktG, § 243 Rn. 5.

aa) Formelles Gesetz, Satzung oder Rechtsverordnung

Beim DCGK handelt es sich ganz offenkundig nicht um ein formelles Gesetz; es fehlt an einem parlamentarischen Gesetzgebungsverfahren, das der Verabschiedung des Kodex vorausgegangen sein müsste[57]. Auch über § 161 AktG folgt nichts anderes, da durch die Pflicht zur Abgabe der Entsprechenserklärung „der jeweilige Inhalt des DCGK nicht im Sinne einer dynamischen Verweisung in den gesetzgeberischen Willen aufgenommen [wird]"[58]. Ebenso unzweifelhaft handelt es sich beim Kodex nicht um eine Satzung, welche von einer Körperschaft des öffentlichen Rechts zur Regelung eigener Angelegenheiten erlassen wurde. Auch eine Klassifizierung des DCGK als Rechtsverordnung scheidet aus[59]: Die Kodex-Bestimmungen selbst sind rechtlich unverbindlich, wie in der Präambel des DCGK ausdrücklich klargestellt wird. Von ihnen kann jederzeit abgewichen werden, wenngleich auch die Nichtumsetzung öffentlich gemacht und begründet werden muss. Das Konzept der freiwilligen Befolgung des Kodex und damit seiner rechtlichen Unverbindlichkeit wurde bereits von der Regierungskommission „Corporate Governance" verfolgt[60]. Rechtliche Relevanz erhalten die Kodex-Bestimmungen – und insoweit auch lediglich die Empfehlungen, da allein sie von der Offenlegungspflicht betroffen sind – ausschließlich über die Entsprechenserklärung nach § 161 AktG, die die Idee des „comply or explain" umsetzt. Die Freiwilligkeit seiner Umsetzung ist ein „Grundpfeiler des Kodex"[61]. Eine rechtliche Verbindlichkeit, wie sie die Einordnung des Kodex als Rechtsverordnung mit sich bringen würde, stünde dazu in einem eklatanten Widerspruch. Insofern kann die Frage, ob es sich beim DCGK überhaupt um ein staatliches Regelwerk handelt[62], hier noch dahinstehen.

bb) Gewohnheitsrecht

In Betracht kommt allerdings die Einordnung des DCGK als (Handels-)Gewohnheitsrecht. Bei diesem handelt es sich ebenfalls um ein Gesetz i. S. d Art. 2 EGBGB[63],

---

57 Auch die Veröffentlichung der jeweils gültigen Kodex-Fassung im elektronischen Bundesanzeiger und die vorausgegangene inhaltliche Prüfung durch das Bundesministerium der Justiz vermögen daran nichts zu ändern, *Semler*, in: MünchKommAktG (2. Aufl.), § 161 Rn. 29.

58 LG München NZG 2008, S. 150 (151) („MAN"); vgl. auch LG Düsseldorf, Urteil vom 07.11.2007 – 41 O 122/03, Rn. 70, juris; OLG Schleswig NZG 2004, S. 699 (670). AA in Bezug auf das Vorliegen einer dynamischen Verweisung *Wernsmann/Gatzka*, NZG 2011, S. 1001 (1007).

59 So auch *Bertrams*, Haftung, S. 61.

60 *Baums*, Bericht, Rn. 8.

61 So der ehemalige Kommissionsvorsitzende *Klaus-Peter Müller* in seiner Rede anlässlich der 11. Corporate Governance Konferenz am 13./14.06.2012 (S. 7 des Redemanuskripts).

62 Dazu sogleich unter A. II. 5. a).

63 *Sprau*, in: Palandt, BGB, Art. 2 EGBGB Rn. 1.

sodass ein Verstoß einen entsprechenden Hauptversammlungsbeschluss nach § 243 Abs. 1 AktG anfechtbar machen würde.

Fast dreizehn Jahre nach der Einführung des DCGK ist die Überlegung, ob die im Kodex normierten Verhaltensstandards inzwischen als eine dauerhafte tatsächliche Übung in der Rechtsgemeinschaft anzusehen ist, die allgemein ist und auf der Rechtsüberzeugung der Rechtsgemeinschaft beruht[64], durchaus berechtigt. Konnte die Frage, ob seit der Einführung des DCGK bereits ausreichend Zeit verstrichen ist, damit man von einer dauerhaften Übung sprechen kann, zu Beginn des vergangenen Jahrzehnts noch unschwer verneint werden[65], gilt es nunmehr zu bedenken, dass sich alle börsennotierten deutschen Aktiengesellschaften und seit 2009 auch bestimmte nicht-börsennotierte Unternehmen[66] seit immerhin mehr als zehn Jahren wenigstens einmal jährlich[67] im Rahmen der Entsprechenserklärung mit dem Kodex und den darin enthaltenen Verhaltensempfehlungen intensiv auseinander setzen müssen. Die Frage, nach wie vielen Jahren von einer dauerhaften Übung i. S. e. gewohnheitsrechtlichen Anerkennung gesprochen werden kann, lässt sich nicht pauschal beantworten; insoweit ist stets eine Einzelfallbetrachtung erforderlich. Helfen kann aber ein Blick auf den inzwischen gewohnheitsrechtlich anerkannten Rechtssatz vom Schweigen auf ein kaufmännisches Bestätigungsschreiben. Dieser hat sich während der letzten hundert Jahre[68] unter ständiger richterlicher Konkretisierung und Fortbildung aus Handelsbräuchen entwickelt und zählt heute zum objektiven Recht[69]. Verglichen mit dieser Entwicklung lässt sich nur schwerlich vertreten, dass die seit Schaffung des DCGK vergangenen fast dreizehn Jahre und die in dieser Zeit ergangenen Urteile, die sich mit dem Kodex beschäftigen[70], ausreichen, um eine dauerhafte tatsächliche Übung zu begründen.

Die gewohnheitsrechtliche Anerkennung von Empfehlungen und Anregungen scheitert jedoch nicht nur am fehlenden Zeitmoment; es mangelt ebenfalls an der

---

64 *Rüthers/Fischer/Birk*, Rechtstheorie, Rn. 232.

65 *Claussen/Bröcker*, AG 2000, S. 481 (483); *dies.*, DB 2002, S. 1199; *Lutter*, in: FS Huber, S. 871 (872). Zu der parallelen Überlegung, ob das für die Einstufung als Handelsbrauch i. S. d. § 346 HGB ebenfalls erforderliche Zeitmoment bereits gegeben ist, siehe *Berg/Stöcker*, WM 2002, S. 1569 (1571); *Hommelhoff/Schwab*, Regelungsquellen, S. 71 (77 f.); *Schulze-Osterloh*, ZIP 2001, S. 1433 (1436).

66 Durch das Bilanzrechtsmodernisierungsgesetz (BilMoG) vom 25.05.2009, BGBl. I S. 1102, wurde § 161 Abs. 1 S. 2 AktG eingefügt, nach dem auch solche Gesellschaften, die ausschließlich andere Wertpapiere als Aktien zum Handel an einem organisierten Markt i. S. d. § 2 Abs. 5 WpHG ausgegeben haben und deren Aktien auf eigene Veranlassung über ein multilaterales Handelssystem i. S. d § 2 Abs. 3 S. 1 Nr. 8 WpHG gehandelt werden, der Pflicht zur Abgabe einer Entsprechenserklärung unterliegen.

67 Zu der Frage einer häufigeren Befassung mit dem Kodex nachfolgend unter A. II. 7.

68 Vgl. insoweit die Verweise auf Urteile des Reichsoberhandelsgerichts in RGZ 54, S. 176 (180).

69 *K. Schmidt*, Handelsrecht, S. 564.

70 Vgl. insoweit die (nicht abschließende) Darstellung bei *Mutter*, ZGR 2009, S. 788 (789 ff.).

erforderlichen Rechtsüberzeugung der Rechtsgemeinschaft, mithin dem Rechtsgeltungswillen der Betroffenen[71], sowie an der dauerhaften tatsächlichen Übung der Kodex-Befolgung. Die Entscheidung über die Befolgung einer einzelnen Kodex-Bestimmung treffen die betroffenen Unternehmen autonom, sie unterliegen dabei keinerlei Zwang. Die Nichtumsetzung bestimmter Empfehlungen oder Anregungen ist jederzeit möglich, wenngleich diese Abweichung auch erklärt und begründet werden muss. Sie mag im Einzelfall sogar geboten sein, damit ein Unternehmen seinen speziellen Bedürfnissen Rechnung tragen kann[72]. Auch eine (gewohnheits-) rechtliche Bindung an den Inhalt des DCGK widerspräche damit dem Konzept der Freiwilligkeit der Kodex-Befolgung[73].

Tatsächlich existieren auch nur wenige Kodex-Empfehlungen, die ausnahmslos befolgt werden[74]. Bei der Mehrzahl der Empfehlungen des DCGK in seiner Fassung vom 13.05.2013[75] handelte es sich stattdessen um sog. neuralgische Bestimmungen, die von mehr als 10% der im Rahmen einer empirischen Studie befragten Unternehmen nicht befolgt werden; diejenigen Kodex-Empfehlungen, die als allgemein anerkannt gelten, weil sie von mindestens 90% der Unternehmen umgesetzt werden, sind demgegenüber in der Minderheit[76]. Der Anteil derjenigen Empfehlungen, die von den Unternehmen durchschnittlich befolgt werden, beträgt insgesamt lediglich 78,9%; die Befolgungsquote bei Kodex-Anregungen liegt sogar bei nur 63,9%[77]. Insofern kann nicht von einer dauerhaften tatsächlichen Übung der Rechtsgemeinschaft hinsichtlich sämtlicher Kodex-Bestimmungen gesprochen werden. Denkbar erschiene es allenfalls, nur solchen Kodex-Empfehlungen einen gewohnheitsrechtlichen Charakter zuzubilligen, die eine hohe Befolgungsquote aufweisen. Die damit verbundene Aufspaltung des DCGK in einen (gewohnheitsrechtlich) bindenden und einen unverbindlichen Teil wäre indes nicht nur unvereinbar mit der Grundidee der freiwilligen Kodex-Befolgung, sie würde darüber hinaus auch jeglicher Sinnhaftigkeit entbehren und zudem keinerlei Erkenntnisgewinn hinsichtlich der Rechtsnatur

71 Vgl. *Sprau*, in: Palandt, BGB, Einleitung Rn. 22.

72 Seit der Kodex-Novelle 2012 ist in der Präambel des DCGK nunmehr auch ausdrücklich klargestellt, dass eine Nichtbefolgung der Kodex-Empfehlungen keinesfalls gleichbedeutend mit einer schlechten Corporate Governance-Praxis ist; vielmehr könne „eine gut begründete Abweichung von einer Kodexempfehlung [...] im Interesse einer guten Unternehmensführung liegen." Mit dieser Klarstellung bezweckte die Kodex-Kommission die Etablierung einer „sinnvollen Abweichungskultur", so *Klaus-Peter Müller* in seiner Rede zur 11. Corporate Governance Konferenz am 13./14.06.2012 (S. 7 des Redemanuskripts).

73 So auch *von der Linden*, in: Wilsing, DCGK, § 161 AktG Rn. 12; *Kort*, in: FS K. Schmidt, S. 945 (956); *Lutter*, in: FS Hopt, S. 1025 (1032).

74 Vgl. die Tabellen 2, 3, 4 und 5 bei *v. Werder/Bartz*, DB 2014, S. 905 ff.

75 Für die am 12.06.2015 in Kraft getretene aktuelle Fassung des Kodex liegen noch keine Untersuchungen zur Befolgungsquote vor.

76 *V. Werder/Bartz*, DB 2014, S. 905 (914).

77 *V. Werder/Bartz*, DB 2014, S. 905 (907).

der Kodex-Empfehlungen insgesamt liefern[78]. Mangels gewohnheitsrechtlichem Charakter der Kodex-Bestimmungen[79] vermögen Abweichungen vom DCGK selbst die Anfechtbarkeit von Hauptversammlungsbeschlüssen nicht zu begründen, da es insoweit an einer Gesetzesverletzung i. S. d. § 243 Abs. 1 AktG fehlt.

---

78 So auch *Kleefass*, Entsprechenserklärung, S. 17.

79 Auch eine Einordnung der Kodexbestimmungen als Handelsbrauch scheidet aus – wenngleich eine solche für die Frage der Anfechtbarkeit von Aktionärsbeschlüssen wegen Verstößen gegen den Kodex selbst ohnehin nicht von Bedeutung ist, da es sich bei Handelsbräuchen i. S. d. § 346 HGB nicht um Rechtsnormen i. S. d. Art. 2 EGBGB handelt, siehe *Sprau*, in: Palandt, BGB, Art. 2 EGBGB Rn. 1. Die Anerkennung eines Handelsbrauches setzt eine gleichmäßige, einheitliche und freiwillige tatsächliche Übung der beteiligten Kreise für vergleichbare Geschäftsvorfälle über einen angemessenen Zeitraum, basierend auf einer einheitlichen Auffassung der Beteiligten, voraus, vgl. RGZ 110, S. 47 (48); BGH NJW 1952, S. 257; NJW 1984, S. 659 (660); *Hopt*, in: Baumbach/Hopt, HGB, § 346 Rn. 1. Auch wenn das Vorliegen eines hinreichenden Zeitmoments insoweit teilweise bejaht wird – so *Lutter*, in: FS Hopt, S. 1025 (1032) –, so fehlt es doch jedenfalls auch in diesem Zusammenhang angesichts der Befolgungsquoten an einer gleichmäßigen und einheitlichen tatsächlichen dauerhaften Übung hinsichtlich der Umsetzung von Kodexbestimmungen (s.o.), vgl. auch OLG Schleswig NZG 2004, S. 669 (670). Eine solche i. S. e. inhaltlichen Kontinuität widerspräche schließlich auch dem Grundgedanken des Kodex als einem flexiblen Regulierungsinstrument, siehe *Goette*, in: MünchKommAktG, § 161 Rn. 24; *von der Linden*, in: Wilsing, DCGK, § 161 AktG Rn. 12; *Bertrams*, Haftung, S. 71; *Wernsmann/Gatzka*, NZG 2011, S. 1001 (1003); vgl. auch *Kirschbaum*, in: Heidel, § 161 AktG Rn. 3. Zudem ist auch das Erfordernis der Freiwilligkeit zu verneinen. Zwar liegt dem DCGK die Grundkonzeption der rechtlichen Unverbindlichkeit und der Freiwilligkeit seiner Umsetzung zugrunde. Freiwilligkeit i. S. e. Handelsbrauches setzt jedoch voraus, dass die Übung – unterstellt, sie sei einheitlich und gleichmäßig – ohne gesetzlichen Zwang oder wirtschaftlichen Druck erfolgt, siehe *Pamp*, in: Oetker, HGB, § 346 Rn. 10. In diesem Zusammenhang sind der aus dem Fehlen eines einheitlichen Corporate Governance-Regelwerkes resultierende Wettbewerbsnachteil sowie der von § 161 AktG ausgehende „sanfte Druck" (*Spindler*, in: K. Schmidt/Lutter, AktG, § 161 Rn. 8) zu bedenken, sodass davon auszugehen ist, dass die Umsetzung von Kodex-Empfehlungen zwar auf einer freien Entscheidung der Unternehmen beruht, diese dabei jedoch (auch) von Motiven geleitet werden, die der Bejahung der Freiwilligkeit i. S. e. Handelsbrauches entgegen stehen. Schließlich ist noch darauf hinzuweisen, dass sich die Empfehlungen des DCGK nicht an Gesellschaften, sondern an deren Verwaltungsorgane richten (dazu ausführlich unter A. II. 3.). Diese sind allerdings keine Kaufleute i. S. d. §§ 1 ff. HGB. Sie nehmen hinsichtlich der Befolgung von Kodexbestimmungen auch nicht wie Kaufleute am Handelsverkehr teil, da die Bestimmungen lediglich die gesellschaftsinterne Praxis der Unternehmensleitung und -kontrolle betreffen, nicht aber auf rechtsgeschäftliches Handeln der Verwaltungsorgane gerichtet sind, siehe *Hanfland*, Haftungsrisiken, S. 76; *Lutter*, in: FS Hopt, S. 1025 (1032). Für die grundsätzliche Möglichkeit des (teilweisen) Erstarkens des Kodex zu einem Handelsbrauch hingegen *Lutter*, in: KölnKommAktG, § 161 Rn. 11; *Berg/Stöcker*, WM 2002, S. 1569 (1570); *Kort*, in: FS K. Schmidt, S. 945 (957).

b) Satzungsbestandteil

Wenngleich auch einzelne Bestimmungen des Kodex in die Satzung einer Aktiengesellschaft übernommen werden können[80], so handelt es sich beim DCGK nicht per se um einen Satzungsbestandteil oder um ein Werk mit satzungsgleicher Wirkung. Die Anteilseigner der Gesellschaften haben nämlich keinerlei Einfluss darauf, welche Empfehlungen überhaupt in den Kodex aufgenommen werden und wie die Gesellschaft konkret mit diesen Empfehlungen umgeht. Die Entscheidung über die Befolgung oder Nichtbefolgung von Kodex-Empfehlungen treffen Vorstand und Aufsichtsrat der Gesellschaft als Verwaltungsorgane, die Hauptversammlung hat diesbezüglich keinerlei Entscheidungskompetenz[81]. Dieser Umstand ist indes unvereinbar mit den Vorgaben des § 179 Abs. 1 und 2 AktG. Mithin erlangen die Empfehlungen des DCGK auch nicht als Satzungsbestandteil rechtliche Verbindlichkeit.

c) Ergebnis

Für die hier zunächst in Frage stehenden Auswirkungen eines „Verstoßes" gegen die im DCGK niedergelegten Verhaltensstandards selbst auf den Bestand von Hauptversammlungsbeschlüssen ist im Ergebnis festzuhalten, dass Anfechtungsklagen weder jetzt noch in Zukunft auf die Nichtbeachtung des Kodex selbst gestützt werden können. Dessen Verhaltensempfehlungen sind rechtlich gänzlich unverbindlich. Über die Rechtsnatur des Kodex ist damit freilich nicht abschließend befunden. Zu konstatieren ist, dass er sich als unbestrittene Neuerung im deutschen Recht nicht überzeugend in die bekannten Kategorien der deutschen Rechtstradition „pressen" lässt[82]. Angesichts dessen erscheint es vorzugswürdig, ihn als unverbindliches („Regel-") Werk sui generis[83], jedoch mit der größten Schnittmenge zur bloßen (privaten oder staatlichen)[84] Informationsquelle einzuordnen. Hiergegen wird zum Teil eingewandt, der DCGK gehe im Hinblick auf seine Ordnungsfunktion über eine bloße Information hinaus, da er schließlich auch Denk- und Handlungsanstöße liefern soll[85]. Jedoch

---

80 Vgl. *Lutter*, in: Hommelhoff/Hopt/v. Werder, Hdb. Corporate Governance, S. 123 (133).

81 LG München NZG 2008, S. 150 (151) („MAN"); OLG München ZIP 2009, S. 133 (134) („MAN); vgl. auch *Leyens*, in: GroßkommAktG, § 161 Rn. 107; *Vetter*, NZG 2008, S. 121 (123); *Kort*, in: FS K. Schmidt, S. 945 (952).

82 Exemplarisch sei insoweit die von *Borges* (ZGR 2003, S. 508 (518)) vorgenommene Einordnung des DCGK als Sammlung außerrechtlicher Fachnormen, ähnlich den DIN-Normen, genannt, der nach der Auffassung von *Kirschbaum* (Entsprechenserklärungen, S. 76) jedenfalls der fehlende Allgemeingültigkeitsanspruch der Kodex-Empfehlungen, welcher in der Möglichkeit der Nichtumsetzung Ausdruck findet, entgegen steht.

83 So auch *Kirschbaum*, in: Heidel, § 161 AktG Rn. 3; *ders.*, Entsprechenserklärungen, S. 76; *Kleefass*, Entsprechenserklärung, S. 20; wohl auch *Woitzyk*, Anfechtung, S. 20.

84 Zu dieser Frage sogleich unter A. I. 5. a).

85 So *Kleefass*, Entsprechenserklärung, S. 18.

schließen sich seine Einordnung als Informationsquelle und die ihm (auch) zukommende lenkende Wirkung nicht per se aus – gründen sich doch mögliche Reaktionen von Unternehmensseite auf der Erkenntnis, dass die eigene Corporate Governance-Praxis nicht dem im DCGK dargelegten Verständnis der Kodex-Kommission, was unter „guter" Unternehmensführung und -kontrolle zu verstehen sei, übereinstimmt. Selbst wenn Unternehmen zu dem Schluss kommen, dass ihre Praxis, gemessen an den Maßstäben der Kodex-Kommission, defizitär ist, so resultiert daraus schließlich auch kein Handlungszwang; es steht ihnen frei, die Information der Kommission für falsch oder nicht auf die individuellen Gegebenheiten passend zu halten.

5. Verfassungsmäßigkeit des Kodex

Obgleich dem DCGK an sich keine rechtliche Verbindlichkeit zukommt, sieht er sich seit seiner Einführung teils heftiger verfassungsrechtlicher Kritik ausgesetzt – welche im Übrigen seit der gerichtlichen Anerkennung einer unrichtigen Kodex-Erklärung als Anfechtungsgrund i. S. d. § 243 Abs. 1 AktG[86] und dem Aufgreifen der gesellschaftspolitischen „Diversity"-Diskussion durch die Kodex-Kommission[87] noch zugenommen hat. Die höchstrichterliche Rechtsprechung hat diesen Bedenken bislang keinerlei Rechnung getragen und die Verfassungsmäßigkeit des DCGK damit inzident bejaht[88].

Die verfassungsrechtlichen Zweifel bzw. die ausdrückliche Verneinung der Verfassungsmäßigkeit des Kodex beruhen dabei auf der Annahme, dem Kodex komme trotz seiner fehlenden rechtlichen Bindung aufgrund eines faktischen Befolgungszwangs eine gesetzesgleiche Wirkung zu[89]. Infolgedessen läge ein Verstoß sowohl gegen das Demokratieprinzip des Art. 20 Abs. 2 S. 2 GG als auch gegen den Vorbehalt des Gesetzes (Art. 20 Abs. 3 GG) vor, da eine Kommission, deren schlichte Existenz, nicht aber ihre Zusammensetzung und ihre Arbeitsweise über § 161 AktG gesetzlich geregelt sind, ohne jedwede inhaltliche Beschränkung den betroffenen Unternehmen quasi „am Gesetzgeber vorbei" Pflichten auferlege[90]. Unklar bleibt dabei aber häufig, wo die verfassungsrechtliche Kritik tatsächlich ansetzt. Freilich hängen Kodex und die Erklärung über seine Befolgung unmittelbar zusammen.

---

86 Dazu ausführlich in den Kapiteln C. und D.

87 Ziffern 4.1.5 S. 1 und 5.4.1 Abs. 2 DCGK.

88 Vgl. BGHZ 180, S. 9 (19) („Kirch ./. Deutsche Bank").

89 Vgl. *Hüffer*, AktG, § 161 Rn. 3: „Geltungsanspruch mit Ausstiegsklausel"; *Hoffmann-Becking*, ZIP 2011, S. 1177; *Rosengarten*, in: Gesellschaftsrecht in der Diskussion 2001, S. 71 (74); *Seidel*, ZIP 2004, S. 285 (290).

90 *Rosengarten*, in: Gesellschaftsrecht in der Diskussion 2011, S. 71 (74). Ebenso *Hüffer*, AktG, § 161 Rn. 4; *Sester*, in: Spindler/Stilz, AktG, § 161 Rn. 4; *Harbarth*, DB 2011, Beilage zu Heft 31, S. 53; *Hoffmann-Becking*, in: FS Hüffer, S. 337 (343); *ders.*, ZIP 2011, S. 1173 (1174); *Seidel*, ZIP 2004, S. 285 (291); *Spindler*, NZG 2011, S. 1007 (1008 f.); *Wolf*, ZRP 2002, S. 59 (60).

Dieser Zusammenhang entbindet jedoch nicht von einer Pflicht zur genauen Verortung angeblicher verfassungsrechtlicher Probleme. Insofern soll hier zunächst ausschließlich der DCGK selbst in den Blick genommen werden.

Obiges Postulat der Verfassungswidrigkeit des Kodex bedarf unter zwei Gesichtspunkten einer näheren Betrachtung: So gilt es zunächst zu klären, ob es sich beim DCGK tatsächlich – wie Kodex-Kommission und Bundesjustizministerium nicht müde werden zu beteuern – um einen „Akt der Selbstorganisation und Selbstverpflichtung der deutschen Wirtschaft"[91] handelt oder ob die aufgestellten Verhaltensstandards nicht vielmehr dem Bereich staatlichen Handelns zuzuordnen sind. Denn erst in letztgenanntem Fall bedarf es einer Prüfung des Kodex am Maßstab des Art. 20 GG, um eine „Flucht des Staates ins Privatrecht" zu verhindern[92]. Ferner gilt es zu untersuchen, ob den Bestimmungen des DCGK tatsächlich diejenige faktische Bindungswirkung zukommt, die ein Legitimationsdefizit des Kodex begründen könnte.

a) Deutscher Corporate Governance Kodex: Privates oder staatliches Regelwerk?

Ihr Selbstverständnis als unabhängige Hüterin der in einem „Akt der Selbstorganisation" „von der Wirtschaft für die Wirtschaft"[93] aufgestellten Corporate Governance-Grundsätze hat die Kodex-Kommission in den vergangenen Jahren hinlänglich deutlich gemacht. Auch das Bundesjustizministerium verweist immer wieder auf die politische Unabhängigkeit der Kommission, durch deren Einsetzung sich der Gesetzgeber zudem keinesfalls der Möglichkeit entledigt habe, dort selbst tätig zu werden, wo er verbindliche Regelungen für erforderlich hält[94]. Diesem (Selbst-)Verständnis zum Trotz, erscheint die Überlegung angezeigt, ob sich das insoweit propagierte Leitbild der Kommissionsarbeit nicht durch deren tatsächliche Gestaltung überholt hat, mit der Folge, dass die aufgestellten Verhaltensregeln tatsächlich dem Bereich staatlichen Handelns zuzuordnen sind bzw. sich der Staat diese jedenfalls zu Eigen macht.

Für eine rein private Urheberschaft der Corporate Governance-Grundsätze spricht zuvörderst die Nicht-Mitgliedschaft von Regierungsvertretern oder Politikern in der Kodex-Kommission[95]. Auch der bewusste Verzicht auf rechtlich verbindliche Regelungen zu Gunsten des Vertrauens in eine „verantwortungsbewusste

---

91 Bericht der Regierungskommission Deutscher Corporate Governance Kodex an die Bundesregierung aus dem November 2010, S. 5.

92 *Wernsmann/Gatzka*, NZG 2011, S. 1001 (1003).

93 So der damalige Kommissionsvorsitzende *Dr. Gerhard Cromme* in seiner Rede anlässlich der Übergabe des DCGK am 26.02.2002 (S. 2 des Redemanuskripts).

94 *Heintzen*, ZIP 2004, S. 1933 (1934); *Leutheusser-Schnarrenberger*, WPg 2012, Heft 6, S. I; *dies.*, RuP 2012, S. 129 (132); *Seibert*, BB 2002, S. 581 (582), der als zuständiger Referent im Bundesjustizministerium die Kodex-Kommission betreut.

95 *Ringleb*, in: Ringleb/Kremer/Lutter/v. Werder, DCGK, Rn. 18 f.; *Claussen/Bröcker*, DB 2002, S. 1199; *Seibert*, BB 2002, S. 581 (582).

Selbstregulierung durch die deutschen Unternehmen“[96] streitet für die Staatsferne der aufgestellten Grundsätze. Schließlich erweckt die Bezeichnung des Regelwerkes als „Kodex“ im Sinne von Verhaltensregeln, an denen sich eine gesellschaftliche Gruppe orientiert[97], sowie dabei insbesondere das Fehlen eines Zusatzes wie etwa „Bundes-“ oder „Regierungs-“ den Anschein eines ausschließlich privaten Regelwerkes[98].

Dieser Eindruck wird jedoch bereits durch das Auftreten der Kommission unter dem Namen „Regierungskommission Deutscher Corporate Governance Kodex“ sowie die Verwendung des Bundesadlers auf Publikationen der Kodex-Kommission – welche grundsätzlich den amtlichen Stellen des Bundes vorbehalten ist und andernfalls einer Genehmigung durch das Bundesverwaltungsamt bedarf – wieder erheblich geschmälert[99]. Obschon der Kodex-Kommission selbst keinerlei Regierungsvertreter angehören, beruhte ihre Einsetzung zudem auf einem Regierungsakt; auch ihre Mitglieder wurden und werden durch das Bundesministerium der Justiz ausgesucht und bestellt[100]. Schließlich erlangt der DCGK auch erst durch seine Veröffentlichung im amtlichen Teil des elektronischen Bundesanzeigers überhaupt Geltung, vgl. § 161

---

96 *Leutheusser-Schnarrenberger*, RuP 2012, S. 129 (131).

97 Duden, Deutsches Universalwörterbuch, 7. Aufl.

98 *Vogel*, Haftung, S. 43. Auch die Geschäftsstelle der Kodex-Kommission ist nicht etwa beim Bundesjustizministerium angesiedelt, sondern wurde in der Vergangenheit von demjenigen Unternehmen eingerichtet, dem der Kommissionsvorsitzende angehörte. Seit September 2013 unterstützt das Deutsche Aktieninstitut e.V. die Kodex-Kommission organisatorisch und finanziell, siehe die Pressemitteilung des DAI vom 17.09.2013.

99 *Goette*, in: MünchKommAktG, § 161 Rn. 26; *Hoffmann-Becking*, in: FS Hüffer, S. 337 (339 f.); *Seidel*, ZIP 2004, S. 285 (287 f.). Obgleich es sich bei den Veröffentlichungen der Kodex-Kommission ohne Zweifel nicht um amtliche Drucksachen handelt, vgl. dennoch Ziff. 3 Abs. 1 der Richtlinien für die Anfertigung von Dienstsiegeln und Verwendung des Bundesadlers auf amtlichen Schildern und Drucksachen vom 04.03.1950 i. d. F. vom 15.09.2004, GMBl. 2004, S. 1013.

100 *Goette*, in: MünchKommAktG, § 161 Rn. 26; *Leyens*, in: GroßkommAktG, § 161 Rn. 37; *Hoffmann-Becking*, in: FS Hüffer, S. 337 (340); *Seidel*, ZIP 2004, S. 285 (286); *Wernsmann/Gatzka*, NZG 2011, S. 1001 (1003). *Wolf*, ZPR 2002, S. 59 (60) weist darauf hin, dass nicht nur die Kodex-Kommission, sondern bereits die Regierungskommission „Corporate Governance“ unter der Leitung von *Prof. Dr. Baums*, auf die die Schaffung des DCGK zurückgeht, durch die öffentliche Hand eingesetzt wurde. *Rosengarten* spricht insoweit vom Kodex als „Kanzlerrecht“, in: Gesellschaftsrecht in der Diskussion 2001, S. 71 (74). Die Annahme, die Mitglieder der Kodex-Kommission fungieren als Berater von Bundesregierung und Parlament und hätten daher ein atypisches öffentliches Amt inne – so *Heintzen*, ZIP 2004, S. 1933 (1935) und *Seidel*, NZG 2004, S. 1095 – verleitet demgegenüber zu einem Zirkelschluss, da sie voraussetzt, dass Gesetzgeber selbst ein Corporate Governance-Regelwerk hätte schaffen wollen.

Abs. 1 S. 1 AktG, wodurch die Kodex-Bestimmungen zumindest einen „offiziösen Charakter“ erhalten[101].

Teilweise wird behauptet, die Bundesregierung hätte während der Entstehung des Kodex durch das Bundesministerium der Justiz Einfluss auf dessen Inhalt genommen und ihre inhaltlichen Vorstellungen durch die Drohung, andernfalls entsprechende gesetzliche Regelungen zu erarbeiten, durchgesetzt[102]; belegbar ist diese Unterstellung indes nicht. Zwar macht die Politik tatsächlich immer wieder deutlich, dass sie im Falle einer ihres Erachtens ungenügenden Selbstverpflichtung seitens der Unternehmen nicht zögern werde, gesetzgeberisch tätig zu werden. Dies ist aber ihr gutes Recht. Der Kodex-Kommission kommt insoweit die Möglichkeit zu Gute, als „Puffer gegenüber dem Gesetzgeber“[103] zu wirken. Aus der latenten Gefahr der Schaffung gesetzlicher Regelungen schließen zu wollen, die Bundesregierung übe Druck auf die Kommission aus und beeinflusse so deren Arbeit, weshalb der Kodex als staatliches Regelwerk anzusehen sei, wäre verfehlt. Allerdings darf der staatliche Anteil am Zustandekommen neuer Kodex-Fassungen auch nicht verkannt werden: Vor der Veröffentlichung des Kodex im elektronischen Bundesanzeiger prüft das Bundesministerium der Justiz nicht nur die Gesetzmäßigkeit der vorgesehenen Kodex-Bestimmungen; auch deren inhaltliche Ausgewogenheit wird in Augenschein genommen[104]. Dabei beschränkt sich das Ministerium auch nicht auf eine bloße Monierung etwaiger Verstöße, sondern greift sogar, wie im Rahmen der Kodex-Novelle 2012 geschehen, korrigierend ein: Die von der Kodex-Kommission am 15.05.2012 beschlossene Änderung von Ziffer 5.4.6 Abs. 3 S. 1 DCGK – Wiedergabe einer gesetzlichen Verpflichtung zur individualisierten Offenlegung der Aufsichtsratsvergütung im

101 *Hüffer*, AktG, § 161 Rn. 7; ebenso *Seidel*, NZG 2004, S. 1095; *Wernsmann/Gatzka*, NZG 2011, S. 1001 (1003); einschränkend *Heintzen*, ZIP 2004, S. 1933 (1934), der davon ausgeht, dass diese Veröffentlichung nicht konstitutiv für das In-Krafttreten der Kodex-Bestimmungen ist. Diese Auffassung ist angesichts des eindeutigen Vermerks „Gültig erst nach Veröffentlichung im elektronischen Bundesanzeiger“ auf jeder vorab veröffentlichten Neufassung des Kodex nicht haltbar, vgl. auch die Pressemitteilung der Regierungskommission Deutscher Corporate Governance Kodex vom 14.05.2013. Zwar meint eine „Bekanntmachung in den Gesellschaftsblättern“ nach z. B. § 121 Abs. 4 AktG ebenfalls die Veröffentlichung im elektronischen Bundesanzeiger, vgl. § 25 AktG. Der amtliche Teil des Bundesanzeigers ist demgegenüber nur für die Verkündung von Rechtsverordnungen und sonstigen amtlichen Bekanntmachungen, Ausschreibungen und Hinweisen der Behörden des Bundes und der Länder bestimmt, vgl. § 5 Abs. 2 VkBkmG. Der Veröffentlichung des DCGK im elektronischen Bundesanzeiger hingegen kein Gewicht beimessend *Lutter*, in: KölnKommAktG, § 161 Rn. 11; in diesem Sinne auch *von der Linden*, in: Wilsing, DCGK, § 161 AktG Rn. 15.

102 *Seidel*, ZIP 2004, S. 285 (287 f.).

103 *Leutheusser-Schnarrenberger*, RuP 2012, S. 129 (132).

104 *Seibert*, BB 2002, S. 581 (582). Ob daneben auch eine Zweckmäßigkeitsprüfung vorgenommen wird, wie *Seidel*, ZIP 2002, S. 285 (288) behauptet, lässt sich nicht belegen, vgl. auch *Lutter*, in: KölnKommAktG, § 161 Rn. 14.

Anhang oder Lagebericht – hätte gegen § 285 Nr. 9 lit. a) HGB verstoßen, da danach lediglich die Vorstandsvergütungen verpflichtend individualisiert offenzulegen sind; die von der Kommission angedachte Beschreibung der geltenden Rechtslage wäre folglich unzutreffend gewesen. Diesen Redaktionsfehler hat das Bundesjustizministerium nach Rücksprache mit der Kommission sodann korrigiert und Ziffer 5.4.6 Abs. 3 S. 1 DCGK als Empfehlung formuliert[105]. Auch wenn das ministerielle Eingreifen rechtlich einwandfrei und sachdienlich gewesen sein mag und es aufgrund der Offenkundigkeit des Versehens und der Rücksprache mit der Kommission zu weit gehen würde, das BMJ als „heimliche(n) Kodexgeber"[106] zu bezeichnen, so hat es zur Folge, dass es sich bei der korrigierten Kodex-Bestimmung tatsächlich nicht mehr um eine solche der Kommission handelt, da sie dem von ihr getroffenen Beschluss – mag er auch redaktionell fehlerhaft gewesen sein – widerspricht[107]. Zweifelsohne ist die Zusammenarbeit bzw. die Abstimmung mit dem Bundesjustizministerium unerlässlich, um den Kodex als ein solches Regelwerk zu gestalten, welches mit nationalen, aber auch europäischen Gesetzesvorhaben harmoniert[108]. Sobald sich aber eine Initiative seitens des Ministeriums unmittelbar in dem Kodex-Inhalt niederschlägt, kann nicht länger davon ausgegangen werden, dass es sich dem DCGK um einen reinen Akt der Selbstorganisation deutscher Unternehmen handelt. In diesem Zusammenhang gewinnen schließlich auch beiläufige Äußerungen von Ministeriumsseite, wonach „der Anschein zu großen [!] Regierungseinflusses" auf die Kommissionsarbeit vermieden werden solle[109] oder aber die Bekanntmachung von Kodex-Änderungen im Bundesanzeiger erfolgen könne, da diese „von Frau Minister Leutheusser-Schnarrenberger gebilligt" wurden[110], an Bedeutung.

In der Gesamtschau ist daher davon auszugehen, dass sich der Staat den Inhalt des Kodex zumindest zu Eigen macht und er damit – trotz seiner an sich privaten Urheberschaft – dem Bereich staatlichen Handelns zuzuordnen ist. Wenn unter Verwendung staatlicher Symbolik ein Regelwerk geschaffen wird, welches sodann einer staatlichen Prüfung inklusive Eingriffsmöglichkeit unterzogen wird, anschließend mittels eines amtlichen Verkündungsinstruments veröffentlicht wird, damit es schließlich Gegenstand einer über § 161 AktG gesetzlich angeordneten Erklärung sein kann, kann trotz gegenteiliger Bekundungen nicht angenommen werden, es handle sich dabei um einen reinen „Akt der Selbstorganisation" der deutschen Wirtschaft.

---

105 Ausführlich hierzu *Wandt*, ZIP 2012, S. 1143 ff.; *Ringleb/Kremer/Lutter/v. Werder*, NZG 2012, S. 1081 (1088 f.).

106 *Wandt*, ZIP 2012, S. 1443.

107 *Wandt*, ZIP 2012, S. 1143 (1444). AA *Ringleb/Kremer/Lutter/v. Werder*, NZG 2012, S. 1081 (1088 f.).

108 *Ringleb*, in: Ringleb/Kremer/Lutter/v. Werder, DCGK, Rn. 19.

109 *Seibert*, BB 2002, S. 581 (582) (Einfügung durch die Verf.).

110 So der ehemalige Parlamentarische Staatssekretär beim Bundesjustizministerium, *Dr. Max Stadler*, in seinem Grußwort anlässlich der 11. Kodex-Konferenz am 13./14.06.2012 (S. 5 des Redemanuskripts).

b) *Verfassungsrechtliche Legitimation des Kodex*

Da sich die Bundesregierung den DCGK zumindest zu Eigen macht und er daher trotz seiner privaten Urheberschaft dem Bereich staatlichen Handelns zuzuordnen ist, ist eine Prüfung seiner Verfassungsmäßigkeit unerlässlich.

aa) *Grundrechtliche Relevanz des Kodex*

Zunächst sind die Bestimmungen des DCGK im Hinblick auf die Berufsausübungsfreiheit der betroffenen Unternehmen gem. Art. 12 Abs. 1 i. V. m. Art. 19 Abs. 3 GG von grundrechtlicher Relevanz: Die Empfehlungen des Kodex betreffen die Gestaltung und Ausübung von Leitungs- und Kontrollbefugnissen. Die insoweit tangierte freie Führung von Unternehmen als Aspekt der Unternehmerfreiheit wird vom Schutzzweck des Art. 12 Abs. 1 GG erfasst[111]. Zudem sind die Kodex-Bestimmungen auch in Bezug auf Art. 14 GG von Bedeutung[112]: Von der Eigentumsgarantie erfasst ist auch das Anteilseigentum der Aktionäre, welches „in seinem mitgliedschaftsrechtlichen und seinem vermögensrechtlichen Element gesellschaftsrechtlich vermitteltes Eigentum“ ist[113]. Das Gesellschaftsrecht gibt den Aktionären die Möglichkeit, auf die Praxis der Unternehmensleitung und -kontrolle entscheidend einzuwirken, beispielsweise durch die grundsätzliche freie Wahl der Aufsichtsratsmitglieder[114]. Dieser gesellschaftsrechtlich begründete Einfluss wird durch die Bestimmungen des DCGK jedenfalls tangiert. Soweit darüber hinaus auch Schutzbereiche weiterer Grundrechte, wie etwa das Recht einzelner Organmitglieder auf informationelle Selbstbestimmung aus Art. 2 Abs. 1 i. V. m. Art. 1 Abs. 1 GG, apodiktisch als eröffnet erachtet werden[115], wird übersehen, dass es bei den exemplarisch genannten Kodex-Bestimmungen zum Teil überhaupt nicht um Empfehlungen, sondern um die bloße Wiedergabe geltenden Rechts handelt[116]. In diesem Fall ist bereits die wiedergegebene gesetzliche Regelung von grundrechtlicher Relevanz; die lediglich über die geltende Rechtslage informierende Kodex-Bestimmung begründet keinerlei eigenständigen Geltungsanspruch. Wo es indes an einer bloß informierenden Kodex-Bestimmung fehlt und stattdessen eine echte Verhaltensempfehlung abgegeben wird (z. B. Ziffer 5.4.6 Abs. 3 DCGK), ist deren grundrechtliche Relevanz im Hinblick auf Art. 2 Abs. 1 i. V. m. Art. 1 Abs. 1 GG zu bejahen.

---

111 BVerfGE 50, S. 290 (363) („Mitbestimmung“).

112 *Mülbert*, ZHR 174 (2010), S. 375 (382); *Spindler*, NZG 2011, S. 1007 (1010).

113 BVerfGE 50, S. 290 (342) („Mitbestimmung“).

114 Hierzu ausführlich unter D. III 3. b) aa) (2) (cc).

115 *Wernsmann/Gatzka*, NZG 2011, S. 1001 (1006).

116 So gibt Ziffer 4.2.4 DCGG lediglich § 285 Nr. 9 lit. a) S. 5 und 6 HGB inhaltlich wieder.

bb) Abhängigkeit der demokratischen Legitimation staatlichen Handelns vom Grad der damit verbundenen Grundrechtsbeeinträchtigung

Die Frage, welche Anforderungen an die demokratische Legitimation staatlichen Handelns zu stellen sind, hängt entscheidend von der damit verbundenen Eingriffsintensität ab. Eindeutig bedarf ein staatlicher Akt, welcher grundrechtlich geschützte Rechtspositionen final und unmittelbar durch ein Ge- oder Verbot rechtlich beschränkt, einer besonderen gesetzlichen Grundlage. Diese Merkmale eines klassischen hoheitlichen Eingriffs erfüllen die rechtlich unverbindlichen Bestimmungen der DCGK unzweifelhaft nicht. Aber auch eine mittelbare, tatsächliche und ggf. unbeabsichtigte Beeinträchtigung grundrechtlich geschützten Wirkens infolge eines schlicht-hoheitlichen Handels in Gestalt einer Informationstätigkeit durch die Bundesregierung setzt eine entsprechende Ermächtigung voraus, wobei sich diese nach der Rechtsprechung des Bundesverfassungsgerichts bereits aus der Aufgabenzuweisung qua Verfassung (Art. 62 ff. GG) ergibt, ohne dass eine weiterreichende gesetzliche Ermächtigungsgrundlage erforderlich wäre[117]. Unter Zugrundelegung dieser Rechtsprechung ist nicht ersichtlich, weshalb die staatliche Etablierung von rechtlich unverbindlichen Corporate Governance-Grundsätzen unter Zuhilfenahme externer Sachverständiger ohne gesetzliche Normierung von Aufgabe, Besetzung, Berufungsverfahren und Arbeitsweise der Kodex-Kommission verfassungswidrig bzw. verfassungsrechtlich bedenklich sein soll[118]. Allerdings sieht das BVerfG nur eine solche staatliche Informationstätigkeit als verfassungsrechtlich zulässig an, die insbesondere inhaltlich zutreffend ist[119]. Insofern sind vorliegend Zweifel durchaus angebracht, geben doch immerhin einige Kodex-Bestimmungen geltendes Aktienrecht nur unzutreffend bzw. unpräzise wieder[120]. Schließlich aber könnten sämtliche Bedenken hinsichtlich der demokratischen Legitimation des DCGK dahinstehen, wenn von diesem keine rechtlichen oder faktischen Beschränkungen der betroffenen Unternehmen ausgehen würden.

---

117 BVerfGE 105, S. 252 (268 ff.) („Glykol“); 105, S. 279 (309 ff.) („Jugendsekte“).

118 Ebenso *Bachmann*, AG 2011, S. 181 (191); *Hoffmann-Becking*, in: FS Hüffer, S. 337 (341), bei dem i. E. aber die verfassungsrechtlichen Bedenken überwiegen; *Vogel*, Haftung, S. 43. AA *Harbarth*, DB 2011, Beilage zu Heft 31, S, 53; *Hommelhoff/Schwab*, in: Hommelhoff/Hopt/v. Werder, Hdb. Corporate Governance, S. 71 (82, 85); *Seidel*, NZG 2004, S. 1095 (1096); *Spindler*, NZG 2011, S. 1007 (1008).

119 BVerfGE 105, S. 252 (272) („Glykol“).

120 *Seidel*, ZIP 2004, S. 285 (292 f.); *ders.*, NZG 2004, S. 1095 (1096); *Spindler*, NZG 2011, S. 1007 (1009); *Wernsmann/Gatzka*, NZG 2011, S. 1001 (1005). Vgl. beispielsweise Ziffer 3.3 S. 1 DCGK („Für Geschäfte von grundlegender Bedeutung legen die Satzung oder der Aufsichtsrat – dieser gegebenenfalls auch im Einzelfall – Zustimmungsvorbehalte fest.“) und § 111 Abs. 4 S. 2 AktG („Die Satzung oder der Aufsichtsrat hat jedoch zu bestimmen, daß bestimmte Arten von Geschäften nur mit seiner Zustimmung vorgenommen werden dürfen.“) (Beispiel nach *Seidel*, ZIP 2004, S. 285 (292)).

(1) Rechtliche Beschränkungen

Rechtliche Beschränkungen gehen von den Kodex-Bestimmungen selbst nicht aus. Weder ge- oder verbieten diese in rechtlich bindender Weise ein bestimmtes Verhalten. Das rechtlich relevante Pflichtenprogramm für die betroffenen Unternehmen folgt erst aus der gesetzlichen Anordnung der verpflichtenden Abgabe der Entsprechenserklärung. Ausschließlich an diese können sich negative Rechtsfolgen in Gestalt der Anfechtbarkeit von Hauptversammlungsbeschlüssen anknüpfen[121]. Die gegenteilige Auffassung, wonach bereits die Nichtbefolgung der im Kodex niedergelegten Corporate Governance-Standards erhebliche Rechtsfolgen nach sich ziehe[122], ist nicht haltbar.

(2) Faktische Beeinträchtigung

Mit Verve wird im juristischen Schrifttum immer wieder vertreten, die Wirtschaftspraxis sehe sich, wenn schon keinem rechtlichen, dann doch einem faktischen Zwang zur Umsetzung der Empfehlungen des DCGK ausgesetzt, bedingt durch die mit einer Kodex-Abweichung verbundenen Anfechtungsrisiken sowie den Erwartungen des Kapitalmarktes und der medialen Öffentlichkeit[123]. Auch ein nicht unerheblicher Teil der im Rahmen des „Corporate Governance Reports 2012" zu ihrer tatsächlichen Einstellung gegenüber dem Kodex Befragten empfanden einen solchen faktischen Befolgungsdruck[124]. Dieser Befund kann nicht einfach negiert werden. Schließlich ist auch anzuerkennen, dass es für die betroffenen Unternehmen angesichts des damit verbundenen geringeren (Begründungs-)Aufwandes durchaus reizvoll ist, den Kodex in Gänze zu befolgen, anstatt sich ablehnend gegenüber einzelnen Bestimmungen zu positionieren[125]. Dennoch ist fraglich, ob sich das subjektive Empfinden Einzelner auch tatsächlich belegen lässt, sodass daraus ein verfassungsrechtliches Problem resultieren könnte.

Seit seiner Einführung 2002 ist die generelle Befolgungsquote stetig gestiegen, bis sie 2010 bei einem sehr hohen Wert von 85,8% lag; seitdem ist die Befolgungsquote jedoch signifikant gesunken auf 79,8% in 2014[126]. Dieser Wert bleibt weit

---

121 Siehe oben unter A. I. 4. Ebenso OLG München NZG 2008, S. 337 (338); *Kort*, in: FS K. Schmidt, S. 945 (951); *Kremer*, DB 2011, Beilage zu Heft 31, S. 55; *Leutheusser-Schnarrenberger*, WPg 2012, Heft 6, S. I; *dies.*, RuP 2012, S. 139 (132 f.); *Lutter*, Börsen-Zeitung Nr. 49 vom 09.03.2012, S. 8.

122 So der *CDU-Bundesfachausschusses Wirtschafts-, Haushalts- und Finanzpolitik* in seinem Beschluss vom 14.10.2011.

123 *Goette*, in: MünchKommAktG, § 161 Rn. 30; *Hommelhoff/Schwab*, in: Hommelhoff/Hopt/v. Werder, Hdb. Corporate Governance, S. 71 (80 ff.); *Seidel*, ZIP 2004, S. 285 (290); *Wernsmann/Gatzka*, NZG 2011, S. 1001 (1006).

124 *V. Werder/Bartz*, DB 2012, S. 869 (872).

125 So auch *Habersack*, Gutachten, S. E 54.

126 *V. Werder/Bartz*, DB 2014, S. 905 (907). Diese gehen allerdings davon aus, dass die Befolgungsquote auf voraussichtlich 85,1% ansteigen wird, da acht der im Jahr 2013

hinter demjenigen zurück, der bei einem vermeintlich bestehenden faktischen Befolgungszwang gemeinhin zu erwarten wäre. Auch die in 2013 überwiegende Anzahl an neuralgischen Kodex-Empfehlungen, d. h. solchen Empfehlungen, die von mehr als 10% der befragten Unternehmen nicht befolgt werden, zeigt, wie sehr die Möglichkeit zur Abweichung von den betroffenen Gesellschaften trotz des damit verbundenen Offenlegungs- und Begründungsaufwands tatsächlich in Anspruch genommen wird. Freilich lässt sich aus der Befolgungsquote selbst nichts über die Motivation für die Befolgung der Kodex-Empfehlungen entnehmen; unklar bleibt insofern, ob die betroffenen Gesellschaften eine Empfehlung umsetzen, weil sie von deren Zweckmäßigkeit tatsächlich überzeugt sind, oder aber weil ihnen lediglich das Risiko einer Abweichung zu groß erscheint. Der Frage der tatsächlichen Einstellung der Wirtschaftspraxis zum DCGK hat sich der „Corporate Governance Report 2012" ausführlich gewidmet; demnach werden immerhin 52,6% der Kodex-Substanz als effizient und zweckmäßig angesehen[127]. Schließlich wird auch das Anfechtungsrisiko von der Mehrheit der Befragten als (eher) unproblematisch eingestuft[128], weshalb auch nach den Aufsehen erregenden Entscheidungen des BGH aus dem Jahr 2009 zur Anfechtbarkeit von Entlastungsbeschlüssen infolge unrichtiger Entsprechenserklärung[129] nicht etwa ein sprunghafter Anstieg der Befolgungsquoten zu verzeichnen gewesen wäre[130]. Somit kann festgehalten werden, dass die These eines faktischen Befolgungszwangs dergestalt, dass zwecks Vermeidung rechtlicher Risiken auch als unzweckmäßig erachtete Empfehlungen umgesetzt werden, keinen Niederschlag in empirischen Untersuchungen findet.

Selbst verfassungsrechtliche Kritiker des DCGK gehen davon aus, dass die Befolgung oder Nichtbefolgung von Kodex-Empfehlungen durch ein Unternehmen keine nachweisbaren Auswirkungen auf die Kursentwicklung am Aktienmarkt hat[131]. Selbst wenn dies der Fall sein sollte, so werde jedenfalls eine gut begründete Kodex-Abweichung nicht vom Kapitalmarkt sanktioniert[132]. Tatsächlich lässt sich einer

in den Kodex aufgenommenen Empfehlungen erst für die 2014 beginnenden Geschäftsjahre anzuwenden sind. Für die Relativierung der Wahrnehmung eines Befolgungsdrucks mit Blick auf die geringen Befolgungsquoten insbesondere kleinerer börsennotierter Gesellschaften ebenfalls *Leyens*, in: GroßkommAktG, § 161 Rn. 59.

127 *V. Werder/Bartz*, DB 2012, S. 869 (877); vgl. *Lutter*, Börsen-Zeitung Nr. 49 vom 09.03.2012. S. 8.

128 *V. Werder/Bartz*, DB 2012, S. 869 (872).

129 Dazu ausführlich unter C. III.

130 Vgl. die Corporate Governance Reporte der Jahre 2009, 2010, 2013 und 2014: *v. Werder/Talaulicar*, DB 2009, S. 689 ff.; *dies.*, DB 2010, S. 853 ff.; *v. Werder/Bartz*, DB 2013, S. 885 ff.; *v. Werder/Bartz*, DB 2014, S. 905 ff.

131 *Hommelhoff/Schwab*, in: Hommelhoff/Hopt/v. Werder, Hdb. Corporate Governance, S. 71 (82); *Spindler*, NZG 2011, S. 1007 (1009).

132 So schon *Berg/Stöcker*, WM 2002, 1569 (1572); vgl. *Jahn*, F.A.Z. Nr. 46 vom 24.02.2011, S. 11 („Pause für den Kodex").

empirischen Studie zu den Zusammenhängen zwischen Investorenverhalten und Kodex-Befolgung zufolge auch nicht pauschal festhalten, dass eine hohe Befolgungsquote in jedem Fall vom Kapitalmarkt honoriert wird; in diesem Zusammenhang kommt insbesondere der Eigentümerstruktur des Unternehmens eine entscheidende Rolle zu[133]. Auch ein Blick auf die in dieser Untersuchung Bezug genommenen Ergebnisse internationaler Studien ist erhellend: Danach bestehe ein positiver Zusammenhang zwischen Kapitalmarktbewertung und unternehmensspezifischer Corporate Governance-Struktur[134]. Diese Einschränkung im Sinne einer Betrachtung der konkreten Verhältnisse im Unternehmen und den daraus resultierenden Anforderungen und Möglichkeiten der Corporate Governance zeigt, dass der Kapitalmarkt wesentlich differenzierter mit der Frage der Befolgung des DCGK umgeht, als dies gemeinhin behauptet wird: Die Nichtbefolgung einer Kodex-Empfehlung wirkt sich nicht per se schlecht auf den Wert eines Unternehmens am Aktienmarkt aus, weshalb auch eine hierauf gestützte Annahme eines faktischen Zwangs zur Kodex-Befolgung nicht überzeugt. Schließlich mehren sich auch in der medialen Öffentlichkeit diejenigen Stimmen denen zufolge der DCGK nicht zu einem „Fetisch" gemacht werden dürfe, dessen unkritische Befolgung schon automatisch Garant für eine gute Unternehmensführung sei[135]. Mithin ist zu konstatieren, dass diejenigen Stimmen, die einen faktischen Zwang zur Befolgung infolge von drohenden Anfechtungsrisiken und Erwartungshaltungen der Investoren und der Öffentlichkeit annehmen, einen tatsächlichen Beleg für diese These bislang schuldig geblieben sind.

cc) Ergebnis

Damit ist zugleich davon auszugehen, dass angesichts der rechtlichen und auch faktischen Unverbindlichkeit der Kodex-Empfehlungen den Anforderungen an ihre demokratische Legitimation entsprechend der verfassungsgerichtlichen Rechtsprechung zur staatlichen Informationstätigkeit hinreichend Genüge getan ist[136]. Dies bedeutet freilich nicht, dass insoweit nicht ein erhebliches Verbesserungspotential bestünde, und der Gesetzgeber gut beraten wäre, die Kodex-Kommission und ihre Arbeit auf eine gesetzliche Grundlage zu stellen, die über die Absicherung der bloßen Existenz der Kommission hinausgeht – dies auch im Sinne der Steigerung

---

133 Vgl. *Jahn/Rapp/Strenger/Wolff*, ZCG 2011, S. 64 (67). Anders noch *Nowak/Rott/Mahr*, ZGR 2005, S. 252 (279), deren Studie zufolge die Befolgung der Kodex-Empfehlungen für den Börsenkurs gänzlich irrelevant ist.

134 *Jahn/Rapp/Strenger/Wolff*, ZCG 2011, S. 64 (65) m. entspr. Nachw.

135 *Ziesemer*, Handelsblatt Nr. 21 vom 30.01.2012, S. 10; vgl. auch *Jahn*, F.A.Z. Nr. 137 vom 17.06.2010, S. 11; *ders.*, F.A.Z. Nr. 46 vom 24.02.2011, S. 11; *ders.*, F.A.Z. Nr. 158 vom 11.07.2011, S. 9.

136 So auch *Wernsmann/Gatzka*, NZG 2011, S. 1001, (1006). AA *Seidel*, ZIP 2004, S. 285 (291, 293). Über die Verfassungskonformität der Flankierung des DCGK durch die gesetzliche Verpflichtung zur Abgabe der Entsprechenserklärung ist damit freilich noch nicht befunden, dazu sogleich unter A. II. 2.

der Akzeptanz des Kodex-Regimes insgesamt[137]; verfassungsrechtlich notwendig ist dies indes nicht.

II. Die Entsprechenserklärung gem. § 161 AktG

Bereits die *Baums*-Kommission hatte in ihrem 2001 an die Bundesregierung übergebenen Bericht die Schaffung einer den Kodex flankierenden Erklärungspflicht vorgeschlagen[138]. Diesem Vorschlag ist der Gesetzgeber 2002 gefolgt und hat im Rahmen des Transparenz- und Publizitätsgesetzes (TransPuG)[139] einen neuen § 161 AktG eingefügt, nach dem Vorstand und Aufsichtsrat der börsennotierten Gesellschaft jährlich erklären müssen, dass den im elektronischen Bundesanzeiger bekannt gemachten Verhaltensempfehlungen der Kodex-Kommission zur Unternehmensleitung und -überwachung entsprochen wurde und wird oder welche Empfehlungen nicht angewendet werden. Dieses Modell wird zumeist mit dem Schlagwort „comply or explain" bezeichnet. Streng genommen trifft diese Bezeichnung aber nicht zu. Die *Baums*-Kommission hatte eine Begründungspflicht favorisiert, d. h. ein Abweichen von Kodex-Empfehlungen sollte nicht nur offengelegt, sondern auch begründet werden[140]. Dieser Vorschlag wurde allerdings zunächst nicht übernommen, vielmehr normierte der § 161 AktG in seiner ursprünglichen Fassung eine reine Offenlegungspflicht und folgte damit dem Prinzip des „comply or disclose"[141]. Erst im Zuge des BilMoG wurde 2009 – neben der Ausweitung des Adressatenkreises sowie der Neuregelung über die Modalitäten der Veröffentlichung[142] – eine entsprechende Begründungspflicht bei Abweichungen von den Kodex-Empfehlungen in das Gesetz aufgenommen.

1. Sinn und Zweck der Erklärungspflicht

Wie soeben festgestellt, kommt dem DCGK selbst keine rechtliche Verbindlichkeit zu; rechtlich bindend ist einzig die Pflicht zur Abgabe einer Entsprechenserklärung. Ihr kommen – ebenso wie dem Kodex – zwei Funktionen zu: Zum einen dient sie der Kommunikation zwischen den Akteuren am Kapitalmarkt, indem sie über den jeweiligen Umgang eines Unternehmens mit den Standards guter Unternehmensführung und -kontrolle Auskunft gibt. Zum anderen soll die Pflicht zur Erklärung über den Stand der Corporate Governance-Praxis Vorstände und Aufsichtsräte

137 So auch der Beschluss Nr. 8 lit. b) des 69. Deutschen Juristentages 2012. Zur Akzeptanz von Kodex-Regime und dem daraus resultierenden Kodex-Klima *v. Werder/Bartz*, DB 2012, S. 869 (872 f.).

138 *Baums*, Bericht, Rn. 10.

139 Gesetz vom 19.07.2002, BGBl. I S. 2681.

140 *Baums*, Bericht, Rn. 8.

141 *Berg/Stöcker*, WM 2002, S. 1569 (1571).

142 Zu der durch das BilMoG erfolgten Neufassung des § 161 AktG siehe Begr. RegE BilMoG, BT-Drs. 16/10067, S. 103 f.

zwingen, sich mit eben diesem Thema zu beschäftigen und so die eigene Praxis der Unternehmensleitung und -kontrolle zu verbessern. Sinn und Zweck der Pflicht zur Abgabe der Entsprechenserklärung korrespondieren folglich mit denen des DCGK: Die Erklärungspflicht hat ebenso wie der Kodex selbst eine Kommunikations- sowie eine Ordnungsfunktion[143].

2. Systematische Einordnung der Entsprechenserklärung: Sowohl Kapitalmarkt- als auch Aktionärsinformation?

Unstreitig handelt es sich bei der Pflicht zur Abgabe der Entsprechenserklärung jedenfalls um eine kapitalmarktorientierte Informations- und Publizitätspflicht. Bereits die *Baums*-Kommission schlug 2001 in ihrem Abschlussbericht vor, dass mit dem Modell des „comply or explain" „den Kapitalmarktteilnehmern [...] die Information zur Verfügung gestellt werden [soll], ob sich das Unternehmen, das den Kapitalmarkt in Anspruch nimmt, an die Empfehlungen des Kodex [...] hält, bzw., wenn es hiervon abweicht, wie diese Abweichung aussieht."[144]. Damit werde „den Anforderungen und besonderen Gegebenheiten der Kommunikation an den Kapitalmärkten zwischen kapitalnachfragenden Unternehmen und anonymer Anlegerschaft mit diversifiziertem Portfolio"[145] Rechnung getragen. Die Begründung zum TransPuG, mit welchem 2002 der § 161 AktG eingefügt wurde, ist in diesem Punkt beinahe wortgleich formuliert und bezieht sich ebenfalls ausschließlich auf die Kapitalmarktteilnehmer[146]. Auch im Schrifttum wird § 161 AktG als eine der Information der Kapitalmarktteilnehmer dienende Vorschrift angesehen[147].

Fraglich ist aber, ob § 161 AktG ausschließlich der Information der Kapitalmarktteilnehmer dient oder aber ob die Vorschrift nicht zugleich auch den Schutz der verbandsrechtlichen Interessen der Aktionäre bezweckt. Einen wichtigen Anhaltspunkt liefert insoweit der ursprüngliche Wortlaut des § 161 S. 2 AktG a. F., der bis zum 28.05.2009 wie folgt lautete: „Die Erklärung ist den Aktionären dauerhaft zugänglich zu machen."[148]. Erst durch das BilMoG wurde 2009 § 161 Abs. 2 AktG eingefügt, wonach die Erklärung auf der Internetseite der Gesellschaft dauerhaft

143 Begr. RegE TransPuG, BT-Drs. 14/8769, S. 21; *Baums*, Bericht, Rn. 8; *Lutter*, in KölnKommAktG, § 161 Rn. 3 f.; *Kiem*, in: Habersack/Mülbert/Schlitt, Hdb. Kapitalmarktinformation, § 13 Rn. 4. Für eine darüber hinausgehende Durchsetzungsfunktion hinsichtlich der DCGK-Standards *Goette*, in: MünchKommAktG, § 161 Rn. 38.

144 *Baums*, Bericht, S. 53.

145 *Baums*, Bericht, S. 53 f.

146 Vgl. Begr. RegE TransPuG, BT-Drs. 14/8769, S. 21.

147 Vgl. *Hölters*, in: Hölters, AktG, § 161 Rn. 2; *Semler*, in: MünchKommAktG (2. Aufl.), § 161 Rn. 49; *Sester*, in: Spindler/Stilz, AktG, § 161 Rn. 9; *Kiem*, in: Habersack, Mülbert/Schlitt, Hdb. Kapitalmarktinformation, § 13 Rn. 4; *Kleefass*, Entsprechenserklärung, S. 164.

148 Hervorhebung durch die Verf.

zugänglich zu machen ist. Damit wird deutlich, dass § 161 AktG von Anfang an keinesfalls ausschließlich der Information der Kapitalmarktteilnehmer dienen sollte, sondern ausdrücklich auch die Aktionäre der Gesellschaft in den Empfängerkreis der Entsprechenserklärung mit einbezog. Diese doppelte Stoßrichtung des § 161 AktG hat indes auch durch das BilMoG keine Änderung bzw. Einschränkung erfahren. Die Gesetzesbegründung geht in diesem Zusammenhang davon aus, dass durch die Aufhebung der Beschränkung auf die Aktionäre der Adressatenkreis erweitert, nicht aber in einem einschränkenden Sinne verändert wird[149]. Deshalb spricht schon aufgrund des früheren Wortlautes alles dafür, dass es sich bei § 161 AktG jedenfalls auch um eine Erklärung gegenüber den Aktionären als Verbandsmitgliedern handelt, und nicht nur um eine solche, die sich an den Kapitalmarkt richtet[150].

Zudem gehört die Entsprechenserklärung zu denjenigen Unterlagen, die den Aktionären gem. §§ 175 Abs. 2, 176 Abs. 1 AktG zugänglich zu machen sind, bevor diese nach § 174 AktG in der Hauptversammlung – verbunden mit der Entscheidung über die Entlastung der Verwaltung, vgl. § 120 Abs. 3 AktG – über die Gewinnverwendung beschließen. Denn nach § 289a HGB, ebenfalls eingefügt durch das BilMoG, haben börsennotierte Aktiengesellschaften und solche, die ausschließlich andere Wertpapiere als Aktien zum Handel an einem organisierten Markt i. S. d § 5 WpHG ausgegeben haben und deren ausgegebene Aktien auf eigene Veranlassung über ein multilaterales Handelssystem i. S. d. § 2 Abs. 3 S. 1 Nr. 8 WpHG gehandelt werden, eine Erklärung zur Unternehmensführung in ihren Lagebericht aufzunehmen. Bestandteil der Erklärung zur Unternehmensführung ist dabei u. a. auch die Erklärung zum Corporate Governance-Kodex, § 289a Abs. 2 Nr. 1 HGB. Aus dem über §§ 176, 175 AktG i. V. m. §§ 289, 289a HGB vermitteltem Hauptversammlungsbezug der Kodex-Erklärung folgt, dass es sich bei dieser nicht nur um eine kapitalmarktorientierte, sondern auch um eine verbandsrechtliche, den Interessen der Aktionäre dienende Publizitätspflicht handelt[151]. Dies zeigt auch ein Blick auf die Begründung der sog. EU-Abänderungsrichtlinie, deren Umsetzung die Einführung des § 289a HGB diente[152]:

---

149 Vgl. Begr. RegE BilMoG, BT-Drs. 16/10067, S. 104.

150 Vgl. *Leyens*, in: GroßkommAktG, § 161 Rn. 66; *Habersack*, Gutachten, S. E 52; *Woitzyk*, Anfechtung, S. 137. *Hanfland* hingegen geht davon aus, dass es sich bei der Wortwahl in § 161 S. 2 a. F. um ein redaktionelles Versehen handle und die Vorschrift tatsächlich „allgemein den Schutz der Anleger bezweckt", vgl. Haftungsrisiken, S. 113. Einen Widerspruch zu der Annahme, § 161 S. 2 AktG a. F. schütze die Aktionäre, begründetet diese Sichtweise freilich nicht, denn auch Aktionäre sind Anleger.

151 So auch *Arens/Petersen*, Den Konzern 2011, S. 197 (200 f.); *Kleefass*, Entsprechenserklärung, S. 164; *Woitzyk*, Anfechtung, S. 137; vgl. auch *Decher*, in: FS Hopt, S. 499 (514); *Kiefner*, NZG 2011, S. 201 (204); *Mutter*, ZGR 2009, S. 788 (797). *Goslar/von der Linden*, NZG 2009, S. 1337 (1338), gehen demgegenüber wie selbstverständlich davon aus, dass die Kodex-Erklärung nicht nur der Aktionärsinformation diene, sondern darüber hinaus auch die Information des Kapitalmarktes bezwecke.

152 Vgl. Begr. RegE BilMoG, BT-Drs. 16/10067, S. 77.

Denn mit der Erklärung zur Unternehmensführung soll „den Aktionären zumindest leicht zugängliche Schlüsselinformationen über die tatsächlich angewandten Unternehmensführungspraktiken, einschließlich einer Beschreibung der wichtigsten Merkmale der vorhandenen Risikomanagementsysteme und internen Kontrollverfahren in Bezug auf den Rechnungslegungsprozess gegeben werden."[153]. Wenn nun also die Erklärung zur Unternehmensführung der Information der Aktionäre dient, dann muss dies auch für die Entsprechenserklärung als ihren Bestandteil gelten.

3. Verfassungskonformität des § 161 AktG

Wenngleich auch der DCGK selbst in verfassungsrechtlicher Hinsicht keinen durchgreifenden Bedenken begegnet[154], so ist damit über die Verfassungskonformität des § 161 AktG noch nichts gesagt. Teile des Schrifttums verneinen (jedenfalls) diese wegen Verstoßes gegen das Demokratie- und das Rechtsstaatsprinzip[155]. Damit liege dann zugleich auch ein verfassungsrechtlich nicht gerechtfertigter Eingriff in grundrechtlich geschützte Rechtspositionen vor[156]. Der BGH hat in seinen Entscheidungen aus dem Jahr 2009 § 161 AktG offenkundig für wirksam gehalten[157]. Da sich *Goette* – als damaliger Vorsitzender des II. Zivilsenats immerhin maßgeblich an diesen Entscheidungen beteiligt – mittlerweile den verfassungsrechtlichen Bedenkenträgern angeschlossen hat[158], bedarf die Frage der Verfassungskonformität einer eingehenderen Prüfung.

a) Grundrechtliche Relevanz der Erklärungspflicht

Ohne Zweifel tangiert auch die Verpflichtung zur Abgabe der Entsprechenserklärung die unternehmerische Freiheit der betroffenen Gesellschaften (Art. 12 Abs. 1 i. V. m. Art. 19 Abs. 3 GG) sowie die aus dem Anteilseigentum (Art. 14 GG) resultierende Freiheit bzw. Befugnis der Aktionäre, Einfluss auf die Corporate Governance-Praxis ihrer Gesellschaft zu nehmen. Daneben kommt der Entsprechenserklärung aber keine weitere grundrechtliche Relevanz zu; auf einzelne Kodex-Bestimmungen kann insoweit nicht abgestellt werden, da diese auch über § 161 AktG keinerlei rechtliche Verbindlichkeit erlangen[159].

---

153 Richtlinie 2006/46/EG des Europäischen Parlaments und des Rates vom 14.06.2006, ABl. EU Nr. L 224, S. 2 (Hervorhebung durch die Verf.).

154 Siehe oben unter A. I. 5. b).

155 *Hommelhoff/Schwab*, in: Hommelhoff/Hopt/v. Werder, Hdb. Corporate Governance, S. 71 (83 f.); *Krieger*, ZGR 2012, S. 202 (217); *Wernsmann/Gatzka*, NZG 2011, S. 1001 (1007).

156 *Spindler*, NZG 2011, S. 1007 (1009 f.).

157 Vgl. BGHZ 180, S. 9 (19) („Kirch ./. Deutsche Bank"); 182, S. 272 (280), dazu sogleich ausführlich unter C. III. 2. und 3.

158 Vgl. *Goette*, in: MünchKommAktG, § 161 Rn. 30 f.

159 AA offenbar *Wernsmann/Gatzka*, NZG 2011, S. 1001 (1006).

b) Beeinträchtigung grundrechtlich geschützten Verhaltens

Anders als die rechtlich und auch faktisch unverbindlichen Kodex-Empfehlungen beeinträchtigt die gesetzlich normierte Pflicht zur Abgabe einer Entsprechenserklärung das grundrechtlich geschützte Verhalten unmittelbar und final und erfüllt damit alle Merkmale eines klassischen staatlichen Grundrechtseingriffs. Im Hinblick auf Art. 12 GG handelt es sich dabei um eine Regelung, die die Art und Weise der Berufsausübung betrifft. Soweit darüber hinaus auch das Vorliegen eines faktischen Grundrechtseingriffes infolge eines faktischen Zwangs zur Befolgung von Kodex-Empfehlungen diskutiert wird[160], kann bereits auf die obigen Ausführungen unter I. 5. b) verwiesen werden; die These vom faktischen Befolgungszwang ist nicht belegt.

c) Verfassungsrechtliche Rechtfertigung des Grundrechtseingriffs

Sowohl Art. 12 als auch Art. 14 GG gewährleisten keinen schrankenlosen Grundrechtsschutz, sondern können durch Gesetz beschränkt werden. Das einschränkende Gesetz, hier also § 161 AktG, muss allerdings auch verfassungsgemäß sein. Über die materielle Verfassungsmäßigkeit lässt sich sowohl im Hinblick auf die Anforderungen des Art. 20 Abs. 2 und 3 GG als auch hinsichtlich der Verhältnismäßigkeit, insbesondere der Geeignetheit der gesetzlichen Regelung diskutieren.

aa) Vereinbarkeit des § 161 AktG mit Art. 20 Abs. 2 und 3 GG

Im Schrifttum wird teilweise die Auffassung vertreten, (auch) § 161 AktG genüge nicht den Anforderungen des Art. 20 Abs. 2 und 3 GG an die demokratische Legitimation staatlichen Handelns. Da der Gesetzgeber lediglich die Existenz der Kodex-Kommission über § 161 AktG abgesichert, ihr aber ansonsten einen „Freibrief" hinsichtlich der zu setzenden Verhaltensstandards erteilt habe – dies gelte für das Bundesministerium der Justiz hinsichtlich der Zusammensetzung der Kommission und der Benennung ihrer Mitglieder im Übrigen ebenso –, läge ein Verstoß gegen den Wesentlichkeitsgrundsatz vor[161]. Danach ist der Gesetzgeber verpflichtet, alle wesentlichen Entscheidungen selbst zu treffen, wobei „wesentlich im grundrechtsrelevanten Bereich in der Regel ‚wesentlich für die Verwirkung der Grundrechte'" bedeutet[162]. Diese Sichtweise lässt dabei gänzlich unbeachtet, dass auch über § 161 AktG die betroffenen Unternehmen weder rechtlich noch faktisch[163] verpflichtet werden, die Kodex-Empfehlungen zu befolgen, mithin auch keine Verwirkung der

---

160 Vgl. *Wernsmann/Gatzka*, NZG 2011, S. 1001 (1006).

161 *Hommelhoff/Schwab*, in: Hommelhoff/Hopt/v. Werder, Hdb. Corporate Governance, S. 71 (83. f.); *Krieger*, ZGR 2012, S. 202 (127); *Wernsmann/Gatzka*, NZG 2011, S. 1001 (1007); vgl. auch *Goette*, in MünchKommAktG, § 161 Rn. 30; ebenso *Spindler*, NZG 2011, S. 1007 (1008 f.).

162 BVerfGE 98, S. 218 (251).

163 Insoweit ist nochmals auf die obigen Ausführungen unter A. I. 5. b) bb) zu verweisen.

grundrechtlich geschützten Freiheiten in diesem Zusammenhang droht. Die betroffenen Unternehmen trifft lediglich die Pflicht, sich zu der Befolgung der Empfehlungen zu erklären – nicht mehr, aber auch nicht weniger[164]. Erst auf dieser Ebene droht eine Verwirkung grundrechtlich geschützter Rechtspositionen, weshalb eine gesetzgeberische Entscheidung im Sinne der Wesentlichkeitstheorie erforderlich ist. Eine solche liegt mit § 161 AktG aber gerade vor. Damit sind hinsichtlich der gesetzlichen Verpflichtung der betroffenen Unternehmen zur jährlichen Abgabe einer Kodex-Erklärung als klassischem staatlichen Eingriff die Anforderungen an dessen demokratische Legitimation gewahrt.

bb) Verhältnismäßigkeit des § 161 AktG

Zum Teil wird die verfassungsrechtliche Problematik aber auch nicht nur bei einem (vermeintlichen) Verstoß gegen Art. 20 Abs. 2 und 3 GG verortet, sondern wird die Geeignetheit von § 161 AktG und demzufolge seine Verhältnismäßigkeit i. w. S. bezweifelt. Da der Kapitalmarkt die Abweichungen von den Kodex-Empfehlungen nicht sanktioniere (et vice versa), habe sich die Entsprechenserklärung zwischenzeitlich als ungeeignet im Hinblick auf die mit ihrer Einführung erhofften Kapitalmarkteffekte erwiesen. Dieser nachträgliche Wegfall der Geeignetheit der gesetzlichen Maßnahme lasse Zweifel an der Rechtfertigung des mit ihr verbundenen Eingriffs in grundrechtlich geschützte Rechtspositionen aufkommen[165].

Die jüngste Studie zu den Kursauswirkungen der Befolgung oder Nichtbefolgung von Kodex-Empfehlungen aus dem Jahr 2011[166] kommt indes zu wesentlich differenzierten Ergebnissen, als dies bei früheren Untersuchungen noch der Fall war: Zwar lässt sich auch hiernach keine grundsätzliche „Belohnung“ der Kodex-Befolgung konstatieren; dennoch zeigt sich, dass die Umsetzung von Kodex-Empfehlungen – zwar in Abhängigkeit von weiteren Faktoren – durchaus Auswirkungen auf den Aktienkurs hat. Bereits insoweit vermögen die Bedenken gegen die Geeignetheit der gesetzlichen Pflicht zur Abgabe der Entsprechenserklärung nicht zu verfangen. Zudem verfolgte der Gesetzgeber mit Schaffung des § 161 AktG zuvörderst das Ziel, Kommunikations- und Ordnungsfunktion des DCGK aufzugreifen, freilich in der Hoffnung, dass die vom Kodex gesetzten Standards guter Unternehmensführung und -kontrolle auch von den Unternehmen umgesetzt werden – andernfalls wäre die Arbeit der Kodex-Kommission schließlich auch bloße Makulatur. Sofern sich ein Unternehmen aber dazu entschließen sollte, bestimmte Kodex-Empfehlungen nicht umzusetzen und stattdessen unternehmensspezifische Corporate Governance-Standards zu entwickeln, so soll es nach der gesetzgeberischen Vorstellung dem

164 Vgl. OLG München NZG 2008, S. 337 (338); LG Frankfurt, NZG 2009, S. 149 (157); *Leutheusser-Schnarrenberger*, WPg 2012, Heft 6, S. I; *dies.*, RuP 2012, S. 129 (133); *Lutter*, Börsen-Zeitung Nr. 49 vom 09.03.2013, S. 8; die Verfassungsmäßigkeit von § 161 AktG i. E. ebenfalls bejahend *Kort*, in: FS K. Schmidt, S. 945 (951).

165 *Spindler*, NZG 2011, S. 1007 (1010).

166 *Jahn/Rapp/Strenger/Wolff*, ZCG 2011, S. 64 ff.

Kapitalmarkt überlassen werden, die Gleichwertigkeit dieser individuellen Lösung zu bewerten; eine pauschale Belohnung oder Sanktionierung des Umsetzungsverhaltens durch den Kapitalmarkt entspricht demgegenüber nicht der differenzierten Sichtweise des Gesetzgebers. Unter dieser Prämisse ist die Geeignetheit der gesetzlichen Pflicht zur Abgabe einer Entsprechenserklärung indes nicht zu beanstanden.

d) Ergebnis

Mithin ist die Verfassungskonformität des § 161 AktG zu bejahen und der Eingriff in Art. 12 Abs. 1 i. V. m. Art. 19 Abs. 3 sowie Art. 14 GG damit gerechtfertigt. Auch insoweit ist nochmals darauf hinzuweisen, dass eine Überarbeitung des § 161 AktG durchaus wünschenswert ist, um dem Kodex-Regime insgesamt zu größerer Akzeptanz zu verhelfen.

4. Adressaten der Erklärungspflicht aus § 161 AktG

Der Wortlaut des § 161 AktG lässt zunächst Fragen offen im Hinblick auf den Adressatenkreis der Pflicht zur Abgabe der Entsprechenserklärung. Unklar bleibt nicht nur, welche Gesellschaften als „börsennotiert“ i. S. d. Vorschrift anzusehen sind, sondern auch, in welcher Funktion „Vorstand und Aufsichtsrat“ die Erklärung abzugeben haben.

a) Betroffene Gesellschaften

Während sich der DCGK ausweislich seiner Präambel auch an nicht kapitalmarktorientierte Gesellschaften richtet, ist der Kreis der von der Pflicht zur Abgabe einer Kodex-Erklärung betroffenen Unternehmen nach § 161 Abs. 1 S. 1 zunächst auf börsennotierte Gesellschaften beschränkt. Dies sind nach § 3 Abs. 2 AktG solche, deren Aktien an einem Markt zugelassen sind, der von staatlich anerkannten Stellen geregelt und überwacht wird, regelmäßig stattfindet und für das Publikum mittelbar oder unmittelbar zugänglich ist. Da auch deutsche Aktiengesellschaften, die an einer ausländischen Börse gelistet sind, dieser Definition unterfallen, sind auch sie zur Erklärungsabgabe verpflichtet[167]. Demgegenüber sind ausländische Gesellschaften, die an einer deutschen Börse notiert sind, nicht erklärungsverpflichtet i. S. d. § 161 AktG[168].

---

167 *Goette*, in: MünchKommAktG, § 161 Rn. 60; *Lutter*, in: KölnKommAktG, § 161 Rn. 35.

168 *Goette*, in: MünchKommAktG, § 161 Rn. 60; *Hölters*, in: Hölters, AktG, § 161 Rn. 9; *Hüffer*, AktG, § 161 Rn. 6a; *Lutter*, in: KölnKommAktG, § 161 Rn. 33. Für die Sinnhaftigkeit einer Erstreckung der Erklärungspflicht auf ausländische Gesellschaften hingegen *Claussen/Bröcker*, DB 2003, S. 1199 (1204), die jedoch zugeben müssen, dass § 161 AktG dafür eher in das BörsenG hätte aufgenommen werden sollen.

Nach § 161 Abs. 1 S. 2 AktG werden nunmehr auch solche Gesellschaften erfasst, die ausschließlich andere Wertpapiere als Aktien zum Handel an einem organisierten Markt im Sinne des § 2 Abs. 5 WpHG ausgegeben haben und deren ausgegebene Aktien auf eigene Veranlassung über ein multilaterales Handelssystem im Sinne des § 2 Abs. 3 S. 1 Nr. 8 WpHG gehandelt werden. Gemeint sind damit solche Unternehmen, die im Freiverkehr notiert sind und beispielsweise Schuldverschreibungen zum Handel an einem organisierten Markt zugelassen haben[169]. Auf eine Kommanditgesellschaft auf Aktien findet § 161 AktG ebenfalls Anwendung, vgl. § 278 Abs. 3 AktG, ebenso wie auf die Societas Europaea[170].

b) Bedeutung der Erklärungsabgabe durch „Vorstand und Aufsichtsrat"

§ 161 AktG verpflichtet „Vorstand und Aufsichtsrat" zur jährlichen Abgabe der Entsprechenserklärung; offen bleibt aber, ob sie dabei für die erklärungsverpflichtete Gesellschaft handeln oder ob sie selbst Adressaten der Erklärungspflicht sind[171]. Die herrschende Meinung nimmt eine Auslegung des § 161 AktG in letztgenanntem Sinne vor[172]; denn der Gesetzgeber hätte, wenn er der Gesellschaft die Pflicht zur Abgabe der Entsprechenserklärung – vertreten durch Vorstand und Aufsichtsrat als einen seltenen Fall der Doppelvertretung – hätte auferlegen wollen, dies, wie beispielweise in § 246 Abs. 2 S. 2 AktG, eindeutig anordnen können, vor allem aber auch müssen[173]. Zudem betreffen die meisten Empfehlungen des DCGK die Art und Weise der Unternehmensleitung und -überwachung und damit das Verhalten und die Tätigkeit von Vorstand und Aufsichtsrat, weshalb es nur logisch erscheine, wenn sich auch diese beiden Organe zum Umgang mit den sie betreffenden Kodex-Empfehlungen erklären müssen[174]. Der Umstand, dass Vorstand und Aufsichtsrat

---

169 Vgl. Begr. RegE BilMoG, BT-Drs. 16/10067, S. 104.

170 BGH DB 2012, S. 2092 (2094) („Fresenius"). Zweifelnd insoweit *Leyens*, in: GroßkommAktG, § 161 Rn. 128 ff.

171 Die einzelnen Vorstands- und Aufsichtsratsmitglieder scheiden demgegenüber als Adressaten des § 161 AktG eindeutig aus: Hätte der Gesetzgeber die Organmitglieder selbst in die Pflicht nehmen wollen, so hätte er dies ausdrücklich anordnen können und auch müssen, vgl. *Semler*, in: MünchKommAktG (2. Aufl.), § 161 Rn. 69; *Kleefass*, Entsprechenserklärung, S. 113. Zudem trägt eine einzelne, persönliche Erklärung der Organmitglieder weder zur Information des Kapitalmarktes über die Corporate Governance-Praxis der Gesellschaft bei, noch sorgt sie für eine Vergegenwärtigung dieser Standards durch die Verwaltung in ihrer Gesamtheit, Vgl. *Spindler*, in: K. Schmidt/Lutter, AktG, § 161 Rn. 18; *Schürnbrand*, in: FS Schneider, S. 1197 (1199).

172 AA *Semler*, in: MünchKommAktG (2. Aufl.), § 161 Rn. 72 f.; *Waclawik*, ZIP 2011, S. 885 (889); ebenso wohl auch *Habersack*, Gutachten, S. E 68.

173 *Leyens*, in: GroßkommAktG, § 161 Rn. 143; *Borges*, ZGR 2003, S. 508 (527); *Kiethe*, NZG 2003, S. 559 (560).

174 *Goette*, in: MünchKommAktG, § 161 Rn. 57; *Hölters*, in: Hölters, AktG, § 161 Rn. 8; *Hüffer*, AktG, § 161 Rn. 6; *Kirschbaum*, in: Heidel, § 161 AktG Rn. 14; *Lutter*, in: KölnKommAktG, § 161 Rn. 38.

grundsätzlich nicht rechtsfähig sind[175], stehe der Annahme einer selbständigen Verpflichtung ihrerseits nicht entgegen, da sie – wie § 91 AktG zeige – durch eine ausdrückliche gesetzliche Ansprache durchaus zu Verpflichtungssubjekten werden könnten[176].

5. Inhalt der Erklärung

§ 161 Abs. 1 S. 1 AktG verpflichtet Vorstand und Aufsichtsrat zur jährlichen Erklärung darüber, wie mit den Empfehlungen des DCGK umgegangen wurde und wird, und ein eventuelles Abweichen von diesen zu begründen. Welchen Inhalt bzw. Rechtsnatur diese Erklärung aber haben, bleibt angesichts des insoweit nicht eindeutigen Wortlauts der Vorschrift ebenfalls unklar.

a) Wissenserklärung

Unstreitig enthält die Entsprechenserklärung einen vergangenheitsbezogenen Teil, d. h. eine Wissenserklärung[177]: Vorstand und Aufsichtsrat erklären, wie das Unternehmen in der Vergangenheit mit den Kodex-Empfehlungen umgegangen ist, d. h. ob es sie bisher befolgt hat oder nicht, und begründen ein bisheriges eventuelles Abweichen.

b) Absichtserklärung

Ob die Entsprechenserklärung darüber hinaus auch einen Zukunftsbezug aufweist, wird im Schrifttum hingegen unterschiedlich beantwortet. So wird teilweise angenommen, der Inhalt beschränke sich auf den vergangenheitsbezogenen Teil, eine darüber hinausgehende Erklärung für die Zukunft werde nicht abgegeben. Dafür spräche zunächst der Wortlaut des § 161 AktG, der im Präsens und eben nicht im Futur formuliert ist[178]; für einen eindeutigen Zukunftsbezug hätte jedoch die Formulierung „entsprochen werden wird“ verwendet werden müssen[179]. Aber auch

---

175 Aufgrund dessen eine Erklärungspflicht der Gesellschaft, vertreten durch Vorstand und Aufsichtsrat, annehmend *Semler*, in: MünchKommAktG, (2. Aufl.), § 161 Rn. 71; vgl. auch *Schürnbrand*, in: FS Schneider, S. 1197 (1201 f.).

176 *Hölters*, in: Hölters, AktG, § 161 Rn. 8; *Hüffer*, § 161 AktG, Rn. 6; *Spindler*, in: K, Schmidt/Lutter, AktG, § 161 Rn. 18; *Kleefass*, Entsprechenserklärung, S. 111 f.

177 *Goette*, in: MünchKommAktG, § 161 Rn. 35; *Hölters*, in: Hölters, AktG, § 161 Rn. 22; *Hüffer*, AktG, § 161 Rn. 14; *Kirschbaum*, in: Heidel, § 161 AktG Rn. 6; *Sester*, in: Spindler/Stilz, AktG, § 161 Rn. 35; *Spindler*, in: K. Schmidt/Lutter, AktG, § 161 Rn. 14 f.

178 *Schüppen*, ZIP 2002, S. 1269 (1273); *Seibt*, AG 2002, S. 249 (251); *ders.*, AG 2003, S. 465 (467); einschränkend *Ederle*, NZG 2010, 655 (657), demzufolge der Zukunftsbezug keinesfalls zwingend ist.

179 *Kiethe*, NZG 2002, S. 559 (561), der i. E. aber von einem zukunftsbezogenen Erklärungsteil ausgeht.

aus Zweckmäßigkeitserwägungen sei eine zukunftsbezogene Absichtserklärung abzulehnen, da diese notwendige Änderungen der Unternehmenspraxis behindern könne[180]. Der Gegenauffassung zufolge enthält die Erklärung gem. § 161 AktG neben dem vergangenheitsbezogenen Teil auch eine Erklärung über den zukünftigen Umgang mit den Empfehlungen des DCGK, also eine Absichtserklärung. Dafür streite die insofern eindeutige Gesetzesbegründung[181] sowie Sinn und Zweck der Vorschrift[182]. Letztgenannter Sichtweise hat sich auch der BGH in seiner Entscheidung „Kirch ./. Deutsche Bank“ angeschlossen[183].

Diese Auffassung ist schließlich auch vorzugswürdig. Zwar ließe sich angesichts der Verwendung der Präsensform in § 161 AktG durchaus vertreten, die Kodex-Erklärung sei auf den bisherigen Umgang der Gesellschaft mit den Empfehlungen des DCGK beschränkt. Jedoch ist der gesetzgeberische Wille – wenngleich er durchaus deutlicher zum Ausdruck hätte gebracht werden können – offenkundig: Die Entsprechenserklärung beinhalte sowohl eine vergangenheits- als auch eine zukunftsbezogene Komponente, wobei letzterer der Charakter einer „unverbindlichen Absichtserklärung“ zukomme[184]. Zudem entspricht eine solche Auslegung des § 161 AktG auch dem Sinn und Zweck der Vorschrift. Hinsichtlich der Kommunikationsfunktion von Kodex und korrespondierender Erklärungspflicht gilt es zu bedenken, dass Anleger nicht nur ein Interesse daran haben, zu erfahren, wie in der Vergangenheit mit den Empfehlungen zur Corporate Governance umgegangen wurde; für ihre Investitionsentscheidung ist es mindestens genau wichtig, zu wissen, wie sich das jeweilige Unternehmen zukünftig im Hinblick auf die Empfehlungen des Kodex verhalten wird. Auch die mit Kodex und Entsprechenserklärung beabsichtigte Ordnungswirkung spricht für eine Zukunftsbezogenheit der Entsprechenserklärung. Denn nur die Abgabe einer Absichtserklärung für die Zukunft zwingt Vorstand und Aufsichtsrat, sich tatsächlich umfassend mit der eigenen Praxis der Unternehmensleitung und -kontrolle auseinander zu setzen und über die bisherige Praxis zu reflektieren und gegebenenfalls korrigierende Entscheidungen zu treffen. Mithin

180 *DAV-Handelsrechtsausschuss*, ZIP 2002, S. 186 (188); *Kollmann*, WM 2003, Sonderbeilage 1, S. 7; *Seibt*, AG 2002, S. 249 (251).

181 *Goette*, in: MünchKommAktG, § 161 Rn. 35; *Hölters*, in: Hölters, AktG, § 161 Rn. 21; *Hüffer*, AktG, § 161 Rn. 20; *Kirschbaum*, in: Heidel, § 161 AktG, Rn. 7; *Spindler*, in: K. Schmidt/Lutter, § 161 AktG, Rn. 14; *Berg/Stöcker*, WM 2002, S. 1569 (1573); *Kiethe*, NZG, 2002, S. 559 (561); *Lutter*, ZHR 166 (2002), S. 523 (529 f.).

182 *Hommelhoff/Schwab*, in: Hommelhoff/Hopt/v. Werder, Hdb. Corporate Governance, S. 71 (86 f.).

183 BGHZ 180, S. 9 (19) („Kirch ./. Deutsche Bank"). Hierzu ausführlich unter C. III. 2.

184 Begr. RegE TransPuG, BT-Drs. 14/8769, S. 22. Dies wird durch einen entsprechenden, bereits in der Gesetzesbegründung enthaltenen Formulierungsvorschlag noch einmal verdeutlicht: „Den Verhaltensempfehlungen der von der Bundesregierung eingesetzten Kodex-Kommission zur Unternehmensleitung und -überwachung wurde im Berichtsjahr entsprochen und soll auch künftig entsprochen werden.“, BT-Drs. 14/8769, S. 21.

kommt der Entsprechenserklärung gem. § 161 AktG nicht nur vergangenheitsbezogene, sondern auch zukunftsbezogene Wirkung zu.

c) Bindungswirkung des zukunftsbezogenen Erklärungsteils

Dem vergangenheitsbezogenen Teil der Kodex-Erklärung als reiner Wissenserklärung über die bisherige Corporate Governance-Praxis der Gesellschaft kommt unstreitig keinerlei Bindungswirkung für die Zukunft zu[185]. Aber auch eine Selbstbindung der Gesellschaft durch die Abgabe der prospektiven Absichtserklärung – wie sie bereits als Argument gegen den Zukunftsbezug der Erklärung an sich ins Feld geführt wird[186] – ist abzulehnen[187]; sie stünde zuvörderst im eklatanten Widerspruch zum gesetzgeberischen Willen. Entsprechend der Gesetzesbegründung zu § 161 AktG handelt es sich bei dem zukunftsbezogenen Erklärungsteil um eine unverbindliche, jederzeit korrigierbare Absichtserklärung, durch die Vorstand und Aufsichtsrat „keine Verpflichtung für alle Zeiten eingehen"[188]. Stattdessen liegt lediglich eine „Selbstbindung auf Widerruf" vor[189]. Danach ist die Verwaltung durchaus in der Lage, auf unterjährige Veränderungen der Verhältnisse zu reagieren und die eigene Corporate Governance-Praxis entsprechend zu ändern. Auch aus Sinn und Zweck des § 161 AktG ergibt sich nichts Gegenteiliges: Die mit der Abgabe der Entsprechenserklärung bezweckte Information des Kapitalmarktes über die aktuell im Unternehmen geltenden Standards guter Unternehmensleitung und -kontrolle schließt eine unterjährige Änderung dieser Standards und damit eine Aufgabe der bisher verlautbarten Absicht zur Befolgung bestimmter Kodex-Erklärungen keinesfalls aus. Ob und welche Pflichten Vorstand und Aufsichtsrat in einem solchen Fall angesichts obiger Kommunikationsfunktion möglicherweise treffen, steht dabei auf einem anderen Blatt[190]; ein mögliches Pflichtenprogramm, resultierend aus der Abkehr von der bisherigen Befolgungsabsicht, steht ihrer Aufgabe selbst jedoch nicht entgegen. Schließlich widerspräche eine rechtliche Bindung der Gesellschaft durch die Abgabe einer zukunftsbezogenen, nicht abänderbaren Absichtserklärung auch der Grundidee des DCGK als unverbindlichem und vor allem flexiblem Regulierungsinstrument, da auf diesem Umwege den Kodex-Empfehlungen doch noch rechtliche Verbindlichkeit zukommen würde.

---

185 *Semler*, in: MünchKommAktG (2. Aufl.), § 161 Rn. 53.

186 Siehe die Nachweise in Fn. 178.

187 *Goette*, in: MünchKommAktG, § 161 Rn. 43; *Hölters*, in: Hölters, AktG, § 161 Rn. 23; *Hüffer*, AktG, § 161 Rn. 20; *Sester*, in: Spindler/Stilz, AktG, § 161 Rn. 46; *Spindler*, in: K. Schmidt/Lutter, AktG, § 161 Rn. 16; *Lutter*, ZHR 166 (2002), S. 523 (533); *Seibert*, BB 2002, S. 581 (583); *Ihrig/Wagner*, BB 2002, S. 789 (791).

188 Begr. RegE TransPuG, BT-Drs. 14/8769 S. 22.

189 *Hommelhoff/Schwab*, in: Hommelhoff/Hopt/v. Werder, Hdb. Corporate Governance, S. 71 (89).

190 Zu der Frage, ob bei unterjähriger Änderung der Corporate Governance-Praxis eine Pflicht zur Aktualisierung der bisherigen Entsprechenserklärung besteht, sogleich unter A. II. 7. b) bb).

6. Verfahren der Erklärungsabgabe

Schließlich lässt § 161 Abs. 1 AktG auch einige Fragen im Hinblick auf das Verfahren der Abgabe der Kodex-Erklärung offen.

a) Einheitliche oder getrennte Beschlussfassung?

So gilt es zunächst zu klären, ob eine einheitliche Beschlussfassung durch Vorstand und Aufsichtsrat über den Inhalt der Entsprechenserklärung erfolgt oder aber, ob die beiden Organe getrennt voneinander die Erklärung beschließen. Der Wortlaut der Vorschrift gibt insoweit einen ersten Anhaltspunkt: Danach erklären „Vorstand und Aufsichtsrat"; von einer „gemeinsamen Erklärung" ist hingegen nicht die Rede[191]. Des Weiteren ist dem deutschen Aktienrecht ein gemeinsames Verwaltungsorgan, zusammengesetzt aus Vorstand und Aufsichtsrat, gänzlich unbekannt; dass im Rahmen des § 161 AktG ein solches geschaffen werden sollte, ist nicht ersichtlich[192]. Daher fehlen auch Regelungen über die gemeinsame Willensbildung von Vorstand und Aufsichtsrat und darüber, wie eventuelle Unstimmigkeiten zwischen beiden bei einer gemeinsamen Beschlussfassung ausgeräumt werden sollen[193]. Mangels anderslautender Anordnung wäre bei jeder Entscheidung über den Umgang mit einer Kodex-Empfehlung Einstimmigkeit erforderlich. Dies erscheint aber nur hinsichtlich des vergangenheitsbezogenen Erklärungsteils problemlos möglich. Immerhin handelt es sich dabei um eine reine Wissenserklärung, sodass es insoweit kaum unterschiedliche Auffassungen über die bisherige Corporate Governance-Praxis der Gesellschaft geben dürfte. Beim zukunftsbezogenen Erklärungsteil, der Absichtserklärung, sind hingegen Unstimmigkeiten zwischen Vorstand und Aufsichtsrat durchaus vollstellbar. Wenn aber ein gemeinsamer Standpunkt nicht gefunden werden kann, so könnte – mangels gegenteiliger Regelungen – die entsprechende Empfehlung nicht angewendet werden. Die besseren Gründe sprechen daher für eine unabhängige Verpflichtung zur Erklärungsabgabe sowohl des Vorstands als auch des Aufsichtsrats.

Teilweise wird angenommen, dass diese beiden einzelnen Erklärungen von Vorstand und Aufsichtsrat lediglich im Innenverhältnis unabhängig voneinander bestehen können und im Außenverhältnis zu einer gemeinsamen Erklärung zusammengefügt werden müssen[194]. Dies erfordert im Ergebnis wiederum zwingend

191 *Hölters*, in: Hölters, AktG, § 161 Rn. 12; *Lutter*, in: KölnKommAktG, § 161 Rn. 40.

192 *Hüffer*, AktG, § 161 Rn. 11; *Leyens*, in: GroßkommAktG, § 161 Rn. 145; *Spindler*, in: K. Schmidt/Lutter, AktG, § 161 Rn. 19.

193 *Krieger*, in: FS Ulmer, S. 365 (369); *Semler/Wagner*, NZG 2003, S. 553 (554).

194 Vgl. *Kirschbaum*, in: Heidel, § 161 AktG Rn. 25; *Leyens*, in: GroßkommAktG, § 161 Rn. 297; *Lutter*, in: KölnKommAktG, § 161 Rn. 53; *Hommelhoff/Schwab*, in: Hommelhoff/Hopt/v. Werder, Hdb. Corporate Governance, S. 71 (91); *Kleefass*, Entsprechenserklärung, S. 71; *Schürnbrand*, in: FS Schneider, S. 1197 (1207); *Seibt*, AG 2002, S. 249 (253).

eine Einigung zwischen Vorstand und Aufsichtsrat über den Erklärungsinhalt. Ein solches Einigungserfordernis ist aber, wie soeben gesehen, äußerst unpraktisch und entspricht nicht dem aktienrechtlichen Kompetenzgefüge. Die Annahme eines Einigungszwanges nach getrennter Beschlussfassung ist daher abzulehnen. Wenn zwischen Vorstand und Aufsichtsrat Uneinigkeit in Bezug auf den Umgang mit einzelnen Kodex-Empfehlungen besteht, so ist diese notfalls öffentlich zu machen[195]. Selbstverständlich bleibt es Vorstand und Aufsichtsrat unbenommen, eine gemeinsame Sitzung abzuhalten, sich dabei abzustimmen und anschließend eine gemeinsame Erklärung abzugeben[196].

b) Beschlussfassung des Vorstands

Hinsichtlich der Beschlussfassung des Vorstands gelten die allgemeinen aktienrechtlichen Regeln bzgl. Besetzung und Beschlussfähigkeit des Gremiums[197]. Mangels abweichender Satzungsbestimmung muss der Beschluss über die Entsprechenserklärung einstimmig erfolgen, § 77 Abs. 1 AktG. Hinsichtlich des vergangenheitsbezogenen Erklärungsteils dürfte die Erfüllung dieses Einstimmigkeitserfordernisses in der Regel unproblematisch sein; bei der reinen Wissenserklärung besteht kein Raum für abweichende Beurteilungen. Ist bei der Absichtserklärung keine Einstimmigkeit in Bezug auf eine bestimmte Kodex-Empfehlung zu erzielen, so muss eine negative Erklärung abgegeben werden[198].

Fraglich ist, ob der Beschluss des Vorstands über die Entsprechenserklärung dem Zustimmungsvorbehalt des Aufsichtsrats nach § 111 Abs. 4 S. 2 AktG unterworfen werden kann. Teilweise wird dies bejaht[199]: Zum einen sei der Begriff des „Geschäftes“ i. S. d § 111 Abs. 4 AktG sehr weit zu fassen, sodass darunter auch

---

195 *Hüffer*, AktG, § 161 Rn. 11; *Krieger*, in: FS Ulmer, S. 365 (370). Weshalb die Veröffentlichung von divergierenden Interessen nicht der Information der Kapitalmarktanleger dienen soll, wie *Kirschbaum*, in: Heidel, § 161 AktG Rn. 28, und *Lutter*, in: KölnKommAktG, § 161 Rn. 73, annehmen, ist nicht ersichtlich. Ob die insoweit erlangte Information die Gesellschaft aber in einem positiven Licht erscheinen lässt, muss ernsthaft bezweifelt werden, vgl. *Hommelhoff/Schwab*, in: Hommelhoff/Hopt/v. Werder, Hdb. Corporate Governance, S. 71 (91); *Krieger*, in: FS Ulmer, S. 365 (370) spricht insoweit von einem „unternehmenspolitische(n) Offenbarungseid“.

196 *Hölters*, in: Hölters, AktG, § 161 Rn. 12; *Hüffer*, AktG, § 161 Rn. 11; *Spindler*, in: K. Schmidt/Lutter, AktG, § 161 Rn. 19.

197 *Hölters*, in: Hölters, AktG, § 161 Rn. 15; *Hüffer*, AktG, § 161 Rn. 12; *Kirschbaum*, in: Heidel, § 161 AktG Rn. 21; *Lutter*, in: KölnKommAktG, § 161 Rn. 57.

198 Dies gilt auch, falls ein Vorstandsmitglied seine Zustimmung zu einer ihn betreffenden Individualempfehlung (Ziffer 4.3.3 S. 1 DCGK) nicht erteilt; der Gesamtvorstand hat nämlich keinerlei Befugnis, seinen einzelnen Mitgliedern individuelle Pflichten aufzuerlegen, *Goette*, in: MünchKommAktG, § 161 Rn. 63; *Lutter*, in KölnKommAktG, § 161 Rn. 60.

199 *Spindler*, in: K. Schmidt/Lutter, AktG, § 161 Rn. 21; *Baums*, Bericht, Rn. 11; *Seibt*, AG 2002, S. 249 (253).

die Abgabe der Entsprechenserklärung falle. Zum anderen handle es sich bei der Beschlussfassung über die Entsprechenserklärung nicht um eine Leitungsentscheidung; andernfalls wäre entgegen § 161 AktG allein der Vorstand für ihre Abgabe zuständig. Letztere Argumentation verkennt allerdings, dass der Vorstand nun einmal ausdrücklich in § 161 AktG genannt ist. Bei der Abgabe der Entsprechenserklärung handelt es sich mithin um eine ihm zugewiesene Einzelaufgabe, die er unabhängig von der Einflussnahme durch den Aufsichtsrat wahrnehmen muss und die daher auch nicht einem Zustimmungsvorbehalt unterworfen werden kann[200].

c) Beschlussfassung des Aufsichtsrats

Auch die Beschlussfassung im Aufsichtsrat erfolgt nach den allgemeinen Regeln[201]. Im Gegensatz zum Vorstand kann der Aufsichtsrat damit seine Beschlüsse grundsätzlich mit einfacher Mehrheit fassen, wenn nichts anderes bestimmt ist, § 108 Abs. 1 AktG. Dies gilt allerdings wiederum nicht bei Individualempfehlungen, die sich an ein einzelnes Mitglied des Aufsichtsrats richten; auch hier ist die Zustimmung des Betroffenen erforderlich[202]. Der Beschluss über Empfehlungen, deren Adressat der Aufsichtsratsvorsitzende ist, unterliegt hingegen dem allgemeinen Mehrheitserfordernis[203].

d) Mitwirkung der Hauptversammlung?

Offen bleibt, ob und inwieweit die Hauptversammlung in die Abgabe der Entsprechenserklärung eingebunden werden muss, insbesondere da sich manche Kodex-Empfehlungen ausschließlich an sie richten[204]. Gesetzlich ist die Mitwirkung der Hauptversammlung indes nicht vorgesehen, weder in § 161 noch in § 119 AktG als ihrer zentralen Kompetenznorm. Eine ungeschriebene Zuständigkeit der Hauptversammlung ist nach der Rechtsprechung des BGH nur bei wesentlichen Strukturentscheidungen, die tief in die Mitgliedsrechte und Vermögensinteressen der Aktionäre eingreifen, gegeben[205]. Die Abgabe der Entsprechenserklärung erfüllt diese Voraussetzungen unzweifelhaft nicht. Insoweit bleibt für eine Beteiligung der Hauptversammlung nur die Vorlage der Entscheidung durch den Vorstand nach § 119 Abs. 2 AktG. Eine Frage der Geschäftsführung kann der Vorstand allerdings

---

200 *Goette*, in: MünchKommAktG, § 161 Rn. 66; *Hölters*, in: Hölters, AktG, § 161 Rn. 17; *Hüffer*, § 161 AktG, Rn. 12; *Hommelhoff/Schwab*, in: Hommelhoff/Hopt/v. Werder, Hdb. Corporate Governance, S. 71 (92); *Krieger*, in: FS Ulmer, S. 365 (375).

201 *Hüffer*, AktG, § 161 Rn. 13.

202 *Goette*, in: MünchKommAktG, § 161 Rn. 68: *Hölters*, in: Hölters, AktG, § 161 Rn. 18. Beispiel für eine solche Individualempfehlung: Ziffer 5.5.2 DCGK.

203 *Kirschbaum*, in: Heidel, § 161 AktG Rn. 24.

204 Ziffer 5.4.6 Abs. 1 und 2 DCGK.

205 BGHZ 83, S. 122 (131) („Holzmüller"); 159, S. 30 (37 ff.) („Gelatine"); BGH NZG 2004, S. 575 (577 ff.) („Gelatine II").

nur dann der Hauptversammlung zur Entscheidung vorlegen, wenn das Aktienrecht keine anderweitige abschließende Entscheidung trifft[206]. Dies ist aber im Hinblick auf die §§ 119, 161 AktG offenkundig der Fall[207]. Mithin muss und darf die Hauptversammlung nicht an der Abgabe der Entsprechenserklärung mitwirken.

7. Kompetenzverteilung hinsichtlich der im Rahmen der Abgabe der Entsprechenserklärung vorzunehmenden Rechtshandlungen

Der Wortlaut des § 161 AktG, wonach Vorstand und Aufsichtsrat (jeweils) zur Erklärungsabgabe verpflichtet sind, eröffnet wegen des abweichenden Adressatenkreises der Kodex-Empfehlungen ein weiteres Problemfeld. Die Empfehlungen des DCGK richten sich nämlich nicht nur an den Vorstand[208] und den Aufsichtsrat[209], sondern auch an die Hauptversammlung[210], den Aufsichtsratsvorsitzenden[211] und an einzelne Organmitglieder[212]. Angesichts dieser Divergenz zwischen § 161 AktG und dem DCGK stellt sich die Frage, wie die Kompetenzen hinsichtlich den im Rahmen der Abgabe der Entsprechenserklärungen erforderlichen Rechtshandlungen verteilt sind.

a) Differenzierung zwischen Erklärungs- und Entscheidungszuständigkeit

Mit der Abgabe der Entsprechenserklärung notwendigerweise verbunden ist eine Entscheidung über die Befolgung der Kodex-Empfehlungen. Häufig scheinen diese beiden Ebenen indes vermischt zu werden. Dies ist durchaus verständlich, erscheint doch eine strikte Trennung zwischen dem Inhalt der Erklärung und der Entscheidung

---

206 Vgl. *Hüffer*, AktG, § 119 Rn. 13.

207 AA *Hommelhoff/Schwab*, in: Hommelhoff/Hopt/v. Werder, Hdb. Corporate Governance, S. 71 (92 f.), denen zufolge eine Entscheidung der Hauptversammlung über den Inhalt der Entsprechenserklärung (nicht über die ihr zugrunde liegenden Befolgungsentscheidungen) dann einzuholen ist, wenn dieser zwischen Vorstand und Aufsichtsrat streitig ist und infolge dessen keine gleichlautende Erklärung abgegeben werden kann. Diese Sichtweise steht freilich unter der Prämisse, dass die im Innenverhältnis getrennten Erklärungen im Außenverhältnis zusammengefügt werden müssen, s.o. unter A. II. 5. a). Für die Zulässigkeit einer Vorlage gem. § 119 Abs. 2 AktG ebenfalls *Spindler*, in: K. Schmidt/Lutter, AktG, § 161 Rn. 27.

208 Ziffern 2.3.2, 3.8, 3.10, 4.1.5, 4.2.5, 5.1.2 Abs. 1 S. 4, 5.4.5 Abs. 2 S. 2, 6.1, 6.2, 6.3, 6.4., 7.1.2, 7.1.3, 7.1.4, DCGK.

209 Ziffern 3.4, 3.6, 3.10, 4.2.1, 4.2.2, 4.2.3, 4.3.4, 5.1.2, 5.1.3, 5.3.1, 5.3.2, 5.3.3, 5.4.1, 5.4.2, 5.4.3, 5.4.4, 5.4.5, 5.4.6 Abs. 3, 5.4.7, 5.5.3, 5.6, 6.2, 7.1.2, 7.2.1, 7.2.3 DCGK.

210 Ziffer 5.4.6 Abs. 1 und 2 DCGK.

211 Ziffern 4.2.3 Abs. 7, 5.2 DCGK.

212 Vorstandsmitglieder: Ziffern 4.3.3 DCGK; Aufsichtsratsmitglieder: Ziffern 5.4.2 S. 4, 5.5.2 DCGK.

über die Kodex-Befolgung etwas gekünstelt, da sie untrennbar miteinander verbunden sind, und in der Praxis auch immer automatisch zusammen getroffen werden dürften. Dennoch gebietet es die im Zusammenspiel von § 161 AktG und dem DCGK angelegte Divergenz, rechtlich zwischen Erklärungszuständigkeit einerseits und Entscheidungszuständigkeit andererseits zu trennen.

b) Entscheidungszuständigkeit

Im Hinblick auf die interne Kompetenzverteilung herrscht weitestgehend Einigkeit: Die Entscheidung, ob eine Kodex-Empfehlung umgesetzt werden soll oder nicht, wird im Einklang mit dem allgemeinen aktienrechtlichen Kompetenzgefüge getroffen[213]. Denn es ist nicht ersichtlich, dass mit Schaffung des DCGK und Einführung des § 161 AktG das im deutschen Aktienrecht fein austarierte Mit- und Nebeneinander von Vorstand, Aufsichtsrat und Hauptversammlung hätte aufgehoben werden sollen. Danach entscheidet lediglich das Organ, welches Adressat der jeweiligen Empfehlung ist, über deren Befolgung; diese Entscheidung muss vom anderen Organ respektiert werden. Vorstand und Aufsichtsrat dürfen also nur über den Umgang mit denjenigen Empfehlungen beschließen, die in den jeweiligen Kompetenzbereich fallen, entweder weil sich die Kodex-Empfehlung an das jeweilige Organ direkt richtet oder aber die Umsetzung der Empfehlung in den Aufgabenbereich dieses Organs fällt. Denn ebenso wenig wie ein Organ durch Mehrheitsbeschluss seinen Mitgliedern individuelle Pflichten auferlegen kann[214], kann ein Organ das jeweils andere zu einem bestimmten Umgang mit Kodex-Empfehlungen verpflichten. Ist die Zuständigkeit sowohl von Vorstand als auch Aufsichtsrat durch eine Empfehlung berührt, so müssen beide Organe für eine Anerkennung der Empfehlung stimmen[215]. Bei Empfehlungen, die sich an die Hauptversammlung richten, haben sich Vorstand und Aufsichtsrat für die Umsetzung zu entscheiden und ggf. durch entsprechende Beschlussvorschläge nach § 124 Abs. 3 AktG auf die Umsetzung der Empfehlungen hinzuwirken; bindende Entscheidungen diesbezüglich können sie nicht treffen[216].

---

213 *Hüffer*, AktG, § 161 Rn. 10; *Leyens*, in: GroßkommAktG, § 161 Rn. 147; *Spindler*, in: K. Schmidt/Lutter, AktG, § 161 Rn. 20; *Bertrams*, Haftung, S. 93; *Hommelhoff/Schwab*, in: Hommelhoff/Hopt/v. Werder, Hdb. Corporate Governance, S. 71 (89); *Ihrig/Wagner*, BB 2002, S. 2509 (2511); *Kirschbaum*, Entsprechenserklärungen, S. 168; *Kleefass*, Entsprechenserklärung, S. 59; *Krieger*, in: FS Ulmer, S. 365 (370); *Ulmer*, ZHR 166 (2002), S. 150 (173). Die Auffassung von *Seibt*, AG 2002, S. 249 (253), wonach es sich bei der Entscheidung über die Befolgung der Kodex-Empfehlungen um eine geschäftspolitische Entscheidung handle, die als Maßnahme der Geschäftsführung in den Kompetenzbereich des Vorstandes falle, hat im Ergebnis keine Auswirkungen, denn auch *Seibt* nimmt hinsichtlich einiger Kodex-Empfehlungen eine Entscheidungsprärogative zu Gunsten des Aufsichtsrats an und hält teilweise sogar eine Beschlussfassung der Hauptversammlung für erforderlich.

214 *Krieger*, in: FS Ulmer, S. 365 (374).

215 *Hölters*, in: Hölters, AktG, § 161 Rn. 13; *Lutter*, in: KölnKommAktG, § 161 Rn. 52.

216 *Hölters*, in: Hölters, AktG, § 161 Rn. 14; *Krieger*, in: FS Ulmer, S. 365 (373).

c) Erklärungszuständigkeit

Fraglich ist aber, welche Auswirkungen das Festhalten am aktienrechtlichen Kompetenzgefüge auf Ebene der internen Entscheidung über die Kodex-Befolgung auf die Erklärung im Außenverhältnis hat. Hierbei muss zwischen der vergangenheitsbezogenen Wissenserklärung und der zukunftsbezogenen Absichtserklärung unterschieden werden.

aa) Wissenserklärung

Da es sich bei der vergangenheitsbezogenen Erklärung um eine reine Wissenserklärung handelt, ist eine Aussage des jeweiligen Organs zu allen Kodex-Empfehlungen – also auch denjenigen, für deren Umsetzung es gar nicht zuständig war – problemlos möglich[217]. Sofern es um Empfehlungen aus dem jeweils eigenen Kompetenzbereich geht, versteht sich dies von selbst. Aber auch eine Erklärung über diejenigen Kodex-Empfehlungen, deren Umsetzung dem jeweils anderen Organ oblag, stellt Vorstand und Aufsichtsrat jeweils vor keine großen Schwierigkeiten. Sofern das Wissen diesbezüglich nicht ohnehin schon vorliegt, müssen die entsprechenden Informationen beim jeweils anderen Organ eingeholt werden[218]. Auswirkungen auf das aktienrechtliche Kompetenzgefüge sind damit nicht verbunden, da es nicht mehr darum geht, eine Entscheidung zu treffen, sondern lediglich darum, bereits getroffene Entscheidungen wiederzugeben.

bb) Absichtserklärung

Hinsichtlich der zukunftsbezogenen Absichtserklärung gestaltet sich die Situation ungleich schwieriger. Insoweit erscheinen zwei Annahmen möglich: Zum einen ließe sich unter Betonung des aktienrechtlichen Kompetenzgefüges vertreten, dass zwischen der Kompetenz zur Entscheidung über die Kodex-Empfehlungen und der Erklärungszuständigkeit ein Gleichlauf besteht. Dies würde bedeuten, dass Vorstand und Aufsichtsrat jeweils nicht nur über die Umsetzung lediglich derjenigen Empfehlungen beschließen, deren Adressat sie sind, sondern ihre Entsprechenserklärungen jeweils auch nur die an sie adressierten Empfehlungen umfassen, und nicht die

---

217 *Hölters*, in: Hölters, AktG, § 161 Rn. 13; *Hüffer*, § 161 AktG, Rn. 10; *Lutter*, in: KölnKommAktG, § 161 Rn. 44; *Sester*, in: Spindler/Stilz, AktG, § 161 Rn. 14; *Bertrams*, Haftung, S. 103 f.; *Ihrig/Wagner*, BB 2002, S. 2509 (2511); *Kirschbaum*, Entsprechenserklärungen, S. 164; *Krieger*, in: FS Ulmer, S. 365 (371). AA *Semler/Wagner*, NZG 2003, S. 553 (555).

218 *Lutter*, in: KölnKommAktG, § 161 Rn. 44; *Spindler*, in: K. Schmidt/Lutter, AktG, § 161 Rn. 28; *Bertrams*, Haftung, S. 104; *Kirschbaum*, Entsprechenserklärungen, S. 164; *Krieger*, in: FS Ulmer, S. 365 (371 f.). AA offenbar *Goette*, in: MünchKommAktG, § 161 Rn. 40.

Gesamtheit aller Kodex-Empfehlungen[219]. Zur Begründung dieser Sichtweise wird zumeist auf die Gesetzesbegründung zu § 161 AktG, die von „einem Gleichlauf von Erklärungspflicht und Entscheidungskompetenz auszugehen" scheine, verwiesen[220]. Der insoweit vermeintlich bedeutungsschwere Passus, dass im Falle einer Änderung der Entscheidungsträger die Möglichkeit bestünde, die Entsprechenserklärung unterjährig zu ändern[221], bringt tatsächlich aber keinerlei Erkenntnisgewinn. Die Aussage des Gesetzgebers ist derartig schwammig, dass sich aus ihr keine seriöse Annahme über die Erklärungszuständigkeit herleiten lässt. Vielmehr scheint der Gesetzgeber das Problem der divergierenden Adressaten von Erklärungspflicht und Kodex-Empfehlungen gar nicht gesehen zu haben, denn andernfalls hätte er die relevante Frage des Beschlussgegenstandes und dessen mögliche Auswirkungen auf das aktienrechtliche Kompetenzgefüge sicherlich eindeutiger angesprochen.

Zum anderen erscheint aber auch die Annahme vertretbar, die Erklärungszuständigkeit von Vorstand und Aufsichtsrat sei umfassend und könne nicht beschränkt werden, weshalb sich jedes der beiden Organe zur Gesamtheit der Kodex-Empfehlungen erklären müsse[222]. Für diese Sichtweise spricht zunächst der Wortlaut des § 161 AktG. Danach haben sich Vorstand und Aufsichtsrat zu „den Empfehlungen" des DCGK zu erklären; eine Einschränkung auf lediglich diejenigen Empfehlungen, deren interne Umsetzung dem jeweiligen Organ obliegt, erfolgt nicht. Auch die Gesetzesbegründung zu § 161 AktG, nach der sich die Verhaltensempfehlungen des DCGK an die Verwaltung insgesamt richten[223], streitet für dieses Verständnis der Entsprechenserklärung. Zudem sprechen auch Sinn und Zweck der Entsprechenserklärung – einerseits die Information des Kapitalmarktes über die Corporate Governance-Praxis des Unternehmens einerseits, die Selbstkontrolle der Verwaltung andererseits – für eine umfassende Erklärungspflicht von Vorstand und Aufsichtsrat. Entscheidend ist in diesem Zusammenhang die Kommunikationsfunktion des Kodex, also die Information des Kapitalmarktes. Denn das Ziel der Kodex-Erklärung, die Corporate Governance-Praxis eines Unternehmens transparent und verständlich darzustellen, würde konterkariert

---

219 So *Lutter*, in: KölnKommAktG, § 161 Rn. 50; *Lutter*, in: Ringleb/Kremer/Lutter/v. Werder, DCGK, Rn. 1267. In diesem Sinne muss wohl auch *Peltzer*, NZG 2002, S. 593 (595), verstanden werden, der davon ausgeht, dass die „Empfehlungen darauf abzuklopfen [sind], für wen Handlungs- oder Unterlassungspflichten begründet werden und für dieses Organ – bzw. diese Organe [...] – dann die Erklärungszuständigkeit gegeben [ist]."

220 *Ihrig/Wagner*, BB 2002, S. 789 (790), i. E. aber anderer Auffassung, vgl. BB 2002, S. 2509 (2511).

221 Begr. RegE TransPuG, BT-Drs. 14/8769, S. 22.

222 *Leyens*, in: GroßkommAktG, § 161 Rn. 147; *Sester*, in: Spindler/Stilz, AktG, § 161 Rn. 15; *Hommelhoff/Schwab*, in: Hommelhoff/Hopt/v. Werder, Hdb. Corporate Governance, S. 71 (90); *Kirschbaum*, Entsprechenserklärungen, S. 168; *Krieger*, in: FS Ulmer, S. 365 (368); *Vetter*, NZG 2009, S. 561 (563).

223 Begr. RegE TransPuG, BT-Drs. 14/8769, S. 21.

werden, würden sich Vorstand und Aufsichtsrat jeweils nur zu einem Teil der Kodex-Empfehlungen erklären, wobei noch nicht einmal deutlich gemacht werden würde, welche der Empfehlungen nun Gegenstand der Entsprechenserklärung sein sollen; dies herauszufinden, bliebe Aufgabe der Kapitalmarktteilnehmer. Dabei dürfen gerade ausländische, mit dem deutschen aktienrechtlichen Aufgaben- und Kompetenzgefüge nicht vertraute Investitionswillige vor erhebliche Schwierigkeiten gestellt werden[224]. Schließlich erfordert auch die Ordnungsfunktion von Kodex und Entsprechenserklärung, also die Selbstbefassung der Verwaltung mit den eigenen Standards „guter" Unternehmensleitung und -kontrolle, eine Erklärung beider Organe jeweils über die Gesamtheit der DCGK-Empfehlungen. Denn eine Beschränkung des Erklärungsgegenstands auf den jeweiligen Aufgabenbereich erschwert eine umfassende Auseinandersetzung der Verwaltung insgesamt über den Stand der Corporate Governance im Unternehmen. Auch leuchtet nicht ein, wie ansonsten mit Kodex-Empfehlungen umgegangen werden soll, die sich weder an Vorstand und Aufsichtsrat richten. Die vollständige Nichtberücksichtigung von Empfehlungen, für deren Umsetzung beispielsweise die Hauptversammlung zuständig wäre, stünde im eklatanten Widerspruch zu Sinn und Zweck des Kodex und ist daher nicht vorstellbar. Damit sprechen die besseren Gründe für eine umfassende Erklärungspflicht sowohl von Vorstand als auch Aufsichtsrat, d. h. das jeweilige Organ muss sich auch zu denjenigen Empfehlungen erklären, deren Adressat es nicht ist.

d) Entscheidungsprärogative entsprechend Umsetzungskompetenz

Doch bei diesem Ergebnis allein kann es nicht bleiben. Denn es gilt zu bedenken, dass die unbeschränkte Erklärungspflicht keinerlei Auswirkungen auf das aktienrechtliche Kompetenzgefüge haben darf – dass dieses durch die Einführung des Kodex und der dazugehörigen Entsprechenserklärung eine Änderung erfahren sollte, ist nicht ersichtlich (s.o.). Die umfassende Erklärungspflicht einerseits sowie die Umsetzungskompetenz nach allgemeinem Aktienrecht andererseits sind also in einen angemessenen Ausgleich zu bringen. Sichergestellt werden muss, dass die unbeschränkte Absichtserklärung des Organs, welches für die Umsetzung der betreffenden Kodex-Empfehlung nicht zuständig ist, das zuständige Organ nicht doch faktisch – eine rechtliche Verbindlichkeit kommt der Entsprechenserklärung schließlich nicht zu – bindet, mithin keine „Präklusionswirkung"[225] der Entsprechenserklärung vorliegt. Dieses gewünschte Ergebnis lässt sich dadurch erreichen, dass dem für die interne Umsetzung der DCGK-Empfehlung zuständigen Organs eine Entscheidungsprärogative, d. h. eine vorrangige Erklärungskompetenz, zugesprochen wird[226].

---

224 Dies gilt umso mehr, als das in den Kodex-Empfehlungen genannte Organ nicht immer auch für die Umsetzung der Empfehlung zuständig ist, vgl. nur Ziffer 4.2.1, 1. HS. DCGK.

225 *Kirschbaum*, Entsprechenserklärungen, S. 168.

226 Ebenso *Hölters*, in: Hölters, AktG, § 161 Rn. 13; *Hüffer*, AktG, § 161 Rn. 10; *Leyens*, in: GroßkommAktG, § 161 Rn. 183; *Kirschbaum*, Entsprechenserklärungen, S. 168.

Auf diese Weise werden die auseinandergefallenen Entscheidungskompetenz und Erklärungszuständigkeit wieder in Einklang gebracht – in Übereinstimmung mit dem aktienrechtlichen Kompetenzgefüge.

Die Annahme einer Entscheidungsprärogative hat allerdings Auswirkungen auf die Rechtsnatur der Absichtserklärung: Lediglich diejenige zukunftsbezogene Erklärung des Organs, welches auch intern für die Entscheidung über die Kodex-Befolgung zuständig ist, stellt tatsächlich noch eine wirkliche Absichtserklärung dar. Die prospektive Entsprechenserklärung des nicht zuständigen Organs hingegen wandelt sich hingegen in eine Wissenserklärung im Sinne einer Bemühenszusage um[227].

Die Entscheidungsprärogative stößt aber dann an ihre Grenzen, wenn sich eine Kodex-Empfehlung nicht an Vorstand oder Aufsichtsrat richtet, nämlich entweder weil beide Organe gemeinsam adressiert werden oder aber die Hauptversammlung für die Umsetzung der Empfehlung zuständig wäre. In erstgenanntem Fall scheidet eine vorrangige Entscheidungsbefugnis aus, Vorstand und Aufsichtsrat müssen sich stattdessen über die Befolgung der entsprechenden DCGK-Empfehlung und die Abgabe der entsprechenden Erklärung einigen. In letztgenanntem Fall kommt ebenfalls eine vorrangige Entscheidung eines der beiden Organe nicht in Betracht, auch hier ist eine gemeinsame Zuständigkeit von Vorstand und Aufsichtsrat im Sinne einer Bemühenszusage gegeben[228].

e) Entscheidungs- bzw. Erklärungsmöglichkeiten

Vorstand und Aufsichtsrat haben grundsätzlich vier verschiedene Entscheidungs- bzw. Erklärungsmöglichkeiten[229]: Sie können zunächst eine uneingeschränkte Positiverklärung abgeben, mit der sie sämtliche Kodex-Empfehlungen für befolgt erklären („Übernahmemodell"). Nach der gesetzgeberischen Vorstellung kann eine

---

AA *Radke*, Entsprechenserklärung, S. 82, der für eine umfassende Erklärungspflicht ohne Entscheidungsvorrang plädiert.

227 *Leyens*, in: GroßkommAktG, § 161 Rn. 68; *Ihrig/Wagner*, BB 2002, S. 2509 (2512); *Kirschbaum*, Entsprechenserklärungen, S. 169.

228 *Kirschbaum*, Entsprechenserklärungen, S. 169. Kodex-Empfehlungen, die sich an die Hauptversammlung richten, stellen – entgegen der Auffassung von *Radke*, Entsprechenserklärung, S. 82 – daher kein überzeugendes Argument gegen die Annahme eines Entscheidungsvorranges dar. Auch die weiteren Kritikpunkte *Radkes*, insbesondere die Überlegung, dass es unzulässig wäre, wenn sich beide Verwaltungsorgane über die Befolgung der Kodex-Empfehlungen Gedanken machen, letztlich aber nur ein Organ über die Befolgung der Empfehlung entscheiden dürfte, überzeugen nicht; im Hinblick auf die Ordnungsfunktion des Kodex ist gerade das genaue Gegenteil der Fall.

229 *Goette*, in: MünchKommAktG, § 161 Rn. 45 ff.; *Hölters*, in: Hölters, AktG, § 161 Rn. 24 ff.; *Lutter*, in: KölnKommAktG, § 161 Rn. 81 ff.; *Spindler*, in: K. Schmidt/Lutter, AktG, § 161 Rn. 31 ff.

solche Erklärung auch dann abgegeben werden, wenn die Empfehlungen „allgemein" eingehalten werden und „es im Berichtszeitraum keine ins Gewicht fallenden Abweichungen" gegeben hat[230]. Die entsprechende Kodex-Erklärung gestaltet sich in diesem Fall denkbar simpel und führt insbesondere zu keinerlei Begründungsaufwand. Sodann können sich Vorstand und Aufsichtsrat auch dafür entscheiden, die DCGK-Empfehlungen nur teilweise zu befolgen und dementsprechend eine eingeschränkte Positiverklärung abgeben („Selektionsmodell"). Dabei müssen diejenigen Verhaltensempfehlungen, die nicht umgesetzt werden, genau bezeichnet und die Gründe für die Nichtumsetzung erläutert werden. Die Begründung muss erkennen lassen, dass sich Vorstand und Aufsichtsrat mit der abgelehnten Kodex-Empfehlung auseinandergesetzt und plausible Gründe für die Nichtumsetzung gefunden haben[231]. Schließlich können sich beide Organe auch entschließen, eine Negativerklärung abzugeben, mit der sie verlauten lassen, den Empfehlungen des DCGK insgesamt nicht zu folgen („Ablehnungsmodell"). In der Regel bleibt es dabei nicht bei der schlichten Ablehnung der Kodex-Empfehlungen, sondern Vorstand und Aufsichtsrat erklären stattdessen, dass eigene, unternehmensspezifische Verhaltensstandards befolgt werden („Alternativmodell"). Die (teilweise) Ablehnung der DCGK-Empfehlungen erfordert dabei einen erheblichen Begründungsaufwand, da auch insoweit konkret dargelegt und begründet werden muss, warum sich Vorstand und Aufsichtsrat für die (Total-)Abweichung entschieden haben und ggf. einen eigenen Verhaltenskodex für sinnvoller erachten; allgemeine Unmutsbekundungen reichen dabei nicht aus[232].

8. Erklärungsturnus

Schließlich lässt § 161 Abs. 1 S. 1 AktG mit der Statuierung der Pflicht zur „jährlichen" Abgabe der Entsprechenserklärung noch Fragen im Hinblick auf den Erklärungsturnus offen: Klärungsbedürftig sind zunächst der grundsätzliche Zeitpunkt der Erklärungsabgabe sowie der Zeitraum, welchen die Kodex-Erklärung abgedeckt.

---

230 Begr. RegE TransPuG, BT-Drs. 14/8769, S. 21. AA *Spindler*, in: K. Schmidt/Lutter, AktG, § 161 Rn. 32, da insoweit Abgrenzungsschwierigkeiten auftreten würden und der Publizitätszweck der Entsprechenserklärung angesichts der nun einmal vorliegenden Abweichungen von DCGK nicht gewahrt werden würde. Ebenso *Kleefass*, Entsprechenserklärung, S. 85; *Lutter*, ZHR 166 (2002), S. 523 (528 f.).

231 *Goette*, in: MünchKommAktG, § 161 Rn. 53; *Lutter*, in: KölnKommAktG, § 161 Rn. 87.

232 *Goette*, in: MünchKommAktG, § 161 Rn. 49; einschränkend *Hölters*, in: Hölters, AktG, § 161 Rn. 26: richtlinienkonforme Auslegung des § 161 Abs. 1 S. 1 AktG – mit der 2009 im Rahmen des BilMoG eingeführten Begründungspflicht wird Art. 46a Abs. 1 lit. b) der Richtlinie 2006/46/EG des Europäischen Parlamentes und des Rates vom 14.06.2006 umgesetzt – lässt eine pauschale Begründung der Abweichung ausreichen.

Sodann gilt es zu untersuchen, ob unter gewissen Umständen eine Notwendigkeit zur unterjährigen Korrektur der bisherigen Erklärung besteht.

a) „Jährliche" Abgabe der Entsprechenserklärung

Der Wortlaut des § 161 AktG lässt verschiedene Interpretationen sowohl in Bezug auf den Erklärungszeitpunkt als auch im Hinblick auf den Zeitraum, den die Entsprechenserklärung betrifft, zu[233].

aa) Erklärungszeitpunkt

Hinsichtlich der Frage, zu welchem Zeitpunkt, d. h. wann bzw. bis wann Vorstand und Aufsichtsrat die Kodex-Erklärung abzugeben haben, wird im Sinne einer größtmöglichen Flexibilität teilweise angenommen, dies müsse – da sich aus dem Gesetz nichts anderes ergebe – einmal im Kalenderjahr geschehen[234]. Manche Literaturvertreter fordern demgegenüber eine Abgabe der Erklärung einmal im Geschäftsjahr, da eine kalenderjährliche Abgabe sowohl unzweckmäßig sei, wenn eine Gesellschaft ein vom Kalenderjahr abweichendes Geschäftsjahr habe, als auch den §§ 285 Nr. 16, 314 Abs. 1 Nr. 8, 325 Abs. 1 S. 3 HGB widerspräche, wonach die Entsprechenserklärung mit der Rechnungslegung zu verknüpfen ist[235]. Wiederum andere vertreten die Auffassung, die Entsprechenserklärung sei innerhalb der gesetzlichen Frist zur Aufstellung des Jahresabschlusses abzugeben, da ihre Abgabe immerhin in dessen Anhang veröffentlicht werden müsse[236]. Schließlich müsse die Erklärung einer weiteren Ansicht zufolge „binnen Jahresfrist" erneuert werden[237], womit zwischen der Abgabe der letzten Entsprechenserklärung und der aktuellen Erklärung nicht mehr als zwölf Monate liegen dürfen[238]. Vorzugswürdig – da praxisnah, der individuellen Unternehmenssituation Rechnung tragend und systematisch konsequent – ist indes eine Auslegung der Formulierung „jährlich" i. S. v. „geschäftsjährlich": Nur auf diese

233 *Rosengarten/Schneider*, ZIP 2009, S. 1837 (1838).

234 *Leyens*, in: GroßkommAktG, § 161 Rn. 353; *von der Linden*, in: Wilsing, DCGK, § 161 AktG Rn. 41; *Heckelmann*, WM 2008, S. 2146 (2147); *Lutter*, ZHR 166 (2002), S. 523 (527 f.); *Schüppen*, ZIP 2002, S. 1269 (1272); *Seibert*, BB 2002, S. 581 (584); *Woitzyk*, Anfechtung, S. 130.

235 *Goette*, in: MünchKommAktG, § 161 Rn. 41; *Hölters*, in: Hölters, AktG, § 161 AktG Rn. 29; *Hüffer*, AktG, § 161 Rn. 15; *Vetter*, DB 2007, S. 1963 (1968). *Kleefass*, Entsprechenserklärung, S. 41, möchte es den betroffenen Gesellschaften demgegenüber freistellen, ob sie die Entsprechenserklärung kalender- oder geschäftsjährlich abgeben.

236 *Semler*, in: MünchKommAktG (2. Aufl.), § 161 Rn. 119; *Sester*, in: Spindler/Stilz, AktG, § 161 Rn. 55; *Seibt*, AG 2002, S. 249 (257).

237 BGHZ 180, S. 9 (19) („Kirch ./. Deutsche Bank").

238 Vgl. OLG München, NZG 2008, S. 337 (338); BGH, NZG 2010, S. 618 (619); so auch *Kirschbaum*, in: Heidel, § 161 AktG Rn. 31; *Spindler*, in: K. Schmidt/Lutter, AktG, § 161 Rn. 39.

Weise werden Friktionen bei einer Divergenz von Kalender- und Geschäftsjahr und Widersprüche zu den die Entsprechenserklärung flankierenden Veröffentlichungsvorschriften vermieden. Allerdings darf die Erklärung auch nicht am Anfang und die Folgeerklärung sodann am Ende des folgenden Geschäftsjahres abgegeben werden; stattdessen dürfen zwischen den geschäftsjährlichen Erklärungen nicht mehr als zwölf Monate vergangen sein, wobei eine nicht taggenaue Einhaltung dieser Frist unschädlich ist[239].

bb) Erklärungszeitraum

Bei der Entsprechenserklärung nach § 161 AktG handelt es sich nicht um eine stichtagsbezogene Erklärung in dem Sinne, dass der Stand der Corporate Governance-Praxis eines Unternehmens zu einem ganz bestimmten Datum widergegeben wird[240]. Stattdessen erstreckt sich die Erklärung auf einen bestimmten Zeitraum in Vergangenheit und Zukunft. Um welchen es sich dabei aber handelt, kann unterschiedlich beantwortet werden.

(1) Vergangenheitsbezogener Erklärungsteil

Manche Literaturvertreter meinen, der retrospektive Teil der Entsprechenserklärung beziehe sich auf das vergangene Kalenderjahr[241]. Andere wiederum sind der Auffassung, die vergangenheitsbezogene Erklärung umfasse den Zeitraum des vergangenen Geschäftsjahrs[242]. Schließlich wird vertreten, dass dieser Teil der Kodex-Erklärung schlicht den seit Abgabe der letzten Erklärung verstrichenen Zeitraum abdecke[243]. Entsprechend der Verpflichtung zur geschäftsjährlichen Abgabe der Kodex-Erklärung (s.o.) ist indes davon auszugehen, dass sich die Erklärung in ihrem vergangenheitsbezogenen Teil auch auf das vergangene Geschäftsjahr bezieht.

(2) Zukunftsbezogener Erklärungsteil

Der zukunftsbezogene Teil der Entsprechenserklärung erstreckt sich grundsätzlich auf einen unbestimmten Zeitraum[244]. Teilweise wird auch die Möglichkeit einer zeitlich befristeten Abgabe dergestalt, dass die Erklärung lediglich „bis auf Weiteres" gilt,

---

239 So auch *Goette*, in: MünchKommAktG, § 161 Rn. 73; *Hölters*, in: Hölters, AktG, § 161 Rn. 30. AA *Hüffer*, AktG, § 161 Rn. 15: keine Höchstfrist von 12 Monaten.

240 *Sester*, in: Spindler/Stilz, AktG, § 161 Rn. 55; insoweit missverständlich die Pressemitteilung Nr. 55/03 des Bundesministeriums der Justiz vom 04.07.2003.

241 *Semler*, in: MünchKommAktG (2. Aufl.), § 161 Rn. 119.

242 *Hüffer*, AktG, § 161 Rn. 15; *Sester*, in: Spindler/Stilz, AktG, § 161 Rn. 55; *Ihrig/Wagner*, BB 2002, S. 789 (791).

243 *Hölters*, in; Hölters, AktG, § 161 Rn. 30; *Lutter*, in: KölnKommAktG, § 161 Rn. 91; *Spindler*, in: K. Schmidt/Lutter, AktG, § 161 Rn. 41. In diesem Sinne wohl auch *Kleefass*, Entsprechenserklärung, S. 45.

244 *Hölters*, in: Hölters, AktG, § 161 Rn. 30; *Rosengarten/Schneider*, ZIP 2009, S. 1837 (1843).

bejaht[245]: Zum einen ergebe sich weder aus dem Wortlaut des § 161 AktG noch aus der Gesetzesbegründung eine Unzulässigkeit der Beschränkung des prospektiven Erklärungsteils. Zum anderen könne die Gesellschaft immerhin auch die vollständige Ablehnung der Kodex-Empfehlungen erklären; demgegenüber sei die zeitliche Beschränkung der Prognoseerklärung lediglich ein Minus, welches noch immer die Information des Kapitalmarktes sicherstelle[246]. Diese Sichtweise vermag indes nicht zu überzeugen. Denn die Ablehnung sämtlicher Kodex-Empfehlungen ist nicht mit einer Befristung des Wirkungszeitraumes der Prognoseerklärung vergleichbar. Erklären Vorstand und Aufsichtsrat, dass sie keiner der Empfehlungen des DCGK entsprechen werden, so handelt es sich dabei um eine eindeutige Aussage; Anleger kennen die Corporate Governance-Praxis des Unternehmens dauerhaft und können entsprechend darauf reagieren. Wird aber die Prognoseerklärung zeitlich befristet, so sagt dies nichts darüber aus, wie es nach dem Ende des festgelegten Wirkungszeitraums um den Umgang mit den Kodex-Empfehlungen bestellt sein wird. Insofern besteht die Gefahr einer bloß lückenhaften Informationserteilung[247]. Daher ist eine zeitlich befristete Prognoseerklärung unzulässig[248].

b) Pflicht zur unterjährigen Aktualisierung der Entsprechenserklärung

Obgleich Vorstand und Aufsichtsrat die Entsprechenserklärung im Grundsatz nur einmal im Geschäftsjahr abzugeben haben, ist fraglich, ob beide Organe das Ende dieses Turnus auch dann abwarten können, wenn sich der Inhalt des DCGK oder aber die Absicht, bestimmte Empfehlungen zu befolgen, zwischenzeitlich ändern oder ob sie in einem solchen Fall nicht die Pflicht zur umgehenden, unterjährigen Aktualisierung ihrer bisherigen Kodex-Erklärung trifft.

aa) Unterjährige Änderung des Deutschen Corporate Governance Kodex

Aufgrund der beinahe jährlichen Überarbeitung des DCGK durch die Kodex-Kommission sehen sich Vorstände und Aufsichtsräte der unter § 161 Abs. 1 AktG fallenden Gesellschaften immer wieder mit der Problematik der unterjährigen Hochstufung von bisherigen Kodex-Anregungen zu Empfehlungen, deren Neuaufnahme

245 *Semler*, in: MünchKommAktG (2. Aufl.), § 161 Rn. 120; *Spindler*, in: K. Schmidt/Lutter, AktG, § 161 Rn. 41.

246 LG Schweinfurt WPg 2004, S. 339 (340).

247 Beispielsweise in dem Fall, dass die Entsprechenserklärung am letzten Tag des Geschäftsjahres abgegeben und zugleich auf eben dieses beschränkt wird, vgl. *Hommelhoff/Schwab*, in: Hommelhoff/Hopt/v. Werder, Hdb. Corporate Governance, S. 71 (87); *Seibert*, WPg 2004, S. 341.

248 So auch die ganz hM, siehe *Hölters*, in: Hölters, AktG, § 161 Rn. 30; *Kirschbaum*, in: Heidel, § 161 AktG Rn. 51; *Sester*, in: Spindler/Stilz, AktG, § 161 Rn. 55; *Rosengarten/Schneider*, ZIP 2009, S. 1837 (1843); *Mutter*, ZGR 2009, S. 788 (790).

oder ihrem gänzlichen Entfallen konfrontiert[249]. Die Beantwortung der Frage, ob die Verwaltungsorgane in einem solchen Fall neben der „jährlichen" Abgabe der Entsprechenserklärung darüber hinaus auch zu einer unterjährigen Korrektur der Erklärung bei Änderung des DCGK verpflichtet sind, hängt davon ab, ob man die Verweisung in § 161 AktG als eine dynamische oder aber als eine statische Verweisung ansieht: Bei einem Verständnis des § 161 Abs. 1 AktG im Sinne einer dynamischen Verweisung würde die Prognoseerklärung auf den Kodex in der jeweils gültigen Fassung verweisen. Dies hätte zur Folge, dass Vorstand und Aufsichtsrat ihre bisherige Entsprechenserklärung korrigieren müssten, sollte ihre Erklärung nicht mehr mit dem nach der Änderung des Kodex Beabsichtigten übereinstimmen[250]. Bei einer statischen Verweisung hingegen würde sich die Absichtserklärung lediglich auf die zum Zeitpunkt der Abgabe geltende Fassung des DCGK beziehen. Demnach hätte eine Änderung des Kodex keine Auswirkungen auf die bereits abgegebene Entsprechenserklärung, es bestünde kein unterjähriger Aktualisierungsbedarf[251].

Gegen die Annahme einer dynamischen Verweisung in § 161 AktG auf den Kodex in der jeweils geltenden Form sprechen sowohl der Wortlaut der Vorschrift als auch teleologische Erwägungen: Nach § 161 AktG ist die Entsprechenserklärung „jährlich" abzugeben. Dies bedeutet, dass in regelmäßigen Abständen jeweils eine neue Erklärung abgegeben werden muss. Die regelmäßige Abgabe einer jeweils neuen Erklärung wäre indes entbehrlich, wenn es sich bei der Verweisung in § 161 AktG um eine dynamische Verweisung handeln würde; eine einmalige Entsprechenserklärung, die bei Änderung des Kodex entsprechend aktualisiert werden würde, wäre dann ausreichend. Dieses Modell entspricht aber ganz offenkundig nicht der gesetzgeberischen Vorstellung[252]. Im Hinblick auf die jeweils gültige Kodex-Fassung – aber auch nur in diesem Zusammenhang, s.o. – handelt es sich bei der Entsprechenserklärung um eine Stichtagserklärung, mit der Folge, dass eine unterjährige Änderung des Kodex-Inhaltes keine Aktualisierung der Erklärung erforderlich macht[253]. Dass die den dem

249 Jüngste Beispiele im Rahmen der Kodex-Novelle 2013: Einfügung der Ziffern 4.2.2 Abs. 2 S. 3, 4.2.3 Abs. 2 S. 6 und Abs. 3, 4.2.5 Abs. 3 DCGK; Streichung der Ziffern 2.3.2 a. F., 5.2 Abs. 2 S. 1 a. F., 6.4 a. F. DCGK. Anderweitige Kodex-Änderungen können angesichts der Beschränkung der Entsprechenserklärung auf Empfehlungen insoweit außer Betracht bleiben.

250 Hätten Vorstand und Aufsichtsrat – entsprechend den gesetzlichen Mindestanforderungen – erklärt, dass sie den Kodex-Empfehlungen zukünftig entsprechen werden, so müssten sie diese Erklärung aktualisieren, falls eine neu in den DCGK aufgenommene Empfehlung nun doch nicht befolgt werden soll, vgl. *Gelhausen/Hönsch*, AG 2003, S. 367 (368).

251 Vgl. *Goette*, in: MünchKommAktG, § 161 Rn. 50.

252 Vgl. *Spindler*, in: K. Schmidt/Lutter, AktG, § 161 Rn. 40; *Gelhausen/Hönsch*, AG 2003, S. 367 (368); *Kleefass*, Entsprechenserklärung, S. 105. AA *Wernsmann/Gatzka*, NZG 2011, S. 1001 (1007).

253 Pressemitteilung Nr. 55/03 des Bundesjustizministeriums vom 04.07.2003; *Goette*, in: MünchKommAktG, § 161 Rn. 50; *Hüffer*, AktG, § 161 Rn. 15; *Kirschbaum*, in:

Kapitalmarkt gemäß § 161 AktG dauerhaft zugänglich gemachte Erklärung dadurch nicht mehr aktuell ist, ist dabei hinzunehmen. Denn es gilt zu bedenken, dass Vorstand und Aufsichtsrat – anders als im Falle einer unterjährigen Änderung der Corporate Governance-Praxis[254] – keinen Einfluss auf Änderungen des Inhalt des Kodex haben; nicht die Gesellschaft weicht bewusst von ihrer bisherigen Praxis ab, sondern der DCGK wird durch die Kodex-Kommission weiterentwickelt[255]. Mithin trifft Vorstand und Aufsichtsrat keine Pflicht zur sofortigen Korrektur der Entsprechenserklärung für den Fall, dass sich der DCGK unterjährig ändert. Dies gilt dabei nicht nur im Hinblick auf den zukunftsgerichteten Teil der Entsprechenserklärung, sondern auch für den vergangenheitsbezogenen Teil[256].

bb) Änderung der bisherigen Corporate Governance-Praxis

Ob dieses aber auch bei einer unterjährigen Abkehr von der bisher verlautbarten Befolgungsabsicht gilt, ist äußerst fraglich. Die Antwort auf diese Frage hängt zunächst davon ab, welchen Inhalt man der Entsprechenserklärung beimisst, d. h. ob man ihr lediglich eine Aussage über die Corporate Governance-Praxis der Gesellschaft in der Vergangenheit oder aber auch eine zukunftsbezogene Absichtserklärung entnimmt[257]. Wer der Entsprechenserklärung bereits jeglichen Zukunftsbezug abspricht, verneint denklogisch auch eine Pflicht zur unterjährigen Korrektur der abgegebenen Entsprechenserklärung im Falle der unterjährigen Änderung der Corporate Governance-Praxis[258]: Wenn mit der Erklärung keinerlei Aussage über die zukünftige Befolgung der Kodex-Empfehlungen getroffen wird, muss diese auch nicht korrigiert werden, wenn sich Vorstand und Aufsichtsrat zwischenzeitlich zu einem anderen Umgang mit den Empfehlungen entschließen. Wie bereits ausgeführt, vermag diese Sichtweise aber nicht zu überzeugen. Die Entsprechenserklärung enthält nicht nur einen vergangenheitsbezogenen Teil, sondern auch eine Erklärung über die zukünftige Befolgung von Kodex-Empfehlungen.

Daher bleibt es bei der Frage, ob die Verwaltung einer unter § 161 AktG fallenden Aktiengesellschaft auch dann – ebenso wie bei einer unterjährigen Änderung des Kodex-Inhaltes – auf eine Aktualisierung der Entsprechenserklärung verzichten kann, wenn sie unterjährig beschließt, eine bislang befolgte Kodex-Empfehlung künftig nicht mehr umzusetzen. Teilweise wird dies bejaht: Eine unterjährige Aktualisierung der Entsprechenserklärung im Falle der unterjährigen Abkehr von

Heidel, § 161 AktG Rn. 67; *Vetter*, DB 2007, S. 1963 (1969); ohne nähere Begründung ebenfalls *Lutter*, in: KölnKommAktG, § 161 Rn. 94.

254 Dazu sogleich unter A. II. 7. b) bb).

255 *Hölters*, in: Hölters, AktG, § 161 Rn. 31; *Hommelhoff/Schwab*, in: Hommelhoff/Hopt/v. Werder, Hdb. Corporate Governance, S. 71 (96).

256 Vgl. *Gelhausen/Hönsch*, AG 2003, S. 367 (368 f.); *Heckelmann*, WM 2008, S. 2146 (2148).

257 Siehe oben unter A. II. 4. b).

258 Vgl. *Seibt*, AG 2003, S. 465 (468).

der bisherigen Corporate Governance-Praxis sei mit dem Wortlaut des § 161 AktG, demzufolge die Erklärung „jährlich" abzugeben ist, unvereinbar[259]. Darüber hinaus bestünde das Vertrauen des Kapitalmarktes nur im Hinblick auf die Richtigkeit der Entsprechenserklärung im Zeitpunkt der Abgabe. Bei der Entsprechenserklärung handle es sich nicht nur hinsichtlich der geltenden Kodex-Fassung um eine Stichtagserklärung, sondern auch bzgl. der Corporate Governance-Praxis der Gesellschaft. Das Vertrauen der Anleger darauf, dass die Erklärung auch über diesen Zeitpunkt hinaus ihre Richtigkeit behalte, werde hingegen nicht geschützt[260].

Der BGH hat sich dieser Auffassung indes nicht angeschlossen und stattdessen den Dauererklärungscharakter der Entsprechenserklärung betont, der es erforderliche mache, sie „im Fall vorheriger Abweichung von den DCGK-Empfehlungen umgehend" zu berichtigen[261]. Eine Auseinandersetzung mit den von den Kritikern einer Pflicht zur unterjährigen Aktualisierung der Kodex-Erklärung vorgebrachten Argumenten lassen die höchstrichterlichen Entscheidungen indes vermissen, sodass nicht davon ausgegangen werden kann, die vorliegende Rechtsfrage sei endgültig geklärt[262].

So hält *Kleefass* – der eindeutigen Positionierung des BGH zum Trotz – zunächst den Gedanken einer „sich stets repetierenden Dauererklärung"[263] – einer Erklärung, die sich also durch jeden Abruf im Internet selbst wiederholt – für abwegig; denn die Entsprechenserklärung beziehe sich ausschließlich auf den Moment ihrer Abgabe (Stichtagserklärung) und bleibe daher auch dann wahr, wenn Vorstand und Aufsichtsrat ihre ursprüngliche Befolgungsabsicht nach eben diesem Stichtag aufgeben würden[264]. Diese Argumentation verfängt indes nicht, denn sie verkennt die Bedeutung von § 161 Abs. 2 AktG: In Bezug auf „normale" schriftliche Erklärungen, welche insoweit teilweise zum Vergleich herangezogen werden[265], fehlt es gerade an einer gesetzlich normierten Pflicht zur dauerhaften Zugänglichmachung. Diese Abweichung von Normalfall in § 161 Abs. 2 AktG verlöre jeglichen Sinn, wenn die so bekanntgemachte Erklärung nicht auch stets aktuell und inhaltlich zutreffend sein müsste.

Die – ebenfalls von *Kleefass* – vertretene Auffassung, wonach auch nach Sinn und Zweck des § 161 AktG eine unterjährige Aktualisierung der Entsprechenserklärung nicht erforderlich sei, überzeugt ebenfalls nicht – das genaue Gegenteil ist der Fall:

---

259 Vgl. *Kleefass*, Entsprechenserklärung, S. 92 f.; *Schüppen*, ZIP 2002, S. 1269 (1273).

260 *Kleefass*, Entsprechenserklärung, S. 97; *Ederle*, NZG 2010, S. 655 (658); *Theusinger/Liese*, DB 2008, S. 1419 (1422).

261 BGHZ 180, S. 9 (19) („Kirch ./. Deutsche Bank"); 182, S. 272 (280) („Umschreibungsstopp").

262 So aber *Lutter*, in: FS Hopt, S. 1025 (1026, Fn. 11).

263 So schon *Seibert*, BB 2002, S. 581 (583).

264 *Kleefass*, Entsprechenserklärung, S. 92 f.

265 So *Ederle*, NZG 2010, S. 665 (658), demzufolge jede andere schriftliche Erklärung schließlich auch nicht mit „jedem Aufschlagen des Buchdeckels" neu abgegeben werde, sondern sich ebenfalls ausschließlich auf den jeweiligen Zeitpunkt der Erklärungsabgabe beziehe; ebenso *Kiethe*, NZG 2003, S. 559 (561).

Die Kodex-Erklärung dient u. a. der Information des Kapitalmarktes über die Corporate Governance-Praxis der Gesellschaft und soll damit für Transparenz sorgen. Mit diesem Telos ist es indes nicht vereinbar, eine inhaltlich überholte und damit schlicht unzutreffende Erklärung über den tatsächlichen Umgang einer Gesellschaft mit den Empfehlungen des DCGK Anlegern als Grundlage für ihre Investitionsentscheidung ausreichen zu lassen[266], insbesondere da diese entsprechend § 161 Abs. 2 AktG dauerhaft auf der Internetseite der Gesellschaft verfügbar wäre und damit zu einer Täuschung des Kapitalmarktes führen würde[267]. Der Zweck des § 161 AktG wäre damit gerade konterkariert.

Schließlich kann auch keinesfalls davon ausgegangen werden, dass es ausreichend sei, wenn Investoren nur einmal jährlich über den Stand der Umsetzung der DCGK-Empfehlungen informiert werden, da die Entsprechenserklärung ohnehin keine Garantie biete, dass die betroffenen Unternehmen ihre Haltung diesbezüglich nicht unterjährig ändern, und der Kapitalmarkt schließlich auch über § 15 WpHG ausreichend geschützt werde[268]. Anleger treffen ihre Investitionsentscheidung nicht geschlossen zu einem bestimmten Datum im Jahr. Was nützt einem Investitionswilligen daher die Erkenntnis, dass das von ihm favorisierte Unternehmen am Tage x der Entsprechenserklärung den DCGK in einer bestimmten Weise umsetzen will, wenn sich Haltung bis zum Anlagetag y jedoch schon wieder geändert hat, und der einzelner Investor dieser Information entscheidendes Gewicht für seine Anlageentscheidung beimisst[269]? Selbstverständlich schützt die Erklärung nicht

---

266 Vgl. *Goette*, in: MünchKommAktG, § 161 Rn. 35; *Hüffer*, AktG, § 161 Rn. 20; vgl. *Kirschbaum*, in: Heidel, § 161 AktG Rn. 65; *Lutter*, in: KölnKommAktG, § 161 Rn. 98; *Sester*, in: Spindler/Stilz, AktG, § 161 Rn. 50; *Spindler*, in: K. Schmidt/Lutter, AktG, § 161 Rn. 43 f.; *Hommelhoff/Schwab*, in: Hommelhoff/Hopt/v. Werder, Hdb. Corporate Governance, S. 71 (94).; *Woitzyk*, Anfechtung, S. 121 f.. AA *Kleefass*, Entsprechenserklärung, S. 97 f.

267 Der Hinweis von *Kleefass*, Entsprechenserklärung, S. 97, dass bereits nach Ziffer 3.10 S. 3 DCGK n. F. auch nicht mehr aktuelle Erklärungen auf der Internetseite der Gesellschaft zum Abruf bereit gehalten werden sollen, und der Staat damit billige, dass unter Umständen inhaltlich überholte Entsprechenserklärung weiterhin öffentlich zugänglich gemacht werden, mutet äußerst merkwürdig an, ist doch für jeden ersichtlich, dass diese Erklärungen bereits infolge Zeitablaufs nicht mehr aktuell sind und Verwirrung über die momentane Umsetzungspraxis bzgl. der Kodex-Empfehlungen dadurch nicht entstehen kann.

268 So aber *Kleefass*, Entsprechenserklärung, S. 97 f.

269 Entgegen der Auffassung von *Kleefass*, Entsprechenserklärung, S. 99, lässt sich angesichts der Ergebnisse der neuesten Studie zu den Kapitalmarktauswirkungen der Kodex-Befolgung von *Jahn/Rapp/Strenger/Wolff*, ZCG 2011, S. 64 ff., auch nicht länger vertreten, diese sei für Investoren gänzlich irrelevant. Auch wenn der Grad der Umsetzung der DCGK-Empfehlungen zugegebenermaßen (noch) keine flächendeckende Bedeutung hat, so darf dieses nicht dazu führen, dass der Stellenwert, den einzelne Anleger – möglicherweise auch „nur" Kleinanleger – der Corporate Governance-Praxis eines Unternehmens zumessen, für unbeachtlich erklärt wird.

vor unterjährigen Änderungen der Corporate Governance-Praxis; Anleger müssen aber für diesen Fall die Möglichkeit bekommen, ihr finanzielles Engagement zu beenden, falls die Änderung der Befolgungsabsicht ihren Vorstellungen von einer „guten" Corporate Governance zuwider läuft. Voraussetzung hierfür ist aber eine aktuelle und zutreffende Information über die geänderten Umstände. Schließlich schützt die Pflicht zur Veröffentlichung einer ad hoc-Mitteilung nach § 15 WpHG den Kapitalmarkt auch nur insoweit, als dass Insiderinformationen i. S. d. § 13 WpHG veröffentlicht werden müssen, also solche, die über Kursrelevanz verfügen. Die Änderung der Entsprechenserklärung ist allerdings nicht per se kursrelevant i. S. d. § 15 WpHG[270].

Einleuchtender erscheint indes der Hinweis der Kritiker einer unterjährigen Aktualisierungspflicht auf den (vermeintlichen) Widerspruch zu der Rechtslage bei unterjähriger Änderung des Kodex-Inhaltes; es sei nicht einzusehen, weshalb die Entsprechenserklärung im Falle der Änderung des DCGK nicht korrigiert werden müsse, bei unterjährigem Abweichen von der bisherigen Umsetzungspraxis hingegen schon[271]. Im Ergebnis verfängt aber auch diese Kritik freilich nicht. Denn sie lässt unbeachtet, dass sich eine Änderung des Kodex-Inhaltes außerhalb des Einflussbereiches der Gesellschaft vollzieht. Die betroffenen Unternehmen haben keinerlei Möglichkeit, sich dem Willen der Kodex-Kommission zu entziehen. Zudem erlangt die Öffentlichkeit Kenntnis von einer Überarbeitung des Kodex: Die Änderungsvorschläge werden frühzeitig bekanntgegeben, Interessierte erhalten die Gelegenheit zur Stellungnahme und die letztlich beschlossenen Änderungen des DCGK erlangen erst durch ihre Veröffentlichung im elektronischen Bundesanzeiger überhaupt Gültigkeit. Und schließlich geben Vorstand und Aufsichtsrat in ihrer Erklärung in der Regel die Kodex-Fassung an, auf die sich die Erklärung bezieht, sodass im Falle einer Kodex-Novelle deutlich wird, dass Gegenstand der Entsprechenserklärung nicht die Kodex-Empfehlungen in ihrer aktuellen Fassung sind. Die Aufgabe einer bisher verlautbarten Befolgungsabsicht beruht hingegen auf einer bewussten Entscheidung von Vorstand und Aufsichtsrat, von der der Kapitalmarkt ohne eine entsprechend aktualisierte Entsprechenserklärung nicht unbedingt unmittelbar Kenntnis erlangen würde, da insoweit lediglich ein interner „Richtungswechsel" vorliegt. Damit ist die Situation einer unterjährigen Kodex-Novelle nicht mit derjenigen einer unterjährigen Abkehr von der bisherigen Corporate Governance-Praxis vergleichbar, weshalb die unterschiedliche Behandlung tatsächlich nicht nur sinnvoll, sondern auch geboten erscheint. Mithin ist im Falle eines unterjährigen Abweichens von bisher anerkannten Kodex-Empfehlungen eine umgehende Aktualisierung der Entsprechenserklärung erforderlich.

270 Vgl. Begr. RegE TransPuG, BT-Drs. 14/8769, S. 21.

271 *Theusinger/Liese*, DB 2008, S. 1419 (1422).

cc) Aktualisierungspflicht sowohl von Vorstand als auch Aufsichtsrat

Die Pflicht zur unterjährigen Aktualisierung trifft dabei sowohl Vorstand als auch Aufsichtsrat – ganz gleich, welches Organ den Korrekturbedarf durch Abkehr von der bisherigen Befolgungsentscheidung tatsächlich ausgelöst hat; beide Erklärungen müssen umgehend an die nunmehr herrschende Befolgungspraxis angepasst werden[272]. Dies folgt aus der umfassenden Erklärungszuständigkeit.

9. Mögliche Gründe für eine materielle Unrichtigkeit der Kodex-Erklärung

Damit ist auch bereits der erste mögliche Grund für eine materielle Unrichtigkeit der Entsprechenserklärung offenkundig: Die Entsprechenserklärung ist inhaltlich unzutreffend und damit fehlerhaft, wenn sie infolge einer unterjährigen Änderung der Corporate Governance-Praxis der Gesellschaft nicht umgehend aktualisiert, sondern ohne inhaltliche Korrektur weiterhin aufrechterhalten wird[273]; denn dann gibt sie den tatsächlichen Stand der Umsetzung der DCGK-Empfehlungen nicht zutreffend wieder. Gleiches gilt selbstverständlich auch für den Fall, dass die Kodex-Erklärung von Anfang an inhaltlich unrichtig ist, sei es im Hinblick auf den vergangenheitsbezogenen Erklärungsteil oder hinsichtlich der Absichtserklärung; anfängliche und nachträgliche Unrichtigkeit der Entsprechenserklärung sind einander im Hinblick auf ihre Fehlerhaftigkeit gleichgestellt[274]. Sodann kann im Falle einer eingeschränkten Positiverklärung oder einer Negativerklärung diese im Hinblick auf die Begründung der Abweichungen von den Verhaltensempfehlungen des DCGK unzureichend sein, etwa weil lediglich eine pauschale Unmutsäußerung, nicht aber eine Auseinandersetzung mit der Kodex-Empfehlung und der Sinnhaftigkeit ihrer Anwendung im betroffenen Unternehmen vorliegt. Das Vorliegen eines Begründungsmangels führt ebenfalls zu einer Fehlerhaftigkeit der Entsprechenserklärung[275]. Schließlich liegt auch dann ein „Fehler“ der Entsprechenserklärung vor, wenn diese entgegen § 161 Abs. 1 AktG überhaupt nicht abgegeben wird. Das vollständige Ausbleiben der Kodex-Erklärung ist in der Praxis – angesichts des damit einhergehenden Verstoßes gegen zwingendes Aktienrecht – äußerst selten, aber nicht gänzlich ausgeschlossen[276]. Sofern wesentliche Verfahrensfehler bei der Beschlussfassung von

---

272 Vgl. BGHZ 180, S. 9 (24) („Kirch ./. Deutsche Bank); *Goette*, in: MünchKommAktG, § 161 Rn. 58; *Hommelhoff/Schwab*, in: Hommelhoff/Hopt/v. Werder, Hdb. Corporate Governance, S. 71 (95).

273 *Goette*, in: MünchKommAktG, § 161 Rn. 84.

274 Vgl. BGHZ 180, S. 9 (19) („Kirch ./. Deutsche Bank“); 182, S. 272 (280) („Umschreibungsstopp“); *Goette*, in: MünchKommAktG, § 161 Rn. 83.

275 *Goette*, in: MünchKommAktG, § 161 Rn. 86; *Lutter*, in: KölnKommAktG, § 161 Rn. 141.

276 Dazu sogleich unter C. II.

Vorstand und Aufsichtsrat über die Abgabe der Entsprechenserklärung vorliegen, führen diese nach den allgemeinen Vorschriften zur Unwirksamkeit der gefassten Beschlüsse. Obgleich in solch einem Fall die Kodex-Erklärung nicht auf einem gültigen Organbeschluss beruht, ist sie nicht fehlerhaft und bleibt bis zur Behebung der Verfahrensfehlerhaftigkeit wirksam[277].

277 *Lutter*, in: KölnKommAktG, § 161 Rn. 141.

B. Beschlussmängel und ihre Folgen im Allgemeinen – Nichtigkeit und Anfechtbarkeit von Hauptversammlungsbeschlüssen

Hauptversammlungsbeschlüsse als das Ergebnis der Willensbildung der Aktionäre können an zahlreichen Mängeln formeller oder materieller Art leiden. Die Rechtsfolgen dieser Beschlussmängel hängen dabei von der Schwere des Verstoßes ab.

I. Nichtigkeit, § 241 AktG

Ein formeller oder materieller Mangel, der so schwerwiegend ist, dass der Hauptversammlungsbeschluss, obgleich er doch dem Willen der Aktionärsmehrheit entspricht, von der Rechtsordnung nicht hingenommen werden kann, führt zur Nichtigkeit dieses Beschlusses[278], sodass dieser von Anfang an keinerlei Rechtswirkungen entfaltet[279], ohne dass es einer gerichtlichen Geltendmachung der Nichtigkeit bedürfte, vgl. § 249 Abs. 1 S. 2 AktG[280]. Angesichts dieser gravierenden Rechtsfolgen muss der Rechtsverkehr absolute Gewissheit darüber haben, wann ein zur Nichtigkeit des Hauptversammlungsbeschlusses führender Mangel vorliegt. Aus diesem Grund sind die Nichtigkeitsgründe im AktG auch abschließend aufgezählt[281]. Wenn nicht also die Nichtigkeit ausdrücklich vom Gesetzgeber vorgesehen und angeordnet worden ist, so sind mangelhafte Hauptversammlungsbeschlüsse zwar rechtswidrig, aber gleichwohl wirksam; sie sind lediglich anfechtbar (zur Anfechtbarkeit sogleich unter II.). Ungeschriebene Nichtigkeitsgründe existieren nicht[282].

§ 241 AktG verweist eingangs auf einige besondere Nichtigkeitstatbestände, namentlich die §§ 192 Abs. 4, 212, 217 Abs. 2, 228 Abs. 2, 234 Abs. 3 sowie § 235

278 Vgl. *Hüffer*, in: MünchKommAktG, § 241 Rn. 6.

279 *Englisch*, in: Hölters, AktG, § 241 Rn. 7.

280 Freilich bleibt das Recht zur gerichtlichen Feststellung der Nichtigkeit im Wege der Nichtigkeitsklage nach § 249 AktG davon unberührt.

281 Vgl. BGHZ 167, S. 204 (214); *Hüffer*, AktG, § 241 Rn. 7. Der Wortlaut des § 241 AktG ist insoweit leicht missverständlich. Denn nicht diese Norm selbst enthält die abschließende Aufzählung der Nichtigkeitsgründe. Die §§ 250, 253, 256 AktG enthalten weitere Nichtigkeitstatbestände, die § 241 AktG teilweise erweitern, teilweise aber auch einschränken, vgl. *Hüffer*, in: MünchKommAktG, § 241 Rn. 7.

282 Gegenteilige Auffassungen, wie z. B. *K. Schmidt*, in: GroßkommAktG, § 241 Rn. 20, dem zufolge der Kreis der Nichtigkeitsgründe im Wege der Rechtsfortbildung erweitert werden könne, sind aus Gründen der Rechtssicherheit unbedingt abzulehnen.

Abs. 2 AktG[283]. Die übrigen in § 241 Nrn. 1 bis 6 AktG genannten Fälle begründen die Nichtigkeit von Hauptversammlungsbeschlüssen entweder wegen besonders schwerwiegender formeller Beschlussmängel (Nrn. 1 und 2) oder aber wegen gravierender Inhaltsmängel des Beschlusses (Nrn. 3 und 4). Daneben sind auch solche Hauptversammlungsbeschlüsse nichtig, die durch auf eine Anfechtungsklage hin ergangenes rechtskräftiges Urteil für nichtig erklärt worden sind (Nr. 5). Schließlich stellt auch eine vom Registergericht nach § 398 FamFG getroffene Entscheidung, einen Beschluss als nichtig aus dem Handelsregister zu löschen, einen Nichtigkeitsgrund dar (Nr. 6). Im Unterschied zur Anfechtbarkeit von Hauptversammlungsbeschlüssen kommt es indes nicht darauf an, ob etwa ein Verfahrensmangel von Bedeutung für die Beschlussfassung der Aktionäre war; die Nichtigkeitsgründe gelten absolut[284].

Aufgrund der evidenten und nicht zu tolerierenden Rechtswidrigkeit nichtiger Beschlüsse können solche auch nicht einfach von den Aktionären bestätigt werden, wie dies § 244 AktG für anfechtbare Beschlüsse vorsieht[285]. Selbstverständlich aber bleibt es den Aktionären unbenommen, den fraglichen Beschluss erneut – diesmal natürlich mangelfrei – zu fassen. Unter den Voraussetzungen des § 242 AktG ist indes auch eine rückwirkende Heilung nichtiger Hauptversammlungsbeschlüsse möglich.

II. Anfechtbarkeit, § 243 AktG

Leidet ein Hauptversammlungsbeschluss hingegen unter einem rechtlichen Mangel, der nicht von so großem Gewicht ist, dass der gefasste Beschluss keinen Bestand haben dürfte, so begründet dieser Mangel lediglich die Anfechtbarkeit des fraglichen Beschlusses. Diese kann dabei zunächst auf einem Gesetzesverstoß beruhen. Unter einem Gesetz i. S. d. § 243 Abs. 1 AktG ist jede Rechtsnorm zu verstehen; maßgeblich ist also der materielle Gesetzesbegriff des Art. 2 EGBGB[286]. Daneben kann sich die

---

283 Dabei fallen die §§ 217 Abs. 2, 228 Abs. 2, 234 Abs. 3 und 235 Abs. 2 AktG insoweit aus dem Rahmen, als in den dort genannten Fällen die Hauptversammlungsbeschlüsse erst dann nichtig sind, wenn nicht die jeweils erforderliche Handelsregistereintragung binnen einer bestimmten Frist erfolgt ist. Mithin handelt es sich dabei tatsächlich um Fälle der Unwirksamkeit von Hauptversammlungsbeschlüssen, d. h. der Beschluss verstößt zwar nicht gegen das Gesetz, er entfaltet aber dennoch keine Rechtswirkungen, bis nicht auch ein bestimmtes Erfordernis erfüllt ist, vgl. *K. Schmidt*, in: GroßkommAktG, § 241 Rn. 14 und 16. Da aber in den o.g. Fällen bei fruchtlosem Fristlauf aufgrund gesetzlicher Anordnung die Nichtigkeit eintritt, ist die Nennung dieser Normen in § 241 AktG keinesfalls verfehlt, vgl. *Hüffer*, AktG, § 241 Rn. 7.

284 *Würthwein*, in: Spindler/Stilz, AktG, § 241 Rn. 31.

285 BGHZ 189, S. 32 (42) m. w. Nachw.

286 *Hüffer*, AktG, § 243 Rn. 5; siehe schon oben unter A. I. 4. a).

Anfechtbarkeit aber auch aus einem Verstoß gegen die Satzung der AG ergeben[287]. Dabei begründen Gesetzes- oder Satzungsverstoß entweder einen Inhalts- oder aber einen Verfahrensfehler des von den Aktionären gefassten Beschlusses. Die Unterscheidung zwischen diesen beiden Fehlerarten ist im Hinblick auf die Bestätigungsmöglichkeit nach § 244 AktG von Bedeutung, denn nur Verfahrensfehler können im Wege der Bestätigung geheilt werden[288].

1. Inhaltsfehler

Der Hauptversammlungsbeschluss ist dann inhaltlich fehlerhaft, wenn das Ergebnis der Beschlussfassung nicht im Einklang mit Gesetz oder Satzung steht. In Betracht kommt insoweit – wenngleich auch praktisch wenig relevant[289] – zunächst ein Verstoß gegen Einzelnormen des Gesetzes[290] oder aber der Satzung. Von weitaus größerer praktischer Bedeutung sind indes einen Inhaltsfehler begründende Verstöße gegen die aktienrechtlichen Generalklauseln, insbesondere das Gebot der Gleichbehandlung der Aktionäre nach § 53a AktG sowie die gesellschaftsrechtliche Treuepflicht der Aktionäre[291]. Diese Generalklauseln eröffnen die Möglichkeit einer materiellen Beschlusskontrolle zum Schutze der Minderheitsaktionäre vor Eingriffen in ihre Mitgliedschaftsrechte[292]. Maßstäbe dieser Inhaltskontrolle von Mehrheitsentscheidungen sind die Grundsätze der Erforderlichkeit und Angemessenheit[293].

2. Verfahrensfehler

Ein Verfahrensfehler liegt hingegen vor, wenn beim Zustandekommen des Hauptversammlungsbeschlusses Gesetz oder Satzung verletzt werden. Erfasst wird das gesamte Abstimmungsverfahren von der Einberufung der Hauptversammlung bis

287 Der Satzungsverstoß als Anfechtungsgrund kann im Folgenden vernachlässigt werden, da es sich, wie bereits gesehen, bei den Empfehlungen des DCGK nicht per se um Satzungsbestandteile handelt.

288 BGHZ 189, S. 32 (42) m. w. Nachw.; *Hüffer*, in: MünchKommAktG, § 244 Rn. 5.

289 Die meisten Verstöße gegen konkrete Einzelvorschriften führen bereits nach § 241 Nr. 3 AktG zur Nichtigkeit des gefassten Beschlusses; daneben greifen auch noch die Sonderregelungen der §§ 251, 254, 255 AktG ein, vgl. *Hüffer*, in: MünchKommAktG, § 243 Rn. 43.

290 Z. B. Anfechtbarkeit wegen Verstoßes gegen § 192 Abs. 2 AktG, vgl. *Hüffer*, AktG, § 192 Rn. 8.

291 Vgl. BGHZ 103, S. 184 (194 f.) („Linotype"): Bestehen einer gesellschaftsrechtlichen Treuepflicht nicht nur im Verhältnis des Aktionärs und der Gesellschaft, sonder auch im Verhältnis der Aktionäre zueinander.

292 Zur materiellen Beschlusskontrolle, insbesondere Entwicklung in Rechtsprechung und Literatur, ausführlich *Hüffer*, in: MünchKommAktG, § 243 Rn. 47 ff.

293 Vgl. insoweit BGHZ 125, S. 239 (241, 244) m. w. Nachw.: Verhältnismäßigkeitsprüfung bei Bezugsrechtsausschluss nach § 186 Abs. 3 AktG.

hin zur Feststellung des Beschlussergebnisses[294]. Als Fallgruppen solcher Verfahrensfehler anerkannt sind u. a. Vorbereitungs- und Durchführungsmängel[295] sowie die Verletzung aktienrechtlicher Informationspflichten[296].

Dem Wortlaut nach enthält § 243 AktG keinerlei Einschränkung. Daher würde an sich jeder noch so geringe Verfahrensfehler zur Anfechtbarkeit des dennoch gefassten Hauptversammlungsbeschlusses führen, unabhängig davon, ob er sich im Beschlussergebnis überhaupt niedergeschlagen hat. Dass dies nicht richtig sein kann und eine Beschränkung des Anfechtungsrechts erforderlich ist, ist allgemein anerkannt. Zur Lösung des Problems verlangten Rechtsprechung[297] und Schrifttum[298] früher eine Kausalität zwischen dem Verfahrensfehler und dem zustande gekommenen Hauptversammlungsbeschluss. Der Beschluss musste folglich auf dem Verfahrensfehler beruhen. Die Darlegungs- und Beweislast für die sichere (nicht: wahrscheinliche) Nichtursächlichkeit eines Verfahrensfehlers oblag dabei der Gesellschaft[299].

Diese reine, streng naturwissenschaftliche Kausalitätsbetrachtung lässt allerdings die vom Gesetzgeber getroffenen Wertentscheidungen vollkommen außer Acht: Wenn nämlich sicher feststeht, dass der Beschluss auch bei Entfallen des Verfahrensfehlers, mithin bei Beachtung von Gesetz und Satzung, von der Hauptversammlung ebenfalls gefasst worden wäre, so wird die Einhaltung von Rechtsnormen ins willkürliche Belieben der Aktionärsmehrheit gestellt[300]. Die eigentliche Aufgabe der Anfechtungsklage, nämlich zum Schutze der Minderheitsaktionäre die Rechtmäßigkeit von Hauptversammlungsbeschlüssen zu gewährleisten[301], kann damit nicht mehr erfüllt werden.

In Fällen, in denen eine Anfechtungsklage gegen einen Hauptversammlungsbeschluss auf eine Verletzung von Auskunftsrechten der Aktionäre (Auskunftsrecht nach § 131 AktG, Bericht über Unternehmensverträge, Geschäftsbericht des Vorstands) gestützt wurde, hat der BGH dieses Problem bereits frühzeitig erkannt. Unter Hinweis darauf, dass aus Gründen des Minderheitenschutzes nicht allein die Kenntnis desjenigen Aktionärs, der in der Hauptversammlung über die zur Beschlussfassung

294 *Hüffer*, AktG, § 243 Rn. 11.

295 Z. B. Nichteinhaltung der Einberufungsfrist des § 123 Abs. 1 AktG, OLG Frankfurt, NZG 2009, S. 990 (991); versehentliche Nichteinladung von stimmberechtigten Mitgliedern, BGH, NJW 1973, S. 235 (236); keine Tonübertragung in das Foyer des eigentlichen Versammlungsortes, LG München, AG 2011, S. 263.

296 *Englisch*, in: Hölters, AktG, § 243 Rn. 23; dazu sogleich unter B. II. 3.

297 RGZ 167, S. 151 (165) m. w. Nachw. zur älteren Rechtsprechung; BGHZ 36, S. 121 (139); 49, S. 209 (211); BGH NJW 1972, S. 1320 (1321).

298 *Baumbach/Hueck*, AktG (13. Aufl.), § 243 Rn. 8; *Schilling*, in: GroßkommAktG (3. Aufl.), § 243 Anm. 10; *Hueck*, Anfechtbarkeit, S. 125 ff.

299 BGHZ 36, S. 121 (139); BGH NJW 1972, S. 1320 (1321).

300 *Zöllner*, in: KölnKommAktG (1. Aufl.), § 241 Rn. 89 f.; *K. Schmidt*, in: GroßkommAktG, § 243 Rn. 24; vgl. auch *Baums*, Gutachten, S. 127. In diesem Sinne auch LG München, AG 2011, S. 263 f.

301 BGH NJW 2003, S. 970 (973).

erforderliche Mehrheit verfügt, entscheidend sein könne[302], erfolgte eine Abkehr von der reinen Kausalitätsbetrachtung. Wenngleich es grundsätzlich bei der Prüfung des Ursachenzusammenhanges blieb, so stellte das Gericht nunmehr zusätzlich darauf ab, ob die verweigerte Auskunft aus Sicht eines objektiv urteilenden Aktionärs für die sachgerechte Beurteilung des Beschlussgegenstandes erforderlich ist. Danach sei ein Hauptversammlungsbeschluss wegen einer unberechtigten Auskunftsverweigerung dann anfechtbar, wenn ein vernünftig urteilender Aktionär bei Kenntnis der Umstände, die Gegenstand seines Auskunftsbegehrens waren, anders abgestimmt hätte, als er dies ohne die begehrten Auskünfte tatsächlich getan hat[303].

Auch der Gesetzgeber erkannte die Gefahr einer Aushöhlung des Anfechtungsrechts des Minderheitenaktionärs bei einem ausschließlichen Abstellen auf Kausalitätserwägungen. Im Zuge der Neufassung des Aktiengesetzes im Jahre 1965 reagierte er auf dieses Problem durch Aufnahme des § 243 Abs. 4 AktG a. F.[304], wonach es im Falle einer auf die Verweigerung einer Auskunft gestützten Anfechtungsklage irrelevant war, wenn Hauptsammlung oder Aktionäre erklärten, die Verweigerung der Auskunft habe ihre Beschlussfassung nicht beeinflusst. Damit war allerdings nichts über die Art und Weise der notwendigen Beschränkung von Anfechtungsklagen bei Verfahrensfehlern gesagt.

Während die Rechtsprechung die reine Kausalitätsprüfung lediglich in Fällen unzureichender Information unter Abstellen auf einen „objektiven Beurteiler“ aufweichte, mehrten sich im Schrifttum die Stimmen, die bei sämtlichen Verfahrensfehlern eine Abkehr von der schlichten Prüfung des Ursachenzusammenhangs für geboten hielten, und stattdessen eine wertende Betrachtung des streitgegenständlichen Sachverhalts am Zweck der verletzten Norm vornahmen[305]. Danach sollte es für die Frage der Anfechtbarkeit eines Hauptversammlungsbeschlusses wegen eines Verfahrensverstoßes darauf ankommen, ob der Verstoß von Relevanz für die mitgliedschaftlichen Rechte der Aktionäre ist. Diese Relevanztheorie hat sich in der Literatur inzwischen durchgesetzt. Damit führt nach einhelliger Auffassung ein Verfahrensfehler nur dann zur Anfechtbarkeit des dennoch gefassten Hauptversammlungsbeschlusses, wenn sich die Verletzung von Verfahrensvorschriften auf die Teilhabe- und Mitwirkungsrechte der Anteilseigner auswirkt[306].

Der BGH hat die Relevanz-Theorie im Jahre 2001 erstmals aufgegriffen und entschieden, dass es für die Anfechtbarkeit eines Hauptversammlungsbeschlusses

302 BGHZ 36, S. 121 (139).

303 BGHZ 36, S. 121 (139 f.); 103, S. 184 (186); 107, S. 296 (306 f.); BGH NJW-RR 1990, S. 350 (353); BGHZ 119, S. 1 (19); 122, S. 211 (239).

304 Vgl. Begr. RegE AktG 1965, BT-Drs. IV/171, S. 201.

305 Grundlegend *Zöllner*, in: KölnKommAktG (1. Aufl.), § 241 Rn. 95 ff; ebenso *Hüffer*, in: Geßler/Hefermehl/Eckardt/Kropff, AktG, § 241 Rn. 28; *K. Schmidt*, in: GroßkommAktG, § 243 Rn. 24; vgl. auch *Lutter*, NJW 1973, S. 112 (113).

306 *Englisch*, in: Hölters, AktG, § 243 Rn. 17; *Hüffer*, in: MünchKommAktG, § 243 Rn. 30; *Würthwein*, in: Spindler/Stilz, AktG, § 243 Rn. 85; *Weber/Kersjes*, Hauptversammlungsbeschlüsse, § 1 Rn. 522.

wegen eines Verfahrensfehlers im Allgemeinen darauf ankomme, ob es bei wertender Betrachtungsweise möglich oder ausgeschlossen ist, dass sich der Verfahrensfehler auf das Beschlussergebnis ausgewirkt hat[307]. Die darin anklingenden Kausalitätserwägungen hat der BGH in einer Entscheidung aus dem Jahr 2004 schließlich endgültig aufgegeben und fordert nunmehr „die ‚Relevanz' des Verfahrensverstoßes für das Mitgliedschafts- bzw. Mitwirkungsrecht des Aktionärs im Sinne eines dem Beschluss anhaftenden Legitimationsdefizits, das bei einer wertenden, am Schutzzweck der verletzten Norm orientierten Betrachtung die Rechtsfolge der Anfechtbarkeit gemäß § 243 Abs. 1 AktG rechtfertigt"[308].

3. Informationspflichtverletzung als Fallgruppe des Verfahrensfehlers

Da die Gerichte ihre bisherigen Entscheidungen zu den Auswirkungen einer unrichtigen Entsprechenserklärung auf den Bestand von Entlastungsbeschlüssen stets – so viel sei an dieser Stelle bereits gesagt[309] – auch auf Erwägungen über die Relevanz von Informationspflichtverletzungen gestützt haben[310], bedarf es insoweit noch einiger allgemeiner Erläuterungen. Bereits im Jahre 2001 hatte die *Baums*-Kommission vorgeschlagen, die bisherige Rechtsprechung des BGH zur Anfechtbarkeit von Hauptversammlungsbeschlüssen wegen Informationspflichtverletzungen gesetzlich zu verankern. Durch das Abstellen auf die Bedeutung der unterlassenen Information für das Verhalten eines objektiv urteilenden Aktionärs sollte erreicht werden, dass die Gerichte in geringerem Umfang als bisher Hauptversammlungsbeschlüsse wegen Informationspflichtverletzungen kassieren[311]. Der Gesetzgeber ist dieser Empfehlung 2005 im Rahmen des Gesetzes zur Unternehmensintegrität und Modernisierung des Anfechtungsrechts (UMAG)[312] durch Neufassung des § 243 Abs. 4 AktG nachgekommen, um mit der Kodifikation der höchstrichterlichen Rechtsprechung einerseits das Gewicht der geregelten Rechtsgrundsätze besonders zu betonen und andererseits die Rechtssicherheit und Rechtsklarheit zu erhöhen[313]. Nunmehr kann ein Hauptversammlungsbeschluss wegen unrichtiger, unvollständiger oder verweigerter Erteilung von Informationen nur dann angefochten werden, wenn ein objektiv urteilender Aktionär die Erteilung der Information als wesentliche

307 BGHZ 149, S. 158 (164 f.) („Sachsenmilch III"); vgl. auch BGHZ 153, S. 32 (36 f.) („HypoVereinsbank").

308 BGHZ 160, S. 385 (392) („ThyssenKrupp").

309 Ausführlich zu der bisherigen instanzgerichtlichen und höchstrichterlichen Rechtsprechung sogleich unter C.

310 Wie dies genau zu verstehen ist und ob diese Erwägungen mit Blick auf die Systematik des Beschlussmängelrechts dogmatisch überzeugen, dazu sogleich ausführlich ebenfalls unter C.

311 *Baums*, Bericht, Rn. 140.

312 Gesetz vom 22.09.2005, BGBl. I S. 2802.

313 Begr. RegE UMAG, BT-Drs. 15/5092, S. 26.

Voraussetzung für die sachgerechte Wahrnehmung seiner Teilnahme- und Mitgliedschaftsrechte angesehen hätte, § 243 Abs. 4 S. 1 AktG[314]. Nach ganz überwiegender Meinung handelt es sich angesichts seiner Entstehungsgeschichte, seines Zwecks und der Systematik des § 243 AktG insgesamt bei Absatz 4 um eine Beschränkung des Anfechtungsrechts[315], und nicht, wie vereinzelt angenommen[316], um einen selbständigen Anfechtungsgrund. Erforderlich ist daher das Vorliegen eines Verfahrensfehlers in Gestalt eines Informationsmangels.

Unter Informationsmängel i. S. d. § 243 Abs. 4 AktG fallen nur solche materieller Art[317], d. h. die Information muss ihrem Inhalt nach mangelhaft sein. Wichtigster Anwendungsfall ist dabei die Verweigerung einer nach § 131 AktG begehrten Auskunft[318]. Bloße Formfehler, die aber zugleich eine Fehlinformation der Aktionäre mit sich bringen, unterliegen indes nicht der Beschränkung des Absatzes 4 und führen

---

314 Die Umsetzung der bisherigen BGH-Rechtsprechung gelang allerdings zunächst nur mit mäßigem Erfolg. So sah noch der Referentenentwurf des § 243 Abs. 4 AktG (abgedruckt in der Sonderbeilage zu NZG Heft 4/2004) vor, dass wegen unrichtiger, unvollständiger oder verweigerter Information nur dann angefochten werden könne, wenn ein objektiv urteilender Aktionär sein Verhalten von Inhalt der Information abhängig gemacht hätte. Zu Recht hat der BGH in der „ThyssenKrupp"-Entscheidung (BGHZ 160, S. 385 (392)) darauf hingewiesen, dass der Referentenentwurf insoweit missverständlich sei, da es nach seiner bisherigen Rechtsprechung gerade nicht darauf ankomme, ob der tatsächliche Inhalt einen objektiven Aktionär von der Beschlussfassung abgehalten hätte; diese Frage wäre bei der – inzwischen aber überholten – Prüfung der potentiellen Kausalität zu stellen. Wenn eine begehrte und von der Verwaltung verweigerte Information erforderlich i. S. d. § 131 AktG sei, so läge darin nach heutigem Verständnis automatisch ein relevanter Verstoß gegen das Teilnahme- und Mitwirkungsrecht des Aktionärs. Zudem würde ein Abstellen auf den Inhalt der Auskunft den Aktionär insofern vor ein Problem stellen, als er zunächst Klage erheben müsste, um von diesem Inhalt überhaupt erst Kenntnis zu erlangen, um dann möglicherweise aber vor Gericht erfahren zu müssen, dass ein objektiver Aktionär seine Entscheidung nicht von diesem Inhalt abhängig gemacht hätte und die Anfechtungsklage daher unbegründet sei, siehe *Noack/Zetzsche*, ZHR 170 (2006), S. 218, 223 f.. Dieses Dilemma hat auch der Gesetzgeber erkannt und schließlich unter Hinweis darauf, dass der Inhalt der Antwort dem Aktionär ja nun einmal unbekannt sei, stattdessen auf die Bedeutung des Fragegegenstandes abgestellt, vgl. Begr. RegE UMAG, BT-Drs. 15/5092, S. 26.

315 *Englisch*, in: Hölters, AktG, § 243 Rn. 83 f.; *Hüffer*, in: MünchKommAktG, AktG, § 243 Rn. 114; *Würthwein*, in: Spindler/Stilz, AktG, § 243 Rn. 246.

316 *Kersting*, ZGR 2007, S. 319 (327), der den Grund für die Anfechtbarkeit in der Verletzung der Entscheidungsbefugnis der Aktionäre sieht.

317 *Würthwein*, in: Spindler/Stilz, AktG, § 243 Rn. 247; *Noack/Zetzsche*, ZHR 170 (2006), S. 218 (223).

318 Vgl. insoweit auch die Gesetzesbegründung, BT-Drs. 15/5092, S. 26, der zufolge eine inhaltliche Änderung gegenüber § 243 Abs. 4 S. 1 AktG a. F. („Auskunft") nicht gewollt ist.

auch weiterhin zur Anfechtbarkeit dennoch gefasster Hauptversammlungsbeschlüsse, sofern denn der Formfehler auch von Relevanz ist[319]. Im Ergebnis besteht damit freilich kein Unterschied zwischen der Behandlung von formellen und materiellen Informationsmängeln. Unter einem objektiv urteilenden Aktionär versteht der Gesetzgeber einen „vernünftig und im wohlverstandenen Unternehmensinteresse handelnden Aktionär", der „keine kurzfristigen Ziele [verfolge], sondern [...] an der langfristigen Ertrags- und Wettbewerbsfähigkeit seiner Gesellschaft interessiert" sei[320].

Angesichts der gesetzgeberischen Vorstellung, mit der Neufassung des § 243 Abs. 4 AktG „der Linie des Bundesgerichtshofes zu folgen"[321], kann dem Wesentlichkeitskriterium in § 243 Abs. 4 AktG trotz des Wortes „nur" keine eigenständige bzw. eine über das Relevanzerfordernis hinausgehende Bedeutung zukommen[322]. Bei den Begriffen „wesentlich" und „relevant" handelt es sich ohnehin um bloße Synonyme. Die Gegenauffassung, der zufolge der Gesetzgeber mit der Einführung des Wesentlichkeitskriteriums die Aufstellung eines strengeren Maßstabs zum Ausdruck bringen wollte[323], verkennt, dass es für die Erreichung des vom Gesetzgeber verfolgten Zwecks, die gerichtliche Kassation von Hauptversammlungsbeschlüssen wegen mangelhafter Information der Aktionäre zu reduzieren, keiner weiteren Hürde bedarf[324]. Zu bedenken ist insoweit, dass bei unwesentlichen Auskünften die Anfechtbarkeit des dennoch gefassten Beschlusses bereits auf Ebene des § 131 AktG ausgeschlossen wird; denn unwesentliche Auskünfte sind für eine sachgerechte Beschlussfassung über einen Tagesordnungsgegenstand gar nicht erst erforderlich[325]. Der gegenteilige Fall, dass also eine Auskunft zwar erforderlich i. S. d. § 131 AktG, nicht aber aus Sicht eines objektiv urteilenden Aktionärs wesentliche Voraussetzung für die sachgerechte Wahrnehmung seines Teilnahme- und Mitwirkungsrechts ist, ist indes kaum vorstellbar; nicht zuletzt geben auch die Vertreter der o.g. Auffassung keine Auskunft darüber,

---

319 Vgl. BGHZ 149, S. 158 (164 f.) („Sachsenmilch III"): Unterbreitung eines Beschlussvorschlags durch einen nicht ordnungsgemäß besetzten Vorstand führt zugleich zur Fehlinformation der Aktionäre über die Besetzung des Vorstands; BGHZ 153, S. 32 (35 ff.) („HypoVereinsbank"): Unterbreitung eines Vorschlags zur Wahl eines Sonderprüfers durch Vorstand und Aufsichtsrat entgegen § 124 Abs. 3 S. 1 AktG führt zu der irrigen Annahme der Aktionäre, es handle sich um einen gemeinsamen Vorschlag von Vorstand und Aufsichtsrat; zu dieser Entscheidung ausführlich unter D. III 3. b) aa) (2) (b) (ee).

320 Begr. RegE UMAG, BT-Drs. 15/5092, S. 26. Zur Sinnhaftigkeit dieser Erläuterung insbesondere im Hinblick auf die damit an sich notwendige richterliche Bewertung der Anlagestrategie *Noack/Zetzsche*, ZHR 170 (2006), S. 218 (223).

321 Begr. RegE UMAG, BT-Drs. 15/5092, S. 26.

322 *Englisch*, in: Hölters, AktG, § 243 Rn. 89; *Hüffer*, AktG, § 243 Rn. 46b; *Würthwein*, in: Spindler/Stilz, § 243 Rn. 250; *Kersting*, ZGR 2007, S. 319 (324 ff.); vgl. auch *Diekmann/Leuering*, NZG 2004, S. 249 (253).

323 OLG Frankfurt, AG 2011, S. 36 (42 f.); *Göz*, in: HeidelbKommAktG, § 243 Rn. 21; *Spindler*, NZG 2005, S. 825 (829); wohl auch *Veil*, AG 2005, S. 567 (569).

324 So im Ergebnis auch *Veil*, AG 2005, S. 567 (569).

325 *Kersting*, ZGR 2007, S. 319 (333).

wie sich die Maßstäbe „erforderlich“ und „wesentlich“ voneinander unterscheiden sollen. Es ist nicht ersichtlich, dass der Gesetzgeber mit Neufassung des § 243 Abs. 4 AktG auch das Zusammenspiel von § 131 und § 243 AktG hätte verändern wollen; gegenteilige Aussagen sind rein spekulativ. Viel wahrscheinlicher erscheint eine schlicht unglückliche Wortwahl seitens des Gesetzgebers.

4. Gerichtliche Geltendmachung des Inhalts- oder Verfahrensfehlers im Wege der Anfechtungsklage

Hauptversammlungsbeschlüsse, die mit einem Inhalts- oder Verfahrensfehler behaftet sind, der nicht bereits die Nichtigkeit des Beschlusses nach sich zieht, sind bis zum Ablauf der Anfechtungsfrist schwebend wirksam; die Rechtswirkungen entfallen nicht bereits ipso iure[326]. Im Gegensatz zur Nichtigkeit (vgl. § 249 Abs. 1 S. 2 AktG) kann die Anfechtbarkeit eines Hauptversammlungsbeschlusses nicht von jedermann durch einfache Willenserklärung geltend gemacht werden; erforderlich ist vielmehr die fristgerechte Erhebung einer Anfechtungsklage durch einen Anfechtungsbefugten, §§ 245, 246 AktG.

Anfechtungsbefugt ist u. a. der zur Hauptversammlung erschienene Aktionär, der seine Aktien schon vor der Bekanntmachung der Tagesordnung erworben hat und gegen den angegriffenen Beschluss bereits in der Hauptversammlung Widerspruch zum Protokoll erklärt hat, § 245 Nr. 1 AktG. Das Erfordernis der vorherigen Einlegung eines Widerspruchs als Ausdruck des Verbots widersprüchlichen Verhaltens stellt den Aktionär in Fällen von nicht erkennbaren Informationsmängeln, z. B. unrichtige oder unvollständige Informationserteilung, indes vor große Schwierigkeiten[327]. Um zu verhindern, dass die Aktionäre vorsorglich immer Widerspruch einlegen, um nicht ihrer Anfechtungsbefugnis verlustig zu gehen, ist § 245 Nr. 1 AktG dahingehend teleologisch zu reduzieren, dass in den Fällen von in der Hauptversammlung nicht erkennbaren Fehlern die Erklärung des Widerspruchs entbehrlich ist[328].

Auch die Einhaltung der einmonatigen Anfechtungsfrist des § 246 Abs. 1 AktG stellt den Aktionär im Fall von nicht erkennbaren Mängeln vor ein Problem, da bis zur Aufdeckung des Mangels unter Umständen mehr als Monat verstreicht. Im Hinblick auf den Charakter der Anfechtungsfrist als materiell-rechtliche Ausschlussfrist[329]

---

326 *Hüffer*, in: MünchKommAktG, § 243 Rn. 125.

327 *Kersting*, ZGR 2007, S. 319 (344).

328 *Dörr*, in: Spindler/Stilz, AktG, § 246 Rn. 30; *Englisch*, in: Hölters, AktG, § 245 Rn. 16; *Hüffer*, in: MünchKommAktG, § 245 Rn. 37; *Kersting*, ZGR 2007, S. 319 (345). AA *Göz*, in: HeidelbKommAktG, § 245 Rn. 12.

329 BGH NZG 1998, S. 679; *Dörr*, in: Spindler/Stilz, AktG, § 246 Rn. 12; *Englisch*, in: Hölters, AktG, § 246 Rn. 20; *Hüffer*, in: MünchKommAktG, § 246 Rn. 36; *Kersting*, ZGR 2007, S. 319 (347); *Weber/Kersjes*, Hauptversammlungsbeschlüsse, § 1 Rn. 122. AA *Schwab*, in: K. Schmidt/Lutter, AktG, § 246 Rn. 4: prozessuale Frist.

besteht indes aber keine Möglichkeit, das Dilemma eines unverschuldeten Fristversäumnisses zu Gunsten des Aktionärs aufzulösen; insbesondere sind die §§ 233 ff. ZPO nicht anwendbar[330]. Daher ist die Klage auch dann als unbegründet abzuweisen, wenn der Aktionär erst später von der Mangelhaftigkeit der erteilten Information Kenntnis erlangt.

330 Vgl. *Hüßtege*, in: Thomas/Putzo, ZPO, § 233 Rn. 3 und 5. So i. E. aber auch *Schwab*, in: K. Schmidt/Lutter, AktG, § 246 Rn. 9.

C. Auswirkungen fehlerhafter Entsprechenserklärungen auf den Bestand von Entlastungsbeschlüssen

Obgleich weder die Regierungskommission „Corporate Governance" noch der Gesetzgeber die Frage nach den Auswirkungen fehlerhafter Entsprechenserklärungen auf den Bestand von Entlastungsbeschlüssen bedacht zu haben scheinen[331], wurde in der Literatur bereits frühzeitig darauf hingewiesen, dass eine fehlerhafte Kodex-Erklärung zur Anfechtbarkeit von Entlastungsbeschlüssen führen könne[332]. Die dogmatische Begründung dieses Ergebnisses sowie die genauen Voraussetzungen blieben indes unerwähnt. Infolge dessen bewegten sich die Gerichte, die sich mit der Frage nach den Auswirkungen eines Verstoßes gegen § 161 AktG auf Entlastungsbeschlüsse befassen mussten, auf gänzlich neuem Terrain. Bevor auf die von der Rechtsprechung dabei entwickelten Lösungen eingegangen und deren Rezeption im Schrifttum analysiert wird, um anschließend eine eigene Einordnung des Verstoßes gegen § 161 AktG in das soeben dargestellte aktienrechtliche Beschlussmängelsystem vorzunehmen, bedarf zunächst die Frage der Anfechtbarkeit von Entlastungsbeschlüssen im Allgemeinen einer Antwort.

I. Anfechtbarkeit von Entlastungsbeschlüssen wegen Inhaltsfehlern im Allgemeinen

Unstreitig können die von der Hauptversammlung gemäß §§ 119 Abs. 1 Nr. 1, 120 AktG gefassten Beschlüsse über die Entlastung der Mitglieder des Vorstands und des Aufsichtsrats wegen allgemeiner Verfahrensfehler oder aber entlastungsspezifischer Informationsmängel angefochten werden. Dies leuchtet auch unmittelbar ein, da diese Informationen für die Entscheidung des einzelnen Aktionärs, ob er die Verwaltung billigt – ganz gleich was man darunter auch verstehen mag (s. u.) – unerlässlich sind[333]. Die Frage, ob Entlastungsbeschlüsse daneben auch wegen inhaltlicher

331 Jedenfalls fehlt es insoweit an Ausführungen, vgl. nur Begr. RegE TransPuG, BT-Drs. 14/8769, S. 22, wonach im Zusammenhang mit § 161 AktG lediglich „eventuelle Haftungsgefahren" bestehen.

332 *Hüffer*, AktG (6. Aufl.), § 161 Rn. 31; *Semler*, in: MünchKommAktG (2. Aufl.), § 161 Rn. 184 ff.; *Kiethe*, NZG 2003, S. 559 (567); *Schiessl*, AG 2002, S. 593 (595); *Seibt*, AG 2002, S. 247 (254), *Ulmer*, ZHR 166 (2002), S. 150 (165); *ders.*, AcP 202 (2002), S. 143 (171).

333 Vgl. *Drinhausen*, in: Hölters, AktG, § 120 Rn. 36 ff.; *Hoffmann*, in: Spindler/Stilz, AktG, § 120 Rn. 45 ff.; *Kubis*, in: MünchKommAktG, § 120 Rn. 16; *Decher*, in: FS Hopt, S. 499 (502 ff.); *Litzenberger*, NZG 2010, S. 854; *Weitemeyer*, ZGR 2005, S. 280 (299).

Fehlerhaftigkeit angefochten werden können oder ob nicht die Entlastungserteilung vielmehr im freien Ermessen der Hauptversammlung liegt, hängt davon ab, welcher Inhalt dem Entlastungsbeschluss zuerkannt wird.

Nach § 120 Abs. 2 S. 1 AktG billigt die Hauptversammlung mit ihrer Entlastungsentscheidung die Verwaltungstätigkeit der Mitglieder von Vorstand und Aufsichtsrat. Die Aktionäre bringen folglich ihr Einverständnis und ihre Zufriedenheit mit der Leitung und Kontrolle der Gesellschaft durch Vorstand und Aufsichtsrat zum Ausdruck[334]. Dabei beziehen sie sich zum einen auf das abgelaufene Geschäftsjahr; zum anderen sprechen sie den Verwaltungsorganen aber auch das Vertrauen für deren zukünftige Tätigkeit aus. Insofern besteht heute Einigkeit[335]. Unklar ist allerdings, ob die Billigung der Verwaltungstätigkeit allein im Hinblick auf die Zweckmäßigkeit des Verwaltungshandelns erfolgt oder ob darüber hinaus auch die Rechtmäßigkeit des Handelns von Vorstand und Aufsichtsrat Gegenstand der Entlastungsentscheidung ist.

Erstere Sichtweise entspricht der früher herrschenden (und heute teilweise noch immer vertretenen) Auffassung in Rechtsprechung und Lehre. Danach beschränkt sich die Entlastung durch die Hauptversammlung tatsächlich auf eine bloße Zweckmäßigkeitsprüfung: Die Entlastung werde erteilt, wenn die Hauptversammlung mehrheitlich befinde, Vorstand und Aufsichtsrat hätten bei ihrer Tätigkeit eine „glückliche Hand“[336] bewiesen oder aber „unternehmerische Fortüne“[337] gehabt. Darauf, ob sich Vorstand und Aufsichtsrat bei ihrer Tätigkeit an Gesetz und Satzung gehalten haben, komme es für die Entlastung nicht an. Daher könne die Hauptversammlung auch einer „pflichtvergessenen Verwaltung“[338] problemlos die Entlastung erteilen. Allenfalls besonders schwere Verfehlungen von Vorstand oder Aufsichtsrat stünden der

334 Vgl. *von den Steinen*, Organentlastung, S. 79.

335 Vgl. RGZ 167, S. 151 (166); BGHZ 29, S. 385 (390); 36, S. 296 (306); *Hüffer*, AktG, § 120 Rn. 2; *Mülbert*, in: GroßkommAktG, § 120 Rn. 23; *Kubis*, in: MünchKommAktG, § 120 Rn. 14.

336 BGHZ 94, S. 324 (327), wobei dort immerhin zu der Entlastung eines GmbH-Geschäftsführers ausgeführt wird, dass die Gesellschaftsversammlung darüber entscheidet, ob der Geschäftsführer „innerhalb der Grenzen, die Gesetz, Satzung [...] seiner unternehmerischen Entscheidung ziehen, seine unternehmerischen Entscheidungen zweckmäßig getroffen“ hat.

337 *Mülbert*, in: GroßkommAktG, § 120 Rn. 23.

338 *Mülbert*, in: GroßkommAktG, § 120, Rn. 76 (Entlastung ist sogar bei betrügerischem Verhalten von Verwaltungsmitgliedern möglich, sofern die Hauptversammlung dieses als unternehmerisch zweckmäßig erachtet); *Kubis*, in: MünchKommAktG, § 120 Rn. 17; *Heemann*, NZG 2000, S. 1134; *Lutter*, NJW 1973, S. 113 f.. In diese Richtung wohl auch BGH WM 1967, S. 503 (507), wonach „die Hauptversammlung selbst dann Entlastung erteilen [kann], wenn Gründe vorliegen, die die Versagung rechtfertigen würden.“

Entlastung entgegen[339]. Damit wird die Entlastungsentscheidung grundsätzlich ins freie Ermessen der Hauptversammlung gestellt, womit zugleich auch die gerichtliche Überprüfung der Entscheidung im Rahmen einer Anfechtungsklage grundsätzlich ausgeschlossen wird. Gestützt wird diese Sichtweise auf die Vorschrift des § 93 Abs. 4 S. 3 AktG (ggf. i. V. m § 116 AktG), wonach die Gesellschaft auf Schadensersatzansprüche gegen Vorstandsmitglieder verzichten kann. Wenn die Gesellschaft diese Verzichtsmöglichkeit habe, so könne es für die Entlastungsentscheidung nicht auf die Gesetzes- oder Satzungstreue der Verwaltung ankommen. Auch § 120 Abs. 2 S. 2 AktG spreche für die Irrelevanz von Gesetzes- oder Satzungsverstößen: Da der Entlastung keine Präklusionswirkung zukomme, bestünde auch nicht die Notwendigkeit, die Rechtmäßigkeit des Verwaltungshandelns zum Inhalt der Entlastung zu machen.

Ganz überwiegend wird (inzwischen) jedoch die Billigung des Verwaltungshandelns als (eingeschränkte) Rechtmäßigkeitskontrolle verstanden, wobei auch die Zweckmäßigkeit des Verwaltungshandelns freilich nicht außer Acht gelassen wird. So werde die Entlastung durch die Hauptversammlung erteilt, wenn das Verwaltungshandeln als im Großen und Ganzen gesetz- und satzungsmäßig gebilligt werden könne[340]. Dieses Erfordernis wurde 2002 vom II. Zivilsenat des BGH in der „Macrotron"-Entscheidung konkretisiert: Ist Gegenstand der Entlastung ein Verhalten der Verwaltungsorgane, „das eindeutig einen schwerwiegenden Gesetzes- oder Satzungsverstoß darstellt", so sei die gerichtliche Überprüfung des dennoch gefassten Entlastungsbeschlusses im Rahmen einer Anfechtungsklage möglich[341]. Damit wird der Hauptversammlung ein noch immer weites, jedoch nicht unbeschränktes Ermessen zugestanden. Auch die Vertreter dieser Auffassung greifen auf § 120 Abs. 2 S. 2 AktG zurück: Wenn der Entlastung der Verwaltung keine materiell-rechtliche Wirkung zukomme, so spreche auch nichts dagegen, die Rechtmäßigkeit des Verwaltungshandelns zum Gegenstand der Entlastung zu machen. Auch aus § 93 Abs. 4 S. 3 AktG ergebe sich nichts anderes, denn ein möglicher Verzicht auf Ersatzansprüche

339 Das OLG Hamburg NZG 2002, S. 244 (245), spricht insoweit von „Verstößen, [...] angesichts derer kein vernünftiger Aktionär die Verwaltung entlasten würde." In einer weiteren Entscheidung hat es immerhin angenommen, dass kriminelle Handlungen von Verwaltungsmitgliedern die Entlastung nicht rechtfertigen, vgl. OLG Hamburg AG 2002, S. 460 (462). Aufgrund der Abgrenzungsschwierigkeiten zwischen schwerer und besonders schwerer Verfehlung wird diese Einschränkung auch nicht von allen Befürwortern des freien Ermessens vorgenommen, vgl. *Kubis*, in: MünchKommAktG, § 120 Rn. 17.

340 *Drinhausen*, in: Hölters, AktG, § 120 Rn. 18; *Hoffmann*, in: Spindler/Stilz, AktG, § 120 Rn. 27; *Hüffer*, AktG, § 120 Rn. 11; *Sethe*, ZIP 1996, S. 1321 (1324). In diese Richtung wohl auch *Spindler*, in: K. Schmidt/Lutter, AktG, § 120 Rn. 33; *Litzenberger*, NZG 2010, S. 854 (855 f.); *Streit*, ZIP 2003, S. 392; *Volhard/Weber*, NZG 2003, S. 351 (351 f.); *von den Steinen*, Organentlastung, S. 92; *Weitemeyer*, ZGR 2005, S. 280 (297).

341 BGHZ 153, S. 47 (51). Diese Entscheidung bestätigend BGHZ 160, S. 385 (388) („ThyssenKrupp"); BGH NJW-RR 2008, S. 907 (908).

mache die Pflichtverletzung keinesfalls ungeschehen[342]. Diese Wertung werde gerade durch das Minderheitenwiderspruchsrecht in § 93 Abs. 4 AktG unterstützt[343].

Letztere Sichtweise überzeugt; die Abgrenzungsschwierigkeiten im Rahmen der Frage, wann ein Verstoß in diesem Sinne eindeutig und schwerwiegend ist[344], sind dabei hinzunehmen[345]. Denn zunächst differenziert § 243 Abs. 1 AktG nicht zwischen den verschiedenen Hauptversammlungsbeschlüssen. Danach ist im Grundsatz jeder Aktionärsbeschluss im Wege der Anfechtungsklage angreifbar; wo dies nicht der Fall sein soll, wurde der Anfechtungsausschluss ausdrücklich gesetzlich normiert, vgl. beispielsweise § 120 Abs. 4 S. 3 AktG[346]. Das Fehlen einer entsprechenden Regelung in § 120 Abs. 2 AktG spricht folglich für die Anfechtbarkeit auch des Entlastungsbeschlusses.

Die gegenteilige Annahme, die gerichtliche Überprüfung der Entlastungsentscheidung scheide aus, da der Hauptversammlung insoweit ein (nahezu) unbeschränktes Ermessen eingeräumt sei, birgt zudem eine erhebliche Gefahr: Wenn es für die Billigung der Verwaltungstätigkeit lediglich auf die unternehmerische Zweckmäßigkeit des Vorstands- und Aufsichtsratshandelns ankäme, so wäre für beide Organe die Einhaltung von Rechtsnormen letztlich kein notwendiges Entscheidungskriterium mehr. Dies und die damit zugleich eingeräumte Möglichkeit des Außerachtlassens jedweder Zweck-Mittel-Relation sind indes nicht akzeptabel. Daran ändert auch nichts, dass das rechtswidrige Verwaltungshandeln möglicherweise von der Mehrheit der Aktionäre gut geheißen wird; denn eine Tätigkeit des Vorstands oder des Aufsichtsrats entgegen Gesetz oder Satzung erfährt durch die mehrheitliche Zustimmung der Aktionäre keine Aufwertung[347]. Zu Recht hat der II. Senat des BGH in der „Mactrotron"-Entscheidung daher seine bisherige Rechtsprechung korrigiert, in dem er auf die Treuepflicht der Mehrheit der Aktionäre gegenüber der Minderheit verwiesen und der Annahme, „eine zur Billigung rechtsbrecherischen Verhaltens entschlossene Mehrheit [könne] gegen den Widerstand einer gesetzes- oder satzungstreuen Minderheit eine Entlastung der Verwaltung jederzeit durchsetzen", eine Absage erteilt hat[348].

---

342 Vgl. *Hüffer*, AktG, § 120 Rn. 12.

343 *Litzenberger*, NZG 2010, S. 854 (855 f.).

344 Vgl. *Bürgers*, NJW 2003, S. 1642 f.

345 Vgl. *Henze*, BB 2005, S. 165 (169), der darauf hinweist, dass Begriffe wie „eindeutig" oder „schwer" wie sonst auch in unserem Rechtssystem durch Wertungen auszufüllen sind.

346 Vgl. BGHZ 153, S. 47 (51) („Macrotron"); *Litzenberger*, NZG 2010, S. 854 (855 f.).

347 Anders noch BGH WM 1967, S. 503 (507), wonach die Befürchtung besteht, dass bei Bejahung der Anfechtbarkeit von Entlastungsbeschlüssen der einzelne Aktionär die mehrheitliche Billigung des Verwaltungshandelns durch die Hauptversammlung aufheben und damit „den anderen Aktionären seine Meinung zur Entlastung aufzwingen" könne.

348 BGHZ 153, S. 47 (57); den Aspekt des Minderheitenschutzes ebenfalls in den Fokus rückend *Weitemeyer*, ZGR 2005, S. 280 (294). AA *Kubis*, NZG 2005, S. 791 (794), dem

Schließlich verfängt auch die Befürchtung, eine Aktionärsminderheit könne mit einem obsiegenden Anfechtungsurteil die Verwaltung zu einem bestimmten Handeln zwingen, wo diese ansonsten untätig geblieben wäre[349], nicht. Denn in dem Fall, dass beispielsweise der Vorstand in schwerwiegender Weise gegen Gesetz oder Satzung verstößt, trifft den Aufsichtsrat gerade die Pflicht, das Vorliegen von Schadensersatzansprüchen gegen Vorstandsmitglieder eigenverantwortlich zu prüfen und ggf. eine eigenständige Entscheidung über deren Geltendmachung zu fällen[350]. Daher kann nicht die Rede davon sein, dass erst die infolge einer Anfechtung des Entlastungsbeschlusses ergangene gerichtliche Feststellung eines gravierenden, die Pflicht zum Schadensersatz begründenden Pflichtverstoßes den Aufsichtsrat zwingt, tätig zu werden[351].

Die besseren Gründe sprechen somit für ein begrenztes Entlastungsermessen der Hauptversammlung dergestalt, dass diejenige Entlastung, die der Verwaltung trotz eines eindeutigen und schwerwiegenden Rechtsverstoßes ihrerseits erteilt wurde, wegen inhaltlicher Fehlerhaftigkeit im Wege der Anfechtungsklage angegriffen werden kann. Ob es sich bei einem Verstoß gegen § 161 AktG um einen Verstoß in diesem Sinne handelt, ist in einem nächsten Schritt zu untersuchen.

---

zufolge es sich bei dieser Argumentation allein um eine rechtspolitische handelt, da der BGH von der „Angst vor einer unbeschränkten Willkür der Hauptversammlungsmehrheit" getrieben werden; ebenso *K. Schmidt*, NZG 2003, S. 601 (605). Wer so argumentiert, muss sich freilich den Vorwurf gefallen lassen, selbst der Angst vor einer willkürlich agierenden Aktionärsminderheit erlegen zu sein. Im Ergebnis ebenfalls für eine Rechtmäßigkeitsprüfung, den Rückgriff des BGH auf die Treuepflicht der Aktionärsmehrheit aber ablehnend *von den Steinen*, Organentlastung, S. 84 f.

349 Habe das Gericht etwa ausgeurteilt, dass dem Vorstand ein schwerwiegender Gesetzes- oder Satzungsverstoß vorzuwerfen ist, so läge „ein staatliches Rechtsgutachten vor, aus dem der Aufsichtsrat die [...] von ARAG/Garmenbeck bekannten Folgerungen ziehen muss.", *K. Schmidt*, NZG 2003, S. 601 (605).

350 BGHZ 135, S. 244 (252) („ARAG/Garmenbeck").

351 Vgl. auch *Litzenberger*, NZG 2010, S. 854 (856). In diesem Zusammenhang sei schließlich auch klargestellt, dass es entgegen anders lautender Bedenken – *Kubis*, NZG 2005, S. 791 (795) – bei Bejahung der Anfechtbarkeit von Entlastungsbeschlüssen auch nicht zu Friktionen mit § 147 AktG kommt. Zunächst wurde das dortige Mindestquorum im Rahmen des UMAG gerade bewusst gestrichen, um der Kritik, „die Schwellenwerte des § 147 Abs. 1 [...] seien zu hoch und hätten jedenfalls in den börsennotierten Publikumsgesellschaften häufig zur Folge, dass das Verfolgungsrecht der Minderheit praktisch leer läuft", zu begegnen, siehe Begr. RegE UMAG, BT-Drs. 15/5092, S. 20. Zudem resultiert aus der gerichtlichen Feststellung des Vorliegens einer schwerwiegenden Rechtsverstoßes nicht automatisch ein Schadensersatzanspruch der Gesellschaft. Erforderlich ist insoweit immerhin der Befund, dass nicht nur der haftungsbegründende, sondern auch der haftungsausfüllende Tatbestand eines Ersatzanspruchs verwirklicht ist, mithin ein Schaden der Gesellschaft (!) überhaupt vorliegt.

II. Anfechtbarkeit des Entlastungsbeschlusses wegen Nichtabgabe der Entsprechenserklärung

Der eindeutigste Verstoß gegen § 161 AktG ist das schlichte Unterlassen der Abgabe einer Entsprechenserklärung. In der Praxis ist dieser Fall indes äußerst selten, da die Pflichtwidrigkeit dieses Unterlassens offenkundig ist[352]. Soweit ersichtlich, mussten sich die Gerichte bislang erst in zwei Fällen mit dieser Problematik beschäftigen.

1. Rechtsprechung

Im ersten Fall hatten Vorstand und Aufsichtsrat einer Aktiengesellschaft letztmalig am 29.04.2005 eine Entsprechenserklärung mit folgendem Wortlaut abgegeben: „Die Gesellschaft entsprach den Empfehlungen des Deutschen Corporate Governance Kodex gemäß Entsprechenserklärung vom November 2003 [...]. Die Gesellschaft wird zukünftig diesen Empfehlungen mit folgenden Ausnahmen entsprechen: [...]." Bis zur Hauptversammlung im August 2006, welche u. a. über die Entlastung von Vorstand und Aufsichtsrat für deren Tätigkeit im Geschäftsjahr 2005 beschließen sollte, wurde sodann keine Kodex-Erklärung mehr abgegeben; auf diesen Umstand wies die Verwaltung im Geschäftsbericht für das Geschäftsjahr 2005 auch hin. Das OLG München entschied mit Urteil vom 23.01.2008[353], dass dieser Hinweis im Geschäftsbericht nicht ausreichend i. S. d. § 161 AktG sei, da mit einer solchen Verlautbarung nichts über die tatsächliche Befolgung der Empfehlungen des DCGK gesagt werde. Mithin liege keine den Anforderungen des § 161 AktG genügende Erklärung vor. Die Information darüber, ob und welchen Kodex-Empfehlungen entsprochen werde, stelle aber eine gewichtige Beurteilungsgrundlage für die Aktionäre dar, die über die Entlastung von Vorstand und Aufsichtsrat entscheiden müssen. Da § 161 gerade den Schutz der Aktionäre bezwecke, liege bei wertender Betrachtung ein für das Mitgliedschafts- bzw. Mitwirkungsrecht des Aktionärs relevanter Verfahrensverstoß vor, der – ähnlich wie bei der Verweigerung von Auskünften über entscheidungserhebliche Umstände – aus Sicht eines objektiv urteilenden Aktionärs für die Entscheidung über die Entlastung der Verwaltung wesentlich sei. Die Tatsache, dass Vorstand und Aufsichtsrat außerhalb des Entlastungszeitraumes – bei taggenauer Betrachtung ab dem 30.04.2006 – gegen ihre Pflicht aus § 161 AktG verstoßen haben, stehe dem Ergebnis der Anfechtbarkeit nicht entgegen, da sich die unterlassene Kodex-Erklärung zum Teil auch auf diesen Zeitraum bezogen hätte.

Im zweiten Fall unterließen Vorstand und Aufsichtsrat einer Aktiengesellschaft aus Kostengründen im Jahr 2006 die Abgabe der Entsprechenserklärung gänzlich

---

352 Zudem führt das vollständige Ausbleiben der Entsprechenserklärung auch zu einem unvollständigen Anhang zum Jahresabschluss, welcher mittels eines eingeschränkten Bestätigungsvermerks sanktioniert wird, vgl. §§ 285 Nr. 16, 322 Abs. 4 HGB.

353 NZG 2008, S. 337 (338).

und wiesen im Geschäftsbericht für das Geschäftsjahr 2006 darauf hin. Die Hauptversammlung, die u. a. über die Entlastung von Vorstand und Aufsichtsrat für das Geschäftsjahr 2006 zu entscheiden hatte, wurde im Juli 2007 abgehalten. Das OLG München blieb seiner bisherigen Linie treu und erteilte mit Urteil vom 19.11.2008[354] zunächst der Auffassung, dass Vorstand und Aufsichtsrat mit dem Hinweis auf die Nichtabgabe der Entsprechenserklärung zugleich zum Ausdruck bringen würden, dass sie den Empfehlungen des DCGK nicht folgen werden, eine eindeutige Absage; diesen Inhalt könne man der negativen Aussage, es werde keine Entsprechenserklärung abgegeben, gerade nicht beimessen. Somit habe auch in diesem Fall die Verwaltung die Pflicht aus § 161 AktG verletzt. Zudem bestätigte das Gericht seine bisherige Rechtsprechung und sah auch im vorliegenden Fall einen relevanten Verfahrensverstoß, der zur Anfechtbarkeit der Beschlüsse über die Entlastung von Vorstand und Aufsichtsrat führe[355]. Diese Rechtsprechung ist inzwischen höchstrichterlich bestätigt worden[356].

2. Literatur

Im Schrifttum ist diese Rechtsprechung im Ergebnis auf einhellige Zustimmung gestoßen[357]; vereinzelt wird jedoch die gerichtliche Annahme kritisiert, die Nichtabgabe der Kodex-Erklärung stelle einen zur Anfechtbarkeit führenden Verfahrensverstoß dar. Entscheidend sei nicht das Informationsdefizit der Aktionäre, sondern vielmehr der Verstoß gegen § 161 AktG selbst. Bereits diese Pflichtverletzung begründe die Anfechtbarkeit des Entlastungsbeschlusses, weshalb dieser auch mit

354 OLG München AG 2009, S. 450 (452), das erstinstanzliche Urteil des LG München vom 31.01.2008, Der Konzern 2008, S. 295 (300), bestätigend.

355 Interessanterweise hatte noch das LG München als Vorinstanz als Prüfungsmaßstab die Grundsätze der „Macrotron"-Entscheidung des BGH angelegt und gefragt, ob „Gegenstand der Entlastung ein Verhalten ist, das eindeutig einen schwerwiegenden Gesetzes- oder Satzungsverstoß darstellt". Geprüft wurde mithin, ob die Nichtabgabe der Entsprechenserklärung den Entlastungsbeschluss inhaltlich fehlerhaft erscheinen lässt. Im Folgenden prüfte das LG indes aber auch die Kausalität des festgestellten Verstoßes und bejahte diese am Maßstab „der am Zweck der verletzten Norm orientierten, wertenden Betrachtung", welcher an sich aber nur bei Vorliegen von Verfahrensfehlern angelegt wird.

356 Vgl. den Hinweisbeschluss des BGH vom 07.19.2009, NZG 2010, S. 618 (619).

357 *Lutter*, in: KölnKommAktG, § 161 Rn. 143; *Bachmann/Becker*, WuB II A. § 161 AktG 2.08, S. 591 (594); *Goslar/von der Linden*, DB 2009, S. 1691 (1692); *Ogorek/Witte*, EWiR § 161 AktG 2/08, S. 355; *Oxe*, EWiR § 161 AktG 3/08, S. 547 (548); *Staake*, EWiR § 161 AktG 2/09, S. 461 (462). Vgl. auch *Hüffer*, in: MünchKommAktG, § 243 Rn. 26; *Kubis*, in: MünchKommAktG, § 120 Rn. 55; *Kleefass*, Entsprechenserklärung, S. 215; *Theusinger/Liese*, DB 2008, S. 1419 (1422); *Ulmer*, ZHR 166 (2002), S. 150 (165); *Woitzyk*, Anfechtung, S. 104. AA *Kiefner*, NZG 2011, S. 201 (205) zu der Entscheidung des OLG München vom 23.01.2008.

einem Inhalts- anstelle eines Verfahrensfehlers behaftet sei[358]. Zudem wird die dem Urteil des OLG München vom 23.01.2008 innewohnende zeitliche Problematik bemängelt: In dem konkreten Fall hätte die Entsprechenserklärung spätestens im April 2006 erneut abgegeben werden müssen. Entlastungszeitraum war hingegen das Geschäftsjahr 2005, womit der Gesetzesverstoß außerhalb des Entlastungszeitraumes lag und die Entlastungsentscheidung der Aktionäre daher jedenfalls nicht inhaltlich fehlerhaft sein könne[359].

3. Eigene Einordnung

In ihrem Ergebnis überzeugt die Rechtsprechung des OLG München zum Ausbleiben der Kodex-Erklärung; Entlastungsbeschlüsse, welche trotz des Verstoßes gegen § 161 AktG gefasst werden, sind anfechtbar. Denn in der Tat kann der Nichtabgabe einer Entsprechenserklärung keinerlei positiver Erklärungsinhalt beigemessen werden: Wer auf die Abgabe einer Kodex-Erklärung verzichtet, insbesondere aus Kostengründen, der offenbart dadurch nichts in Bezug auf seine Haltung zu den Empfehlungen des DCGK[360]. Sowohl eine uneingeschränkte Positiverklärung als auch eine Negativerklärung erscheinen insoweit möglich. Damit sind die Anforderungen an eine transparente Darstellung der unternehmenseigenen Corporate Governance-Praxis keinesfalls gewahrt; auch der Ordnungsfunktion von Kodex und Erklärungspflicht wird nicht hinreichend Rechnung getragen. Dies gilt erst recht seit Einführung des Begründungserfordernisses im Rahmen des BilMoG 2009. Obgleich die Entscheidungen des OLG München ihrem Ergebnis nach uneingeschränkte Zustimmung verdienen, so überzeugt die vom Gericht gewählte dogmatische Begründung – relevanter Verfahrensmangel als Anfechtungsgrund – indes nicht.

a) Inhaltsfehler des Entlastungsbeschlusses bei vollständigem Ausbleiben der Kodex-Erklärung

Denn ein von der Hauptversammlung gefasster Beschluss, dass sich die Verwaltung im Entlastungszeitraum im Großen und Ganzen gesetz- und satzungsmäßig verhalten habe, ihr mithin keine eindeutigen und schwerwiegenden Rechtsverstöße zur Last gelegt werden können, ist schon inhaltlich fehlerhaft, wenn die Verwaltung ihrer Pflicht zur Abgabe einer Entsprechenserklärung aus § 161 AktG im fraglichen Zeitraum tatsächlich nicht nachgekommen ist.

---

358 *Staake*, EWiR § 161 AktG 2/09, S. 461 (462). So wohl auch *Goslar/von der Linden*, DB 2009, S. 1691 (1692). Vgl. auch *Kiefner*, NZG 2011, S. 201 (205). AA *Hüffer*, in: MünchKommAktG, § 243 Rn. 26; *Kubis*, in: MünchKommAktG, § 120 Rn. 55; *Leyens*, in: GroßkommAktG, § 161 Rn. 481.

359 *Bachmann/Becker*, WuB II A. § 161 AktG 2.08, S. 591 (393); *Kiefner*, NZG 2011, S. 201 (205); *Kleefass*, Entsprechenserklärung, S. 217; *Oxe*, EWiR § 161 AktG 3/08, S. 547 (548).

360 Ebenso *Kleefass*, Entsprechenserklärung, S. 23; *Woitzyk*, Anfechtung, S. 105.

aa) Vorliegen eines eindeutigen und schwerwiegenden Rechtsverstoßes

§ 161 AktG lässt keinerlei Interpretationsspielraum hinsichtlich der Frage des Ob der Erklärungsabgabe: Sobald ein Unternehmen zu dem Adressatenkreis der Vorschrift gehört, ist es zur Abgabe der Erklärung über die Befolgung der DCGK-Empfehlungen verpflichtet, Ausnahmen existieren nicht. Kommen Vorstand und Aufsichtsrat dieser Verpflichtung nun tatsächlich nicht nach, ist der Gesetzesverstoß eindeutig. Er ist zudem auch als schwerwiegend zu qualifizieren, da das betroffene Unternehmen dem Telos der Erklärungspflicht nicht im Ansatz gerecht wird: Es fehlt sowohl an der Information des Kapitalmarkts über den Stand der Befolgung der Kodex-Empfehlungen als auch an der unternehmensinternen Auseinandersetzung mit der eigenen Praxis „guter" Unternehmensleitung und -kontrolle. Damit steht die von der Hauptversammlung getroffene Aussage, die Verwaltung habe sich im Großen und Ganzen rechtmäßig verhalten, nicht im Einklang, weshalb diese inhaltlich unzutreffend ist.

bb) Erfordernis eines Rechtsverstoßes im Entlastungszeitraum

Die Anfechtbarkeit des Entlastungsbeschlusses wegen inhaltlicher Fehlerhaftigkeit setzt jedoch voraus, dass sich der Rechtsverstoß, welcher der Entlastungserteilung entgegensteht, tatsächlich auch im Entlastungszeitraum zugetragen hat. Dies trifft jedoch nur für den vom OLG München am 19.11.2008 entschiedenen Fall zu. Vorstand und Aufsichtsrat der beklagten Gesellschaft hatten im Geschäftsjahr 2006 überhaupt keine Entsprechenserklärung abgegeben. Damit fällt der darin liegende Verstoß gegen § 161 AktG eindeutig in den sich mit dem Geschäftsjahr deckenden Entlastungszeitraum.

Anders verhält es sich jedoch in dem vom Gericht am 23.01.2008 entschiedenen Fall. Dort hatten Vorstand und Aufsichtsrat Ende April 2005 eine Kodex-Erklärung abgegeben, welche sich hinsichtlich ihres vergangenheitsbezogenen Teils auch auf das Geschäftsjahr 2004 bezog und in Bezug auf die künftige Befolgungsabsicht den verbleibenden Zeitraum bis zum Schluss des Geschäftsjahrs 2005 abdeckte. Die tatsächliche Befolgungspraxis in dem Zeitraum vom 29.04.2005 bis zum 31.12.2005 hätte sodann im Frühjahr 2006 – bei taggenauer Betrachtung spätestens bis zum 29.04.2006 – durch den retrospektiven Teil der nächsten Entsprechenserklärung offengelegt werden müssen. Diese Offenlegung unterblieb jedoch. Zwar ist dem OLG München dahingehend zuzustimmen, dass es damit an einer Erklärung über den tatsächlichen Umgang mit den Empfehlungen in einem Teil des Entlastungszeitraumes, namentlich für die Zeit vom 29.04.2005 bis zum 31.12.2005, fehlt. Das Gericht übersieht dabei jedoch, dass dieses Defizit erst im Frühjahr 2006 – und damit außerhalb des streitgegenständlichen Entlastungszeitraumes – begründet wird: Erklären sich Vorstand und Aufsichtsrat letztmalig mitten im Entlastungszeitraum über die Befolgung der Kodex-Empfehlungen in Vergangenheit und Zukunft, so entsteht zunächst keine Erklärungslücke; insbesondere ist die Positionierung der Gesellschaft zur Umsetzung des DCGK im Hinblick auf die noch kommenden Monate des Geschäftsjahrs bekannt. Erst in dem Moment des Ausbleibens der retrospektiven Erklärung über die tatsächliche Kodex-Befolgung in diesen Monaten wird der Erklärungsinhalt lückenhaft. Wird dieser in Bezug auf die Gesetzeswidrigkeit des Verwaltungshandelns entscheidende Zeitpunkt[361] von der Entlastungsentscheidung in zeitlicher Hinsicht jedoch nicht erfasst, so kommt auch eine Anfechtbarkeit des Entlastungsbeschlusses wegen inhaltlicher Fehlerhaftigkeit nicht in Betracht.

cc) Ergebnis

Die Nichtabgabe einer Entsprechenserklärung stellt einen Verstoß gegen § 161 AktG dar, da mit ihr keinerlei Erklärungsgehalt verbunden ist. Da es sich auch um einen eindeutigen und – mit Blick auf Sinn und Zweck der Vorschrift – schwerwiegenden Gesetzesverstoß handelt, ist die dennoch von der Hauptversammlung beschlossene Entlastung von Vorstand und Aufsichtsrat wegen Vorliegens eines Inhaltsfehlers anfechtbar, sofern die Verletzung von § 161 AktG auch in den Entlastungszeitraum fällt.

b) Verfahrensfehler in Gestalt einer Informationspflichtverletzung bei Nichtabgabe der Entsprechenserklärung

Das OLG München lässt sich in seinen Erwägungen maßgeblich von der Sichtweise eines objektiv urteilenden Aktionärs und dessen Informationsbedürfnis hinsichtlich der Entlastungsentscheidung leiten und stützt das Ergebnis der Anfechtbarkeit des Entlastungsbeschlusses damit auf dessen Verfahrensfehlerhaftigkeit wegen Verletzung eben dieses Informationsbedürfnisses. Wie soeben gesehen, ist die Entlastungsentscheidung bei Auftreten des Verstoßes gegen § 161 AktG durch Nichtabgabe der Entsprechenserklärung im Entlastungszeitraum bereits wegen inhaltlicher Fehlerhaftigkeit anfechtbar, weshalb auch eine Bestätigung des Beschlusses nach § 244 AktG ausscheidet. Sofern jedoch der Gesetzesverstoß außerhalb des Entlastungszeitraums liegt – wie im Falle der Entscheidung des OLG München vom 23.01.2008 –, stellt sich jedoch die Frage, ob die Anfechtbarkeit nicht auch auf einen Fehler beim Zustandekommen dieses Beschlusses gestützt werden kann, weil den Aktionären nicht die notwendigen Informationen für ihre Entlastungsentscheidung vorlagen.

aa) § 161 AktG i. V. m. §§ 120 Abs. 3, 175 Abs. 2, 176 Abs. 1 AktG i. V. m. § 289a HGB als Vorschrift des Entlastungsverfahrens

Die für die Anerkennung (auch) einer anfechtungsbegründenden Informationsverletzung erforderliche Bedeutung der verletzten Informationspflicht für den streitgegenständlichen Beschluss der Hauptversammlung resultiert vorliegend bereits aus

---

361 Vgl. auch die Formulierung des OLG München NZG 2008, S. 337 (338): „[...] hätten Vorstand und Aufsichtsrat spätestens am 29.04.2006 eine neue Entsprechenserklärung nach § 161 AktG abgeben und dauerhaft veröffentlichen müssen." (Hervorhebung durch die Verf.).

der Doppelnatur der Entsprechenserklärung als kapitalmarktorientierter Publizitätspflicht einerseits und verbandsrechtlicher Informationspflicht andererseits[362]. Zudem soll nach § 120 Abs. 3 AktG die Verhandlung über die Entlastung von Vorstand und Aufsichtsrat mit derjenigen über die Verwendung des Bilanzgewinns gem. §§ 119 Abs. 1 Nr. 2, 174 AktG verbunden werden. Auf diesem Wege gehört zu den verfahrensrechtlichen Voraussetzungen der Entlastungserteilung u. a. auch die Vorlage des Lageberichts an die Hauptversammlung[363]. Bis zur Änderung des § 120 AktG im Jahr 2009 durch das Gesetz zur Umsetzung der Aktionärsrechterichtlinie (ARUG)[364] ergab sich dies unmittelbar aus § 120 Abs. 3 S. 2 und 3 AktG a. F., nunmehr folgt dies aus § 120 Abs. 3 i. V. m. §§ 175 Abs. 2, 176 Abs. 1 AktG[365].

Der hiernach vorzulegende Lagebericht muss bei börsennotierten Aktiengesellschaften und solchen, die ausschließlich andere Wertpapiere als Aktien zum Handel an einem organisierten Markt i. S. d. § 2 Abs. 5 WpHG ausgegeben haben und deren ausgegebene Aktien auf eigene Veranlassung über ein multilaterales Handelssystem i. S. d. § 2 Abs. 3 Satz 1 Nr. 8 WpHG gehandelt werden, indes auch die Erklärung zur Unternehmensführung nach § 289a HGB beinhalten. Bestandteil dieser ist wiederum die Entsprechenserklärung nach § 161 AktG. Mithin erlangt die Verpflichtung zur Information über die Befolgung oder Nichtbefolgung der Empfehlungen des DCGK über §§ 120 Abs. 3, 175 Abs. 2, 176 Abs. 1 AktG i. V. m. §§ 289, 289a HGB Bedeutung für die Entscheidung der Aktionäre über die Entlastung der Verwaltung[366].

---

362 Siehe oben unter A. II. 2.

363 Vgl. insoweit BGHZ 62, S. 193 (194): „Nach § 120 Abs. 3 Satz 2 AktG hat der Vorstand in der Verhandlung über die Entlastung den Jahresabschluss [...] vorzulegen." (Hervorhebung durch die Verf.).

364 Gesetz vom 30.07.2009, BGBl. I S. 1479.

365 Vgl. Begr. RegE ARUG, BT-Drs. 16/11642, S. 27.

366 So auch *Kleefass*, Entsprechenserklärung, S. 169, der dennoch nachfolgend (S. 219) für den Fall des Ausbleibens der Entsprechenserklärung das Vorliegen einer Informationspflichtverletzung verneint. Für die Einordnung der Entsprechenserklärung als Informationserteilung i. S. d. § 243 Abs. 4 S. 1 AktG mit obiger Begründung ebenfalls *Woitzyk*, Anfechtung, S. 100. Teilweise wird im Schrifttum vertreten, § 161 AktG beziehe sich nicht auf die Willensbildung in der Hauptversammlung; für die insoweit erforderliche Information der Aktionäre sei § 131 AktG spezieller, weshalb lediglich eine Verletzung dieses Informationsrechts die Anfechtung von Hauptversammlungsbeschlüssen ermögliche, so *Rieder*, NZG 2010, S. 737 (738 f.); *Schubert/Jacobsen*, WM 2011, S. 726 (733 f.). Dass der Gesetzgeber bei Einführung der Entsprechenserklärungspflicht von einem Spezialitätsverhältnis zwischen § 131 AktG und § 161 AktG ausgegangen ist, ist indes nicht ersichtlich. Der über §§ 289, 289a HGB i. V. m. §§ 120 Abs. 3, 175 Abs. 2, 176 Abs. 1 AktG vermittelte (partielle) Hauptversammlungsbezug (dazu nachfolgend unter D. III. 3. b) bb) (2)) steht, wie *Mülbert/Wilhelm*, ZHR 176 (2012), S. 286 (298), zu recht bemerken, einer solchen Annahme auch entgegen. Der von den Vertretern obiger Ansicht für die Bejahung der Begründetheit einer Anfechtungsklage geforderte (gescheiterte) Versuch einer aktiven Informationsbeschaffung durch Nutzung des Fragerechts

bb) Vorliegen eines Informationsdefizits auf Seiten der Aktionäre

Sowohl für die Beurteilung des Vorliegens von schwerwiegenden Rechtsverstößen als auch für die der Unternehmensentwicklung sowie für die Vertrauensaussprache als Komponenten der Entlastungserteilung benötigen die Aktionäre eine ausreichende Informationsgrundlage[367]. Im Falle des vollständigen Ausbleibens der Entsprechenserklärung fehlt es hingegen an einer Information über den tatsächlichen Umgang der Gesellschaft mit den Empfehlungen des DCGK insgesamt; die Aktionäre erhalten keinerlei Kenntnis darüber, ob die Kodex-Empfehlungen befolgt werden oder nicht, und falls nicht, welche Begründung Vorstand und Aufsichtsrat hierfür anführen. Ein Informationsdefizit auf Seiten der Anteilseigner liegt unstreitig vor. Bei gänzlichem Fehlen der Entsprechenserklärung lässt sich dieses indes nicht nur auf den Verstoß gegen § 161 AktG selbst, sondern auch auf die Verletzung von § 289a HGB stützen; denn das Ausbleiben der Kodex-Erklärung schlägt unzweifelhaft auf die Erklärung zur Unternehmensführung durch: Haben Vorstand und Aufsichtsrat keine Erklärung gem. § 161 AktG abgegeben und damit bewirkt, dass ein elementarer Bestandteil der Erklärung zur Unternehmensführung fehlt, liegt auch insoweit ein – freilich nicht weiter reichendes – Informationsdefizit vor[368].

cc) Relevanz nur im Hinblick auf Zweckmäßigkeitsprüfung als Komponente der Entlastungsentscheidung überhaupt denkbar

Damit sich dieses Informationsdefizit aber auch anfechtungsbegründend auswirkt, muss es den Aktionären nach § 243 Abs. 4 AktG bei ihrer Beschlussfassung auf eine wahrheitsgemäße Information über die tatsächliche Umsetzung oder Nichtumsetzung der Empfehlungen des DCGK ankommen[369]. Für die Beurteilung der Gesetzesmäßigkeit des Verwaltungshandelns als einer Komponente der Entlastungsentscheidung ist die tatsächliche Corporate Governance-Praxis des Unternehmens schlechterdings ohne Belang. Denn bei den Empfehlungen des DCGK handelt es sich nicht um Gesetzesrecht, und sie sind auch nicht per se Bestandteil der Satzung der Gesellschaft. Eine Nichtbefolgung der Kodex-Empfehlungen durch Vorstand und Aufsichtsrat macht deren Verwaltungstätigkeit daher nicht rechtswidrig. Die tatsächliche Corporate Governance-Praxis eines Unternehmens ist allerdings von Bedeutung für die ebenfalls im Rahmen der Entlastung zu beurteilende Zweckmäßigkeit

---

steht zudem im Widerspruch zu der gesetzgeberischen Grundvorstellung, wonach es sich bei der Information über die Befolgung oder Nichtbefolgung von Kodex-Empfehlungen um eine „Bringschuld" der Verwaltungsorgane (auch zu Gunsten des Kapitalmarkts) handelt, nicht aber um eine „Holschuld" der Aktionäre. Ein Spezialitätsverhältnis zwischen § 131 AktG und § 161 AktG ebenfalls verneinend *Woitzyk*, Anfechtung, S. 101; i. E. ebenso *Mutter*, ZGR 2009, S. 788 (796 f.).

367 *Von den Steinen*, Organentlastung, S. 93.

368 Vgl. *Bachmann*, ZIP 2010, S. 1517 (1523).

369 *Hommelhoff/Schwab*, in: Hommelhoff/Hopt/v. Werder, Hdb. Corporate Governance, S. 71 (97); vgl. auch *Priester*, ZIP 2011, S. 2081 (2083).

des Verwaltungshandelns. Denn für die Entscheidung, ob Vorstand und Aufsichtsrat die ihnen obliegenden Leitungs- und Kontrollaufgaben „gut" i. S. v. zweckmäßig wahrgenommen haben, werden die Aktionäre auch ein Augenmerk darauf legen, ob die im Kodex niedergelegten, anerkannten Standards guter Unternehmensleitung und -kontrolle befolgt wurden, und falls nicht, welche Gründe hierfür angeführt werden[370].

dd) Relevanz nur bei Bezug auf das von der Entlastungsentscheidung betroffene Geschäftsjahr

Allerdings besteht diese Relevanz einer unrichtigen Information über den Umgang mit den Empfehlungen des DCGK für die von den Aktionären zu treffende Entscheidung über die Zweckmäßigkeit des Verwaltungshandelns nur insoweit, als sie auch das Geschäftsjahr betrifft, auf das sich die Entlastungsentscheidung der Hauptversammlung bezieht. Zwar muss sich der die Informationspflichtverletzung begründende Verstoß gegen § 161 AktG nicht selbst im Entlastungszeitraum zugetragen haben – anders als bei der Prüfung der inhaltlichen Fehlerhaftigkeit des Entlastungsbeschlusses infolge einer ausbleibenden Entsprechenserklärung[371]. Ein objektiv urteilender Aktionär wird seine Entscheidung über die Zweckmäßigkeit des Verwaltungshandelns jedoch nur von solchen Informationen abhängig machen, die sich auch auf den von ihm zu beurteilenden Zeitraum beziehen. Dies bedeutet, dass es infolge des Unterlassens der Abgabe der Entsprechenserklärung an Informationen über den tatsächlichen Umgang der Gesellschaft mit den Empfehlungen des DCGK in wenigstens einem Teil desjenigen Geschäftsjahres, für das die Entlastung erteilt werden soll, mangeln muss.

So verhielt es sich in dem vom OLG München am 23.01.2008 entschiedenen Fall[372]. Dort waren die Aktionäre aufgrund der unterlassenen Abgabe der Entsprechenserklärung im Frühjahr 2006 über den tatsächlichen Umgang der Gesellschaft mit den Empfehlungen des DCGK in dem Zeitraum vom 29.04. bis zum 31.12.2005 nicht informiert. Da die Aktionäre aber gerade über die Zweckmäßigkeit des Verwaltungshandelns im Geschäftsjahr 2005 zu befinden hatten, mangelte es ihnen folglich an hierfür erforderlichen Informationen. Somit ist die trotz dieses relevanten Informationsdefizits getroffene Entlastungsentscheidung anfechtbar. In ihrem Ergebnis verdient die Entscheidung des OLG München vom 23.01.2008 uneingeschränkte Zustimmung. Überzeugend begründen lässt sich jedoch allein durch die Annahme eines Verfahrensfehlers des Entlastungsbeschlusses wegen Vorliegens einer relevanten Informationspflichtverletzung.

---

370 Im Ergebnis macht diese „Aufsplittung" der Relevanzprüfung freilich keinen Unterschied, da es sich bei der Entlastungsentscheidung der Anteilseigner trotz ihres „doppelten Inhalts" (*Weitemeyer*, ZGR 2005, S. 280 (307)) um einen einheitlichen Beschluss handelt.

371 Siehe oben unter C. II. 3. a) bb).

372 Siehe oben unter C. II. 1.

ee) *Ergebnis*

Sofern es an einem Verstoß gegen § 161 AktG im Entlastungszeitraum und damit auch an einer inhaltlichen Fehlerhaftigkeit des Entlastungsbeschlusses fehlt, kommt grundsätzlich eine Anfechtbarkeit des Entlastungsbeschlusses aufgrund eines für das Mitwirkungs- und Teilhaberecht des Aktionärs relevanten Informationsdefizits – begründet über § 161 AktG i. V. m. §§ 120 Abs. 3, 175 Abs. 2, 176 AktG i. V. m. § 289a HGB – in Betracht, allerdings nur hinsichtlich der mit der Entlastungserteilung verbundenen Zweckmäßigkeitsbilligung. Zudem muss sich das Informationsdefizit (auch) auf wenigstens einen Teil des Entlastungszeitraums beziehen, um anfechtungsbegründend zu wirken.

III. Anfechtbarkeit des Entlastungsbeschlusses wegen materiell unrichtiger Entsprechenserklärung

Weitaus häufiger als das vollständige Ausbleiben der Entsprechenserklärung ist indes der Fall, dass Vorstand und Aufsichtsrat die infolge der unterjährigen Aufgabe der bisherigen Befolgungsabsicht erforderliche Aktualisierung der Entsprechenserklärung[373] unterlassen und die weiterhin aufrecht erhaltene Erklärung damit inhaltlich fehlerhaft wird. Bevor insoweit auf die richtungsweisende Rechtsprechung des BGH aus dem Jahr 2009 zu den Folgen der unterlassenen Korrektur sowie deren Rezeption im Schrifttum eingegangen wird, soll zunächst die Rechtsprechung der Instanzgerichte zu dieser Frage untersucht werden.

1. Instanzgerichtliche Rechtsprechung

Diese erweist sich bis zum Jahre 2009 als uneinheitlich: So verneinte das LG Krefeld 2006 die Anfechtbarkeit des Beschlusses über die Entlastung des Vorstands wegen unrichtiger Entsprechenserklärung[374]. Zwar liege in der Nichtveröffentlichung von Abweichungen von Kodex-Empfehlungen eine Pflichtverletzung; jedoch sei diese nicht so schwerwiegend, wenn die Abweichung von einer Empfehlung des DCGK für die Aktionäre anderweitig erkennbar war.

Im Juli 2007 setzte sich das OLG Frankfurt nicht weiter mit der grundsätzlichen Frage der Anfechtbarkeit von Entlastungsbeschlüssen wegen unrichtiger Entsprechenserklärung auseinander, sondern verneinte schlicht das Vorliegen der als

373 Siehe oben unter A. II. 8. b) bb).

374 LG Krefeld ZIP 2007, S. 730 (733). In dem zu entscheidenden Fall ging es um eine nicht veröffentlichte Abweichung von Ziffer 5.4.6 Abs. 2 DCGK a. F., nach der die Gesamtvergütung der Aufsichtsratsmitglieder sowohl fixe als auch variable Bestandteile enthalten soll. Das Gericht wies darauf hin, dass sich bereits aus der Satzung, welche auf der Homepage der Gesellschaft abrufbar war, entnehmen ließ, dass die Aufsichtsratsmitglieder lediglich eine feste Vergütung erhielten.

Verfahrensmangel geltend gemachten Informationspflichtverletzung[375]. Im November des gleichen Jahres kam es hingegen zu dem Schluss, dass ein Verstoß gegen § 161 AktG in Gestalt einer unrichtigen Erklärung die Anfechtbarkeit des dennoch gefassten Entlastungsbeschlusses nicht begründen könne[376]. Zweck der Entsprechenserklärung sei es, Kapitalmarktteilnehmern Investitionsentscheidungen zu ermöglichen, nicht aber, den Aktionären Informationen zu verschaffen, die sie zur Grundlage ihrer Entscheidung über die Entlastung der Verwaltung machen können.

Auch das KG Berlin verneinte 2008 die Anfechtbarkeit des Entlastungsbeschlusses wegen Verstoßes gegen § 161 AktG, da es im zu entscheidenden Fall an einer unrichtigen Entsprechenserklärung fehle. Eine solche läge nur vor, wenn die Verwaltung bereits bei Abgabe der Erklärung dazu entschlossen gewesen wäre, einer für befolgt erklärten Kodex-Empfehlung tatsächlich nicht nachzukommen[377].

2. Urteil des BGH vom 16.02.2009 („Kirch ./. Deutsche Bank")

Im Jahre 2009 hatte sich der BGH zum wiederholten Male mit dem bis dahin bereits mehrere Jahre andauernden Rechtsstreit zwischen *Dr. Leo Kirch* und der *Deutschen Bank AG* zu beschäftigen. Diesmal ging es allerdings nicht um die Frage, ob und inwieweit sich die Gesellschaft und ihr ehemaliger Vorstandssprecher *Dr. Rolf-Ernst Breuer* wegen dessen Aussagen über die Kreditwürdigkeit der *Kirch*-Gruppe während eines Fernsehinterviews im Jahre 2002 schadensersatzpflichtig gemacht haben[378]. Dennoch musste sich das Gericht auch in dieser Entscheidung u. a. indirekt mit den Vorgängen aus dem Februar 2002 und ihren rechtlichen Konsequenzen beschäftigen. Denn nach Ziffer 5.5.3 S. 1 DCGK soll der Aufsichtsrat in seinem Bericht an die Hauptversammlung über aufgetretene Interessenkonflikte und deren Behandlung informieren.

In der Entsprechenserklärung für das Jahr 2002, abgegeben von Vorstand und Aufsichtsrat am 30.10.2002[379], hatten diese angegeben, dass die *Deutsche Bank AG* den Kodex-Empfehlungen mit lediglich zwei Ausnahmen, und zwar die Ziffern 3.8 und 5.4.5 Abs. 1 S. 1 DCGK, entspreche. Ein Abweichen von Ziffer 5.5.3 S. 1 DCGK wurde indes nicht erklärt. Nichtsdestotrotz enthielt der Bericht an die Hauptversammlung nach § 171 Abs. 2 AktG keinerlei Informationen über den Interessenkonflikt, welcher durch die zwischenzeitliche Wahl von Herrn *Dr. Breuer* zum Vorsitzenden des Aufsichtsrats in dessen Person begründet wurde. Denn in dieser Funktion oblag es

---

375 OLG Frankfurt ZIP 2007, S. 1463 (1465) (Vorinstanz „Kirch ./. Deutsche Bank"); sodann aber BGHZ 180, S. 9 (19 ff.), (dazu sogleich unter C. III. 2.).

376 OLG Frankfurt, Urteil vom 13.11.2007 – 5 U 26/06, juris, Rn. 11.

377 KG Berlin NZG 2008, S. 788 (789) (Vorinstanz „Umschreibungsstopp"); sodann aber BGHZ 182, S. 272 (280 f.) (dazu sogleich unter C. III. 3.).

378 Vgl. dazu BGHZ 166, S. 84 ff.

379 Die Entsprechenserklärung ist in dem Corporate Governance Bericht für 2002 enthalten, abrufbar unter https://www.deutsche-bank.de/ir/de/download/CG_2002_D.pdf (zuletzt abgerufen am 07.07.2015).

ihm, die Rechtmäßigkeit des Handelns auch von ehemaligen Vorstandsmitgliedern im Nachhinein zu überprüfen und gegebenenfalls Schadensersatzansprüche gegen diese geltend zu machen – in diesem Fall also gegen sich selbst.

Das Berufungsgericht war noch davon ausgegangen, dass die Abweichung von Ziffer 5.5.3 S. 1 DCGK nicht hätte veröffentlicht werden müssen. Für die Beantwortung der Frage, wann ein rechtlich relevantes Verschweigen über aufgetretene Interessenkonflikte vorliege, sei „auf den objektiv urteilenden Aktionär abzustellen [...], der aufmerksam am öffentlichen Leben teilnimmt und sich mit Interesse den allgemein bekannt werdenden Umständen des Unternehmens zuwendet."[380]. Nachdem die Frage einer möglichen Schadensersatzpflicht wegen der von Herrn *Dr. Breuer* getätigten Interviewäußerungen bereits ausführlich in den Medien behandelt worden war, könne der Interessenkonflikt als den Aktionären bekannt vorausgesetzt werden.

Dieser Auffassung erteilt der BGH eine klare Absage: Die mediale Berichterstattung über den Fall „Kirch/Deutsche Bank" ersetze keinesfalls den Bericht über den in der Person des Herrn *Dr. Breuer* aufgetretenen Interessenkonflikt, insbesondere da sich aus ihr nicht ergebe, wie mit diesem Konflikt im Aufsichtsrat tatsächlich umgegangen wurde[381]. Auch die Tatsache, dass zum Zeitpunkt der Abfassung des Berichts im März 2003 lediglich ein erstinstanzliches Urteil zu Gunsten von Herrn *Dr. Kirch* ergangen war, ändere nichts daran, dass über den Interessenkonflikt bereits 2003 hätte berichtet werden müssen. Entscheidend sei nicht, dass eine mögliche Regresspflicht Herrn *Dr. Breuer* erst in ferner Zukunft treffen könnte. Denn die Prüfpflichten im Hinblick auf mögliche Regressansprüche der Gesellschaft würden den Aufsichtsrat bereits dann treffen, wenn er durch eine Schadensersatzklage Kenntnis von einem möglicherweise rechtswidrigen Verhalten eines Vorstandsmitglieds erlangt[382]. Indem der Aufsichtsrat es unterließ, der Hauptversammlung über den Interessenkonflikt zu berichten, habe er damit also gegen Ziffer 5.5.3 S. 1 DCGK verstoßen.

Der BGH nutzte die Gelegenheit, im Fall „Kirch ./. Deutsche Bank" gleich mehrere rechtliche Streitfragen zu klären. Neben der Feststellung, dass die Entsprechenserklärung den Charakter einer „Dauererklärung" habe, welche im Falle einer unterjährigen der Änderung des Umgangs mit Kodex-Empfehlungen auch unterjährig korrigiert werden müsse[383], entschied er, dass eine in einem wesentlichen Punkt von Anfang an unrichtige bzw. durch unterbliebene unterjährige Korrektur nachträglich unrichtig gewordene Entsprechenserklärung einen Verstoß gegen § 161 AktG darstelle, der jedenfalls den dennoch gefassten Entlastungsbeschluss anfechtbar mache[384]. Eine generelle Aussage zu den Auswirkungen einer fehlerhaften Entsprechenserklärung auf den Bestand von Hauptversammlungsbeschlüssen wollte der BGH indes nicht treffen.

---

380 OLG Frankfurt ZIP 2007, S. 1463 (1465).
381 BGHZ 180, S. 9 (20 f.).
382 BGHZ 180, S. 9 (21).
383 BGHZ 180, S. 9 (19); siehe schon oben unter A. II. 7. b) bb).
384 BGHZ 180, S. 9 (19 f.); siehe schon oben unter A. II. 7. b) cc).

Obwohl im zu entscheidenden Fall der Interessenkonflikt lediglich ein Aufsichtsratsmitglied betraf, kam der BGH zu dem Ergebnis, dass sich die Anfechtbarkeit weder auf den Beschluss über die Entlastung dieses Mitglieds noch auf den über die Entlastung desjenigen Organs beschränke, an das sich die Kodex-Erklärung richtet, von der ohne Offenlegung abgewichen wird. Vielmehr seien die Entlastungsbeschlüsse insgesamt anfechtbar[385]. Denn bei der Entsprechenserklärung handle es sich um eine gemeinsame Erklärung von Vorstand und Aufsichtsrat über die Einhaltung der an die Verwaltung insgesamt gerichteten Kodex-Empfehlungen. Daher könne die Unrichtigkeit der Erklärung sowohl Vorstand als auch Aufsichtsrat zur Last gelegt werden, allerdings nur insoweit, als ihre Mitglieder die anfängliche oder später eintretende Unrichtigkeit kannten oder kennen mussten und dennoch nicht für eine Korrektur der Erklärung gesorgt haben.

Mit seinem Urteil „Kirch ./. Deutsche Bank" hat der BGH zunächst nur eine Grundsatzentscheidung getroffen: Entlastungsbeschlüsse können wegen einer fehlerhaften Entsprechenserklärung anfechtbar sein. In zentralen Punkten bleibt das Gericht jedoch Antworten schuldig. So bleibt fraglich, wie sich das Ergebnis der Anfechtbarkeit dogmatisch begründen lässt, ob also der Entlastungsbeschluss unter einem inhaltlichen Mangel leidet oder ob eine unrichtige Entsprechenserklärung einen Verfahrensfehler darstellt, welcher nach § 244 AktG geheilt werden könnte. Des Weiteren bleibt ungeklärt, welche Kodex-Empfehlungen so wesentlich sind, dass ein nicht erklärtes Abweichen die schwerwiegende Folge der Anfechtbarkeit auszulösen vermag.

3. Urteil des BGH vom 21.09.2009 („Umschreibungsstopp")

Nur wenige Monate später, im September 2009, hatte der BGH erneut die Möglichkeit, zur Anfechtbarkeit von Entlastungsbeschlüssen wegen fehlerhafter Entsprechenserklärung Stellung zu nehmen und die bisherige Rechtsprechung zu konkretisierten. Anlass war die Entsprechenserklärung der *Axel Springer AG* für das Jahr 2005, abgegeben von Vorstand und Aufsichtsrat im Dezember 2005[386]. Darin hatten die Verwaltungsorgane erklärt, den Empfehlungen des DCGK mit wenigen Ausnahmen zu entsprechen. Nicht erklärt wurde ein Abweichen von der bereits bekannten Ziffer 5.5.3 Abs. 1 S. 1 DCGK.

Auch der Aufsichtsrat der *Axel Springer AG* war indes nicht frei von Interessenkonflikten: Ein Aufsichtsratsmitglied war zugleich Mitglied des Aufsichtsrats einer Gesellschaft, welche von der *Axel Springer AG* übernommen werden sollte. Das betreffende Mitglied enthielt sich bei Beschlussfassungen zur Übernahme zwar seiner Stimme. In dem Bericht an die Hauptversammlung wurden dieser Interessenkonflikt und seine Behandlung entgegen der für beachtet erklärten Kodex-Empfehlung aber nicht erwähnt.

---

385 BGHZ 180, S. 9 (23 f.).

386 Abrufbar unter http://www.axelspringer.de/dl/23912/cg_erkl_05.pdf (zuletzt abgerufen am 07.07.2015).

Die Vorinstanz hatte noch angenommen, dass die Nichtoffenlegung der Kodex-Abweichung keinen Verstoß gegen § 161 AktG darstelle, und die erhobene Anfechtungsklage daher als unbegründet zurückgewiesen[387]. Ein solcher Verstoß läge nur dann vor, wenn die Verwaltungsorgane von vornherein entschlossen gewesen wären, der entsprechenden Kodex-Empfehlung nicht nachzukommen. Ein solcher Vorsatz sei indes nicht feststellbar. Eine Pflicht zur nachträglichen Information der Hauptversammlung aus § 161 AktG bestehe nicht.

Unter Fortführung der „Kirch ./. Deutsche Bank"-Rechtsprechung entschied der BGH hingegen, dass die Beschlüsse über die Entlastung von Vorstand und Aufsichtsrat wegen eines Gesetzesverstoßes für nichtig zu erklären sein[388]. Die Entsprechenserklärung sei – entgegen der Auffassung des Berufungsgerichts – in einem wesentlichen Punkt inhaltlich unrichtig geworden. Die selbst auferlegte Pflicht, die Hauptversammlung über aufgetretene Interessenkonflikte und deren Behandlung zu informieren, sei ein wesentlicher Bestandteil der Entsprechenserklärung. Entsprechend der „in diesem Zusammenhang zu beachtenden Wertung des § 243 Abs. 4 Satz 1 AktG"[389] führe diese Informationspflichtverletzung allerdings nur dann zur Anfechtbarkeit des Entlastungsbeschlusses, wenn die unterbliebene Information für einen objektiv urteilenden Aktionär für die sachgerechte Wahrnehmung seines Teilnahme- und Mitgliedschaftsrechts relevant gewesen sei. An dieser Relevanz könne es fehlen, wenn der Interessenkonflikt und seine Behandlung bereits aus allgemeinen Quellen bekannt oder aber nicht geeignet seien, die Entscheidung eines objektiv urteilenden Anteilseigners über die Entlastung zu beeinflussen. Obgleich das Gericht damit Begrifflichkeiten verwendet, die eine bestimmte Einordnung in das aktienrechtliche Beschlussmängelsystem nahelegen, hat es sich auch in seiner „Umschreibungsstopp"-Entscheidung nicht konkret dazu geäußert, ob es den Verstoß gegen § 161 AktG als Inhalts- oder als Verfahrensfehler des Entlastungsbeschlusses ansieht; damit bleibt die Frage der dogmatischen Begründung des Ergebnisses der Anfechtbarkeit weiterhin offen.

4. Rezeption der BGH-Rechtsprechung im Schrifttum

Diese beiden Entscheidungen des BGH zur Anfechtbarkeit von Entlastungsbeschlüssen wegen (nachträglich) inhaltlich unrichtiger Entsprechenserklärungen wurden im Schrifttum eingehend diskutiert.

a) Einigkeit im Ergebnis, Kritik an der Begründung

In ihrem Ergebnis ist die höchstrichterliche Rechtsprechung dabei größtenteils auf Zustimmung gestoßen[390]. So führt beispielsweise *Habersack* in seinem Gutachten für

387 KG Berlin NZG 2008, S. 788 (789).

388 BGHZ 182, S. 272 (280).

389 BGHZ 182, S. 272 (281).

390 *Goslar/von der Linden*, NZG 2009, S. 1337 (1339); *Hüffer*, in: Gesellschaftsrecht in der Diskussion 2010, S. 63 (70).

den 69. Deutschen Juristentag 2012 aus, dass im Hinblick auf das geltende Beschlussmängelrecht, die von der Rechtsprechung entwickelten Grundsätze zur Anfechtung von Entlastungsbeschlüssen und die mit Einführung des § 161 AktG verbundenen Vorstellungen des Gesetzgebers keine Gründe ersichtlich seien, die gegen die Anfechtbarkeit dieser Beschlüsse wegen Verstoßes gegen § 161 AktG sprechen[391]. Auch *Leyens* zufolge kommt „eine Versagung der Anfechtung [...] de lege lata nicht in Betracht."[392]. Wenngleich auch im Hinblick auf das Ergebnis größtenteils Einigkeit herrscht, so werden doch immer wieder die angeblich mangelhafte dogmatische Begründung sowie einzelne, vermeintlich wenig überzeugende Aussagen bzw. Annahmen des Gerichts angeprangert. Die wichtigsten Kritikpunkte sollen im Folgenden dargestellt werden. Inwieweit die Kritik letztlich überzeugt, wird sodann zu klären sein.

aa) Kein Einfügen in die Systematik des Beschlussmängelrechts

Am Häufigsten wird den Richtern des II. Zivilsenats des BGH vorgeworfen, sie vermögen ihre im Ergebnis durchaus zutreffenden Entscheidungen „Kirch ./. Deutsche Bank" und „Umschreibungsstopp" nicht dogmatisch überzeugend herzuleiten. So lasse sich die Rechtsprechung nur schwerlich in die bewährte Systematik des Beschlussmängelrechts einordnen, da sie formelle und materielle Aspekte miteinander vermenge[393]. Die Ausführungen des BGH in seinem Urteil in Sachen „Kirch. /. Deutsche Bank würden nahe legen, dass er im Falle einer unrichtigen Entsprechenserklärung einen Inhaltsfehler der dennoch gefassten Entlastungsbeschlüsse annehme. Dieses durchaus einleuchtende Ergebnis werde aber durch den in der „Umschreibungsstopp"-Entscheidung vorgenommenen Rückgriff auf die Wertung des § 243 Abs. 4 AktG wieder relativiert, da diese Norm nun einmal ausschließlich für Verfahrensfehler gelte[394]. Zudem greife jedenfalls das Urteil in Sachen „Kirch ./. Deutsche Bank" die bisherige Rechtsprechung zur Anfechtung von Entlastungsbeschlüssen wegen inhaltlicher Fehlerhaftigkeit nicht hinreichend auf, wenn anstelle eines eindeutigen und schweren Gesetzes- oder Satzungsverstoßes i. S. d. „Macrotron"-Entscheidung die Unrichtigkeit der Entsprechenserklärung in einem wesentlichen Punkt gefordert werde[395].

Auf diese Kritik aufbauend hat sich im Schrifttum ein vielschichtiges Meinungsbild hinsichtlich der verschiedenen Interpretationsmöglichkeiten der höchstrichterlichen Rechtsprechung entwickelt. So wird teilweise vertreten, eine unrichtige

---

391 *Habersack*, Gutachten, S. E 65.

392 *Leyens*, in: GroßkommAktG, § 161 Rn. 475.

393 *Von der Linden*, in: Wilsing, DCGK, § 161 AktG Rn. 59; *Arens/Petersen*, Der Konzern 2011, S. 197; *Bröcker*, Der Konzern 2011, S. 313 (315); *Goslar/von der Linden*, NZG 2009, S. 1337 (1338); *Kiefner*, NZG 2011, S. 201 (202); *Woitzyk*, Anfechtung, S. 70 f.

394 *Bröcker*, Der Konzern 2011, S. 313 (315); *Goslar/von der Linden*, NZG 2009, S. 1337 (1338); *Kiefner*, NZG 2011, S. 201 (202).

395 Vgl. *Decher*, in: FS Hopt, S. 499 (505); *Woitzyk*, Anfechtung, S. 72.

Entsprechenserklärung führe (jedenfalls im Ausgangspunkt[396]) zur inhaltlichen Fehlerhaftigkeit des Entlastungsbeschlusses[397]. Denn einer Verwaltung, die durch Abgabe einer unrichtigen Erklärung bzw. Unterlassen der Aktualisierung der Erklärung gegen ihre gesetzliche Pflicht aus § 161 AktG verstößt, könne von der Hauptversammlung nicht bescheinigt werden, sie habe sich im Großen und Ganzen gesetzmäßig verhalten. Andere wiederum nehmen gerade die gerichtliche Berücksichtigung der Wertung des § 243 Abs. 4 AktG zum Anlass, eine unrichtige Entsprechenserklärung als Verfahrensfehler des Entlastungsbeschlusses einzuordnen[398]. Teilweise wird auch vertreten, eine unrichtige Entsprechenserklärung könne sowohl einen Inhalts-, als auch einen Verfahrensfehler des Entlastungsbeschlusses begründen, wobei diese Fehlerkategorien allerdings strikt voneinander zu trennen seien[399]. Schließlich wird auch angenommen, dass der BGH im Fall „Kirch ./. Deutsche Bank" mit dem Abstellen auf die Unrichtigkeit der Entsprechenserklärung in einem wesentlichen Punkt eine ganz neue, eigenständige Fehlerkategorie geschaffen habe, die außerhalb der bisherigen Systematik des Anfechtungsrechts stehe[400].

bb) Keine Anfechtbarkeit wegen Pflichtverletzung außerhalb des Entlastungszeitraumes

In einem unmittelbaren Zusammenhang mit der Frage, auf welcher dogmatischen Grundlage die Rechtsprechung des BGH eigentlich fußt, steht der Hinweis einiger

---

396 Vgl. insoweit *Goslar/von der Linden*, NZG 2009, S. 1337 (1339) und DB 2009, S. 1691 (1692), die grundsätzlich von einem Inhaltsfehler des Entlastungsbeschlusses ausgehen, in den konkreten Einzelfällen allerdings das Vorliegen eines schwerwiegenden Gesetzesverstoßes im Entlastungszeitraum verneinen; dazu sogleich unter C. III. 4. a) bb).

397 So *Hüffer* während der Jahrestagung der Gesellschaftsrechtlichen Vereinigung 2010, vgl. Gesellschaftsrecht in der Diskussion 2010, S. 63 (70), der aber bereits im Laufe der anschließenden Diskussion einräumte, „der Zusammenhang zwischen Fehlertyp und Relevanzerfordernis müsse nochmals durchdacht werden", vgl. *Ott*, in: Gesellschaftsrecht in der Diskussion, S. 85 (86). Für einen Inhaltsfehler ebenfalls *Semler*, in: MünchKommAktG (2. Aufl.), § 161 Rn. 185; *Spindler*, in: K. Schmidt/Lutter, AktG, § 120 Rn. 55; *Goette*, in: FS Hüffer, S. 225 (232).

398 So nunmehr *Hüffer*, in: MünchKommAktG, § 243 Rn. 26, dessen Kommentierung an anderer Stelle allerdings wiederum die Annahme eines Inhaltsfehlers nahelegt, vgl. *Hüffer*, AktG, § 161 Rn. 31. Für einen Verfahrensfehler ebenfalls *Leyens*, in: GroßkommAktG, § 161 Rn. 481; *Litzenberger*, NZG 2010, S. 854; *Kleindieck*, in: FS Goette, S. 239 (245).

399 Vgl. *Goslar/ von der Linden*, NZG 2009, S. 1337 (1339); *dies.*, DB 2009, S. 1691 (1693).

400 So *Decher*, in: FS Hopt, S. 499 (504); die Rechtsprechung des BGH ebenfalls so interpretierend *Woitzyk*, Anfechtung, S. 75, der im Folgenden (S. 83) die Schaffung einer eigenständigen Fehlerkategorie für unrichtige Entsprechenserklärungen jedoch ablehnt und stattdessen das Vorliegen eines Verfahrensfehlers in Gestalt einer Informationspflichtverletzung bejaht (S. 102).

Literaturvertreter auf eine (bereits bekannte[401]) zeitliche Problematik, die den Entscheidungen „Kirch ./. Deutsche Bank" und „Umschreibungsstopp" angeblich ebenfalls innewohne. Gegenstand der Anfechtungsklage war im Verfahren „Kirch ./. Deutsche Bank" der Beschluss über die Entlastung für das Geschäftsjahr 2002, welcher von der Hauptversammlung im Juni 2003 gefasst wurde. In Sachen „Umschreibungsstopp" richtete sich die Anfechtungsklage gegen den im April 2006 gefassten Entlastungsbeschluss für das Geschäftsjahr 2005. Der BGH nahm in beiden Fällen an, dass die Entsprechenserklärungen, in welchen die Befolgung von Ziffer 5.5.3 S. 1 DCGK erklärt wurde, (jedenfalls) nachträglich unrichtig geworden waren, da die Berichte an die Hauptversammlung tatsächlich keine Informationen über die Interessenkonflikte im Aufsichtsrat enthielten[402]. Wenn nun die Pflichtverletzung darin bestehe, dass die Entsprechenserklärung nicht nach Verabschiedung des Aufsichtsratsberichts – im Fall „Kirch ./. Deutsche Bank" im März 2003, im Fall „Umschreibungsstopp" im März 2006 – aktualisiert wurde, so liege dieser Verstoß aber außerhalb des fraglichen Entlastungszeitraumes. Die Entlastung sei auf das vorangegangene Geschäftsjahr beschränkt. Wenn es in diesem zu keiner Pflichtverletzung gekommen ist, so sei es nicht einsehbar, dass der Entlastungsbeschluss inhaltlich fehlerhaft sein soll[403]. Allenfalls könne die Pflichtverletzung zwischen dem Ende des Entlastungszeitraumes und dem Tag der Hauptversammlung einen Verfahrensfehler des Entlastungsbeschlusses in Gestalt eines Informationsmangels begründen. Denn für eine sachgerechte Entscheidung über die Qualität des Verwaltungshandelns fehle es ohne korrigierte Entsprechenserklärung an einer hinreichenden Beurteilungsgrundlage[404].

cc) Kein Abstellen auf den Inhalt der Kodex-Empfehlung

Der vom BGH vorgenommene Rückgriff auf die Wertung des § 243 Abs. 4 AktG wird in der Literatur indes nicht nur wegen der damit verbundenen dogmatischen Unschärfe kritisiert. Der Zweck der Entsprechenserklärung ist die Information sowohl der Aktionäre als auch des Kapitalmarktes über die Befolgung der Kodex-Empfehlungen, mithin die Corporate Governance-Praxis des Unternehmens. Gegenstand der Erklärung ist hingegen nicht der Umgang mit im Aufsichtsrat aufgetretenen Interessenkonflikten, um am konkreten Einzelfall zu bleiben. Dieser Zweck der Kodex-Erklärung werde daher bereits dann verletzt, wenn Vorstand und Aufsichtsrat eine Änderung

401 Siehe oben unter C. II. 3. a) bb).

402 BGHZ 180, S. 9 (23); 182, S. 272 (280).

403 *Goslar/von der Linden*, NZG 2009, S. 1337 (1338); *dies.*, DB 2009, S. 1691 (1692). AA *Leyens*, in: GroßkommAktG, § 161 Rn. 488; *Kleefass*, Entsprechenserklärung, S. 221; *Kleindiek*, in: FS Goette, S. 239 (248 f.); *Woitzyk*, Anfechtung, S. 73.

404 *Goslar/von der Linden*, NZG 2009, S. 1337 (1339); *dies.*, DB 2009, S. 1691 (1693). Allein in diesem Zusammenhang komme dann auch § 243 Abs. 4 S. 1 AktG zur Anwendung.

ihrer ursprünglichen Absicht verschweigen und dementsprechend eine unrichtige Entsprechenserklärung abgeben; auf den Inhalt der Kodex-Empfehlung, von der entgegen der ursprünglich erklärten Absicht abgewichen werde, komme es insoweit nicht an[405]. Auch aus diesem Grund sei die Bezugnahme auf § 243 Abs. 4 AktG verfehlt. Wollte man überhaupt auf diese Kodifikation des Relevanzerfordernis zurückgreifen, so müsse dies jedenfalls unabhängig von der betroffenen Kodex-Empfehlung geschehen, da mit jeder unrichtigen Entsprechenserklärung eine Informationspflichtverletzung einher gehe, unabhängig davon, ob die einschlägige DCGK-Empfehlung selbst die Information der Aktionäre vorsehe[406].

dd) Keine Gesamtverantwortung der Verwaltungsorgane und ihrer Mitglieder für die Richtigkeit der Entsprechenserklärung

Im Fall „Kirch ./. Deutsche Bank" kam das Gericht zu dem Ergebnis, dass nicht nur der Beschluss über die Entlastung des Aufsichtsrats anfechtbar sei, sondern auch der über die Entlastung des Vorstands – und das, obwohl sich Ziffer 5.5.3 DCGK, von der ohne Offenlegung abgewichen wurde, ausschließlich an den Aufsichtsrat richtet. Begründet wurde diese Entscheidung damit, dass Vorstand und Aufsichtsrat eine gemeinsame Erklärung abgebeben hatten und sämtliche Organmitglieder die den Interessenkonflikt des Herrn *Dr. Breuer* begründenden Tatsachen kannten und damit zugleich auch die Umstände, welche zur Unrichtigkeit der Entsprechenserklärung führten[407]. In der Entscheidung „Umschreibungsstopp" bejahte der BGH ebenfalls auch die Anfechtbarkeit der Entlastung des Vorstands.

Einige Stimmen in der Literatur gehen davon aus, dass im Falle der Verursachung einer unrichtigen Entsprechenserklärung durch ein einzelnes Organmitglied[408] eine Anfechtung der Gesamtentlastung des Organs grundsätzlich nicht in Betracht komme; vielmehr sei lediglich die Einzelentlastung des betroffenen Mitglieds anfechtbar. Etwas anderes gelte aber dann, wenn die übrigen Organmitglieder Kenntnis von dem der Entsprechenserklärung widersprechenden Verhalten des einzelnen

---

405 *Arens/Petersen*, Der Konzern 2011, S. 197 (204); *Goslar/von der Linden*, NZG 2009, S. 1337 (1338).

406 *Kleindieck*, in: FS Goette, S. 239 (245); vgl. auch *Hüffer*, in: Gesellschaftsrecht in der Diskussion 2010, S. 63 (72).

407 Der BGH hat es in Sachen „Kirch ./. Deutsche Bank" vermieden, zu der Frage, ob die Entsprechenserklärung von Vorstand und Aufsichtsrat abgegeben werden <u>muss</u>, Stellung zu nehmen. Seine Ausführungen lassen allerdings vermuten, dass er auch für den Fall, dass es an einer gemeinsamen Erklärung fehlt, eine Gesamtverantwortung der Verwaltungsorgane für die Richtigkeit der Entsprechenserklärung annehmen würde, soweit denn die Organmitglieder die Unrichtigkeit kannten oder kennen mussten und die Korrektur der Erklärung dennoch unterlassen haben, vgl. BGHZ 180, S. 9 (23 f.).

408 Als Beispiel hierfür sei die Nichtoffenlegung eines in der Person des einzelnen Organmitglieds aufgetretenen Interessenkonflikts genannt.

Mitglieds hatten oder hätten haben müssen und dennoch untätig geblieben sind[409]. Insofern trifft die gerichtliche Annahme der Verantwortung des Gesamtorgans für die Richtigkeit der Entsprechenserklärung in den konkreten Einzelfällen auf einhellige Zustimmung. Vereinzelt wird allerdings die Entscheidung des Gerichts, nicht nur die Entlastung des Aufsichtsrats, sondern auch die des Vorstands sei anfechtbar, für überraschend gehalten. Weder sei der Vorstand Adressat der einschlägigen Kodex-Empfehlung[410], noch bestehe eine Rechtspflicht des Vorstands zur Kontrolle des Aufsichtsratshandelns im Hinblick auf die Richtigkeit der Entsprechenserklärung[411]. Größtenteils jedoch findet für den Fall, dass Vorstand und Aufsichtsrat eine gemeinsame Entsprechenserklärung abgegeben haben, auch die Annahme einer Gesamtverantwortung für deren Richtigkeit Zustimmung[412]. Lediglich das Hinzuziehen des Relevanzkriteriums durch den BGH wird kritisiert. Denn für die Entscheidung der Aktionäre über die Entlastung des Vorstands könne es wohl kaum relevant sein, ob im Aufsichtsrat Interessenkonflikte bestanden – dies sei nur für die Entscheidung über die Entlastung des Aufsichtsrats selbst entscheidend[413]. Stattdessen komme es darauf an, ob auch dem Organ, welches nicht für die Umsetzung der Kodex-Empfehlung zuständig ist, ein eindeutiger und schwerwiegender Verstoß gegen § 161 AktG vorzuwerfen ist[414].

ee) *Keine Abschichtung der Wichtigkeit der Kodex-Empfehlungen durch die Rechtsprechung*

Beide BGH-Entscheidungen betrafen eine nicht erklärte Abweichung von Ziffer 5.5.3 DCGK. Das Gericht nahm an, dass die Erklärung zum Umgang mit dieser Kodex-Empfehlung einen wesentlichen Punkt der Entsprechenserklärung darstelle, weshalb auch bei Unrichtigkeit der Erklärung diesbezüglich ein anfechtungsrelevanter Verstoß gegen § 161 AktG vorliegen könne[415]. Diese Aussage impliziert, dass es auch Kodex-Empfehlungen geben muss, die für die Entlastungsentscheidung so unwesentlich sind, dass ein nicht erklärtes Abweichen die schwerwiegende Folge der Anfechtbarkeit nicht auszulösen vermag. Gegen diese Einteilung der Kodex-Empfehlungen in die Kategorien „wesentlich" oder „unwesentlich" wird in

409 So *Hüffer*, § 161 AktG Rn. 31; *Semler*, in: MünchKommAktG (2. Aufl.), § 161 Rn. 185; *Ulmer*, ZHR 166 (2002), S. 150 (165). So nunmehr auch *Lutter*, in: KölnKommAktG, § 161 Rn. 146, der noch in der Vorauflage die Anfechtung der Gesamtentlastung auch für den Fall der Kenntnis bzw. fahrlässigen Unkenntnis der restlichen Mitglieder vom Verstoß einzelnen Mitglieds ablehnte.

410 *Lutter*, in: KölnKommAktG, § 161 Rn. 146.

411 *Lutter*, in: FS Hopt, S. 1025 (1030).

412 *Kleindiek*, in: FS Goette, S. 239 (250); *Vetter*, NZG 2009, S. 561 (563).

413 *Kiefner*, NZG 2009, S. 201 (202).

414 *Kleindiek*, in: FS Goette, S. 239 (250).

415 BGHZ 182, S. 272 (281).

der Literatur Kritik erhoben[416]. Die Entscheidung, welche der im DCGK niedergelegten Verhaltensstandards wesentlich seien, habe bereits die Kodex-Kommission getroffen, indem sie zwischen Empfehlungen, zu deren Befolgung sich die Verwaltungsorgane erklären müssen, und Anregungen, bezüglich derer eine Erklärung nicht erforderlich ist, differenziere. Für eine weitere „Abschichtung" der einzelnen Kodex-Empfehlungen im Hinblick auf ihre Wichtigkeit bleibe daher kein Raum.

b) Gänzliche Ablehnung der BGH-Rechtsprechung

Inzwischen mehren sich allerdings auch die Stimmen im Schrifttum, die die Rechtsprechung des BGH insgesamt für verfehlt halten. Hauptkritikpunkt ist die Verrechtlichung der Kodex-Empfehlungen, die in einem eklatanten Widerspruch zum Grundgedanken des DCGK stehe und für Unruhe und Unsicherheit sorge[417]. Schließlich werde durch die höchstrichterliche Rechtsprechung die Einhaltung der Kodex-Empfehlungen einer vollständigen gerichtlichen Nachprüfung zugänglich, womit zum einen der Verwaltung der Aktiengesellschaft das „Subsumtionsrisiko für eine gerichtsfeste Anwendung des Kodex" auferlegt werde[418]. Zum anderen werde durch die rechtliche Aufwertung des Kodex die Flexibilität der Verwaltung dergestalt eingeschränkt, dass Vorstand und Aufsichtsrat es sich angesichts des bestehenden Anfechtungsrisikos nunmehr gut überlegen werden, von einer bestimmten Kodex-Empfehlung abzuweichen und damit unter Umständen eine für das einzelne Unternehmen schlechtere Lösung zu wählen[419].

Nicht nur die Verrechtlichung der an sich unverbindlichen Kodex-Empfehlungen stößt indes auf Kritik. Unmut wird ebenfalls im Hinblick auf die rechtspolitisch motivierte Aussage des BGH, dass bei einer Verneinung der Anfechtbarkeit Verstöße gegen § 161 AktG ohne Folgen bleiben würden[420], geäußert[421]. Die Tatsache, dass eine Haftung der Verwaltungsmitglieder nach § 93 Abs. 1 S. 2 AktG (i. V. m. § 116 AktG) wegen Abgabe einer unrichtigen Entsprechenserklärung zumeist am fehlenden Nachweis eines kausalen Schadens scheitern dürfte, könne nicht dazu führen, dass stattdessen einfach auf die Anfechtbarkeit als Sanktionsmechanismus zurückgegriffen werde, da für Verstöße gegen § 161 AktG bereits kein besonderes

416 *Goslar/von der Linden*, NZG 2009, S. 1337 (1338); *dies.*, DB 2009, S. 1691 (1693); vgl. auch *Leyens*, in: GroßkommAktG, § 161 Rn. 505; *Woitzyk*, Anfechtung, S. 110.

417 *Hoffmann-Becking*, ZIP 2011, S. 1173 (1175); *Timm*, ZIP 2010, S. 2125 (2129); in diesem Sinne wohl auch *Kremer*, ZIP 2011, S. 1177 (1179); vgl. insoweit auch den Bericht zur Diskussion „Deutscher Corporate Governance Kodex – Eine kritische Bestandsaufnahme" am 22.02.2011 von *Gehling*, ZIP 2011, S. 1181 (1182).

418 *Bröcker*, Der Konzern 2011, S. 313 (318 f.).

419 *Bröcker*, Der Konzern, 2011, S. 313 (319).

420 BGHZ 180, S. 9 (24).

421 Besonders anschaulich insoweit, wenngleich auch freilich unsachlich, *Timm*, ZIP 2010, S. 2125 (2129), demzufolge es nicht schlimm wäre, „eine blödsinnige Regelung" (gemeint ist § 161 AktG) nicht mit Rechtsfolgen zu belegen.

Sanktionsbedürfnis bestünde. Die Frage, wann die Verwaltung einer Aktiengesellschaft insgesamt eine „gute" Corporate Governance praktiziere, hänge nur in sehr geringem Maße von der Befolgung der Empfehlungen des DCGK ab, denen auch im Übrigen auch nur ein Stellenwert unterhalb der gesetzlichen Sorgfaltspflichten zukomme[422]. Mit diesem geringen Stellenwert der Kodex-Empfehlung gehe zudem auch eine geringe Schutzbedürftigkeit der Aktionäre einher, denn ihre Befolgung könne nur in einem sehr begrenzten Umfang Maßstab für die Entscheidung über die Entlastung der Verwaltung sein; zudem hätten die Aktionäre auch noch ihren Auskunftsanspruch nach § 131 AktG[423]. Jedenfalls aber sei die gravierende Rechtsfolge der Anfechtbarkeit im Hinblick auf die geringe Bedeutung der Entlastungsentscheidung unangemessen[424].

Schließlich wird auch immer wieder die Befürchtung geäußert, die durch die Rechtsprechung gesteigerten Anforderungen an Vorstände und Aufsichtsräte im Zusammenhang mit der Entsprechenserklärung würden den sog. Berufsklägern in die Hände spielen, welche (vermeintliche) Verstöße gegen § 161 AktG für sich als neues Betätigungsfeld entdecken könnten[425].

c) Ausschluss der Anfechtung wegen fehlerhafter Entsprechenserklärung analog § 30g WpHG

Einzig *Leuering* verzichtet hingegen auf eine Auseinandersetzung sowohl mit der dogmatischen Begründung als auch mit den Folgen der höchstrichterlichen Rechtsprechung, hält diese aber im Ergebnis ebenfalls für verfehlt, da die Anfechtung von Hauptversammlungsbeschlüssen wegen Verstoßes gegen § 161 AktG in analoger Anwendung des § 30g WpHG ausgeschlossen sei[426]. Nach dieser Vorschrift kann die Anfechtung eines Hauptversammlungsbeschlusses nicht auf eine Verletzung der §§ 30a bis 30f WpHG gestützt werden. In den genannten Vorschriften, 2007 eingefügt durch das Transparenzrichtlinie-Umsetzungsgesetz (TUG)[427], werden die in der EU-Transparenzrichtlinie[428] vorgesehenen Informations-, Veröffentlichungs- und Verhaltenspflichten von Emittenten gegenüber den Wertpapierinhabern zusammengefasst (wertpapierinhaberorientierte Publizität). Sichergestellt werden soll,

---

422 *Bröcker*, Der Konzern 2011, S. 313 (317 f.); kritisch auch *Waclawik*, ZIP 2011, S. 885 (893).

423 *Bröcker*, Der Konzern 2011, S. 313 (319).

424 *Timm*, ZIP 2010, S. 2125 (2129).

425 Vgl. *Kocher/Bedkowski*, BB 2009, S. 235; *Tröger*, ZHR 175 (2011), S. 746 (780 f.). Hierzu ausführlich unter G. IV.

426 *Leuering*, DStR 2010, S. 2255 (2258).

427 Gesetz vom 05.01.2007, BGBl. I, S. 10.

428 Richtlinie 2004/109/EG des Europäischen Parlaments und des Rates vom 15.12.2004 zur Harmonisierung der Transparenzanforderungen in Bezug auf Informationen über Emittenten, deren Wertpapiere zum Handel auf einem geregelten Markt zugelassen sind, und zur Änderung der Richtlinie 2001/34/EG, ABl. EU L 390, S. 38 ff.

dass den Anlegern die für die Wahrnehmung ihrer Rechte aus den Wertpapieren notwendigen Informationen zur Verfügung gestellt werden[429].

Leuering nimmt nunmehr an, dass § 30g WpHG auf die Pflicht zur Abgabe der Entsprechenserklärung analog angewendet werden könne; die Voraussetzungen einer Analogie – planwidrige Regelungslücke und eine vergleichbare Interessenlage – lägen vor. Wenn es schon an einer gesetzlichen Normierung der Rechtfolgen einer unrichtigen Entsprechenserklärung mangele, so fehle es erst recht an einer Regelung bzgl. eines Anfechtungsausschlusses. Diese Regelungslücke sei auch planwidrig, da sich der Gesetzgeber ausweislich der Gesetzesmaterialien keine Gedanken über mögliche Auswirkungen einer fehlerhaften Entsprechenserklärung auf den Bestand von Hauptversammlungsbeschlüssen gemacht habe[430]. Auch sei die Interessenlage vergleichbar: Ebenso wie § 161 AktG würden die §§ 30a bis 30f WpHG börsennotierten Aktiengesellschaften aus Transparenzgründen zusätzliche Informationspflichten auferlegen. § 30g WpHG enthalte – ebenso wie andere gesetzlich normierte Anfechtungsausschlüsse, z. B. § 120 Abs. 4 S. 2 AktG oder § 243 Abs. 3 Nr. 2 i. V. m. § 121 Abs. 4 bzw. § 124a AktG – die Wertung, dass für solche zusätzlichen Pflichten nicht die gesellschaftsrechtliche Sanktion der Anfechtbarkeit gelten solle[431].

5. Auseinandersetzung mit der Kritik und eigene Bewertung

Höchstrichterliche Rechtsprechung wie auch befürwortende und (in Einzelpunkten) ablehnende Literaturmeinungen bedürfen nachfolgend einer kritischen Auseinandersetzung, in deren Rahmen auch eine eigene dogmatische Einordnung der Problematik der Anfechtung von Entlastungsbeschlüssen infolge unrichtiger Entsprechenserklärung vorgenommen werden soll.

a) De lege lata Anfechtbarkeit wegen Verstoßes gegen § 161 AktG

Bei der Beantwortung der Frage, ob Verstöße gegen § 161 AktG im Grundsatz Auswirkungen auf den Bestand von Hauptversammlungsbeschlüssen haben, gilt es zunächst zu bedenken, dass der DCGK, obgleich er mit seinem rechtlich unverbindlichen Charakter – abgesehen von der Beschreibung des geltenden Aktienrechts – als („Regel"-)Werk sui generis ein Novum des deutschen Rechts darstellt und Rechtsprechung, Literatur und Praxis vor zahlreiche Fragen stellt, mit § 161 AktG eine rechtliche Flankierung erhalten hat, welche sich ohne weiteres in das geltende Recht einfügt und insoweit keine Besonderheit darstellt. § 161 AktG normiert im Kern schlicht eine Berichtspflicht, welche Vorstand und Aufsichtsrat trifft. Beide Organe werden danach verpflichtet, den Kapitalmarkt und seine Teilnehmer darüber zu

---

429 Begr. RegE TUG, BT-Drs. 16/2498, S. 39; *Hutter/Kaulamo*, NJW 2007, S. 471 (477); *Kiem*, in: Habersack/Mülbert/Schlitt, Hdb. Kapitalmarktinformation, § 12 Rn. 1.

430 *Leuering*, DStR 2010, S. 2255 (2257).

431 *Leuering*, DStR 2010, S. 2255 (2257 f.).

informieren, ob die Empfehlungen des DCGK befolgt werden oder nicht, und welche Gründe gegebenenfalls für die Nichtbefolgung der Kodex-Empfehlungen vorliegen.

Ob man den Grad der Befolgung der Empfehlungen des Kodex dabei überhaupt für einen geeigneten Indikator für eine „gute“ Praxis der Unternehmensleitung und -kontrolle halten mag, oder aber den Empfehlungen aufgrund mangelnder Gesetzeskraft einen nur geringen Stellenwert zubilligt, kann insoweit keinerlei Rolle spielen. Für die Frage, welche Konsequenzen eine unrichtige Entsprechenserklärung hat, ist allein entscheidend, dass sich der Gesetzgeber für eine rechtliche Ausgestaltung der Kodex-Erklärung entschieden hat, die anderen aktienrechtlichen Berichtspflichten in nichts nachsteht. Keinesfalls darf der Fehler gemacht werden, anzunehmen, der Grad der Befolgung der Kodex-Empfehlungen sei kein hinreichender Maßstab für die Entlastungsentscheidung, und die Anfechtbarkeit der Entlastungsentscheidung infolge dessen nicht die angemessene Sanktion. Wer dies annimmt, vermengt bereits bei der Frage des Ob einer Anfechtung der Entlastungsentscheidung wegen unrichtiger Entsprechenserklärung Kodex und Gesetz. Nach § 120 Abs. 2 AktG billigt die Hauptversammlung mit der Erteilung der Entlastung die Verwaltung der Gesellschaft durch die Mitglieder des Vorstands und des Aufsichtsrats. Wie bereits ausgeführt, ist darunter die Billigung als im Großen und Ganzen gesetzes- und satzungskonform zu verstehen. Insoweit kann die Frage der Befolgung einzelner Kodex-Empfehlungen selbstverständlich keine Rolle spielen. Daraus aber schließen zu wollen, eine Anfechtung des Entlastungsbeschlusses wegen unrichtiger Entsprechenserklärung komme generell nicht in Betracht, überzeugt nicht. Allein entscheidend ist, ob eine qua Gesetz zu erteilende Information über den Umgang der Gesellschaft mit den Empfehlungen des DCGK auch zutreffend erteilt wurde. Wenn dies nicht der Fall ist, wenn Vorstand und Aufsichtsrat den Kapitalmarkt also in unzutreffender Weise darüber informieren, welchen Kodex-Empfehlungen entsprochen werde und welchen nicht, liegt ein Verstoß der Verwaltung gegen eine zwingende Vorschrift des Aktienrechts vor – und allein dieser Verstoß gegen § 161 AktG ist maßgeblich.

Weder der Hinweis auf das Auskunftsrecht des Aktionärs nach § 131 AktG oder aber die angeblich geringe Bedeutung der Entlastungsentscheidung vermögen diesen evidenten Rechtsbruch zu relativieren. Denn beide Argumentationen stellen letztlich das Recht des Aktionärs zur Anfechtung von Entlastungsbeschlüssen insgesamt in Frage. Die Annahme, die Schutzbedürftigkeit der Aktionäre sei im Falle einer unrichtigen Entsprechenserklärung nur gering, da ihnen immerhin noch ihr aktienrechtlicher Auskunftsanspruch zustehe, geht insoweit fehl, als unter Hinweis aus § 131 AktG jegliche der Verwaltung per Gesetz auferlegte Berichtspflicht entwertet werden könnte. Die gesetzliche Pflicht zur Abgabe einer Entsprechenserklärung ist nicht weniger wert als jede andere Berichts-, Informations- oder Veröffentlichungspflicht; auch insoweit gilt es, sich vom Inhalt der Kodex-Erklärung – mag man ihn für relevant halten oder auch nicht – zu lösen. Wer also meint, bei Vorliegen einer unrichtigen Entsprechenserklärung den Aktionären ihre Schutzbedürftigkeit unter Hinweis § 131 AktG abzusprechen, der muss dies konsequenterweise auch bei sämtlichen anderen Verstößen gegen Berichtspflichten tun. Dadurch würden indes nicht nur die Berichtspflichten an Bedeutung verlieren, auch das so wichtige Recht der Aktionärsminderheit, gesetzeswidrigem Verhalten der Verwaltung im Wege der Anfechtungsklage gegen den Entlastungsbeschluss Einhalt zu gebieten, verlöre insgesamt an Gewicht. Gleiches gilt, wenn die Anfechtung wegen der angeblich geringen Bedeutung des Entlastungsbeschlusses für verfehlt gehalten wird. Dass die Beschlüsse über die Entlastung von Vorstand und Aufsichtsrat obgleich ihrer eher praktischen denn rechtlichen Bedeutung dennoch anfechtbar sind, wurde bereits hinreichend dargelegt.

Kern der Diskussion um die Anfechtbarkeit von Entlastungsbeschlüssen wegen unrichtiger Entsprechenserklärung muss allein § 161 AktG sein. Weder der DCGK noch anderweitige Informationsmöglichkeiten der Aktionäre können und dürfen insoweit eine Rolle spielen. Bei dem gebotenen klaren Fokus auf die gesetzlich normierte Pflicht von Vorstand und Aufsichtsrat zur Abgabe einer materiell richtigen Entsprechenserklärung lassen sich keinerlei überzeugende rechtliche Argumente finden, die für einen generellen Ausschluss der Anfechtbarkeit von Entlastungsbeschlüssen selbst sprechen.

b) Kein Anfechtungsausschluss analog § 30g WpHG

Die Anfechtung von Entlastungsbeschlüssen wegen Verstoßes gegen § 161 AktG kann aber auch nicht durch eine analog Anwendung des § 30g WpHG ausgeschlossen werden. Bereits die Annahme *Leuerings*, der Gesetzgeber habe die Auswirkungen einer unrichtigen Entsprechenserklärung im Rahmen der Anfechtbarkeit von Hauptversammlungsbeschlüssen nicht bedacht und infolgedessen logischerweise auch auf die Normierung eines Anfechtungsausschlusses verzichtet, weshalb eine planwidrige Regelungslück vorliege, erscheint fragwürdig. Zwar schweigt die Gesetzesbegründung hinsichtlich etwaiger Anfechtungsrisiken wegen Verstoßes gegen § 161 AktG, sondern weist lediglich auf Haftungsgefahren im Zusammenhang mit einer unrichtigen Kodex-Erklärung hin[432], was durchaus dafür spricht, dass der Gesetzgeber erstgenanntes Problem bei Einführung der gesetzlichen Entsprechenserklärungspflicht tatsächlich nicht erkannt hat. Dass diese Regelungslücke aber auch (noch immer) planwidrig ist, muss jedoch bezweifelt werden; immerhin ist der Gesetzgeber, obgleich er spätestens seit der „Kirch ./. Deutsche Bank“-Entscheidung des BGH aus dem Februar 2009 Kenntnis von den Anfechtungsrisiken einer unrichtigen Entsprechenserklärung hatte, untätig geblieben. So wurde 2009 zwar der § 161 AktG im Rahmen des BilMoG neu gefasst, die Aufnahme eines gesetzlichen Ausschlusses der Anfechtung wegen Verstößen gegen die Vorschrift unterblieb jedoch[433]. Nun ist dem Gesetzgeber zu Gute zu halten, dass die Ausschussberatungen zum BilMoG Anfang 2009 möglicherweise bereits zu weit fortgeschritten waren, als dass

432 Vgl. Begr. RegE TransPuG, BT-Drs. 14/8769, S. 22.

433 Allein daraus ziehen *Kleefass*, Entsprechenserklärung, S. 164 f. und *Woitzyk*, Anfechtung, S. 137, den Schluss, dass es an der Planwidrigkeit der Regelungslücke fehle.

noch eine sachgerechte Reaktion auf die höchstrichterliche Rechtsprechung möglich gewesen wäre[434]. Jedenfalls aber die – ursprünglich bereits für 2012 geplante, sodann aber erst im November 2012 zur Beratung in den Rechtsausschuss des Deutschen Bundestages überwiesene – Aktienrechtsnovelle[435] hätte hinreichend Gelegenheit geboten, einen Ausschluss von auf § 161 AktG gestützten Anfechtungsklagen zu normieren – wenn dies denn vom Gesetzgeber gewollt gewesen wäre. Immerhin war in der Sachverständigenanhörung im Rechtsausschuss am 05.06.2013 zwischen *Hoffmann-Becking* und *Habersack* ein Disput über das Für und Wider eines solchen Anfechtungsausschlusses entbrannt[436], sodass die Ausschussmitglieder nochmals mit der Problematik der beschlussmängelrechtlichen Folgen einer unrichtigen Entsprechenserklärung konfrontiert wurden. Die Tatsache, dass trotzdem keine diesbezügliche Regelung in das – das aktienrechtliche Beschlussmängelsystem immerhin partiell fortentwickelnde[437] – Gesetz aufgenommen wurde[438], spricht doch stark dafür, dass diese Regelungslücke – entgegen der These von *Leuering* – nicht (mehr) planwidrig ist.

Jedenfalls mangelt es aber an der Vergleichbarkeit der Interessenlagen. Zweifelsohne handelt es sich bei § 161 AktG – ebenso wie bei den §§ 30a bis 30f WpHG – auch um eine kapitalmarktorientierte Publizitätspflicht. Die Kodex-Erklärung dient jedoch nicht ausschließlich der Information des Kapitalmarktes. Aus § 161 S. 2 AktG a. F. sowie den §§ 176, 175 AktG i. V. m. §§ 289, 289a HGB folgt, dass sich die Erklärung auch an die Aktionäre der Gesellschaft richtet und mit Grundlage für deren in der Hauptversammlung zu treffenden Entscheidungen ist. Mithin handelt es sich bei der Entsprechenserklärung auch um eine Informationspflicht, die den Aktionären die Wahrnehmung ihrer Rechte ermöglichen soll und damit Verbandsinteressen schützt[439]. Eine Vergleichbarkeit mit den durch den Anfechtungsausschluss des § 30g WpHG verfolgten Interessen – Ausschluss der Ausweitung von Anfechtungsklagen

---

434 Die Sachverständigenanhörung im Rechtsausschuss des Deutschen Bundestages fand bereits am 17.12.2008 statt, die Beschlussempfehlung wurde schon am 24.03.2009 abgegeben, siehe BT-Drs. 16/12407.

435 RegE eines Gesetzes zur Änderung des Aktiengesetzes (Aktienrechtsnovelle 2012), BT-Drs. 17/8989. Zum weiteren Verlauf des Gesetzgebungsverfahrens siehe unter C. III. 6. c) cc).

436 Siehe das Protokoll der 136. Sitzung des Rechtsausschusses der 17. Wahlperiode am 15.06.2013, abrufbar unter http://webarchiv.bundestag.de/cgi/show.php?fileToLoad=2921&id=1223 (zuletzt abgerufen am 07.07.2015).

437 Begr. RegE eines Gesetzes zur Änderung des Aktiengesetzes (Aktienrechtsnovelle 2012), BT-Drs. 17/8989, S. 1.

438 Vgl. den Bericht und die Beschlussempfehlung des Rechtsausschusses über die zwischenzeitlich in das „Gesetz zur Verbesserung der Kontrolle von Vorstandsvergütungen und zur Änderung weiterer aktienrechtlicher Vorschriften (VorstKoG)" umbenannte Aktienrechtsnovelle, BT-Drs. 17/14214. Zum VorstKoG ausführlich unter C. III. 6. c) cc).

439 Siehe schon oben unter A. II. 2.

im Zusammenhang mit den weit reichenden, sich teilweise mit den aktienrechtlichen Informationspflichten überschneidenden Emittentenpflichten der §§ 30a bis 30f WpHG[440] – besteht damit nicht[441]. Entgegen der Auffassung *Leuerings* kann § 30g WpHG somit nicht analog auf die Fälle unrichtiger Entsprechenserklärungen angewendet werden.

c) § 161 AktG im Gefüge des aktienrechtlichen Beschlussmängelrechts

Fraglich ist aber noch immer, wie sich ein Verstoß gegen § 161 AktG in das Gefüge des aktienrechtlichen Beschlussmängelrechts einfügt.

aa) Inhaltsfehler

So eindeutig die grundsätzliche Frage des „Ob" der Anfechtbarkeit von Entlastungsbeschlüssen wegen unrichtiger Entsprechenserklärung im Ausgangspunkt zu beantworten ist, so leicht fällt an sich auch die Einordnung eines Verstoßes gegen § 161 AktG in die Systematik des aktienrechtlichen Beschlussmängelrechts. Ausgangspunkt ist insoweit zunächst der Inhalt des Entlastungsbeschlusses: Mit diesem billigt die Hauptversammlung die Verwaltung der Gesellschaft u. a. als im Großen und Ganzen gesetzes- und satzungskonform. Unter dieser Prämisse ist das Verhalten von Vorstand und Aufsichtsrat zu betrachten. Zwei Fragen sind insoweit beantworten: (1) Haben Vorstand und Aufsichtsrat im Rahmen ihrer Verwaltungstätigkeit Gesetz und Satzung beachtet? Falls nein, (2) handelt es sich um einen eindeutigen und schwerwiegenden Gesetzes- oder Satzungsverstoß im Sinne der „Mactrotron"-Rechtsprechung, sodass die Anfechtung des Entlastungsbeschlusses gerechtfertigt ist?

(1) Vorliegen eines Gesetzesverstoßes

Geben Vorstand und Aufsichtsrat nun eine von Anfang an unrichtige oder infolge unterlassener Aktualisierung nachträglich unrichtig gewordene Entsprechenserklärung ab und kommen dadurch ihrer Pflicht aus § 161 AktG nicht nach, so ist die erste der beiden Fragen eindeutig zu beantworten: Es fehlt an der Gesetzeskonformität des Verwaltungshandelns, der Entlastungsbeschluss ist damit an sich inhaltlich fehlerhaft.

---

440 *Kiem*, in: Habersack/Mülbert/Schlitt, Hdb. Kapitalmarktinformation, § 12 Rn. 56.

441 So auch *Hüffer*, AktG, § 161 Rn. 31; *Leyens*, in: GroßkommAktG, § 161 Rn. 470; *Mülbert*, in: Assmann/Schneider, WpHG, § 30g Rn. 2; *Arens/Petersen*, Der Konzern 2011, S. 197 (201); *Woitzyk*, Anfechtung, S. 136 f.. AA *Kleefass*, Entsprechenserklärung, S. 164 f., der jedoch auf den Ausnahmecharakter des § 30g WpHG hinweist: Der Grundsatz, dass Hauptversammlungsbeschlusse wegen Gesetzes- oder Satzungswidrigkeit angefochten werden können, dürfte nicht dadurch entwertet werden, dass diesbezügliche Ausnahmevorschriften im Wege der Analogie einen größeren Anwendungsbereich erhalten, als dies vom Gesetzgeber angesichts des gewählten Regel-Ausnahme-Modells bezweckt war.

(2) Beurteilung der Eindeutigkeit und der Schwere des Gesetzesverstoßes

Da aber nicht jeder Gesetzesverstoß durch die Verwaltung auch zur Anfechtbarkeit ihrer Entlastung führt, schließt sich an obige Feststellung nunmehr die Beantwortung der zweiten Frage, nämlich die nach der Eindeutigkeit und der Schwere des Gesetzesverstoßes, an. Schwierigkeiten bereitet allerdings die Wahl des richtigen Beurteilungsmaßstabes: Fraglich ist, ob die Eindeutigkeit und der Grad der in der Verletzung von § 161 AktG liegenden Rechtswidrigkeit des Verwaltungshandelns losgelöst vom Inhalt des DCGK beurteilt werden soll oder ob stattdessen auf den Inhalt derjenigen Kodex-Empfehlung, von der ohne entsprechende Erklärung abgewichen wird, abgestellt werden muss.

(a) Berücksichtigung der Bedeutung der Kodex-Empfehlung

Der BGH hat sich für letztgenannte Vorgehensweise entschieden, indem er die Anfechtbarkeit des Entlastungsbeschlusses wegen Verstoßes gegen § 161 AktG nur dann bejaht, wenn die Entsprechenserklärung „in einem wesentlichen Punkt“[442] unrichtig ist. Unter verfassungsrechtlichen Gesichtspunkten erscheint dies zumindest erörterungswürdig; denn die verfassungsrechtliche Unbedenklichkeit des Miteinanders von Kodex und Entsprechenserklärung resultiert allein aus der strikten Trennung von unverbindlichen Kodex-Empfehlungen einerseits und der gesetzlich angeordneten bloßen Erklärungspflicht andererseits[443]. Obgleich auch die Empfehlungen des DCGK im Ergebnis dem Bereich staatlichen Handelns zuzuordnen sind, so darf nicht verkannt werden, dass der Staat mangels Mitwirkung in der Kodex-Kommission keine Möglichkeit hat, auf ihre Ausarbeitung unmittelbaren Einfluss zu nehmen[444]. Durch den in der höchstrichterlichen Rechtsprechung vorgenommenen Rückgriff auf den Inhalt der Kodex-Empfehlungen zur Bestimmung der Schwere des Gesetzesverstoßes wird nun erstmals die gebotene Trennung beider Regulierungsebenen aufgehoben und die Einhaltung von Kodex-Empfehlungen einer gerichtlichen Kontrolle unterworfen[445].

Verfassungsrechtlich absolut unbedenklich[446] wäre es hingegen, sich für die Beurteilung der Eindeutigkeit und der Schwere des Gesetzesverstoßes vom Inhalt derjenigen Empfehlung, von der ohne diesbezügliche Verlautbarung unterjährig abgewichen

---

442 BGHZ 180, S. 9 (19).

443 Siehe oben unter A. I. 5. und A. II. 2.

444 Anders bei der Rechtmäßigkeitskontrolle vor Veröffentlichung des Kodex im elektronischen Bundesanzeiger, siehe oben unter A. I. 5. a).

445 *Arens* und *Petersen* halten das Abstellen auf die Bedeutung der einzelnen Kodex-Empfehlungen durch den BGH sogar für verfassungsrechtlich unzulässig, da diesen damit mittelbare Gesetzeswirkung zugesprochen werde, Der Konzern 2011, S. 197 (205).

446 Auf die Frage, ob obige verfassungsrechtliche Kritik überhaupt verfängt, wird nachfolgend noch einzugehen sein.

wird, zu lösen, und so die Trennung zwischen gesetzlich verankerter Erklärungspflicht einerseits und rechtlich unverbindlichen Verhaltensempfehlungen andererseits aufrecht zu erhalten. In Anbetracht der Tatsache, dass § 161 AktG nicht zwischen den einzelnen Empfehlungen des DCGK differenziert und sich die Erklärung über die Kodex-Befolgung damit ausnahmslos auf alle seine Empfehlungen zu erstrecken hat, erscheint es auf den ersten Blick einleuchtend, schlicht jeden Verstoß gegen § 161 AktG als eindeutig und schwerwiegend i. S. d. „Macrotron"-Rechtsprechung zu qualifizieren und keinerlei weitere Abschichtung vorzunehmen[447]. Nicht geeignet zur Begründung dieser Herangehensweise ist freilich der Hinweis, bereits die Kodex-Kommission habe durch die Klassifizierung bestimmter Verhaltensweisen als Empfehlungen oder Anregungen eine Aussage über die Wichtigkeit bzw. Wesentlichkeit dieses Verhaltens getroffen, infolge derer die Rechtsprechung daran gehindert sei, zwischen den einzelnen Bestimmungen noch weiter zu differenzieren[448]. Zwar bringt die Kommission mit der von ihr vorgenommenen Einordnung in gewisser Weise auch zum Ausdruck, welche Bedeutung einer Verhaltensweise zukommt – wenngleich auch die Klassifikation etwa als Anregung in erster Linie deshalb erfolgt, weil sich der entsprechende Verhaltensstandard, obgleich wünschenswert, in der Praxis bislang noch nicht hinreichend durchgesetzt hat. Dennoch können an diese von der Kodex-Kommission unter Ausschluss des Staates vorgenommene Einteilung aus verfassungsrechtlichen Gründen selbst keine rechtlichen Folgen geknüpft werden[449].

Wenngleich auch obige Lösung im Hinblick auf die Trennung der verschiedenen Regulierungsebenen von Gesetz und Kodex konsequent wäre und zudem keinerlei Rechtsunsicherheiten hinsichtlich der Frage der Anfechtbarkeit von Hauptversammlungsbeschlüssen wegen unrichtiger Entsprechenserklärung aufkommen ließe, so bliebe dabei unberücksichtigt, dass die Erklärungen des DCGK – mögen sie auch wegen § 161 AktG in formeller Hinsicht gleichwertig sein – in materieller Hinsicht durchaus Unterschiede aufweisen: Zunächst enthaltenen viele Kodex-Empfehlungen auslegungsbedürftige bzw. weitreichende Formulierungen, die Rechtsunsicherheiten hinsichtlich der Frage aufkommen lassen, welche Verhaltensweisen oder Maßnahmen seitens der Verwaltung überhaupt erforderlich sind, damit diese Empfehlung für befolgt erklärt werden kann bzw. wann eine Abweichung

447 Diesen Ansatz verfolgend *Spindler*, in: K. Schmidt/Lutter, § 161 Rn. 64.

448 Siehe schon die Nachweise in Fn. 416; in diesem Sinne aber auch *Spindler*, in: K. Schmidt/Lutter, § 161 Rn. 64. Angesichts des derzeitigen Verhältnisses von Kodex-Empfehlungen zu Anregungen – der DCGK i. d. F. vom 15.05.2015 enthält in der Lesart des Berlin Center of Corporate Governance 101 Empfehlungen und lediglich sechs Anregungen – erscheint es ohnehin zweifelhaft, hier noch von einer sorgfältigen und wohlüberlegten Abschichtung durch die Kommission auszugehen. Die mit einer Nummerierung versehene Kodex-Edition i. d. F. vom 24.06.2014 von *v. Werder* ist abrufbar unter http://www.bccg.tu-berlin.de/main/publikationen/Kodex_editiert_2014_FINAL.pdf (zuletzt abgerufen am 07.07.2015).

449 Siehe schon oben unter A. I. 5. So auch *Kleefass*, Entsprechenserklärung, S. 172.

von der für befolgt erklärten Empfehlung vorliegt, die eine umgehende Korrektur der Kodex-Erklärung erforderlich macht. Die Offenheit mancher Formulierungen, ebenso wie die bewusst eingeräumten Ermessensspielräume zu Gunsten des Vorstands oder des Aufsichtsrats, und die daraus resultierenden Probleme sind dabei überwiegend dem Bestreben der Kodex-Kommission geschuldet, Rücksicht auf die Traditionen der dem Kodex unterfallenden Unternehmen zu nehmen und diesen eine individuelle, den speziellen Bedürfnissen der Gesellschaft Rechnung tragende Umsetzung der Empfehlungen des DCGK zu ermöglichen[450]. Wenn aber für die Verwaltungsorgane aufgrund der vagen Formulierung einer Kodex-Empfehlung nicht erkennbar ist, wann sie diese trotz anderslautender Entsprechenserklärung nicht (mehr) befolgen, so erscheint es verfehlt, einen etwaigen Verstoß gegen § 161 AktG per se als eindeutig i. S. v. „Mactrotron“ qualifizieren zu wollen[451].

Zudem erscheinen manche Kodex-Empfehlungen in der Gesamtschau des Kodex-Inhaltes als weniger bedeutungsschwer im Hinblick auf die Investitionsentscheidungen potentieller Anleger, welche die Entsprechenserklärung erleichtern soll, sowie hinsichtlich der unternehmensinterne Vergegenwärtigung der eigenen Praxis der Unternehmensleitung und -kontrolle[452]. Mit der Überarbeitung des DCGK im Rahmen der Kodex-Novelle 2013 hat die Anzahl solch augenfällig wenig bedeutsamer Kodex-Empfehlungen indes spürbar abgenommen; dank der Bemühungen der Kodex-Kommission um eine Verschlankung des Kodex[453] ist beispielsweise die in diesem Zusammenhang immer wieder herangezogene Ziffer 6.8 S. 2 DCGK a. F.[454], nach der die Internetseite der Gesellschaft übersichtlich gegliedert sein soll, entfallen. Dennoch existieren noch immer vereinzelt Empfehlungen, deren Bedeutungsschwere im Hinblick auf die Erklärung gem. § 161 AktG zumindest zweifelhaft ist[455].

---

450 Vgl. *Ringleb*, in: Ringleb/Kremer/Lutter/v. Werder, DCGK, Rn. 654 zu Ziffer 4.2.1 S. 1, 2. HS. DCGK.

451 Vgl. auch OLG Düsseldorf, Urteil vom 05.07.2012 – 6 U 69/11, insoweit abrufbar über juris, Rn. 116 f.; siehe auch *Tröger*, ZHR 175 (2011), S. 746 (778 f.).

452 In diesen Zusammenhang verdient auch die Gesetzesbegründung zu § 161 AktG (BT-Drs. 14/8769, S. 21) Beachtung, der zufolge nicht jede Kodex-Abweichung die Notwendigkeit der Abgabe einer eingeschränkten Positiverklärung begründe, da es auch solche Differenzen zwischen erklärtem und tatsächlichem Umgang mit den Kodex-Empfehlungen gebe, die nicht ins Gewicht fallen, sofern die Empfehlungen im Allgemeinen eingehalten werden würden.

453 Vgl. die Erläuterung der vorgeschlagenen Kodex-Änderungen 2013 durch die Regierungskommission Deutscher Corporate Governance Kodex, S. 1.

454 Siehe *Goette*, in: FS Hüffer, S. 225 235); *Kleefass*, Entsprechenserklärung, S. 172; *Kleindiek*, in: FS Goette, S. 239 (246).

455 Als Beispiel hierfür sei zunächst Ziffer 6.3 DCGK genannt, nach der die Gesellschaft im Rahmen der laufenden Öffentlichkeitsarbeit die Termine der wesentlichen wiederkehrenden Veröffentlichungen (u. a. Geschäftsbericht, Zwischenfinanzberichte) und die Termine der Hauptversammlung, von Bilanzpresse- und Analystenkonferenzen in einem „Finanzkalender“ mit ausreichendem Zeitvorlauf auf der Internetseite der Gesellschaft publizieren soll.

Und wenngleich auch für die Zukunft zu erwarten ist, dass die Kodex-Kommission an ihrem Streben nach einem Kodex, der „nicht mehr Empfehlungen (und Anregungen) enthält als sachlich geboten sind“[456], festhalten wird, so ist dennoch nicht ausgeschlossen, dass künftige Fassungen des DCGK Empfehlungen enthalten werden, die von lediglich untergeordneter Bedeutung erscheinen, weil sie weder für Investitionsentscheidungen maßgeblich sind noch die Debatten in den Verwaltungsorganen über die Qualität ihrer Leitungs- bzw. Überwachungstätigkeit prägen. Wenn jedoch eine bestimmte Kodex-Empfehlung im Hinblick auf Sinn und Zweck der Entsprechenserklärung von bloß untergeordneter Bedeutung ist, so erscheint es nicht angemessen, eine in Bezug auf diese Empfehlung unrichtige Entsprechenserklärung als einen schwerwiegenden Verstoß gegen § 161 AktG zu qualifizieren, der die gravierende Folge der Anfechtbarkeit des Entlastungsbeschlusses auszulösen vermag.

Damit sprechen die besseren Gründe dafür, trotz der fehlenden Differenzierung in § 161 AktG nicht jeden Verstoß gegen die Verpflichtung von Vorstand und Aufsichtsrat zur Abgabe einer wahrheitsgemäßen Entsprechenserklärung als eindeutig und schwerwiegend anzusehen, sondern für die Frage nach dem Vorliegen eines den „Mactrotron“-Anforderungen genügenden Gesetzesverstoßes diejenige Kodex-Empfehlung, von der ohne entsprechende Offenlegung abgewichen wird, mit in den Blick zu nehmen. Die Rechtsprechung des BGH in Sachen „Kirch ./. Deutsche Bank“, der zufolge die aus der unterlassenen Offenlegung resultierende Fehlinformation einen wesentlichen Aspekt der Entsprechenserklärung ausmachen muss, verdient in diesem Punkt daher uneingeschränkte Zustimmung.

Dieser Art der Herangehensweise erweist sich – um auf die bereits erwähnten Bedenken zurückzukommen – schließlich auch nicht als verfassungsrechtlich unzulässig, denn Anknüpfungspunkt für die Sanktionierung einer unrichtigen Entsprechenserklärung ist und bleibt der Verstoß gegen § 161 AktG selbst. Die Annahme, die Rechtsprechung des BGH billige den Kodex-Empfehlungen mittelbar Gesetzeskraft zu, geht insoweit fehl. Denn wenngleich auch die Einhaltung der Empfehlungen nunmehr einer gerichtlichen Kontrolle unterzogen werden kann, so hängt die Rechtmäßigkeit des Verwaltungshandelns nur mittelbar von der Befolgung des DCGK ab: Vorstand und Aufsichtsrat handeln offenkundig nicht bereits dann entgegen Gesetz oder Satzung, wenn sie eine bestimmte Kodex-Empfehlung nicht umsetzen, sondern erst dann, wenn diese Nichtumsetzung nicht im Rahmen der Entsprechenserklärung öffentlich gemacht wird. Damit wird die rechtliche Unverbindlichkeit der Empfehlungen des DCGK gewahrt, ihre Befolgung wird nicht per se verpflichtend. Sanktioniert wird die Nichtbefolgung nur in dem Fall, in denen die Verwaltungsorgane eine anderslautende Absicht kundgetan haben, wobei sich der Vorwurf rechtswidrigen Verwaltungshandelns dabei ausschließlich auf die Aufrechterhaltung der ursprünglichen Verlautbarung gründet[457].

456 Erläuterung der vorgeschlagenen Kodex-Änderungen 2013 durch die Regierungskommission Deutscher Corporate Governance Kodex, S. 1.

457 So auch *Kleefass*, Entsprechenserklärung, S. 161 f.

(b) Rückgriff auf gesetzliche Wertungen zur Bemessung der Bedeutung einer Kodex-Empfehlung

Nachdem herausgearbeitet wurde, dass es für die Beurteilung der Eindeutigkeit und der Schwere eines Verstoßes gegen § 161 AktG eines Blickes auf diejenige Kodex-Empfehlung, von der ohne entsprechende Offenlegung abgewichen wird, dergestalt bedarf, dass die hieraus resultierende Fehlinformation einen wesentlichen Punkt der Entsprechenserklärung ausmachen muss, stellt sich nunmehr die Frage, welche Kriterien grundsätzlich zur Beurteilung der Wesentlichkeit einer Kodex-Empfehlung bzw. der auf sie bezogenen Fehlinformation herangezogen werden sollen.

Auf den ersten Blick überraschen mag in diesem Zusammenhang ein Rückgriff auf spezielle gesetzliche Wertungen des Aktien- oder Handelsrechts[458]; denn Merkmal der Kodex-Empfehlungen ist es ja gerade, dass sie den Verwaltungsorganen Verhaltensweisen nahe legen, welche zwar der gelebten Unternehmenspraxis entsprechen, aber bislang (noch) keinen Eingang ins Gesetz gefunden haben. Manche DCGK-Empfehlungen stehen allerdings im Zusammenhang mit gesetzlichen Verpflichtungen und greifen sie auf oder konkretisieren sie[459]; in einem solchen Fall erweist sich der Blick auf die entsprechende gesetzliche Regelung als äußerst aufschlussreich und vermag einen Anhaltspunkt für die Bedeutung der entsprechenden Kodex-Empfehlung zu liefern.

Der BGH hat sich in seiner „Umschreibungsstopp"-Entscheidung indes dazu entschieden, zum Zwecke der Abgrenzung bloßer Formalverstöße einen Rückgriff

---

458 Einen solchen befürwortend *Arens/Petersen*, Der Konzern 2011, S. 197 (205), wobei unklar bleibt, auf welche gesetzlichen Wertungen zurückgegriffen werden soll; denn der Vorschlag, die Strafvorschrift des § 331 Nr. 1 HGB insoweit in den Blick zu nehmen (S. 206), erweist sich als wenig zielführend, da durch sie – i. V. m. §§ 264, 289, 289a HGB i. V. m. § 161 AktG – lediglich die vorsätzliche Abgabe einer unrichtigen Entsprechenserklärung strafbewehrt wäre, wobei zum einen die Feststellung eines entsprechenden Vorsatzes i. d. R. schwerfalle dürfte – vgl. die Ausführungen des KG Berlin, NZG 2008, S. 788 (789) (Vorinstanz „Umschreibungsstopp") –, zum anderen die Entsprechenserklärung aber auch bereits bei ihrer Aufnahme in den Lagebericht über die Erklärung zur Unternehmensführung nach § 289a HGB unrichtig sein müsste, wie *Arens* und *Petersen* an anderer Stelle (S. 201) selbst feststellen müssen. Zudem erscheint zweifelhaft, ob durch eine unrichtige Entsprechenserklärung überhaupt die „Verhältnisse" der Gesellschaft unrichtig wiedergegeben oder verschleiert werden, ist doch § 331 Nr. 1 HGB aus verfassungsrechtlichen Gründen immerhin restriktiv auszulegen, sodass für eine Strafbarkeit solche Umstände unrichtig wiedergegeben werden müssen, die für die Beurteilung der wirtschaftlichen Situation der Gesellschaft relevant sind, siehe *Quedenfeld*, in: MünchKommHGB, § 331 Rn. 48. Zu der Erklärung zur Unternehmensführung nach § 289a HGB bereits unter C. II. 3. B) sowie nachfolgend unter C. III. 5. b) bb).

459 Als Beispiel hierfür sei vorab Ziffer 4.2.1 S. 2 DCGK genannt, der zufolge sich der Vorstand eine Geschäftsordnung geben soll, und die im Zusammenspiel mit § 289a Abs. 2 Nr. 3 HGB zu sehen ist. Dazu ausführlich unter C. III. 6. c) bb).

auf die „Wertung in § 243 Abs. 4 S. 1 AktG“ vorzunehmen, da Ziffer 5.5.3 S. 1 DCGK, deren Verletzung in Rede stand, die Information der Aktionäre über die Existenz und die Behandlung von Interessenkonflikten im Aufsichtsrat empfiehlt und die Unrichtigkeit der Entsprechenserklärung daher ggf. auf einer Informationspflichtverletzung beruhe[460]. Nachdem sich das Gericht zuvor eindeutig im Sinne der „Mactrotron“-Rechtsprechung positioniert hatte[461], sind diese Überlegungen freilich überraschend; denn mit der Hinzuziehung der gesetzlichen Kodifikation des Relevanzerfordernisses als bewusst „einschränkende Präzisierung“[462] der bisherigen Rechtsprechung löst sich das Gericht von seiner bisherigen dogmatischen Begründung und vermengt die Kategorien von Inhalts- und Verfahrensfehlern. Bei Bejahung eines Inhaltsfehlers eines Hauptversammlungsbeschlusses verbieten sich an sich Relevanzerwägungen; die Frage, ob sich der Fehler auf das Zustandekommen des Beschlusses ausgewirkt hat, stellt sich insoweit nicht.

Nun ist allerdings das richterliche Eingehen auf Relevanzgesichtspunkte trotz Abstellens auf einen eindeutigen und schwerwiegenden Gesetzes bzw. Satzungsverstoß in Sachen „Umschreibungsstopp“ kein Novum in der höchstrichterlichen Rechtsprechung[463]. Diese Vermengung der Fehlerkategorien mag dabei der Tatsache geschuldet sein, dass die Rechtsprechung in Fällen wie dem vorliegenden, in denen der Gesetzesverstoß durch die Verwaltung in einer Verletzung von Informationspflichten liegt – wobei freilich noch zu klären ist, worin vorliegend überhaupt die Informationspflichtverletzung zu sehen ist –, eine bemerkenswerte Inkonsistenz hinsichtlich der Klassifizierung dieses Verstoßes als Inhalts- oder Verfahrensfehler aufweist[464]: So lag der „Macrotron“-Entscheidung ein Verstoß gegen die Berichtspflicht aus § 314 Abs. 2 S. 1 (i. V. m. § 171 Abs. 2 AktG) und damit der Sache nach eine Informationspflichtverletzung zugrunde, was das Gericht jedoch nicht davon abhielt, bereits die inhaltliche Fehlerhaftigkeit des Entlastungsbeschlusses zu bejahen. Im Falle des mangelhaften bzw. fehlenden Abhängigkeitsberichts nach § 312 AktG selbst soll der Entlastungsbeschluss hingegen mit einem Verfahrensfehler behaftet sein[465]. Gleiches gilt im Falle sonstiger Mängel des Aufsichtsratsberichts gem. § 172 Abs. 2 AktG[466].

Schließlich bewirkt auch die Kombination der Voraussetzungen für die Anfechtbarkeit eines Entlastungsbeschlusses wegen inhaltlicher Fehlerhaftigkeit mit denen

---

460 BGHZ 182, S. 272 (281).

461 BGHZ 182, S. 272 (281): „Da nur eindeutige und schwerwiegende Gesetzesverstöße die Entlastungsentscheidung anfechtbar machen (Senat, BGHZ 153, 47, 51), muss der in der unrichtigen Entsprechenserklärung liegende Verstoß über einen bloßen Formalverstoß hinausgehen und auch im konkreten Einzelfall Gewicht haben.“

462 Vgl. die Erläuterung des damaligen Vorsitzenden des II. Zivilsenates *Goette*, in: Gesellschaftsrecht in der Diskussion 2009, S. 1 (45).

463 Vgl. BGH NZG 2008, S. 309 (310).

464 Vgl. *Decher*, in: FS Hopt, S. 499 (505 f.).

465 Vgl. OLG Düsseldorf NZG 2000, S. 314 (315).

466 BGH NZG 2010, S. 943 (945).

der Anfechtbarkeit wegen eines Verfahrensfehlers durch den BGH in Sachen „Umschreibungsstopp“ keine Erhöhung der auf dem Weg zu einer erfolgreichen Anfechtungsklage liegenden Hürden; die gerichtlichen Ausführungen dürfen insoweit nicht missverstanden werden: Der BGH kumuliert nicht etwa die Anfechtungsvoraussetzungen von Inhalts- und Verfahrensfehlern dergestalt, dass ein in einer unrichtigen Entsprechenserklärung liegender eindeutiger und schwerwiegender Gesetzesverstoß zusätzlich – i. S. v. erschwerend – auch noch von Bedeutung für die sachgerechte Wahrnehmung von Teilnahme- und Mitwirkungsrechten durch einen objektiv urteilenden Aktionär sein muss[467]. Vielmehr nutzt der BGH lediglich die dem § 243 Abs. 4 AktG innewohnende Wertung zur Bestimmung der Schwere des Verstoßes gegen § 161 AktG. Diese Vorgehensweise bringt zugleich die Möglichkeit mit sich, auch solche Fälle angemessen zu entscheiden, in denen die gravierende Rechtsfolge der Anfechtbarkeit eines Entlastungsbeschlusses infolge unrichtiger Kodex-Erklärung angesichts des Wissens- und Informationsstandes der Aktionäre schlicht außer Verhältnis zu stehen scheint.

In der Gesamtschau erscheint daher der Rückgriff auf die Wertungen des § 243 Abs. 4 S. 1 AktG zur Bemessung der Bedeutung einer Kodex-Empfehlung im Grundsatz nicht verfehlt, trägt er doch vor allem dem Umstand Rechnung, dass die Hinzuziehung spezieller gesetzlicher Wertungen nur in Einzelfällen in Betracht kommt. An der grundsätzlichen Einordnung eines Verstoßes gegen § 161 AktG ändert die Hinzuziehung des Relevanzgedanken indes nichts.

(c) Fehlerhafte Wahl des Anknüpfungspunkts für Relevanzerwägungen durch den BGH

Wenngleich auch die Hinzuziehung der Wertungen des § 243 Abs. 4 S. 1 AktG im Grundsatz nicht zu beanstanden ist, vermag die vom BGH getroffene Wahl des Anknüpfungspunkts hierfür nicht zu überzeugen. Der höchstrichterlichen Rechtsprechung zufolge sollen Relevanzerwägungen nämlich (erst) dann zum Tragen kommen, wenn diejenige Kodex-Empfehlung, von der ohne entsprechende Offenlegung anfänglich oder nachträglich abgewichen wird, selbst die Erteilung bestimmter Information vorsieht (wie z. B. Ziffer 5.5.3 S. 1 DCGK hinsichtlich der im Aufsichtsrat aufgetretenen Interessenkonflikte und deren Behandlung). Danach liegt ein anfechtungsbegründender Informationsmangel i. S. e. schwerwiegenden Gesetzesverstoßes (nur dann) vor, wenn eine vom Kodex empfohlene, tatsächlich aber unterbliebene Information aus Sicht eines objektiv urteilenden Aktionärs grundsätzlich Voraussetzung für eine sachgerechte Entscheidung über die Entlastung der Verwaltung ist, und die Aktionäre im konkreten Fall auch keine anderweitige Kenntnis von der unterbliebenen Information haben.

Dabei lässt der BGH unbeachtet, dass es sich im Falle einer vom DCGK empfohlenen Informationserteilung, zu der sich die Verwaltungsorgane über die ihre

467 AA *Woitzyk*, Anfechtung, S. 77.

Entsprechenserklärung zunächst bereit erklärt, sie sodann aber unterlassen haben, nicht um einen Informationsmangel i. S. d. § 243 Abs. 4 S. 1 AktG handelt; denn diese Vorschrift findet nur dann Anwendung, wenn der Informationsmangel als Gesetzesverletzung (in Gestalt eines Verfahrensfehlers) einen Anfechtungsgrund i. S. d. § 243 Abs. 1 AktG darstellt; § 243 Abs. 4 S. 1 AktG normiert gerade keinen selbständigen Anfechtungstatbestand[468]. Der Verstoß gegen eine Empfehlung des DCGK selbst scheidet wegen der fehlenden Gesetzeskraft unzweifelhaft als Anfechtungsgrund aus. Aber auch über eine uneingeschränkte Positiverklärung nach § 161 AktG wird aus der vom Kodex empfohlenen Informationserteilung keine entsprechende Pflicht; das zuständige Verwaltungsorgan kann weiterhin jederzeit von seiner ursprünglichen Absicht bzgl. der Informationsgewährung abrücken, muss dies dann aber im Rahmen einer aktualisierten Kodex-Erklärung offen legen. Unterlässt es dies, so liegt hierin ein Verstoß gegen die gesetzliche Pflicht zur Abgabe bzw. Aufrechterhaltung einer wahrheitsgemäßen Erklärung über die Befolgung der Empfehlungen des DCGK, welcher zu einem diesbezüglichen Informationsmangel auf Seiten der Aktionäre führt. Allein diese Verletzung einer gesetzlichen Informationspflicht in Gestalt von § 161 AktG kann im Rahmen des § 243 Abs. 4 S. 1 AktG maßgeblich sein; die Frage, welche besonderen Umstände der Kodex darüber hinaus als berichtswürdig einstuft, und welche Bedeutung diesem Bericht für die Entlastungsentscheidung der Anteilseigner zukommt, ist nach hier vertretener Auffassung demgegenüber ohne Belang[469].

Aufgrund der hier vorgenommenen Vorverlagerung des Anknüpfungspunkts hinsichtlich der Zuhilfenahme der Wertungen des § 243 Abs. 4 S. 1 AktG kommt es für die Beurteilung der Eindeutigkeit und der Schwere des Verstoßes gegen § 161 AktG darauf an, ob ein objektiv urteilender Aktionär die wahrheitsgemäße Information über die Befolgung oder Nichtbefolgung einer bestimmten Kodex-Empfehlung als Voraussetzung für eine sachgerechte Entscheidung über die Entlastung der Verwaltung ansieht[470]. Entscheidend kann dabei lediglich die Relevanz der Information für die Beurteilung der Zweckmäßigkeit des Verwaltungshandelns sein; für die Frage, ob sich Vorstand und Aufsichtsrat im Entlastungszeitraum auch im Großen und Ganzen gesetz- und satzungsmäßig verhalten haben, ist die Befolgung der Empfehlungen des DCGK hingegen ohne Bedeutung[471]. Keinesfalls darf insoweit davon ausgegangen werden, dass bereits die Nichtumsetzung einer Kodex-Empfehlung der Zweckmäßigkeit des Verwaltungshandelns entgegen steht; für manch ein Unternehmen mag die Nichtbefolgung bestimmter Empfehlungen

468 *Hüffer*, AktG, § 243 Rn. 45. Vgl. auch *Hommelhoff/Schwab*, in: Hommelhoff/Hopt/v. Werder, Hdb. Corporate Governance, S. 71 (97); *Kleefass*, Entsprechenserklärung, S. 170.

469 Ebenso *Kleefass*, Entsprechenserklärung, S. 168; *Kleindiek*, in: FS Goette, S. 239 (245); *Tröger*, ZHR 175 (2011), S. 746 (777); *Woitzyk*, Anfechtung, S. 116.

470 So auch *Hommelhoff/Schwab*, in: Hommelhoff/Hopt/v. Werder, Hdb. Corporate Governance, S. 71 (97).

471 Siehe schon oben unter C. II. 3. b) cc).

sogar im Unternehmensinteresse liegen – diesem Umstand trägt schließlich auch die Verankerung der „Abweichungskultur" in der Präambel des DCGK Rechnung. Die von den Aktionären zu treffende Entscheidung, ob die Umsetzung oder Nichtumsetzung einer Empfehlung im Unternehmensinteresse liegt und damit zweckmäßig ist, hängt jedoch entscheidend von ihrer wahrheitsgemäßen Information durch die Verwaltung ab. Die grundsätzliche Relevanz einer zutreffenden Information über den Umgang der Gesellschaft mit den Empfehlungen des DCGK für die von den Aktionären zu treffende Zweckmäßigkeitsentscheidung als Komponente der Entlastungsentscheidung ist nur dann ausnahmsweise zu verneinen, wenn die Befolgung oder Nichtbefolgung einer bestimmten Kodex-Empfehlung schlechthin kein Maßstab für die Zweckmäßigkeit des Verwaltungshandelns ist[472].

Die hier vorgenommene Verlagerung des Anknüpfungspunkts hat selbstverständlich auch Auswirkungen auf die Frage, welche anderweitigen Kenntnisse der Aktionäre vorliegen müssen, damit die Relevanz der unterbliebenen Information im Einzelfall entfallen kann. Aus Sicht der höchstrichterlichen Rechtsprechung ist es ausreichend, wenn die Aktionäre von demjenigen Umstand, über den entgegen einer für befolgt erklärten Kodex-Empfehlung nicht berichtet wurde, anderweitig informiert sind. Nach hier vertretener Auffassung kommt es jedoch nicht nur darauf an, dass die Aktionäre Kenntnis von der tatsächlichen Corporate Governance-Praxis haben[473]. Erforderlich ist darüber hinaus, dass die Aktionäre – wie von § 161 AktG vorgesehen – die Gründe für die Nichtumsetzung der entsprechenden Kodex-Empfehlung kennen. Denn anderenfalls können sie überhaupt nicht beurteilen, ob die Nichtbefolgung des DCGK in diesem Punkt zweckmäßig ist. Da dieses Wissen von den Aktionären in praxi nicht erlangt werden kann, folgt aus der hier vertretenen These von der Notwendigkeit eines anderweitigen Anknüpfungspunkts für die Wertungen des § 243 Abs. 4 AktG eine deutliche Ausweitung der Anfechtungsmöglichkeiten. Wenngleich sich auch dieses Ergebnis konträr zu dem Streben des BGH nach einer „einschränkenden Präzisierung"[474] der bisherigen „Kirch ./. Deutsche Bank"-Rechtsprechung verhält, so ist es nun einmal die unausweichliche Folge des Abstellens auf § 161 AktG als der im Rahmen des § 243 Abs. 4 AktG

472 In diesem Zusammenhang sei nochmals die (inzwischen allerdings gestrichene) Empfehlung zur übersichtlichen Gliederung der Internetseite der Gesellschaft nach Ziffer 6.8 S. 2 DCGK a. F. genannt: Aus Sicht eines objektiv urteilenden Aktionärs dürfte die Zweckmäßigkeit der Leitungstätigkeit des Vorstands nicht von der Befolgung dieser Empfehlung abhängen, sodass diesbezügliche Fehlinformationen einer sachgerechte Entscheidung über die Entlastung nicht entgegen stehen würden.

473 Insoweit liegt aber keine Erschwernis gegenüber der höchstrichterlichen Rechtsprechung vor, denn die Aktionäre, die über einen Umstand informiert sind, der von der Verwaltung entgegen der für befolgt erklärten Kodex-Empfehlung nicht mitgeteilt wurde, wissen zugleich, dass die bislang verlautbarte Befolgungsabsicht offenkundig nicht mehr zutrifft.

474 *Goette*, in: Gesellschaftsrecht in der Diskussion 2009, S. 1 (45).

erforderlichen gesetzlichen Informationspflicht. Der Versuch der Rechtsprechung, einen ausufernden Gebrauch des Anfechtungsklagerechts zu verhindern[475], ist zwar nachvollziehbar; er darf jedoch nicht zu einer Verlagerung des der Verwaltung zu machenden Vorwurfs weg von der Aufrechterhaltung einer wahrheitswidrigen Entsprechenserklärung hin zu der Nichtumsetzung einer gänzlich freiwilligen Kodex-Empfehlung führen.

(d) Zwischenergebnis

Die Frage, ob ein Verstoß gegen § 161 AktG so eindeutig und schwerwiegend ist, dass die erfolgte Billigung der Verwaltungstätigkeit als im Großen und Ganzen gesetz- und satzungsmäßig inhaltlich unzutreffend ist und der Entlastungsbeschluss daher mit Erfolg wegen Vorliegens eines Inhaltsfehlers angefochten werden kann, ist mit Blick auf diejenige Kodex-Empfehlung, von der ohne entsprechende Offenlegung abgewichen wird, zu beantworten; diese muss einen wesentlichen Punkt der Entsprechenserklärung ausmachen. Die Bedeutung dieser Kodex-Empfehlung, d. h. die Beurteilung der Wesentlichkeit, ist dabei anhand gesetzlicher Wertungen, insbesondere der dem § 243 Abs. 4 S. 1 AktG innewohnenden, zu bemessen, wobei allerdings der vom BGH gewählte Anknüpfungspunkt für die Relevanzerwägungen nicht überzeugt. Nach hier vertretener Auffassung kommt es insoweit bereits auf das durch eine unrichtige Entsprechenserklärung begründete Informationsdefizit über den tatsächlichen Umgang der Verwaltungsorgane mit den Empfehlungen des DCGK an, und nicht erst auf eine etwaige vom Kodex vorgesehene Information, welche trotz anderslautender Erklärung tatsächlich nicht erteilt wurde.

(3) Keine Berücksichtigung von Pflichtverletzungen außerhalb des Entlastungszeitraums

Wenn nur eine in einem wesentlichen Punkt materiell unrichtige Entsprechenserklärung zur inhaltlichen Fehlerhaftigkeit des Entlastungsbeschlusses führt, da sich die Verwaltung mit dem in der unrichtigen Erklärung liegenden Verstoß gegen § 161 AktG nicht gesetzeskonform verhalten hat, so muss dieser Gesetzesverstoß aber auch im Entlastungszeitraum stattgefunden haben. Insofern gilt es, sich die tatsächlichen Geschehensabläufe in den beiden vom BGH entschiedenen Fällen noch einmal vor Augen zu führen. Im Fall „Kirch ./. Deutsche Bank" gaben Vorstand und Aufsichtsrat ihre Entsprechenserklärung im Oktober 2002 ab. Das Interview von Herrn *Dr. Breuer* fand im Februar 2002 statt, im Mai 2002 wechselte dieser in den Aufsichtsrat der *Deutschen Bank AG* und die Schadensersatzklage gegen die Gesellschaft wurde im Sommer 2002 erhoben. Der Bericht des Aufsichtsrats an die Hauptversammlung stammte aus dem März 2003, die Hauptversammlung fand am 10.06.2003 statt. Im Fall „Umschreibungsstopp" fand die Beschlussfassung des Aufsichtsrats der *Axel Springer AG* über die geplante Übernahme im Sommer 2005 statt,

475 Dazu sogleich unter G.

die Entsprechenserklärung wurde vom Dezember 2005 abgegeben. Der Bericht an die Hauptversammlung datierte auf den 07.03.2006, die Hauptversammlung wurde am 27.04.2006 abgehalten. In beiden Fällen lag der Interessenkonflikt, über den nach der jeweils für befolgt erklärten Ziffer 5.5.3 S. 1 DCGK hätte informiert werden müssen, damit bereits im Entlastungszeitraum 2002 bzw. 2005 vor.

Auf den Zeitpunkt des Auftretens des Interessenkonflikts kann es indes aber unter keinem Gesichtspunkt ankommen; denn die bloße Vereinigung widerstreitender Interessen in der Person eines Aufsichtsratsmitglieds während seiner Amtszeit an sich wird nicht rechtlich sanktioniert. Auch das Unterlassen der entsprechenden Information im Bericht des Aufsichtsrats nach § 171 Abs. 2 AktG kann nicht mit Rechtsfolgen belegt werden, da es sich bei dieser nicht um eine Information handelt, die (unmittelbar) qua Gesetz erteilt werden müsste. Stattdessen kann einzig und allein derjenige Zeitpunkt entscheidend sein, in dem eine unrichtige Entsprechenserklärung vorliegt. Hätten in den beiden konkreten Fällen Vorstand und Aufsichtsrat bereits bei Abgabe der Kodex-Erklärungen tatsächlich an nicht die Absicht gehabt, in ihren Berichten an die Hauptversammlung über den jeweils aufgetretenen Interessenkonflikt und seine Behandlung zu informieren, so wäre ihre diesbezügliche Positiverklärung von Anfang an unrichtig gewesen. Diese anfängliche Unrichtigkeit hätte dann bereits im Oktober 2002 bzw. Dezember 2005 vorgelegen und damit im jeweiligen Entlastungszeitraum des Geschäftsjahres 2002 bzw. 2005. Eine anfängliche Unrichtigkeit der Entsprechenserklärung, mithin die vorsätzliche Abgabe einer inhaltlich von Anfang an unzutreffenden Erklärung, konnten die Gerichte in beiden Fällen indes aber nicht feststellen[476]; der entsprechende Nachweis dürfte auch generell schwierig zu führen sein.

Mit seiner Entscheidung, dass auch eine nachträglich unrichtig und nicht umgehend korrigierte Kodex-Erklärung einen Verstoß gegen § 161 AktG darstellt, hat der BGH nicht nur Sinn und Zweck der Entsprechenserklärung Rechnung getragen, sondern zugleich auch obige Beweisproblematik grundsätzlich entschärft. Im konkreten Fall unberücksichtigt geblieben ist jedoch der Umstand, dass sowohl die Entsprechenserklärung der *Deutschen Bank AG* als auch die der *Axel Springer AG* in Bezug auf Ziffer 5.5.3 S. 1 DCGK erst in dem Moment nachweislich (!) unrichtig geworden sind, als der Bericht des Aufsichtsrats aus dem März 2003 bzw. 2006 eine Information über den aufgetretenen Interessenkonflikt entgegen der erklärten Befolgungsabsicht nicht enthielt. Der Wortlaut der Kodex-Empfehlung ist insoweit eindeutig: Über aufgetretene Interessenkonflikte und deren Behandlung muss – eine entsprechende Befolgungserklärung vorausgesetzt – erst und ausschließlich in dem vom Aufsichtsrat gem. § 171 Abs. 2 AktG zu erstattenden Bericht informiert werden.

476 Vgl. insoweit die Ausführungen des KG Berlin als Vorinstanz zu „Umschreibungsstopp“, NZG 2008, S. 788 (789). Sofern dieser Nachweis jedoch gelingen sollte, liegt der Verstoß gegen § 161 AktG dann selbstverständlich innerhalb des Entlastungszeitraumes und führt zweifelsohne zur Anfechtbarkeit des entsprechenden Beschlusses.

Eine zeitnahe Information der Aktionäre unmittelbar nach Auftreten eines Interessenkonflikts ist von Ziffer 5.5.3 S. 1 DCGK hingegen nicht vorgesehen. Kommt der Aufsichtsrat erst bei Abfassung seines Berichts an die Hauptversammlung überein, Ziffer 5.5.3 S. 1 DCGK entgegen seiner bisher verlautbarten Absicht doch nicht umzusetzen, so hat er die bisherige Entsprechenserklärung umgehend – in den vom BGH entschiedenen Fällen also im März 2003 bzw. 2006 – zu aktualisieren[477]. Der in dem Unterlassen der gebotenen Aktualisierung liegende Verstoß gegen § 161 AktG liegt damit jedoch außerhalb des Entlastungszeitraums, für den die Aktionäre die Gesetzeskonformität des Verwaltungshandelns zu beurteilen haben, und kann daher auch nicht die inhaltliche Fehlerhaftigkeit des Entlastungsbeschlusses begründen. Da Verstöße gegen § 161 AktG im Zusammenhang mit Ziffer 5.5.3 S. 1 DCGK in der Regel nur außerhalb des Entlastungszeitraumes vorliegen bzw. nachweisbar sind, kann diese Empfehlung grundsätzlich nicht zur Begründung eines Inhaltsfehlers derjenigen Entlastungsentscheidung herangezogen werden, die das Geschäftsjahr betrifft, in dem der fragliche Interessenkonflikt aufgetreten ist[478]. Selbstverständlich aber kann ein Verstoß gegen § 161 AktG i. V. m. Ziffer 5.5.3 S. 1 DCGK einen Inhaltsfehler des darauf folgenden Entlastungsbeschlusses – der sich auf den Zeitraum bezieht, in dem der Aufsichtsrat die Hauptversammlung über den aufgetretenen Interessenkonflikt und seine Behandlung hätte informieren müssen – begründen[479].

Auch wenn Ziffer 5.5.3 S. 1 DCGK nach hier vertretener Auffassung nicht herangezogen werden kann, um die Entlastungserteilung für dasjenige Geschäftsjahr, in dem ein Interessenkonflikt aufgetreten ist, wegen Vorliegens eines Inhaltsfehlers

---

477 Gleiches würde selbstverständlich gelten, wenn – anders als in den vom BGH entschiedenen Fällen – erst nach Abgabe einer in Bezug auf Ziffer 5.5.3 S. 1 DDCGK positiven Entsprechenserklärung ein Interessenkonflikt auftreten und sich der Aufsichtsrat entschließen würde, diesen doch nicht gegenüber der Hauptversammlung offen zu legen. Hinsichtlich des genauen Zeitpunkts des Absichtswechsels würden sich allerdings wieder die bereits bekannten Beweisschwierigkeiten ergeben.

478 Diese Problematik betrifft an sich auch die Ziffern 2.3.2, 5.4.1 Abs. 3 S. 1 und Abs. 5, 5.4.2, 5.4.3 S. 1, 5.4.4 S. 2, 5.4.6 Abs. 1, 5.4.7, 7.1.2 S. 4, 1. HS., 7.2.1 und 7.2.3 Abs. 2 DCGK. Ob diese aber überhaupt geeignet sind, i. V. m. § 161 AktG die Anfechtbarkeit irgendeines Entlastungsbeschlusses zu begründen, ist freilich eine andere Frage. Zur Anfechtungsrelevanz ausführlich unter C. III. 6.

479 Damit kommt es – entgegen der von *Kleindiek*, in: FS Goette, S. 239 (248) geäußerten Befürchtung – durch das alleinige Abstellen auf den Zeitpunkt des Verstoßes gegen § 161 AktG auch nicht zu einer unterschiedlichen Beurteilung von anfänglicher und nachträglicher Unrichtigkeit der Entsprechenserklärung; auch diese führt zur Anfechtbarkeit der Entlastungsentscheidung, nur eben zur Anfechtbarkeit jenes Beschlusses, der sich auf das Geschäftsjahr bezieht, in dem auch gegen § 161 AktG verstoßen wurde. Zu der Frage, ob Ziffer 5.5.3 S. 1 DCGK möglicherweise unter dem Gesichtspunkt einer Verfahrensfehlers infolge einer Informationspflichtverletzung Anfechtungsrelevanz für das Geschäftsjahr erhält, in dem der Interessenkonflikt aufgetreten ist, erhält, siehe unter C. III. 5. c) bb) (4).

für anfechtbar zu erklären, so ist die inhaltliche Fehlerhaftigkeit der Entlastungsentscheidungen jedenfalls im Fall „Kirch ./. Deutsche Bank" gleichwohl zu bejahen. Denn Vorstand und Aufsichtsrat hatten auch erklärt, Ziffer 5.5.3 S. 2 DCGK zu befolgen, wonach wesentliche und nicht nur vorübergehende Interessenkonflikte in der Person eines Aufsichtsratsmitglieds zur Beendigung des Mandats führen sollen. Wenngleich auch diese Formulierung grundsätzlich Interpretationsmöglichkeiten hinsichtlich Schwere und Dauer des Interessenkonflikts lässt[480], so ist die Situation in Bezug auf die Person des Herrn *Dr. Breuer* eindeutig: Der Interessenkonflikt, in dem sich dieser als Vorsitzender des Aufsichtsrats eines Unternehmens, dem gegenüber er möglicherweise zur Leistung von Schadensersatz in Millionenhöhe verpflichtet sein könnte, befand, war so gravierend und von anhaltender Dauer, dass das Mandat mit Blick auf Ziffer 5.5.3 S. 2 DCGK spätestens mit Erhebung der Schadensersatzklage gegen die Gesellschaft im Sommer 2002 hätte beendet werden müssen. Dass dies nicht geschehen ist, hätte im Rahmen der im Oktober 2002 abgegebenen Entsprechenserklärung Berücksichtigung finden müssen; diese hätte hinsichtlich Ziffer 5.5.3 S. 2 DCGK eingeschränkt werden müssen. Der in dieser anfänglichen Unrichtigkeit der Entsprechenserklärung liegende Verstoß gegen § 161 AktG liegt im Entlastungszeitraum, sodass die Anfechtungsklage auch nach der hier vertretenen Auffassung auf einen Inhaltsmangel gestützt werden kann[481].

(4) Inhaltliche Fehlerhaftigkeit sowohl der Entlastung des Vorstands als auch der des Aufsichtsrats

Der Umstand, dass der BGH in seinen Entscheidungen „Kirch ./. Deutsche Bank" und „Umschreibungsstopp" sowohl den Beschluss über die Entlastung des Aufsichtsrats als auch den über die Entlastung des Vorstands für anfechtbar erklärt hat, obgleich für die gesellschaftsinterne Umsetzung von Ziffer 5.5.3 S. 1 DCGK, auf der die Unrichtigkeit der Entsprechenserklärung nach Auffassung des Gerichts beruhte,

480 Dazu sogleich unter C. III. 6. d) jj).

481 Da auch Vorstand und Aufsichtsrat der *Axel Springer AG* Ziffer 5.5.3 S. 2 DCGK für befolgt erklärt hatten, könnte die Anfechtbarkeit der Entlastungsbeschlüsse für das Geschäftsjahr 2005 ebenfalls auf einen Inhaltsfehler in Gestalt eines Verstoßes gegen § 161 AktG i. V. m. Ziffer 5.5.3 S. 2 DCGK gestützt werden, sofern denn der wegen der geplanten Übernahme bestehende Interessenkonflikt so wesentlich und dauerhaft war, dass entweder die Beendigung des Mandats des betroffenen Aufsichtsratsmitglieds hätte erfolgen oder aber eine eingeschränkte Entsprechenserklärung hätte abgegeben werden müssen. Über die Schwere des Interessenkonflikts hat der BGH in Sachen „Umschreibungsstopp" indes keine Feststellungen getroffen; für ihn war wegen Ziffer 5.5.3 S. 1 DCGK ausreichend, dass überhaupt ein Interessenkonflikt bestand. Die *Axel Springer AG* hat aber vorgetragen, sie sei davon ausgegangen, dass dem Interessenkonflikt dadurch Rechnung getragen wurde, dass sich das betroffene Aufsichtsratsmitglied bei der Beschlussfassung über die Übernahme im Sommer 2005 enthalten hatte (siehe BGHZ 182, S. 272 (281)). Die Schwere des Interessenkonflikts wäre mithin Tatfrage gewesen.

allein der Aufsichtsrat zuständig ist, überrascht hingegen nur auf den ersten Blick. Denn Anknüpfungspunkt für die Anfechtbarkeit der Entlastungsbeschlüsse ist ausschließlich der Verstoß gegen § 161 AktG, nicht hingegen die Nichtbefolgung einer bestimmten Kodex-Empfehlung. Damit ist jedoch noch nichts darüber gesagt, ob auch beiden Organen im Falle der Aufrechterhaltung einer nicht länger zutreffenden Kodex-Erklärung ein schwerwiegender Rechtsverstoß zur Last gelegt werden kann, der zur erfolgreichen Anfechtung der jeweiligen Entlastung führt.

Für den Fall, dass Vorstand und Aufsichtsrat – wie in den höchstrichterlich entschiedenen Fällen – eine gemeinsame Entsprechenserklärung abgeben, kann nicht ernsthaft bezweifelt werden, dass auch beide Organe die Verantwortung für deren Unrichtigkeit infolge unterlassener unterjähriger Korrektur tragen, sofern sämtliche Organmitglieder den Aktualisierungsbedarf kannten oder fahrlässig nicht kannten[482]. Aber auch für den (praktisch freilich unwahrscheinlichen) Fall, dass Vorstand und Aufsichtsrat ihre jeweiligen Erklärungen nicht zusammenfügen, ist eine Gesamtverantwortlichkeit von Vorstand und Aufsichtsrat für die Richtigkeit der Entsprechenserklärung anzunehmen. Denn für beide Fälle gilt gleichermaßen, dass der Gegenstand der Erklärung nach § 161 AktG keinerlei Einschränkungen erfährt: Vorstand und Aufsichtsrat müssen sich auch zur Befolgung solcher Empfehlungen äußern, für deren Umsetzung sie nicht zuständig sind – unabhängig davon, ob im Außenverhältnis eine gemeinsame oder zwei getrennte Erklärungen existieren[483]. Daher ist es nur konsequent, beiden Organen im Falle der Kenntnis von der Unrichtigkeit der Erklärung auch die Pflicht zur deren Richtigstellung in Bezug auf solche Empfehlungen, deren Adressat sie nicht sind, aufzuerlegen. Ebenso wie aus Gründen der Transparenz und der Vergegenwärtigung der eigenen Unternehmenspraxis eine umfassende Entsprechenserklärung erforderlich ist, erfordern Kommunikations- und Ordnungsfunktion von Kodex und Entsprechenserklärung eine umfassende Pflicht zur Richtigstellung. Entgegen anderslautender Befürchtungen[484] birgt die Annahme einer Gesamtverantwortlichkeit der Verwaltung auch keinen Widerspruch zum aktienrechtlichen Kompetenzgefüge. Ein Verstoß gegen die aktienrechtliche Kompetenzordnung läge nur dann vor, wenn es einem Verwaltungsorgan möglich wäre, das andere mittels der Abgabe der Entsprechenserklärung rechtlich zu binden, d. h. zur Umsetzung einer Kodex-Empfehlung zu zwingen, welche an sich gar nicht umgesetzt werden soll. Hinsichtlich der regulären Erklärungsabgabe lässt sich dieses unerwünschte Ergebnis, wie bereits gesehen, durch Zubilligung einer Entscheidungsprärogative zu Gunsten des für die Umsetzung zuständigen Verwaltungsorgans vermeiden. Im Falle der unterjährigen

482 Überraschend daher die Verwunderung *Lutters*, in: FS Hopt, S. 1025 (1030), über diese höchstrichterliche Aussage, geht dieser doch ansonsten immerhin davon aus, dass Vorstand und Aufsichtsrat im Außenverhältnis zwingend eine gemeinsame Erklärung abgeben müssen, siehe oben unter A. II. 6. a).

483 Siehe oben unter A. II. 7. c).

484 Vgl. *Lutter*, in: FS Hopt, S. 1025 (1030).

Abkehr von der erklärten Corporate Governance-Praxis ist die Situation indes eine vollkommen andere: Eine unterjährige Korrektur-Erklärung erfolgt lediglich als Reaktion auf eine bereits getroffene Entscheidung des zuständigen Organs, eine Kodex-Empfehlung entgegen der anderslautenden Entsprechenserklärung künftig nicht mehr zu befolgen. Eine faktische Bindung durch die unterjährige Aktualisierung der Entsprechenserklärung kommt folglich nicht in Betracht. Auch in dieser Situation gilt es also, Erklärungs- und Entscheidungsebene klar voneinander zu trennen. Vor dem Hintergrund dieser Überlegung lässt sich daher kein überzeugendes Argument gegen eine Gesamtverantwortlichkeit für die Richtigkeit auch von getrennt abgegebenen Entsprechenserklärungen finden. Daher müssen sowohl Vorstand als auch Aufsichtsrat die infolge unterjähriger Änderung der Corporate Governance-Praxis unrichtig gewordene Kodex-Erklärung umgehend korrigieren, sofern ihnen der Aktualisierungsbedarf denn bekannt war.

(5) Ergebnis

Eine Entsprechenserklärung, die in einem wesentlichen Punkt inhaltlich unrichtig ist, stellt einen eindeutigen und schwerwiegenden Verstoß gegen § 161 AktG dar, der zur Anfechtbarkeit des dennoch gefassten Entlastungsbeschlusses wegen inhaltlicher Fehlerhaftigkeit führt. Die Frage, ob die Unrichtigkeit einen wesentlichen oder unwesentlichen Punkt der Kodex-Erklärung betrifft, ist im Hinblick auf die Bedeutung derjenigen Kodex-Empfehlung zu beantworten, von der ohne entsprechende Offenlegung abgewichen wird. Die Beurteilung der Bedeutsamkeit einer Empfehlung des DCGK erfolgt mit Blick auf gesetzliche Wertungen, insbesondere die des § 243 Abs. 4 AktG. Angesichts der Tatsache, dass im Falle einer unrichtigen Entsprechenserklärung als Verstoß gegen § 161 AktG zugleich eine Fehlinformation über den tatsächlichen Stand der Umsetzung der Kodex-Empfehlungen besteht, erscheint dessen Hinzuziehen nicht systemwidrig. Anknüpfungspunkt für eine entsprechende Prüfung muss jedoch stets die Informationsverkürzung im Hinblick auf die Befolgung oder Nichtbefolgung der DCGK-Empfehlungen sein; ob eine solche ihrerseits eine Information vorsieht, ist ohne Bedeutung. Zur Anfechtbarkeit des Entlastungsbeschlusses wegen Vorliegen eines Inhaltsfehlers können indes nur solche Verstöße gegen § 161 AktG führen, die sich auch im Entlastungszeitraum zugetragen haben; ggf. ist daher erst die nachfolgende Entlastungsentscheidung anfechtbar. Aufgrund der umfassenden Erklärungspflicht von Vorstand und Aufsichtsrat trifft beide Organe eine Gesamtverantwortung für die Richtigkeit der Kodex-Erklärung.

bb) Verfahrensfehler in Gestalt einer Informationspflichtverletzung

Sofern sich der Verstoß gegen § 161 AktG etwa nicht im Entlastungszeitraum zugetragen hat, kann die Anfechtung des Entlastungsbeschlusses – ebenso wie im Falle des vollständigen Ausbleibens der Entsprechenserklärung – grundsätzlich auch auf einen Fehler beim Zustandekommen des Beschlusses in Gestalt einer Informationspflichtverletzung gestützt werden; aufgrund des Erfordernisses eines Bezugs des

Informationsdefizits auf den Entlastungszeitraum setzt sich allerdings die bereits erwähnte zeitliche Problematik fort.

(1) Entlastungsbezug der Entsprechenserklärung

Der notwendige verfahrensrechtliche Zusammenhang zwischen der Entsprechenserklärung und der Entscheidung über die Erteilung der Entlastung folgt bereits aus der Einordnung der Kodex-Erklärung als (auch) verbandsrechtliche Informationspflicht, jedenfalls über die Verbindung der Entlastung mit der Rechnungslegung gem. §§ 120 Abs. 3, 175 Abs. 2, 176 AktG i. V. m. § 289a HGB[485].

(2) Defizitäre Information der Aktionäre durch unrichtige Entsprechenserklärung

Im Falle einer unrichtigen Entsprechenserklärung besteht – entgegen der Auffassung des BGH – die defizitäre Information der Aktionäre keinesfalls in der nicht erfolgten, vom DCGK aber vorgesehenen und von Vorstand und Aufsichtsrat im Wege einer uneingeschränkten Entsprechenserklärung zugesagten Unterrichtung über bestimmte Umstände. Entscheidend ist stattdessen die partielle Fehlinformation durch die Verwaltungsorgane der Gesellschaft über die tatsächliche Befolgung oder Nichtbefolgung von Kodex-Empfehlungen; insoweit kann auf die obigen Ausführungen zur Wahl des Anknüpfungspunkts für Relevanzerwägungen verwiesen werden.

Ein (zusätzliches) Abstellen auf eine das Informationsdefizit auf Seiten der Aktionäre begründende Verletzung des § 289a HGB gestaltet sich bei insbesondere bei Vorliegen einer nachträglich inhaltlich unrichtig gewordenen Entsprechenserklärung ungleich schwieriger[486]; denn im Gegensatz zum vollständigen Ausbleiben der Erklärung gem. § 161 AktG schlägt nicht jeder inhaltliche Mangel der Kodex-Erklärung auf die Erklärung zur Unternehmensführung durch. Diese muss als Bestandteil des Lageberichts nur einmal jährlich abgegeben werden und bedarf aufgrund der Stichtagsbezogenheit von Jahresabschluss und Lagebericht keiner unterjährigen Aktualisierung[487]; es handelt sich lediglich um eine Tatsachenfeststellung zum Abschlussstichtag[488]. Dies gilt auch dann, wenn Vorstand und Aufsichtsrat ihre Absicht zur Befolgung der DCGK-Empfehlungen unterjährig ändern. Die Notwendigkeit einer umgehenden Aktualisierung der Entsprechenserklärung erstreckt

485 Siehe oben unter C. II 3. b) aa). Auch hier ist davon auszugehen, dass eine Verletzung von § 131 AktG nicht der speziellere Anfechtungsgrund ist, siehe Fn. 366.

486 Im Gegensatz zu der Situation bei vollständigem Ausbleiben der Entsprechenserklärung, siehe oben unter C. II. 3. b) aa).

487 *Merkt*, in: Baumbach/Hopt, HGB, § 289a Rn. 1; *Grottel/Röhm-Kottmann*, in: Beck'scher Bilanz-Kommentar, § 289a HGB Rn. 16; *Bachmann*, ZIP 2010, S. 1517 (1522); *Böcking/Eibelshäuser*, Der Konzern 2009, S. 563 (563); *Melcher/Mattheus*, DB 2009, Beilage Nr. 5 zu Heft 23, S. 77 (82).

488 *Kocher*, DStR 2010, S. 1034 (1035); *Kruchen*, ZIP 2012, S. 62.

sich in diesem Fall nicht auch auf die Erklärung gem. § 289a HGB. Die Tatsache, dass diese damit unter Umständen nicht mehr die aktuelle Befolgungspraxis der Gesellschaft wiedergibt, resultiert unmittelbar aus ihrem fehlenden Zukunftsbezug und ist – wenngleich sie auch unter Transparenzgründen unerfreulich sein mag[489] – insoweit hinzunehmen. Aus der fehlenden Pflicht zur unterjährigen Aktualisierung der Erklärung zur Unternehmensführung und dem Zusammenspiel mit § 161 AktG ergibt sich für die Richtigkeit der Erklärung gemäß § 289a HGB und ein hierauf gestütztes (eigenständiges) Informationsdefizit Folgendes: Die Erklärung zur Unternehmensführung ist nur dann unrichtig, wenn die Entsprechenserklärung erstens die tatsächliche Umsetzungspraxis der Gesellschaft nicht zutreffend wiedergibt, und zweitens diese Unrichtigkeit auch bereits zum Bilanzstichtag bestand. Im Rahmen des § 289a HGB unberücksichtigt bleiben daher Entsprechenserklärungen, die erst in dem Zeitraum zwischen Bilanzstichtag und Aufstellung des Lageberichts durch den Vorstand unrichtig geworden sind, erst recht aber solche, die erst nach Lageberichtsaufstellung materiell unzutreffend wurden; in einem solche Fall kann die defizitäre Information der Aktionäre allein auf § 161 AktG gestützt werden.

(3) Relevanz der Informationspflichtverletzung wiederum nur in Bezug auf Zweckmäßigkeitsentscheidung

Aus Sicht eines objektiv urteilenden Aktionärs kann diese teilweise Fehlinformation aber wiederum überhaupt nur wesentliche Voraussetzung für eine sachgerechte Entscheidung über die Zweckmäßigkeit des Verwaltungshandelns als einer Komponente des Entlastungsbeschlusses sein; für die Prüfung der Gesetzmäßigkeit der Vorstands- und Aufsichtsratstätigkeit ist die unrichtige Information über die Kodex-Befolgung wegen der fehlenden Rechtsverbindlichkeit seiner Empfehlungen hingegen in jedem Fall ohne Relevanz[490].

Der objektiv urteilende Aktionär wird seine Entscheidung über die Zweckmäßigkeit der Vorstands- und Aufsichtsratstätigkeit dabei von der wahrheitsgemäßen Information über die Befolgung oder Nichtbefolgung solcher Kodex-Empfehlungen abhängig machen, die von nicht bloß untergeordneter Bedeutung sind, mithin einen wesentlichen Punkt der Kodex-Erklärung ausmachen. Da sowohl das Erfordernis eines schwerwiegenden Rechtsverstoßes als auch das einer relevanten Informationspflichtverletzung i. S. d. § 243 Abs. 4 AktG ausschließlich dazu dienen, Bagatellverstöße aus dem Kreis der Anfechtungsgründe auszunehmen, wird in der Regel bei Vorliegen einer schwerwiegenden Verletzung gesetzlicher Informationspflichten zugleich auch die unterlassene Information von Relevanz für die Entlastungsentscheidung eines objektiv urteilenden Aktionärs sein et vice versa[491]. Ob die Fehlinformation relevant für die Beschlussfassung über die Entlastung des Vorstands oder des Aufsichtsrats ist, hängt davon ab, bei welchem Organ die Umsetzungskompetenz

489 Vgl. *Böcking/Eibelshäuser*, Der Konzern 2009, S. 563 (571).
490 Siehe oben unter C. II. 3. b).
491 Vgl. auch *Mutter*, ZGR 2009, S. 788 (797).

bzgl. der gegenständlichen Kodex-Empfehlung liegt. Trotz des hier vertretenen anderweitigen Ansatzes für die Prüfung des Vorliegens einer relevanten Informationspflichtverletzung besteht im Ergebnis insoweit in inhaltlicher Hinsicht ein Gleichlauf mit der Rechtsprechung des BGH.

(4) Relevanz wiederum nur bei Bezug auf das von der Entlastungsentscheidung betroffene Geschäftsjahr

Das Abstellen auf die Bedeutung einer zutreffenden Information über die Umsetzung oder Nichtumsetzung von Kodex-Empfehlungen für die Entlastungsentscheidung eines objektiv urteilenden Aktionärs hat allerdings Auswirkungen auf die Frage, welcher Entlastungsbeschluss in zeitlicher Hinsicht angefochten kann. Wie bereits gesehen, wird ein objektiv urteilender Aktionär seine Entscheidung darüber, ob die Verwaltungsorgane im Entlastungszeitraum zweckmäßig gehandelt haben, von einer zutreffenden Information gerade in Bezug auf den in Rede stehenden Zeitraum abhängig machen[492]. Mithin muss die defizitäre Information über den tatsächlichen Umgang der Gesellschaft mit den Empfehlungen des DCGK einen zeitlichen Bezug zum Entlastungszeitraum aufweisen. An einem solchen Bezug fehlt es jedoch bei solchen Kodex-Empfehlungen, die den Verwaltungsorganen der Gesellschaft ein bestimmtes Verhalten in jenem Zeitraum nahelegen, der sich an das Geschäftsjahr anschließt, für das die Entlastung erteilt werden soll. Insofern setzt sich das Problem, welches sich bei der Prüfung der inhaltlichen Fehlerhaftigkeit des Entlastungsbeschlusses in zeitlicher Hinsicht ergibt, bei der Prüfung des Vorliegens eines Verfahrensfehlers in Gestalt einer relevanten Informationspflichtverletzung fort.

Zur Verdeutlichung sei insoweit erneut auf Ziffer 5.5.3 S. 1 DCGK eingegangen: In dem Moment, in dem der Bericht des Aufsichtsrats an die Hauptversammlung keine Information über im vergangenen Geschäftsjahr aufgetretene Interessenkonflikte und deren Behandlung enthält und die bisherige Entsprechenserklärung nicht aktualisiert wird, sind die Aktionäre über den tatsächlichen Umgang der Gesellschaft mit o.g. Kodex-Empfehlung nachweisbar unzutreffend informiert[493] – im Fall „Kirch ./. Deutsche Bank" also erst im Frühjahr 2003. Ob die Nichtumsetzung von

---

492 Siehe oben unter C. II. 3. b) dd).

493 Sofern nachgewiesen werden kann, dass gegen § 161 AktG bereits im fraglichen Geschäftsjahr verstoßen wurde, weil entweder Ziffer 5.5.3 S. 1 DCGK trotz anderslautender Entsprechenserklärung niemals umgesetzt werden sollte, mithin die Entsprechenserklärung in diesem Punkt von Anfang an unrichtig war, oder sich der Aufsichtsrat nach Entstehen eines Interessenkonflikts entschieden hat, diesen doch nicht gegenüber der Hauptversammlung offenzulegen, die bisherige Entsprechenserklärung jedoch nicht aktualisiert hat, liegt der erforderliche Bezug der defizitären Information über die tatsächliche Corporate Governance-Praxis der Gesellschaft zum zu beurteilenden Geschäftsjahr selbstverständlich vor; in diesem Fall stellt der Verstoß gegen § 161 AktG i. V. m. Ziffer 5.5.3. S. 1 DCGK freilich aber auch schon einen Inhaltsfehler des Entlastungsbeschlusses dar, siehe oben unter C. III. 5. c) aa) (3).

Ziffer 5.5.3 S. 1 DCGK, also die Nichtoffenlegung des Interessenkonflikts im Bericht gem. § 171 Abs. 2 AktG, zweckmäßig war, müssen die Aktionäre aber erst in der Hauptversammlung im Folgejahr – im konkreten Fall also erst in 2004 – beurteilen. Mangels Bezugs der Fehlinformation über die tatsächliche Corporate Governance-Praxis auf das streitgegenständliche Geschäftsjahr wird sich ein vernünftig urteilender Aktionär dazu im Stande sehen, eine Entscheidung über die Billigung des Verwaltungshandelns in dem in Rede stehenden Zeitraum zu treffen.

Mithin ist in solchen Fällen, in denen der DCGK Vorständen und Aufsichtsräten ein bestimmtes Verhalten nach Schluss eines Geschäftsjahrs, etwa im Zusammenhang mit der Durchführung der Hauptversammlung empfiehlt[494], die Anfechtung wegen Verstoßes gegen § 161 AktG i. V. m. den entsprechenden Empfehlungen zwar nicht schlechterdings ausgeschlossen. Es sind aber nur jene Entlastungsbeschlüsse wegen Verfahrensfehlerhaftigkeit anfechtbar, die den Zeitraum der unzutreffenden Information über den tatsächlichen Umgang der Gesellschaft mit diesen Kodex-Empfehlungen betreffen. Insoweit liegt aber in der Regel auch schon ein zur Anfechtbarkeit führender Inhaltsfehler des Beschlusses vor[495].

(5) In praxi kein Ausschluss der Anfechtung wegen anderweitig erlangtem Wissen über die (Nicht-)Umsetzung der Kodex-Empfehlungen

Auch für den Fall, dass sich die durch die unrichtige Entsprechenserklärung bewirkte Informationsverkürzung auf einen wesentlichen Aspekt der Erklärung bezieht und auch einen Bezug zum Entlastungszeitraum aufweist, kann die Anfechtbarkeit ausgeschlossen sein, weil die Aktionäre anderweitig Kenntnis von der ihnen vorenthaltenen Information erlangt haben. Hierbei kann es, wie bereits ausgeführt, nur auf die Information über den tatsächlichen Stand der Umsetzung der Kodex-Empfehlungen ankommen[496]. Da § 161 AktG aber nicht nur zu einer wahrheitsgemäßen Unterrichtung über die Befolgung oder Nichtbefolgung der DCGK-Empfehlung verpflichtet, sondern darüber hinaus auch vorsieht, dass den Aktionären die Gründe für ein Abweichen vom Kodex mitgeteilt werden, ist die Anfechtung erst dann wegen mangelnder Relevanz infolge anderweitiger Kenntnis ausgeschlossen, wenn die Aktionäre auf anderem Wege auch die Begründung für die Aufgabe der bisher verlautbarten Befolgungsabsicht erfahren. Dies ist in praxi kaum vorstellbar.

---

494 Auflistung der an sich – neben Ziffer 5.5.3 S. 1 DCGK – ebenfalls betroffenen Kodex-Empfehlungen in Fn. 478. Zu der Frage, ob diese aber ganz generell anfechtungsrelevant sind, siehe sogleich unter C. III. 6.

495 In Bezug auf Ziffer 4.2.3 Abs. 6 DCGK ist jedoch denkbar, dass ein nicht erklärtes Abweichen hiervon zwar keinen Inhaltsfehler des Entlastungsbeschlusses, wohl aber einen Verfahrensfehler darstellt, da sich der Bericht über die Grundzüge des Vergütungssystems, über das der Aufsichtsrat die Hauptversammlung zu unterrichten hat, auch auf den Entlastungszeitraum beziehen kann, über den die Aktionäre in diesem Termin zu befinden haben.

496 Siehe oben unter C. III 5. c) aa) (2) (c).

(6) Ergebnis

Sofern es an einem eindeutigen und schwerwiegenden Verstoß gegen § 161 AktG im Entlastungszeitraum fehlt, kann die Anfechtbarkeit des Beschlusses grundsätzlich zwar auf das Vorliegen eines Verfahrensfehlers in Gestalt einer Informationspflichtverletzung gestützt werden; denn die inhaltlichen Voraussetzungen für die Bejahung eines schwerwiegenden Verstoßes und für die Relevanz der Fehlinformation für die Entlastungsentscheidung sind deckungsgleich. Allerdings muss die Informationspflichtverletzung auch einen Bezug zum Entlastungszeitraum aufweisen. Da es nach hier vertretener Auffassung ausschließlich auf die defizitäre Information über die tatsächliche Corporate Governance-Praxis der Gesellschaft ankommt, kann nur diejenige Entlastungsentscheidung erfolgreich angefochten werden, die dieses Informationsdefizit in zeitlicher Hinsicht auch erfasst. Soweit es sich auch unter Berücksichtigung der zeitlichen Problematik um eine für das Mitwirkungs- und Teilhaberecht der Aktionäre bedeutsame Informationspflichtverletzung handelt, kann die Relevanz nur entfallen, wenn die Aktionäre nicht nur anderweitig Kenntnis von dem tatsächlichen Umgang mit den Empfehlungen des DCGK erlangt haben, sondern auch Informationen über die Gründe der (nicht erklärten) Kodex-Abweichung vorliegen; denn andernfalls kann deren Zweckmäßigkeit nicht sachgerecht beurteilen werden.

6. Analyse der einzelnen Kodex-Empfehlungen hin auf ihre praktische Eignung zur Begründung eines zur Anfechtbarkeit des Entlastungsbeschlusses führenden Gesetzesverstoßes

Wie bereits ausgeführt, kommt nach der Rechtsprechung des BGH eine Anfechtbarkeit von Entlastungsbeschlüssen wegen unrichtiger Entsprechenserklärung nur dann in Betracht, wenn es sich bei der Kodex-Empfehlung, von der ohne entsprechende Offenlegung abgewichen wird, um einen wesentlichen Punkt der Kodex-Erklärung handelt, wobei es unter Hinzuziehung der Wertung des § 243 Abs. 4 AktG auf die Bedeutung des betreffenden Aspektes für die Entlastungsentscheidung der Aktionäre ankommen soll. Daher müssen nachfolgend sämtliche Kodex-Empfehlungen auf ihre Eignung, durch eine nicht wahrheitsgemäße Erklärung über ihre Befolgung die Rechtsfolge der Anfechtbarkeit auszulösen, hin untersucht werden. In praxi dürfte die Justiziabilität einer DCGK-Empfehlung häufig bereits deshalb zu verneinen sein, weil die Empfehlungen so offen formuliert sind bzw. solche Beurteilungsspielräume zu Gunsten des für die Umsetzung zuständigen Verwaltungsorgans einräumen, dass ein Verstoß gegen sie nur schwer nachzuweisen ist, möge die von ihnen behandelte Thematik an sich auch wesentlich i. S. d. höchstrichterlichen Rechtsprechung sein[497].

497 Zu bedenken ist schließlich auch, dass nach der Rechtsprechung des BGH ein eindeutiger, zur Anfechtbarkeit des Entlastungsbeschlusses führender Gesetzesverstoß nur dann vorliegt, wenn sich das betroffene Organ über eine zweifelsfreie

a) *Aktionäre und Hauptversammlung*

Die thematische Behandlung der Rechte der Aktionäre und deren Zusammenkommen in der Hauptversammlung gleich zu Beginn des DCGK trägt der Erwägung der Kodex-Kommission Rechnung, wonach die rechtliche Stellung der Aktionäre in praxi gestärkt werden soll[498]. Trotz dieser Gewichtung enthält dieser Abschnitt des Kodex seit der Novelle 2013 nur noch drei Empfehlungen zu einem aktionärsfreundlichen Verhalten[499], welche sich an den Vorstand richten: Nach Ziffer 2.3.2 S. 1 DCGK soll die Gesellschaft den Aktionären die persönliche Wahrnehmung ihrer Rechte und die Stimmrechtsvertretung erleichtern. Mangels Nennung konkreter Maßnahmen wird dem Vorstand ein weiter Ermessensspielraum bei der Umsetzung dieser Empfehlungen eingeräumt[500], sodass ein Verstoß hiergegen nur sehr selten feststellbar sein wird, etwa wenn der Vorstand keinerlei zusätzliche Unterstützungsmaßnahmen trifft, die über das von Kodex und Gesetz hinausgehende Mindestmaß an Aktionärsunterstützung hinausgehen[501].

Wird hingegen im Widerspruch zu der für befolgt erklärten Ziffer 2.3.2 S. 2 DCGK im Vorfeld der Hauptversammlung kein weisungsgebundener Vertreter für die Stimmrechtsausübung bestellt, so ist die Entsprechenserklärung mit Blick auf

---

Gesetzeslage hinweggesetzt hat, vgl. BGH ZIP 2009, S. 2436 (2437). Insoweit soll zu berücksichtigen sein, ob die Rechtslage bereits ober- oder höchstrichterlich geklärt ist, so das OLG München ZIP 2008, S. 1237 (1240).

498 *Goslar*, in: Wilsing, DCGK, Ziff. 2.1.1 Rn. 5.

499 *Kremer*, in: Ringleb/Kremer/Lutter/v. Werder, DCGK, Rn. 302. Die bisherige Empfehlung in Ziffer 2.3.2 DCGK a. F., wonach die Einberufung der Hauptversammlung mitsamt den Einberufungsunterlagen auf elektronischem Wege übermittelt werden sollte, wurde gestrichen, da sich im Zuge der Änderung der gesetzlichen Regelungen zur Einberufung der Hauptversammlung eine feste Einladungspraxis gebildet habe, welche eine Kodex-Empfehlung überflüssig mache, vgl. die Erläuterungen der Änderungsvorschläge 2013 durch die Regierungskommission Deutscher Corporate Governance Kodex, S. 2. Nicht offengelegte Abweichungen von Ziffer 2.3.2 DCGK a. F. sollten eine Anfechtbarkeit von Hauptversammlungsbeschlüssen ohnehin nicht begründen können, siehe Goette, in: FS Hüffer, S. 225 (235); Kleefass, Entsprechenserklärung, S. 175; Mutter, ZGR 2009, S. 788 (798); Woitzyk, Anfechtung, S. 151 f.. Die erst 2010 in den Kodex aufgenommene Ziffer 2.3.3 S. 2 DCGK a. F., nach der die Gesellschaft die Aktionäre auch bei der Briefwahl unterstützen soll, wurde bereits im Rahmen der Kodex-Novelle 2012 aufgrund ihrer missverständlichen Formulierung bzgl. des Ob der Durchführung einer Briefwahl wieder gestrichen, vgl. *Ringleb/Kremer/Lutter/v. Werder*, NZG 2012, S. 1081 (1083). Auch sie soll nicht geeignet gewesen sein, im Falle einer nicht erklärten Abweichung die Anfechtbarkeit des Entlastungsbeschlusses zu begründen, so *Kocher/Lönner*, BB 2011, S. 907 (909).

500 *Goslar*, in: Wilsing, DCGK, Ziff. 2.3.3 Rn. 4; *Kremer*, in: Ringleb/Kremer/Lutter/v. Werder, DCGK, Rn. 302, 305.

501 Vgl. *Kremer*, in: Ringleb/Kremer/Lutter/v. Werder, DCGK, Rn. 303. Gegen die Anfechtungsrelevanz auch *Goette*, in: FS Hüffer, S. 225 (235).

die Bedeutung, die einer zutreffenden Information der Aktionäre über das Verfahren der Stimmabgabe zukommt (vgl. § 121 Abs. 3 S. 3 Nr. 2 lit. a) AktG), an sich in einem wesentlichen Punkt unrichtig. Zu bedenken ist jedoch, dass die Aktionäre gerade wegen § 121 Abs. 3 S. 3 Nr. 2 lit. a) bereits mit der Einberufung der Hauptversammlung Informationen darüber enthalten, ob die Stimmrechtsausübung durch einen weisungsgebundenen Vertreter möglich ist; eine insoweit unrichtige Entsprechenserklärung birgt folglich keine Nachteile. Die Situation ist mit derjenigen vergleichbar, in der die Gesellschaft die Hauptversammlung zwar ordnungsgemäß einberuft, den Inhalt der Einberufung aber entgegen § 124a S. 1 Nr. 1 AktG nicht auf der Internetseite zugänglich macht. Auch insoweit liegt zwar ein Informationsdefizit vor, die Aktionäre sind über die Einberufung selbst aber bereits hinreichend informiert. Diesem Umstand Rechnung tragend, schließt § 243 Abs. 3 Nr. 2 AktG schließlich auch die Anfechtung wegen Verstöße gegen § 124a AktG aus[502]. Mit Blick auf diesen Anfechtungsausschluss ist davon auszugehen, dass auch eine hinsichtlich Ziffer 2.3.2 S. 2 DCGK unrichtige Entsprechenserklärung nicht die schwerwiegende Folge der Anfechtbarkeit auszulösen vermag[503].

b) Zusammenwirken von Vorstand und Aufsichtsrat

Die „durch das KonTraG eingeleitete und das TransPuG fortgesetzte Entwicklung" des Aufsichtsrats hin zu einem Überwachungsorgan, welches „aus einer vorrangig auf nachgängige Kontrolle beschränkten Reservefunktion hineingeführt [wird] in ein die Geschäftsführung des Vorstandes kontinuierlich begleitendes und zunehmend präventiv-kontrollierend wirkendes Präsenzorgan"[504], wird bereits in den Empfehlungen des dritten Abschnitts des DCGK betreffend die Zusammenarbeit von Vorstand und Aufsichtsrat aufgegriffen[505].

aa) Informations- und Berichtspflichten, executive sessions

Nach Ziffer 3.4 Abs. 1 S. 3 DCGK soll der Aufsichtsrat zunächst die Informations- und Berichtspflichten des Vorstands ihm gegenüber näher festlegen. Den Aufsichtsrat trifft folglich eine Mitverantwortung dafür, stets ausreichend über die Unternehmensbelange informiert zu sein[506]. In diesem Sinne empfiehlt der Kodex die

502 Der Gesetzgeber hält ausschließlich eine Sanktionierung über das Ordnungswidrigkeitenrecht für angemessen, vgl. Begr. RegE ARUG, BT-Drs. 16/11642, S. 40.

503 *Woitzyk*, Anfechtung, S. 152. Die Anfechtungsrelevanz i. E. ebenfalls verneinend *Mutter*, ZGR 2009, S. 788 (798); *Kleefass*, Entsprechenserklärung, S. 788 (798).

504 OLG Schleswig NZG 2003, S. 176 (179) („MobilCom").

505 *Pfitzer/Orth*, in: Pfitzer/Oser/Orth, DCGK, S. 72 f.

506 So nunmehr auch ausdrücklich in Ziffer 3.4 Abs. 1 S. 1 und 2 DCGK: „Die Information des Aufsichtsrats ist Aufgabe des Vorstands. Der Aufsichtsrat hat jedoch seinerseits sicherzustellen, dass er angemessen informiert wird." Ziffer 3.4 Abs. 1 DCGK i. d. F. vom 24.04.2014 sah demgegenüber die ausreichende

Erarbeitung einer Informationsordnung[507], um das Ob und das Wie der Inanspruchnahme der über § 90 Abs. 1 und 2 AktG hinausgehenden Informationsrechte nach §§ 90 Abs. 3, 111 Abs. 2 AktG für den Vorstand verbindlich zu regeln[508]. Bereits § 93 Abs. 1 S. 2 i. V. m. § 116 AktG macht deutlich, von welch herausragender Bedeutung eine ausreichende Information des Aufsichtsrats ist[509]. Zudem verrät die nähere Ausgestaltung der Informationsrechte des Aufsichtsrats und die davon abhängende Frage der Effizienz der Überwachungstätigkeit viel über das Selbstverständnis der Aufsichtsräte und die Ernsthaftigkeit der Ausübung der ihnen übertragenen Kontrolltätigkeit. Die zutreffende Information über die Befolgung dieser Kodex-Empfehlung ist damit aus Sicht eines objektiv urteilenden Aktionärs Voraussetzung für die Beurteilung der Zweckmäßigkeit des Verwaltungshandelns und stellt daher einen wesentlichen Teil der Entsprechenserklärung dar[510].

Gleiches gilt für Ziffer 3.6 Abs. 2 DCGK, wonach der Aufsichtsrat bei Bedarf sog. executive sessions[511] abhalten soll. Diese Aufsichtsratssitzungen ohne Teilnahme des Vorstands sollen sicherstellen, dass die Aufsichtsratsmitglieder Kritik an der Leitungstätigkeit des Vorstands unbefangen äußern und diese ggf. auch beanstanden können[512]. Die Frage der Befolgung oder Nichtbefolgung dieser Empfehlung bringt ebenfalls Erhellendes über das Selbstverständnis des Aufsichtsrats zu Tage und ist folglich für die Entlastungsentscheidung der Aktionäre von Bedeutung.

bb) Selbstbehalt bei D&O-Versicherung

Zum Zwecke der Gleichbehandlung von Aufsichtsratsmitgliedern mit Mitgliedern des Vorstands[513], die nach § 93 Abs. 2 S. 3 AktG auch bei Abschluss einer D&O-Versicherung mindestens 10% eines Einzelschadens, höchstens jedoch das Eineinhalbfache der jährlichen Festvergütung selbst zu tragen haben[514], empfiehlt der Kodex in Ziffer 3.8 Abs. 3 die Vereinbarung eines entsprechenden Selbstbehalts auch bei Abschluss eines D&O-Versicherung für Aufsichtsratsmitglieder. Der Kodex i. d. F. vom 06.06.2008 empfahl demgegenüber noch die Vereinbarung eines „angemessenen“ Selbstbehalts sowohl für Vorstands- als auch Aufsichtsratsmitglieder. Während Ziffer 3.8 Abs. 3 DCGK a. F. aufgrund dieser offenen Formulierung noch wenig justiziabel und dementsprechend nicht geeignet gewesen sein dürfte, über § 161 AktG die

---

Informationsversorgung des Aufsichtsrats noch als eine „gemeinsame Aufgabe von Vorstand und Aufsichtsrat“ an.

507 Vgl. *Johannsen-Roth*, in: Wilsing, DCGK, Ziff. 3.4 Rn. 23.

508 *Lutter*, in: Ringleb/Kremer/Lutter/v. Werder, DCGK, Rn. 348 f.

509 *Mutter*, ZGR 2009, S. 788 (798).

510 *Mutter*, ZGR 2009, S. 788 (798); *Kleefass*, Entsprechenserklärung, S. 178.

511 *V. Werder*, in: Ringleb/Kremer/Lutter/v. Werder, DCGK, Rn. 384.

512 *V. Werder*, in: Ringleb/Kremer/Lutter/v. Werder, DCGK, Rn. 384.

513 *Johannsen-Roth*, in: Wilsing, DCGK, Ziff. 3.9 Rn. 57.

514 Eingefügt durch das Gesetz zur Angemessenheit der Vorstandsvergütung (VorstAG) vom 31.07.2009, BGBl. I, S. 2509.

Anfechtbarkeit von Entlastungsbeschlüssen auszulösen[515], ist die Empfehlung seit der Kodex-Novelle 2009 hinreichend konkret gefasst, um einen eindeutigen Verstoß gegen die gesetzliche Pflicht zur Abgabe einer inhaltlich zutreffenden Entsprechenserklärung zu begründen. Zudem ist die wahrheitsgemäße Information der Aktionäre über die Vereinbarung eines präventiv wirkenden Selbstbehalts zu Lasten der Aufsichtsratsmitglieder[516] für die Beurteilung der Ersthaftigkeit der Kontrolltätigkeit durchaus von Bedeutung und damit wesentlich i. S. d. der höchstrichterlichen Rechtsprechung[517]. Etwas anderes gilt nur dann, wenn sich der Streit um den Selbstbehalt bei Abschluss einer D&O-Versicherung für Aufsichtsratsmitglieder aufgrund einer Satzungsimplementierung dieser Thematik auf anderer rechtlicher Ebene abspielt[518].

cc) Corporate Governance-Bericht, veraltete Entsprechenserklärungen

Nach Ziffer 3.10 S. 1 DCGK sollen Vorstand und Aufsichtsrat jährlich einen Corporate Governance-Bericht erstellen und diesen im Zusammenhang mit der Erklärung zur Unternehmensführung nach § 289a HGB veröffentlichen. Seit der Kodex-Novelle 2012 ist der Corporate Governance-Bericht, sofern sich Vorstand und Aufsichtsrat zu seiner Erstellung entschließen, nicht mehr Bestandteil des Geschäftsberichts, sondern muss im Sinne einer weitgehenden Gestaltungsflexibilität im zeitlichen oder inhaltlich-strukturellen Zusammenhang mit der Erklärung zur Unternehmensführung publiziert werden[519]. Wenngleich auch zwischen dieser und dem Bericht nach Ziffer 3.10 DCGK weitreichende Überschneidungen bestehen, ist letzterer keinesfalls

515 Vgl. *Mutter*, ZGR 2009, S. 788 (799), der aber – einem anderen Ansatz folgend – Ziffer 3.8 Abs. 3 DCGK a. F. i. E. dennoch als Risiko für den Bestand von Entlastungsbeschlüssen einstuft.

516 Vgl. Bericht und Beschlussempfehlung des Rechtsausschusses zum Entwurf des VorstAG, BT-Drs. 16/12278, S. 11.

517 So auch *Woitzyk*, Anfechtung, S. 153. AA *Kleefass*, Entsprechenserklärung, S. 178, der die Bedeutungsarmut der Kodex-Empfehlung aus der geringen Befolgungsquote, die zudem künftig noch weiter sinken werde, herleiten möchte. Diese Argumentation verfängt bereits deshalb nicht, da die Befolgungsquote inzwischen signifikant angestiegen ist. Zudem vermögen geringe Befolgungsquoten grundsätzlich die Bedeutung der DCGK-Empfehlung für die Entscheidungsfindung der Aktionäre nicht zu schmälern, da es ansonsten allein die Gesellschaften in der Hand hätten, die Aktionärsrechte durch standardmäßige Nichtumsetzung der Kodex-Empfehlungen auszuhebeln. Auch hohe Befolgungsquoten sagen demgegenüber nicht zwangsläufig etwas über das tatsächliche Einverständnis der betroffenen Gesellschaft mit einer bestimmten Kodex-Empfehlung aus. So dürfte die 96,4%ige Befolgungsquote bei Ziffer 3.10 S. 3 DCGK (*v. Werder/Bartz*, DB 2014, S. 905 (908); zu dieser Empfehlung sogleich ausführlich) in erster Linie dem Umstand geschuldet sein, dass eine Umsetzung der Empfehlung ohne großen Aufwand erfolgen kann, vgl. *Johannsen-Roth*, in: Wilsing, DCGK, Ziff. 3.10 Rn. 24.

518 Vgl. *Mutter*, ZGR 2009, S. 788 (798); *Woitzyk*, Anfechtung, S. 178 f.

519 *V. Werder*, in: Ringleb/Kremer/Lutter/v. Werder, DCGK, Rn. 542 ff.

bedeutungslos; denn er lässt den Verwaltungsorganen größere thematische Freiheiten und macht nur wenige (potentielle), dafür aber äußerst bedeutsame Vorgaben hinsichtlich seines Inhaltes (z. B. Ziffer 5.4.1 Abs. 3 S. 2 DCGK)[520]. Mit Blick auf die über § 289a HGB hinausgehenden Möglichkeiten ist daher davon auszugehen, dass eine Entsprechenserklärung, welche hinsichtlich Ziffer 3.10 S. 1 DCGK einen inhaltlichen Fehler aufweist, in einem wesentlichen Punkt unrichtig ist[521].

Anders verhält es sich hingegen in Bezug auf Ziffer 3.10 S. 3 DCGK, wonach Gesellschaften ihre nicht mehr aktuellen Entsprechenserklärungen fünf Jahre lang auf ihrer Internetseite zugänglich halten sollen, damit der Kapitalmarkt und die Aktionäre in die Lage versetzt werden, die Kontinuität der Corporate Governance-Praxis der Gesellschaft schnell und einfach zu beurteilen[522]. Zwar erleichtert die Veröffentlichung der Kodex-Erklärungen im Internet die diesbezügliche Recherche zweifelsohne ungemein; die grundsätzliche Publizität ist jedoch anderweitig gewährleistet, vgl. § 325 HGB[523]. Zudem gilt es, die Wertungen der §§ 124a, 243 Abs. 3 Nr. 2 AktG zu bedenken, wonach (zusätzlichen) Veröffentlichungen im Internet keine solche Bedeutung zukommt, die eine Sanktionierung von Verstößen hiergegen über das Beschlussmängelrecht angemessen erscheinen lässt[524].

c) Vorstand

Der vierte Abschnitt des DCGK, welcher sich mit der Arbeit des Vorstands befasst, hat im Rahmen der Kodex-Novelle 2013 umfangreiche Änderungen erfahren. Im Fokus stehen hierbei die überarbeiteten Empfehlungen zur Vorstandsvergütung. Jedoch ist auch die Diversity-Empfehlung dieses Kodex-Abschnitts weiterhin Gegenstand kontroverser, zumeist gesellschaftspolitischer Diskussionen.

aa) Personalentscheidungen

Nach Ziffer 4.1.5 S. 1 DCGK soll der Vorstand bei der Besetzung von Führungsfunktionen im Unternehmen auf Vielfalt (Diversity) achten und dabei insbesondere eine angemessene Berücksichtigung von Frauen anstreben. Beide Empfehlungen wurden erst im Zuge der Kodex-Überarbeitung 2010 in diesen aufgenommen. Während sich die Kommission dabei zunächst nur auf die Aufnahme erstgenannter Empfehlung beschränken wollte, entschloss sie sich jedoch im weiteren Verlauf der Beratungen,

520 *Ringleb/Kremer/Lutter/v. Werder*, NZG 2010, S. 1161 (1162). Zu den verschiedenen Gestaltungsmöglichkeiten des Berichts *v. Werder*, in: Ringleb/Kremer/Lutter/v. Werder, DCGK, Rn. 545.

521 Ebenso *Woitzyk*, Anfechtung, S. 154. AA *Kleefass*, Entsprechenserklärung, S. 179. Differenzierend *Mutter*, ZGR 2009, S. 788 (799).

522 *V. Werder*, in: Ringleb/Kremer/Lutter/v. Werder, DCGK, Rn. 559.

523 *Mutter*, ZGR 2009, S. 788 (798); *Woitzyk*, Anfechtung, S. 154. AA *Kleefass*, Entsprechenserklärung, S. 180.

524 Vgl. *Hüffer*, in: MünchKommAktG, § 243 Rn. 111.

auch die Frauenförderung explizit im Kodex zu verankern[525]. Insbesondere letzterer Aspekt ist in den letzten Jahren immer stärker in den Fokus einer breiten Öffentlichkeit gerückt. Eine wahrheitsgemäße Information der Aktionäre über die Umsetzung oder Nichtumsetzung der entsprechenden Kodex-Empfehlungen – vgl. auch die Ziffern 5.1.2 Abs. 1 S. 2 und 5.4.1 Abs. 2 DCGK – ist schon mit Blick auf die positiven Auswirkungen, die eine stärkere Repräsentanz von Frauen in Führungspositionen auf den Unternehmenswert haben kann[526], von großer Bedeutung. Grundsätzliche Anfechtungsrelevanz erhalten nicht erklärte Abweichungen von Ziffer 4.1.5 S. 1 DCGK schließlich vor dem Hintergrund des im Jahr 2015 verabschiedeten Gesetzes für die gleichberechtigte Teilhabe von Frauen und Männern an Führungspositionen in der Privatwirtschaft und im öffentlichen Dienst[527], in welches die immer unverhohleneren Hinweise der Politik in den letzten Jahren auf die unbedingte Notwendigkeit eines Erfolges der freiwilligen Selbstregulierung der Wirtschaft in diesem Bereich[528] mündeten: Die mit der Einführung einer flexiblen Frauenquote in den beiden Führungsebenen unterhalb des Vorstands (§ 76 Abs. 4 AktG n. F.)[529] verbundene gesetzgeberische Wertung ist auch bei der Frage, ob eine nicht offen gelegte Abweichung von Ziffer 4.1.5 S. 1 DCGK die zu einer Unrichtigkeit der Entsprechenserklärung in einem wesentlichen Punkt führt, zu berücksichtigen.

Die praktische Eignung von Ziffer 4.1.5 S. 1 DCGK, über § 161 AktG die Anfechtbarkeit von Entlastungsbeschlüssen zu begründen, ist dennoch gering; denn eindeutige Verstöße gegen die Pflicht zur Abgabe einer wahrheitsgemäßen Entsprechenserklärung diesbezüglich sind nur in krassen Ausnahmefällen denkbar. Dies wird bereits durch Verwendung der auslegungsbedürftigen Begriffe „Diversity"[530]

---

525 *Ringleb*, in: Ringleb/Kremer/Lutter/v. Werder, DCGK, Rn. 640.

526 Vgl. hierzu die Studie des Bundesministeriums für Familie, Frauen, Senioren und Jugend „Frauen in Führungspositionen – Auswirkungen auf den Unternehmenserfolg bei deutschen Unternehmen" aus dem August 2011.

527 Gesetz vom 24.04.2015, BGBl. I, S. 642. Hierzu ausführlich *Grobe*, AG 2015, S. 289 ff.; *Herb*, DB 2015, S. 964 ff.; *Schulz/Ruf*, BB 2015, S. 1155 ff.; *Stüber*, DStR 2015, S. 947 ff.

528 Vgl. nur die Ausführungen der Bundesjustizministerin *Leutheusser-Schnarrenberger* in ihrem Grußwort anlässlich der 9. Kodex-Konferenz am 16./17.06.2010, der zufolge die Kodex-Empfehlungen zur stärkeren Beteiligung von Frauen die letzte Chance sind, eine höhere Präsenz von Frauen in Führungspositionen im Wege der Selbstregulierung zu erreichen. In diesem Sinne auch die Pressemitteilung des Bundesjustizministeriums vom 09.02.2011.

529 Im Rahmen der Kodex-Novelle 2015 wurde der DCGK in Ziffer 4.1.5 S. 2 um die Wiedergabe der gesetzlichen „Flexi-Quote" ergänzt, vgl. auch die Medien-Präsentation der Regierungskommission Deutscher Corporate Governance Kodex vom 11.05.2015, S. 16.

530 Zu der Frage, ob unter dem Stichwort „Vielfalt" auch andere Aspekte als eine stärkere Berücksichtigung von Frauen und eine größere Internationalisierung zu verstehen sind, *Goslar*, in: Wilsing, DCGK, Ziff. 4.1.5 Rn. 8; *Henze/Rosch*, ArbRAktuell, 2010, S. 573; *Kocher*, BB 2010, S. 264 f.; *Schubert/Jacobsen*, WM 2011, S. 726 (728).

und „Führungsfunktionen“[531] bedingt. Entscheidend ist aber, dass Ziffer 4.1.5 S. 1 DCGK – im Gegensatz zu der Diversity-Empfehlung bzgl. der Zusammensetzung des Aufsichtsrats in Ziffer 5.4.1 DCGK – eine Benennung konkreter Ziele nicht erforderlich macht; ausreichend ist es, wenn der Vorstand sich lediglich bemüht, eine stärkere Internationalisierung und eine größere Beteiligung von Frauen in Führungspositionen zu erreichen. Bloße Lippenbekenntnisse reichen insoweit allerdings nicht aus, die Bemühungen des Vorstands müssen auch nach außen hin deutlich werden[532]. Aufgrund dieses weiten Ermessens bei der Umsetzung der für befolgt erklärten Kodex-Empfehlung erweist sich die Frage ihrer Einhaltung nur als bedingt justiziabel[533].

bb) Zusammensetzung

In Ziffer 4.2.1 S. 1 empfiehlt der Kodex die Leitung des Unternehmens durch einen mehrköpfigen Vorstand, welcher zudem einen Vorsitzenden oder Sprecher haben soll. Die Verteilung der Vorstandsarbeit auf mehrere Personen dient dabei der Etablierung eines Systems der „checks and balances“[534], wohin gegen die Benennung eines Vorstandsvorsitzenden bzw. -sprechers der Erkenntnis Rechnung trägt, dass die Arbeit eines Kollegialorgans nur durch Leitung und Organisation durch eine Person reibungslos funktioniert[535]. Für die Einordnung dieser Empfehlungen als wesentlicher Punkt der Entsprechenserklärung spricht entscheidend die dem § 289a HGB innewohnende Wertung: Bestandteil der Erklärung zur Unternehmensführung ist u. a. eine Beschreibung der Arbeitsweise von Vorstand und Aufsichtsrat sowie der Zusammensetzung und Arbeitsweise ihrer Ausschüsse, § 289a Abs. 2 Nr. 3 HGB. Der (europäische) Gesetzgeber misst der Information der Öffentlichkeit über die internen Strukturen und Prozesse der Verwaltungsorgane sowie die praktische

531 Zu der Frage, welche Führungsebenen von Ziffer 4.1.5 DCGK a. F. erfasst wurden, *Deilmann/Albrecht*, AG 2010, S. 727 (734); *Mense/Rosenhänger*, GWR 2010, S. 311 (313); *Henze/Rosch*, ArbRAktuell 2010, S. 573; *Ringleb*, in: Ringleb/Kremer/Lutter/v. Werder, DCGK, Rn. 643. Seit Einführung des neuen § 76 Abs. 4 AktG und dessen Nachzeichnung im Rahmen der Kodex-Novelle 2015 ist klar, dass Ziffer 4.1.5 S. 1 DCGK mit dem Begriff „Führungspositionen“ hinsichtlich der Frauenförderung jedenfalls über die ersten beiden Führungsebenen unterhalb des Vorstands hinausgehen muss.

532 *Deilmann/Albrecht*, AG 2010, S. 727 (734); *Ringleb*, in: Ringleb/Kremer/Lutter/v. Werder, DCGK, Rn. 645. AA *Goslar*, in: Wilsing, DCGK, Ziff. 4.1.5 Rn. 12.

533 *Kleefass*, Entsprechenserklärung, S. 183; *Woitzyk*, Anfechtung, S. 155; vgl. auch *Kocher*, BB 2010, S. 264 (266); *Schubert/Jacobsen*, WM 2011, S. 726 (730). Ein zur Anfechtbarkeit des Entlastungsbeschlusses führender Gesetzesverstoß liegt freilich dann vor, wenn der Vorstand für die beiden ihm nachfolgenden Führungsebenen keine Zielgrößen bzgl. des Frauenanteils festgelegt hat. Dieser Verstoß ergibt sich jedoch nicht erst aus § 161 AktG, sondern bereits aus § 76 Abs. 4 AktG n. F.

534 Vgl. *Ringleb*, in: Ringleb/Kremer/Lutter/v. Werder, DCGK, Rn. 646 und 648.

535 *Goslar*, in: Wilsing, DCGK, Ziff. 4.2.1 Rn. 10.

Arbeitsabläufe, in denen sich deren Arbeitsweise niederschlägt[536], offenkundig große Bedeutung bei. Dies spricht für eine Anfechtungsrelevanz einer unrichtigen Information über die Befolgung von Ziffer 4.2.1 S. 1 DCGK[537]. Gleiches gilt – ebenfalls mit Hinweis auf § 289a Abs. 2 Nr. 3 HGB – für die Empfehlung an Vorstand bzw. Aufsichtsrat[538] zum Erlass einer Geschäftsordnung für die Vorstandsarbeit (Ziffer 4.2.1 S. 2 DCGK)[539], da in der Geschäftsordnung als „schriftliche Zusammenfassung aller Verfahrensregeln, nach denen Sitzungen, Versammlungen und Diskussionen, aber auch die Arbeit zwischen den Gremiumsmitgliedern und mit anderen Gremien, abzulaufen haben“[540], gerade jene praktischen Arbeitsabläufe niedergelegt sind, über die die Öffentlichkeit nach der gesetzgeberischen Vorstellung unterrichtet werden muss[541].

cc) Vergütung

Zentraler Punkt der Kodex-Novelle 2013 war die Überarbeitung der Empfehlungen zur Vorstandsvergütung. Aufgrund der immer wieder aufkommenden öffentlichen Debatten über die Höhe von Managergehältern kündigte die Kodex-Kommission bereits im Frühjahr 2012 an, sich im Zuge der nächsten Kodex-Anpassung auch mit der Struktur der Vorstandsvergütung beschäftigen zu wollen[542]. Im Februar 2013 wurden die entsprechenden Vorschläge, welche dem Aufsichtsrat eine Richtschnur für die Festlegung der Vorstandsvergütungen geben und diesen damit zugleich stärker in die Pflicht nehmen, veröffentlicht und das schriftliche Konsultationsverfahren eingeleitet. Der von der Kommission gewählte Ansatz einer größeren Aufsichtsratsverantwortung für die Angemessenheit von Managergehältern wurde in der Folge jedoch durch die sich nach dem Anfang März 2013 abgehaltenen schweizerischen Referendums über die Begrenzung der Höhe von Vorstandsvergütungen nahezu überschlagenden Ereignisse erheblich entwertet: Nachdem sich mehr als zwei Drittel der eidgenössischen Teilnehmer des Referendums dafür ausgesprochen hatten, exzessive Vorstandsgehälter künftig durch eine Stärkung der Aktionärsrechte zu verhindern, griff die deutsche Politik die Thematik auf[543] und brachte bereits mit Kabinettsbeschluss vom 08.05.2013 eine Weiterentwicklung des bislang auf Freiwilligkeit und

---

536 *Lange*, in: MünchKommHGB, § 289a Rn. 12.

537 *Kleefass*, Entsprechenserklärung, S. 181 f.; *Mutter*, ZGR 2009, S. 788 (799); *Woitzyk*, Anfechtung, S. 155.

538 Vgl. *Goslar*, in: Wilsing, DCGK, Ziff. 4.2.1 Rn. 19.

539 *Kleefass*, Entsprechenserklärung, S. 181 f.; *Mutter*, ZGR 2009, S. 788 (789); *Woitzyk*, Anfechtung, S. 155.

540 *Grottel/Röhm-Kottmann*, in: Beck'scher Bilanz-Kommentar, § 289a HGB Rn. 22.

541 *Grottel/Röhm-Kottmann*, in: Beck'scher Bilanz-Kommentar, § 289a HGB Rn. 22; *Lange*, in: MünchKommHGB, § 289a Rn. 12.

542 Pressemitteilung der Regierungskommission Deutscher Corporate Governance Kodex vom 16.05.2012.

543 Siehe *Hawranek/Knaup/Schiessl/Schmergal/Tietz*, DER SPIEGEL Nr. 11/2013, S. 70 ff. („Deckel drauf!“).

Unverbindlichkeit basierenden „say-on-pay"-Konzepts des § 120 Abs. 4 AktG auf den Weg. Die vom Bundeskabinett hierfür entwickelte Formulierungshilfe fand Eingang in die Ende 2012 aufgenommenen Ausschussberatungen der Aktienrechtsnovelle 2012. Nach § 120 Abs. 4 AktG-E hätte künftig die Hauptversammlung jährlich über die Billigung des vom Aufsichtsrat vorgelegten Systems zur Vergütung der Vorstandsmitglieder beschließen sollen, wobei die Darstellung des Systems auch Angaben zu den höchstens erreichbaren Gesamtbezügen, aufgeschlüsselt nach dem Vorstandsvorsitzenden, dessen Stellvertreter und einem einfachen Mitglied des Vorstands, zu enthalten gehabt hätte. Der Hauptversammlungsbeschluss hätte allerdings nicht die Wirksamkeit der Vergütungsverträge mit dem Vorstand berührt und wäre auch nicht nach § 243 AktG anfechtbar gewesen[544]. Die aufgrund dieser Änderung zwischenzeitlich in das Gesetz zur Verbesserung der Kontrolle von Vorstandsvergütungen und zur Änderung weiterer aktienrechtlicher Vorschriften (VorstKoG) umbenannte Aktienrechtsnovelle wurde am 27.06.2013 vom Bundestag beschlossen. Aufgrund der Anrufung des Vermittlungsausschusses durch den Bundesrat am 20.09.2013[545] – zwei Tage vor der Bundestagswahl – fiel das Gesetz jedoch der Diskontinuität anheim[546]. Aufgrund des Scheitern des Gesetzesvorhabens und des Umstands, dass sich die verschiedenen Vorgehensweisen von Kodex-Kommission und Gesetzgeber zur Begrenzung ausufernder Managergehälter – größere Verantwortung des Aufsichtsrats einerseits, abschließende Entscheidung der Hauptversammlung anderseits[547] – ohnehin nicht ausgeschlossen hätten[548], bedürfen die überarbeiteten Kodex-Empfehlungen einer näheren Betrachtung.

2013 neu in den Kodex aufgenommen wurden die drei in Ziffer 4.2.2 Abs. 2 S. 3 enthaltenen Empfehlungen, nach denen der Aufsichtsrat bei Festlegung der Gesamtvergütung der einzelnen Vorstandsmitglieder das Verhältnis der Vorstandsvergütung zur Vergütung des oberen Führungskreises und der Belegschaft insgesamt auch in der zeitlichen Entwicklung berücksichtigen soll, wodurch für den Aufsichtsrat selbst

---

544 Beschlussempfehlung und Bericht des Rechtausschusses über das VorstKoG, BT-Drs. 17/14214, S. 7.

545 BR-Drs. 637/13 (B).

546 Im Jahr 2014 hat das Bundesjustizministerium einen neuen Versuch zur Reform des Aktienrechts unternommen, mit der u. a. eine Flexibilisierung der Finanzierung von Aktiengesellschaften erreicht werden soll. Der Entwurf der Bundesregierung einer „Aktienrechtsnovelle 2014" (BT-Drs. 18/4349) wurde im März 2015 in den Bundestag eingebracht und befindet sich derzeit in der parlamentarischen Befassung.

547 Im Koalitionsvertrag von CDU/CSU und SPD für die 18. Legislaturperiode, S. 17, wurde hinsichtlich der Vorstandsvergütung Folgendes vereinbart: „Um Transparenz bei der Feststellung von Managergehältern herzustellen, wird über die Vorstandsvergütung künftig die Hauptversammlung auf Vorschlag des Aufsichtsrats entscheiden."

548 *Klaus-Peter Müller* spricht mit Blick auf die Regelung des § 116 S. 3 AktG allerdings von einer Kollision beider Lösungsansätze, siehe sein Interview mit der Börsen-Zeitung Nr. 109 vom 12.06.2013, S. 11.

seine Vergütungsentscheidung transparenter und nachvollziehbarer werden soll[549]. Ebenfalls neu formuliert ist Ziffer 4.2.3 Abs. 2 S. 6 DCGK, nach der die Vorstandsvergütung insgesamt und hinsichtlich ihrer variablen Bestandteile betragsmäßige Höchstgrenzen aufweisen soll. Nach Ziffer 4.2.3 Abs. 3 DCGK soll der Aufsichtsrat bei Versorgungszusagen gegenüber Vorstandsmitgliedern das jeweils angestrebte Versorgungsniveau – auch nach der Dauer der Vorstandszugehörigkeit – festlegen und den daraus abgeleiteten jährlichen sowie den langfristigen Aufwand für das Unternehmen berücksichtigen. Schließlich erfährt der Inhalt des Vergütungsberichtes nach der Vorstellung der Kodex-Kommission eine Erweiterung um die in Ziffer 4.2.5 Abs. 3 DCGK genannten Angaben, damit diese Informationen zugleich auch immer dem Aufsichtsrat schnell zur Verfügung stehen und dabei seinen Entscheidungen berücksichtigt werden können[550]. Die restlichen elf Empfehlungen betreffend die Vorstandsvergütung, namentlich die Ziffern 4.2.2 Abs. 3[551], 4.2.3 Abs. 2 S. 2, 4.2.3 Abs. 2 S. 4, 4.2.3 Abs. 2 S. 7, 4.2.3 Abs. 2 S. 8, 4.2.3 Abs. 4 S. 1, 4.2.3 Abs. 4 S. 3, 4.2.3 Abs. 5, 4.2.3 Abs. 6, 4.2.5 Abs. 1 S. 2 sowie 4.2.5 Abs. 2 DCGK, sind hingegen unverändert geblieben.

Die zutreffende Information über die Einhaltung der DCGK-Empfehlungen betreffend die Bezüge der Vorstandsmitgliedern ist mit Blick auf § 120 Abs. 4 AktG – erst recht in einer von der Politik angedachten Neufassung – von immenser Bedeutung für das Aktionariat einer Gesellschaft; denn letztlich wird die Vorstandsvergütung von diesem finanziert. Diesem Umstand trug bereits das Gesetz über die Offenlegung von Vorstandsvergütungen (Vorstandsvergütungs-Offenlegungsgesetz – VorstOG)[552] Rechnung[553]. Auch das VorstAG von 2009 bezweckte nicht nur eine Stärkung der „Anreize in der Vergütungsstruktur für Vorstandsmitglieder in Richtung einer nachhaltigen und auf Langfristigkeit ausgerichteten Unternehmensführung“, sondern zugleich die Verbesserung der „Transparenz der Vorstandsvergütung gegenüber den

549 Siehe die Erläuterung der Änderungsvorschläge 2013 durch die Regierungskommission Deutscher Corporate Governance Kodex, S. 6. Die bisherige Empfehlung in Ziffer 4.2.2 Abs. 1 S. 2 DCGK, der zufolge ein etwaiger Vergütungsausschuss dem Aufsichtsratsplenum seine Vorschläge unterbreiten soll, wurde hingegen gestrichen bzw. in eine Wiedergabe von § 107 Abs. 3 AktG umgewandelt, siehe die Erläuterung, S. 3. Ausführlich zu den neu aufgenommenen Kodex-Empfehlungen *Wilsing/von der Linden*, DStR 2013, S. 1291 ff.

550 Siehe die Erläuterung der Änderungsvorschläge 2013 durch die Regierungskommission Deutscher Corporate Governance Kodex, S. 6. Ziffer 4.2.5 Abs. 3 DCGK ist im Zuge der Kodex-Novelle 2015 lediglich in einem Punkt sprachlich überarbeitet worden.

551 Ziffer 4.2.2 Abs. 3 DCGK ist im Rahmen der Kodex-Novelle 2015 lediglich sprachlich überarbeitet worden, um eine bessere Lesbarkeit zu gewährleisten, siehe die Medien-Präsentation der Regierungskommission Deutscher Corporate Governance Kodex vom 11.05.2015, S. 12.

552 Gesetz vom 03.08.2005, BGBl. I, S. 2267.

553 Vgl. Begr. des Entwurfs des VorstOG, BT-Drs. 15/5577, S. 6.

Aktionären und der Öffentlichkeit"[554]. Die Beantwortung der aus Aktionärssicht entscheidenden Frage, ob das von ihnen u. a. für die Erfüllung der Vergütungsansprüche zur Verfügung gestellte Kapital sinnvoll eingesetzt wurde, hängt maßgeblich von der im Rahmen der Entlastungsentscheidung zu bewertenden unternehmerischen Perfomance des Vorstands ab. Mithin ist eine in Bezug auf die Kodex-Empfehlungen zur Vorstandsvergütung unrichtige Entsprechenserklärung in einem für die Entlastungsentscheidung der Aktionäre wesentlichen Punkt unrichtig und führt damit zur Anfechtbarkeit des dennoch gefassten Entlastungsbeschlusses[555]. Dies gilt hinsichtlich aller in den Ziffer 4.2.2, 4.2.3 und 4.2.5 DCGK enthaltener Empfehlungen; insbesondere sind die Empfehlungen zur (objektiven[556]) Unabhängigkeit eines etwaig hinzugezogenen externen Vergütungsexperten (Ziffer 4.2.2 Abs. 3 DCGK) sowie zur Vereinbarung eines Abfindungs-Caps bei Abschluss von Vorstandsverträgen (Ziffer 4.2.3 Abs. 3 S. 1 und 3, Abs. 4 DCGK) nicht so unbestimmt, dass sie eindeutige Verstöße gegen § 161 AktG grundsätzlich nicht zu begründen vermögen würden[557].

dd) Interessenkonflikte

Nach Ziffer 4.3.3 S. 1 DCGK soll jedes Vorstandsmitglied Interessenkonflikte dem Aufsichtsrat gegenüber unverzüglich offenlegen und die anderen Vorstandsmitglieder hierüber informieren. Diese Empfehlung dient nicht nur der Schaffung von Transparenz, sondern hat darüber hinaus auch präventive Wirkung[558]. Des Weiteren sollen gem. Ziffer 4.3.3 S. 4 DCGK wesentliche Geschäfte der Gesellschaft mit einem Vorstandsmitglied nahe stehenden Personen oder Unternehmungen einem Zustimmungsvorbehalt des Aufsichtsrats unterliegen[559]. Gleiches gilt für die Übernahme von Nebentätigkeiten, insbesondere Aufsichtsratsmandaten außerhalb des Unternehmens, durch Vorstandsmitglieder, vgl. Ziffer 4.3.4 DCGK. Die wahrheitsgemäße Information über die Befolgung dieser Kodex-Empfehlungen ist im Rahmen der Entlastungsentscheidung von immenser Bedeutung; denn andernfalls können die Aktionäre die Frage, ob sich der Vorstand bei seiner Tätigkeit ausschließlich am Unternehmensinteresse orientiert und damit zweckmäßig gehandelt hat, und infolgedessen ihr Vertrauen auch für die Zukunft genießt, nicht sachgerecht beantworten.

---

554 Begr. des Entwurfs des VorstAG, BT-Drs. 16/12278, S. 1.

555 Vgl. LG Krefeld ZIP 2007, S. 730 (733), welches die Schwere des Verstoßes gegen § 161 AktG durch unterlassene Offenlegung der Abweichung von den Vergütungsempfehlungen des DCGK nur deshalb verneinte, da die Abweichung aus der Satzung der beklagten Gesellschaft ersichtlich war. Für die Wesentlichkeit sämtlicher Empfehlungen ebenfalls *Mutter*, ZGR 2009, S. 788 (799); *Woitzyk*, Anfechtung, S. 156.

556 *Weber-Rey/Buckel*, NZG 2010, S. 761 (762).

557 In Bezug auf Ziffer 4.2.2 Abs. 3 DCGK ebenfalls *Weber-Rey/Buckel*, NZG 2010, S. 761 (766). AA *Kleefass*, Entsprechenserklärung, S. 188 ff.

558 *Ringleb*, in: Ringleb/Kremer/Lutter/v. Werder, DCGK, Rn. 830 und 834.

559 Zu der Frage, wann ein Geschäft wesentlich ist *Ringleb*, in: Ringleb/Kremer/Lutter/v. Werder, DCGK, Rn. 845 f.

Die Ziffern 4.3.3 und 4.3.4 DCGK stellen – i. V. m. §§ 243, 161 AktG – daher ein hohes Risiko für den Bestand von Entlastungsbeschlüssen dar[560].

d) Aufsichtsrat

Die Empfehlungen des fünften Abschnitts des DCGK betreffend den Aufsichtsrat sind ebenfalls im Kontext der Veränderung seiner Rolle hin zu einem die Vorstandsarbeit aktiv begleitenden Organ zu sehen. Der gestiegenen Bedeutung dieser beratenden, präventiv wirkenden Aufsichtsratstätigkeit trägt die Kodex-Kommission mit ihren Bemühungen um eine Steigerung der Professionalisierung der Aufsichtsratsarbeit Rechnung[561].

aa) Bestellung des Vorstands

Etwas außerhalb dieses Sachzusammenhangs steht dabei zunächst Ziffer 5.1.2 Abs. 1 S. 2 DCGK, nach der der Aufsichtsrat bei der Zusammensetzung auch auf Vielfalt (Diversity) achten soll. Bis zur Kodex-Novelle 2015 hatte die Kodex-Kommission mit der Schaffung von Vielfalt im Vorstand insbesondere eine angemessene Berücksichtigung von Frauen im Blick (vgl. Ziffer 5.1.2 Abs. 1 S. 2 DCGK a. F.). Die Empfehlung zur Frauenförderung, erst 2010 in den Kodex aufgenommen, ist jedoch durch das Gesetz für die gleichberechtigte Teilhabe von Frauen und Männern an Führungspositionen in der Privatwirtschaft und im öffentlichen Dienst[562] obsolet geworden: Nach § 111 Abs. 5 AktG n. F. legt der Aufsichtsrat von börsennotierten oder der Mitbestimmung unterliegenden Aktiengesellschaften nunmehr Zielgrößen für den Frauenanteil im Vorstand fest. Diese Gesetzesänderung wurde im Rahmen der Kodex-Novelle 2015 nachgezeichnet[563]. Bereits durch die Herausnahme der Frauenförderung aus Ziffer 5.1.2 DCGK hat diese Empfehlung an Bedeutung verloren; maßgeblich ist insoweit nunmehr die gesetzliche „Flexi-Quote“. Zudem hat der Aufsichtsrat – ebenso wie bei Ziffer 4.1.5 S. 1 DCGK – auch bei der Besetzung von Vorstandsposten lediglich auf Diversity zu achten. Aufgrund des fehlenden Erfordernisses einer konkreten Zielsetzungserfolgs gilt auch hier, dass nicht erklärte Abweichungen von der für befolgt erklärten Ziffer 5.1.2 Abs. 1 S. 2 DCGK, mithin in diesem Punkt unrichtige Entsprechenserklärungen, in der Regel kaum vorliegen bzw. nachweisbar sein dürften. Daher wird eine Anfechtung von Entlastungsbeschlüssen

---

560 *Goette*, in: FS Hüffer, S. 225 (234); *Kleefass*, Entsprechenserklärung, S. 194; *Mutter*, ZGR 2009, S. 788 (799 f.); *Woitzyk*, Anfechtung, S. 156.

561 *Kremer*, in: Ringleb/Kremer/Lutter/v. Werder, DCGK, Rn. 849. Siehe auch die Medien-Präsentation der Regierungskommission Deutscher Corporate Governance Kodex vom 11.05.2015, S. 4 ff.

562 Siehe Fn. 527.

563 Medien-Präsentation der Regierungskommission Deutscher Corporate Governance Kodex vom 11.05.2015, S. 16.

wegen eindeutigen Verstoßes gegen § 161 AktG i. V. m. Ziffer 5.1.2 Abs. 1 S. 2 DCGK regelmäßig ausscheiden[564].

Gleiches gilt für Ziffer 5.1.2 Abs. 1 S. 4 DCGK, der zufolge Vorstand und Aufsichtsrat gemeinsam für eine langfristige Nachfolgeplanung sorgen sollen. Auch in diesem Fall erscheint es nur schwer vorstellbar, beiden Organen einen Verstoß gegen die für befolgt erklärte Empfehlung nachweisen zu können, weshalb die Anfechtungsrelevanz dieser Ziffer gering ist[565]. Zudem stößt die langfristige Nachfolgeplanung, so erstrebenswert sie auch sein mag, in der Regel bereits dann an ihre Grenzen, wenn eine Neubesetzung von Vorstandsposten ungeplant notwendig wird; ihre grundsätzliche Bedeutung darf daher nicht allzu hoch angesiedelt werden[566].

Anders verhält es sich im Hinblick auf Ziffer 5.1.2 Abs. 2 S. 2 DCGK, wonach eine Wiederbestellung von Vorstandsmitgliedern vor Ablauf eines Jahres vor dem Ende der Bestelldauer bei gleichzeitiger Aufhebung der laufenden Bestellung nur bei Vorliegen besonderer Umstände erfolgen soll. Die in praxi weit verbreitete Verlängerung der Bestellung über die Fünf-Jahres-Frist des § 84 Abs. 1 S. 1 AktG durch einvernehmliche Aufhebung der bisherigen Bestellung und anschließende Neubestellung ist mit Blick auf den Telos des § 84 Abs. 1 S. 3 AktG rechtlich nicht unproblematisch[567]. Diesem Umstand trägt die Kodex-Kommission mit obiger Empfehlung Rechnung. In Anbetracht der von § 84 Abs. 1 S. 3 AktG bezweckten Vermeidung einer „überlange[n] Bindung der Gesellschaft an ein Vorstandsmitglied“[568] handelt es sich bei der Frage der Befolgung von Ziffer 5.1.2 Abs. 2 S. 2 DCGK um einen wesentlichen Punkt der Kodex-Erklärung[569].

---

564 *Kleefass*, Entsprechenserklärung, S. 195; *Kocher*, BB 2010, S. 264 (266); einschränkend *Woitzyk*, Anfechtung, S. 157, der unter Hinweis auf die Begrenzung des betroffenen Personenkreises davon ausgeht, jedenfalls eine Nichtzugehörigkeit von Frauen zum Vorstand über einen längeren Zeitraum würde einen Verstoß gegen Ziffer 5.1.2 Abs. 1 S. 2 DCGK a. F. darstellen. Diese Annahme erscheint nur wenig überzeugend, da auch die Befolgung von Ziffer 5.1.2 Abs. 1 S. 2 DCGK keinen Besetzungserfolg erfordert, sofern der Aufsichtsrat deutlich macht, dass er bei der Bestellung des Vorstandsmitglieds mit der Thematik „Diversity“ beschäftigt hat.

565 *Kleefass*, Entsprechenserklärung, S. 195; *Woitzyk*, Anfechtung, S. 157. AA *Mutter*, ZGR 2009, S. 788 (800).

566 *Kremer*, in: Ringleb/Kremer/Lutter/v. Werder, DCGK, Rn. 895; *Kleefass*, Entsprechenserklärung, S. 195; vgl. auch *Goette*, in: FS Hüffer, S. 225 (235); *Kleindiek*, in: FS Goette, S. 239 (246).

567 Zum Meinungsstand hinsichtlich der Frage, ob eine unzulässige Umgehung des § 84 Abs. 1 S. 3 AktG vorliegt, vgl. *Fleischer*, in: Spindler/Stilz, AktG, § 84 Rn. 13. Für die Zulässigkeit der vorzeitigen Wiederbestellung etwa *Fleischer*, in: Spindler/Stilz, AktG, § 84 Rn. 19; *Hüffer*, AktG, § 84 Rn. 8 (noch in der Vorauflage hingegen einschränkend); *Weber*, in: Hölters, AktG, § 84 Rn. 26. AA etwa AG Duisburg NZI 2008, S. 621 (622); *Spindler*, in: MünchKommAktG, § 84 Rn. 44.

568 *Weber*, in: Hölters, AktG, § 84 Rn. 24.

569 *Mutter*, ZGR 2009, S. 788 (800); *Woitzyk*, Anfechtung, S. 158.

Ziffer 5.1.2 Abs. 2 S. 3 DCGK empfiehlt dem Aufsichtsrat die Festlegung einer Altersgrenze für Vorstandsmitglieder, um den mit einer Vorstandstätigkeit verbundenen Belastungen Rechnung zu tragen[570]. Die Frage der Umsetzung dieser Kodex-Empfehlungen lässt einiges über die Anerkennung der Vorstandsarbeit durch den Aufsichtsrat und dessen Interesse an einer starken und effizienten Unternehmensleitung erkennen, weshalb Ziffer 5.1.2 Abs. 2 S. 3 DCGK grundsätzlich einen wesentlichen Punkt der Entsprechenserklärung ausmacht[571]. An ihrer anfechtungsrechtlichen Relevanz – vermittelt über § 161 AktG – dürfte es in praxi dennoch fehlen, da an die Einhaltung der Empfehlung keine allzu strengen Anforderungen zu stellen sind: So soll eine Aktualisierung der bisherigen Kodex-Erklärung, mit der Ziffer 5.1.2 Abs. 2 S. 3 DCGK für befolgt erklärt wird, auch dann nicht erforderlich sein, wenn die Altersgrenze zwar einmal nicht eingehalten, sie jedoch nicht generell in Frage gestellt wird[572].

bb) Arbeitsweise des Aufsichtsrats, Rolle des Aufsichtsratsvorsitzenden

Ebenso wie der Vorstand (Ziffer 4.2.1 S. 2 DCGK) soll sich auch der Aufsichtsrat eine Geschäftsordnung geben, damit seine Arbeitsabläufe eine Regelung erfahren, Ziffer 5.1.3 DCGK. Im Hinblick auf die Wertung des § 289a Abs. 2 Nr. 3 HGB handelt es sich auch hierbei um einen wesentlichen Punkt der Kodex-Erklärung, sodass aus einer diesbezüglichen Unrichtigkeit der Erklärung die Anfechtbarkeit des Entlastungsbeschlusses folgt[573].

Gleiches gilt für die erste der drei in Ziffer 5.2 DCGK enthaltenen Empfehlungen betreffend die Rolle des Aufsichtsratsvorsitzenden. Nach Ziffer 5.2 Abs. 2 DCGK soll dieser nicht den Vorsitz im Prüfungsausschuss nach Ziffer 5.3.2 DCGK inne haben, damit dessen Mitglieder den Jahresabschluss unbefangen prüfen können[574]. Bereits der Sache nach ist diese Empfehlung bedeutsam, da die Frage der Umsetzung der Empfehlung einiges über den eigenen Anspruch des Aufsichtsrats an eine effiziente Kontrolltätigkeit verrät. Zudem gehört die Person des Ausschussvorsitzenden auch zu jenen Angaben, die die Erklärung zur Unternehmensführung nach § 289a Abs. 2 Nr. 3 HGB beinhalten sollte[575]. Die Anfechtungsrelevanz der Ziffer 5.2 Abs. 2 DCGK ist – auch im Hinblick auf die eindeutige Formulierung der Empfehlung –folglich zu bejahen[576].

---

570 *Kremer*, in: Ringleb/Kremer/Lutter/v. Werder, DCGK, Rn. 905.

571 *Mutter*, ZGR 2009, S. 788 (800); *Woitzyk*, Anfechtung, S. 157.

572 *Kremer*, in: Ringleb/Kremer/Lutter/v. Werder, DCGK, Rn. 906.

573 Siehe bereits oben zu Ziffer 4.2.1 S. 2 DCGK; ebenso *Kleefass*, Entsprechenserklärung, S. 196; *Mutter*, ZGR 2009, S. 788 (800); *Woitzyk*, Anfechtung, S. 158.

574 *Kremer*, in: Ringleb/Kremer/Lutter/v. Werder, DCGK, Rn. 922.

575 *Grottel/Röhm-Kottmann*, Beck'scher Bilanz-Kommentar, § 289a HGB Rn. 26.

576 *Mutter*, ZGR 2009, S. 788 (800).

Anders verhält es sich hingegen mit weiteren in Ziffer 5.2 DCGK enthaltenen Empfehlungen; deren geringere praktische Eignung, über § 161 AktG die Anfechtbarkeit von Entlastungsbeschlüssen zu begründen, beruht dabei auf ihrer eher weiten Formulierung. Nach Ziffer 5.2 Abs. 3 S. 1 DCGK soll ein regelmäßiger Austausch des Aufsichtsratsvorsitzenden mit dem Vorstand bzw. dessen Vorsitzendem stattfinden. Die Empfehlung steht in einem unmittelbaren Zusammenhang mit Ziffer 3.4 Abs. 1 S. 3 DCGK und ist daher keinesfalls bedeutungsarm[577]; für die Bedeutsamkeit einer wahrheitsgemäßen Information über ihre Umsetzung streitet gleichfalls die Wertung des § 289a Abs. 2 Nr. 3 HGB[578]. Allerdings steht die Gestaltung des Meinungsaustauschs im freien Ermessen der betroffenen Personen[579]. Ein eindeutiger Verstoß gegen die Empfehlung – durch welchen die Kodex-Erklärung zweifelsohne in einem wesentlichen Punkt unrichtig würde – wird daher nur für den Fall des vollständigen Ausbleibens des Meinungsaustauschs oder dessen bloß sporadischer Durchführung zu bejahen sein.

Im Hinblick auf den Ermessensspielraum, welcher dem Aufsichtsratsvorsitzenden bei der Einberufung außerordentlicher Aufsichtsratssitzungen eingeräumt wird, bedarf auch die Eindeutigkeit einer Abweichung von Ziffer 5.2 Abs. 3 S. 3 DCGK einer genauen Prüfung. Sofern allerdings der Aufsichtsratsvorsitzende zur Einberufung einer außerordentlichen Sitzung verpflichtet gewesen wäre[580], dieser Verpflichtung jedoch auch im Angesicht der für befolgt erklärten Kodex-Empfehlung nicht nachgekommen ist, ist eine Entsprechenserklärung, die nicht umgehend aktualisiert wurde, nicht zuletzt mit Blick auf § 289a HGB in einem wesentlichen Punkt unrichtig[581].

cc) Bildung von Aufsichtsratsausschüssen

Die Ziffern 5.3.1, 5.3.2 und 5.3.3 DCGK enthalten insgesamt sieben Empfehlungen, welche dem Aufsichtsrat die Bildung bestimmter Ausschüsse, insbesondere eines Prüfungsausschusses sowie eines Nominierungsausschusses, nahelegen. An die Person des Vorsitzenden des Prüfungsausschusses sollen dabei besondere Anforderungen gestellt werden, vgl. Ziffer 5.3.2 S. 2 und 3 DCGK. Die fachliche Qualifikation wenigstens eines Mitglieds des Prüfungsausschusses versteht sich bereits von selbst, ist aber auch qua Gesetz erforderlich, vgl. § 107 Abs. 4 AktG. Der Kodex konkretisiert diese gesetzliche Vorgabe dahingehend, dass die entsprechenden Fachkenntnisse in

577 Siehe oben unter C. III. 6. b) aa).

578 *Kleefass*, Entsprechenserklärung, S. 196, und *Woitzyk*, Anfechtung, S. 158, lassen den Rückgriff auf § 289a HGB genügen und bejahen die Anfechtungsrelevanz von Ziffer 5.2 Abs. 3 S. 1 DCGK uneingeschränkt.

579 Vgl. *Wilsing*, in: Wilsing, DCGK, Ziff. 5.2 Rn. 17.

580 Hierzu *Habersack*, in: MünchKommAktG, § 110 Rn. 7.

581 Für die uneingeschränkte Anfechtungsrelevanz wiederum *Kleefass*, Entsprechenserklärung, S. 196, und *Woitzyk*, Anfechtung, S. 158.

der Person des Ausschussvorsitzenden vorliegen sollen[582]. Der Vorschlag zur Beachtung einer zweijährigen cooling-off-Periode in Ziffer 5.3.2 S. 3 DCGK soll – ebenso wie die Empfehlung in Ziffer 5.2 Abs. 2 DCGK – eine unabhängige und unbefangene Prüfungsarbeit im Ausschuss sicherstellen[583]. Sinn und Zweck der Einrichtung eines Nominierungsausschusses, welcher die vom Aufsichtsrat der Hauptversammlung gem. § 124 Abs. 3 AktG zu unterbreitenden Wahlvorschläge vorbereitet, ist nicht nur die Entlastung des Aufsichtsratsplenums, sondern auch die Gewährleistung der qualifizierten Wahrnehmung dieser Aufgabe sowie die Steigerung der Transparenz der Kandidatenauswahl[584]. Im Hinblick auf § 289a Abs. 2 Nr. 3 HGB und die hiernach explizit vorgesehene Information der Öffentlichkeit über die Zusammensetzung und Arbeitsweise der Ausschüsse des Aufsichtsrats sind sämtliche Empfehlungen der Ziffer 5.3 DCGK als wesentlich und damit über § 161 AktG anfechtungsrelevant[585], wobei freilich die Feststellung einer eindeutigen Abweichung von Ziffer 5.3.2 S. 2 DCGK aufgrund des dem Aufsichtsrat bei der Beurteilung der fachlichen Qualifikation eingeräumten Ermessens[586] nicht immer leicht fallen dürfte[587].

dd) Zusammensetzung des Aufsichtsrats

In den Ziffern 5.4.1 und 5.4.2 DCGK finden sich insgesamt elf Empfehlungen zur Zusammensetzung des Aufsichtsrats.

(1) Vielfalt

Durch die Kodex-Novelle 2010 neu gefasst wurde Ziffer 5.4.1 Abs. 2 DCGK, wonach der Aufsichtsrat für seine Zusammensetzung konkrete Ziele benennen soll, die unter Beachtung der unternehmensspezifischen Situation die internationale Tätigkeit des Unternehmens, potentielle Interessenkonflikte, die Anzahl der unabhängigen Aufsichtsratsmitglieder i. S. v. Ziffer 5.4.2 DCGK, eine festzulegende Altersgrenze und Vielfalt (Diversity) berücksichtigen, wobei insbesondere eine angemessene Beteiligung von Frauen vorgesehen werden sollte. Diese aufgrund ihrer gesellschaftspolitischen Aufladung äußerst kontroverse[588] Empfehlung wurde im Zuge der Kodex-Novelle 2015 erneut überarbeitet. Infolge der durch das Gesetz für die

---

582 Vgl. *Wilsing*, in: Wilsing, DCGK, Ziff. 5.3.2 Rn. 4.
583 Vgl. *Kremer*, in: Ringleb/Kremer/Lutter/v. Werder, DCGK, Rn. 952.
584 *Kremer*, in: Ringleb/Kremer/Lutter/v. Werder, DCGK, Rn. 964.
585 *Kleefass*, Entsprechenserklärung, S. 198; *Mutter*, ZGR 2009, S. 788 (800); *Woitzyk*, Anfechtung, S. 158.
586 Vgl. *Kremer*, in: Ringleb/Kremer/Lutter/v. Werder, DCGK, Rn. 951.
587 So auch *Kleefass*, Entsprechenserklärung, S. 198.
588 Vgl. *Hoffmann-Becking*, ZIP 2011, S. 1173 (1176); *Mülbert*, ZHR 174 (2010), S. 375 (382). Siehe aus der Tagespresse *Döring*, Börsen-Zeitung Nr. 110 vom 12.06.2010, S. 8; *Jahn*, F.A.Z. Nr. 137 vom 17.06.2010, S. 11; *Knop*, F.A.Z. Nr. 236 vom 11.10.2010, S. 13). Bemerkenswert sind auch die verhältnismäßig äußerst niedrigen Befolgungsquoten, vgl. *v. Werder/Bartz*, DB 2014, S. 905 (910).

gleichberechtigte Teilhabe von Frauen und Männern an Führungspositionen in der Privatwirtschaft und im öffentlichen Dienst[589] eingeführten fixen Frauenquote im Aufsichtsrat von mindestens 30% (§ 96 Abs. 2 und 3 AktG n. F.) wurde die explizite Nennung der Frauenförderung in Ziffer 5.4.1 Abs. 2 DCGK – ebenso wie in Ziffer 5.1.2 Abs. 1 S. 2 DCGK – obsolet und daher gestrichen[590]. Aufgenommen wurde hingegen eine festzulegende Regelgrenze für die Zugehörigkeitsdauer zum Aufsichtsrat, die künftig bei der Benennung der konkreten Ziele für die Zusammensetzung des Aufsichtsrats berücksichtigt werden soll. Diese Empfehlung soll für eine „stetige Erneuerung" des Aufsichtsrats sorgen und einer „Betriebsblindheit" langjähriger Aufsichtsratsmitglieder vorbeugen[591].

Während Ziffer 5.4.1 DCGK bis zur Kodex-Novelle 2010 lediglich die Beachtung einzelner Aspekte bei der Besetzung des Aufsichtsrats empfahl (internationale Tätigkeit, potentielle Interessenkonflikte, festzulegende Altersgrenze sowie Vielfalt), muss der Aufsichtsrat nunmehr hinsichtlich sämtlicher in der Empfehlung i. d. F. vom 15.05.2015 genannten Kriterien konkrete Ziele benennen. Damit geht Ziffer 5.4.1. Abs. 2 DCGK über die anderen Diversity-Empfehlungen des Kodex (Ziffer 4.1.5 S. 1 und 5.1.2 S. 2 DCGK) hinaus. Hinreichend konkret sind die von der Gesellschaft selbst gesteckten Ziele dann, wenn sie jedenfalls sowohl zeitliche als auch quantitative Vorgaben beinhalten[592]. Trotz des freien Ermessens des Aufsichtsrats bei der Formulierung dieser Ziele[593] erweist sich die Einhaltung von Ziffer 5.4.1 Abs. 2 DCGK – im Gegensatz zu den beiden anderen Diversity-Empfehlungen – als justiziabel, insbesondere da die Zielvorgaben öffentlich zu machen sind, vgl. Ziffer 5.4.1 Abs. 3 S. 2 DCGK. Fehlt die Aufstellung konkreter Ziele trotz anderslautender Erklärung gänzlich, so liegt unzweifelhaft ein Verstoß gegen Ziffer 5.4.1 Abs. 2 DCGK und damit eine unrichtige Entsprechenserklärung vor. Aber auch die Frage nach der hinreichenden Konkretisierung der gesetzten Ziele ist einer gerichtlichen Kontrolle zugänglich[594].

Für die Einhaltung von Ziffer 5.4.1 Abs. 2 DCGK – und damit auch für die inhaltliche Korrektheit der Kodex-Erklärung – nicht entscheidend ist hingegen, ob die vom Aufsichtsrat gesteckten Ziele auch tatsächlich erreicht werden; die Kodex-Empfehlung

---

589 Siehe Fn. 527.

590 Siehe auch die Medien-Präsentation der Regierungskommission Deutscher Corporate Governance Kodex vom 11.05.2015, S. 17.

591 Erläuterung der Änderungsvorschläge 2015 durch die Regierungskommission Deutscher Corporate Governance Kodex, S. 8.

592 *Deilmann/Albrecht*, AG 2010, S. 727 (730); *Kremer*, in: Ringleb/Kremer/Lutter/v. Werder, DCGK, Rn. 988; *Weber-Rey/Handt*, NZG 2011, S. 1 (3). Für die Notwendigkeit bloß quantitativer Vorgaben *Wilsing*, in: Wilsing, DCGK, Ziff. 5.4.6 Rn. 4; *Ihrig/Meder*, ZIP 2012, S. 1210 (1216); *Mense/Rosenhänger*, GWR 2010, S. 311 (312).

593 *Paschos/Goslar*, NZG 2012, S. 1361 (1364); *Kremer*: in: Ringleb/Kremer/Lutter/v. Werder, DCGK, Rn. 984; *Weber-Rey/Handt*, NZG 2011, S. 1 (3).

594 *Deilmann/Albrecht*, AG 2010, S. 727 (731).

verlangt keinerlei Besetzungserfolg[595]. Sollte es an einem solchen tatsächlich fehlen, so haben Vorstand und Aufsichtsrat diesen Umstand aber in ihrem Corporate Governance-Bericht i. S. d. Ziffer 3.10 DCGK – sofern sie diese denn umsetzen – offen zu legen, vgl. Ziffer 5.4.1 Abs. 3 S. 2 DCGK. Sofern der Aufsichtsrat entgegen der für befolgt erklärten Kodex-Empfehlung keine Ziele für seine Zusammensetzung benennt oder diese nicht hinreichend konkret sind, liegt eine Unrichtigkeit der Entsprechenserklärung in einem wesentlichen Punkt vor. Daran ändert auch die Streichung der Frauenförderung im Rahmen der Nachzeichnung des Gesetzes für die gleichberechtigte Teilhabe von Frauen und Männern an Führungspositionen in der Privatwirtschaft und im öffentlichen Dienst nichts. Denn im Zuge der Bestrebungen um eine stärkere Professionalisierung der Aufsichtsratstätigkeit kommt auch der zutreffenden Unterrichtung über die Berücksichtigung der verbleibenden Kriterien der Ziffer 5.4.1 Abs. 2 DCGK eine entscheidende Bedeutung zu. Die Anfechtungsrelevanz von Verstößen gegen § 161 AktG wegen nicht offengelegter Abweichung von Ziffer 5.4.1 Abs. 2 DCGK ist folglich zu bejahen[596].

Nicht anfechtungsrelevant hingegen sind nicht offengelegte Abweichungen von Ziffer 5.4.1 Abs. 3 S. 1 DCGK, da der Kodex lediglich die Berücksichtigung der Zielvorgaben bei den Wahlvorschlägen an die Hauptversammlung gem. § 124 Abs. 3 AktG empfiehlt. Erforderlich ist damit nur, dass der Aufsichtsrat die Auswirkungen einer Nominierung auf die gesetzten Zielvorgaben prüft und diese Erwägungen mit in seine diesbezügliche Entscheidung einfließen lässt[597]. Diese Vorgehensweise wird der Aufsichtsrat in der Regel nachweisen können[598].

Eine nicht verlautbarte Abweichung von Ziffer 5.4.1 Abs. 3 S. 2 DCGK führt demgegenüber zur Unrichtigkeit der Entsprechenserklärung in einem wesentlichen Punkt, da ohne Veröffentlichung der Zielsetzung des Aufsichtsrats und dem Stand ihrer Umsetzungen die Bemühungen des Aufsichtsrats um eine möglichst breite Aufstellung nicht nachvollzogen werden können und damit bloße Makulatur würden[599].

(2) Zeitliche Beanspruchung

Erst im Jahr 2015 eingefügt wurde die Empfehlung in Ziffer 5.4.1 Abs. 4 DCGK n. F., wonach sich der Aufsichtsrat für seine Vorschläge zur Wahl neuer Aufsichtsratsmitglieder an die Hauptversammlung bei dem jeweiligen Kandidaten vergewissern

---

595 *Weber-Rey/Handt*, NZG 2011, S. 1 (3).

596 So auch *Deilmann/Albrecht*, AG 2010, S. 727 (731); *Weber-Rey/Handt*, NZG 2011, S. 1 (5); *Woitzyk*, Anfechtung, S. 160. AA *Kleefass*, Entsprechenserklärung, S. 183; *Kocher*, BB 2010, S. 264 (266), beide allerdings vom Wortlaut der Ziffer 5.1.2 S. 2 DCGK i. d. F. vom 18.06.2009 („achten") ausgehend.

597 *Wilsing*, in: Wilsing, DCGK, Ziff. 5.4.1 Rn. 12; *Mense/Rosenhänger*, GWR 2010, S. 311 (312). AA *Ihrig/Meder*, ZIP 2012, S. 1210 (1211), denen zufolge die „Berücksichtigung" der gesetzten Ziele erfordert, dass sich diese auch im Wahlvorschlag widerspiegeln.

598 Ebenso *Woitzyk*, Anfechtung, S. 160.

599 So auch *Woitzyk*, Anfechtung, S. 160.

soll, dass er den zu erwartenden Zeitaufwand aufbringen kann[600]. Die Frage der Befolgung oder Nichtbefolgung dieser Empfehlung lässt auf die Ernsthaftigkeit eines Bemühens um eine qualifizierte Wahrnehmung eines Aufsichtsratsmandats – und damit auch um eine stärkere Professionalisierung der Aufsichtsratsarbeit – schließen[601]. Daher ist eine diesbezügliche Unrichtigkeit der Entsprechenserklärung grundsätzlich auch wesentlich. Ein Verstoß gegen § 161 AktG i. V. m. Ziffer 5.4.1 Abs. 4 DCGK ist jedoch nur denkbar, wenn eine vorherige Vergewisserung entgegen der verlautbarten Absicht überhaupt nicht stattgefunden hat oder – in praxi freilich äußerst unwahrscheinlich – der Aufsichtsrat trotz der Mitteilung seines designierten Mitglieds, den zu erwartenden Zeitaufwand nicht aufbringen zu können, dieses der Hauptversammlung zur Wahl vorschlägt. Selbstverständlich nicht zur Anfechtung berechtigt demgegenüber der Umstand, dass ein gewähltes Aufsichtsratsmitglied entgegen seiner vorherigen Einschätzung mit der qualifizierten Wahrnehmung des neuen Mandats tatsächlich zeitlich überfordert ist[602]; in einem solchen Fall bedarf es schließlich auch keiner unterjährigen Korrektur der Entsprechenserklärung.

(3) Unabhängigkeit

Die Überarbeitung bzw. Neuaufnahme der Kodex-Empfehlungen zur Unabhängigkeit von Aufsichtsratsmitgliedern bildeten den Schwerpunkt der Kodex-Novelle 2012. Seitdem soll der Aufsichtsrat zunächst nach Ziffer 5.4.1 Abs. 5 DCGK bei Unterbreitung seiner Wahlvorschläge gem. § 124 Abs. 3 AktG über die aus persönlichen und geschäftlichen Beziehungen des Kandidaten zum Unternehmen, den Organen der Gesellschaft und einem wesentlich beteiligten Aktionär – erforderlich ist insoweit ein direktes oder indirektes Halten von mehr als 10% der stimmberechtigten Aktien, vgl. Ziffer 5.4.1 Abs. 7 DCGK – resultierenden Näheverhältnisse informieren, damit die Aktionäre Kenntnis von möglichen Abhängigkeiten der designierten Aufsichtsratsmitglieder erhalten, die einer unbefangenen Kontrolltätigkeit entgegen stehen könnten[603]. Dabei sind nur solche Umstände offen zu legen, die aus Sicht eines objektiv urteilenden Aktionärs für seine Wahlentscheidung maßgebend sind, Ziffer 5.4.1 Abs. 6 DCGK. Der frühzeitigen Aktionärsinformation über Verbindungen des potentiellen

---

600 Der ursprüngliche Änderungsvorschlag der Kodex-Kommission, der nach dem Konsultationsverfahren umformuliert wurde, sah demgegenüber vor, dass der Aufsichtsrat Kandidaten für die Wahl in den Aufsichtsrat mitteilen soll, welcher Zeitaufwand für die qualifizierte Wahrnehmung des Mandats erwartet wird, siehe die Erläuterung der Änderungsvorschläge 2015 durch die Regierungskommission Deutscher Corporate Governance Kodex, S. 9.

601 Vgl. die Erläuterung der Änderungsvorschläge 2015 durch die Regierungskommission Deutscher Corporate Governance Kodex, S. 9.

602 Auf die zusätzlichen Schwierigkeiten bei der Festlegung des zu erwartenden Zeitaufwands durch den amtierenden Aufsichtsrat hinweisend *DAV-Handelsrechtsausschuss*, NZG 2015, S. 508 (509); *Mense/Klie*, GWR 2015, S. 92 (94); *Tüngler*, Board 2015, S. 56 (58).

603 *Kremer*, in: Ringleb/Kremer/Lutter/v. Werder, DCGK, Rn. 994.

Aufsichtsratsmitglieds zu „seiner" Gesellschaft, die seine Eignung zur unbefangenen Amtsausübung in Frage stellen, kommt große Bedeutung zu, wie bereits ein Blick auf § 124 Abs. 3 S. 4 AktG zeigt[604]. Der Vergleich zu der gesetzlichen Vorgabe bzgl. des notwendigen Inhalts eines Wahlvorschlages offenbart jedoch zugleich die entscheidende Schwachstelle der Kodex-Empfehlung: Während die gesetzliche Verpflichtung zur Angabe von Name, Wohnort und ausgeübtem Beruf unmissverständlich ist, ist Ziffer 5.4.1 Abs. 5 DCGK denkbar unbestimmt formuliert. So bleibt unklar, welche persönlichen Beziehungen überhaupt offen zu legen sind[605], ebenso, wie detailliert über die der Unbefangenheit möglicherweise entgegenstehenden Umstände zu informieren ist[606]. Die Konkretisierung in Ziffer 5.4.1 Abs. 6 DCGK hilft in diesem Zusammenhang kaum weiter, da die Bestimmung derjenigen Umstände, die aus Sicht eines objektiv urteilenden Aktionärs relevant sind, im Ermessen des Aufsichtsrats liegt[607]. Trotz der – mit Blick auf § 124 Abs. 3 S. 4 AktG – zweifelsohne großen Bedeutung, die einer zutreffenden Information über die Befolgung oder Nichtbefolgung dieser Kodex-Empfehlung für die im Rahmen der Entlastungsentscheidung zu bewertenden Ernsthaftigkeit und angestrebten Effizienz der Kontrolltätigkeit des Aufsichtsrats zukommt, dürfte angesichts der unbestimmten Formulierung der Empfehlung ein eindeutiger Verstoß gegen § 161 AktG i. V. m. Ziffer 5.4.1 Abs. 5 DCGK häufig nicht festzustellen sein[608]. Falls jedoch eine Information über eindeutig berichtenswerte Abhängigkeitsverhältnisse der designierten Aufsichtsratsmitglieder entgegen der für befolgt erklärten Empfehlung unterbleiben sollte, so vermag der darin liegende Verstoß gegen § 161 AktG wegen der Bedeutung von Ziffer 5.4.1 Abs. 5 DCGK für

604 Die Pflicht zur Angabe des ausgeübten Berufs des designierten Aufsichtsratsmitglieds wurde bereits im Rahmen des KonTraG in das Gesetz aufgenommen und dient – im Gegensatz zu der bis dahin lediglich vorgesehenen Angabe des erlernten Berufs – der Information der Aktionäre darüber, „ob der Vorgeschlagene nach seiner individuellen Belastungssituation oder wegen möglicher Interessenkonflikte, die aus einer Tätigkeit in anderen, konkurrierenden Unternehmen herrührt, für das Amt geeignet ist.", Begr. RegE KonTraG, BT-Drs. 13/9712, S. 17.

605 Ausführlich hierzu *de Raet*, AG 2014, S. 488 (490 ff.); *Ringleb/Kremer/Lutter/v. Werder*, NZG 2012, S. 1081 (1086) schlagen insoweit eine Anlehnung an § 15a Abs. 3 WpHG vor.

606 Wiederum ausführlich *de Raet*, AG 2013, S. 488 (495 f.).

607 *Paschos/Goslar*, NZG 2012, S. 1361 (1365); *Wilsing/von der Linden*, DStR 2012, S. 1391 (1392).

608 In diesem Zusammenhang nicht entscheidend ist hingegen, dass die Aktionäre bei Bekanntgabe eines Wahlvorschlages, der trotz anderslautender Kodex-Erklärung die von Ziffer 5.4.1 Abs. 5 DCGK vorgesehenen Angaben nicht enthält, über die Unrichtigkeit der Entsprechenserklärung informiert sind; denn eine Begründung für die (nicht offengelegte) Abweichung fehlt weiterhin. AA vermutlich *Mutter*, ZGR 2009, S. 788 (800 f.).

die Entscheidung über die Billigung der Verwaltungstätigkeit die Anfechtbarkeit des Entlastungsbeschlusses zu begründen[609].

Ziffer 5.4.2 S. 1 DCGK kommt eine geringe Anfechtungsrelevanz zu. Nach dieser Empfehlung soll dem Aufsichtsrat eine nach seiner Einschätzung angemessene Anzahl unabhängiger Mitglieder angehören, wobei die Kriterien der Unabhängigkeit im nachfolgenden Satz näher beschrieben werden. Der Unabhängigkeitsbegriff des DCGK wurde im Zuge der Kodex-Novelle 2012 dahingehend verschärft, dass bereits potentielle Interessenkonflikte infolge einer persönlichen oder geschäftlichen Beziehung des Mitglieds zu der Gesellschaft, ihren Organen, einem kontrollierenden Aktionär oder einem mit diesem verbundenen Unternehmen der Unabhängigkeit entgegenstehen, wobei diese potentiellen Konflikte allerdings dauerhaft und wesentlich sein müssen[610]. Die fehlende praktische Eignung von Ziffer 5.4.2 S. 1 DCGK, über § 161 AktG einen zur Anfechtbarkeit des Entlastungsbeschlusses führenden Gesetzesverstoß zu begründen, beruht dabei nicht etwa auf einer nur untergeordneten Bedeutung der Empfehlung – ganz im Gegenteil: Angesichts der angestrebten Professionalisierung der Aufsichtsratstätigkeit kommt der Frage der Umsetzung von Ziffer 5.4.2 S. 1 DCGK großes Gewicht für die Organentlastung zu. Entscheidend gegen die Anfechtungsrelevanz spricht der sich (ausschließlich) auf die Anzahl der unabhängigen Mitglieder beziehende weite Ermessensspielraum[611] des Aufsichtsrats[612]. Daneben stellt sich auch hier freilich wieder die Frage, welche persönlichen Beziehungen einen Interessenkonflikt zu begründen vermögen (s.o.). Schließlich bleibt unklar, was die Kodex-Kommission unter einem „kontrollierenden Aktionär" i. S. d. Ziffer 5.4.2 S. 2 DCGK versteht[613].

---

609 Aufgrund des hier vertretenen Erfordernisses eines Verstoßes gegen § 161 AktG im Entlastungszeitraum bzw. mit Bezug auf diesen kann jedoch erst derjenige Entlastungsbeschluss angefochten werden, der den Wahlvorschlag des Aufsichtsrats zeitlich erfasst.

610 Ausführlich zum Unabhängigkeitsbegriff *Hasselbach/Jakobs*, BB 2013, S. 643 ff.; *Kremer/v. Werder*, AG 2013, S. 340 (343 ff.); *Stephanblome*, NZG 2013, S. 445 ff.

611 *Wilsing*, in: Wilsing, DCGK, Ziff. 5.4.2 Rn. 9; *Hasselbach/Jakobs*, BB 2013, S. 643 (650); *Kremer/v. Werder*, AG 2013, S. 340 (346); *Paschos/Goslar*, NZG 2012, S. 1361 (1364); *Kremer*, in: Ringleb/Kremer/Lutter/v. Werder, DCGK, Rn. 1023.

612 Vgl. LG Köln Der Konzern 2012, S. 139 (145); ebenso *Nikoleyczik/Schult*, GWR 2012, S. 289 (291); *Woitzyk*, Anfechtung, S. 161 f.; *Wilsing/von der Linden*, DStR 2012, S. 1391 (1392) weisen darauf hin, dass die Frage, ob die Aufsichtsratsmitglieder auch tatsächlich unabhängig sind, demgegenüber objektiv zu beantworten und einer vollen gerichtlichen Überprüfung zugänglich ist.

613 Zu den verschiedenen Möglichkeiten, die Kontrollmöglichkeit i. S. d. Ziffer 5.4.2 S. 2 DCGK entweder in Anlehnung an Vorschriften des AktG oder aber des WpÜG zu bestimmen *Paschos/Goslar*, NZG 2012, S. 1361 (1362 f.); *Kremer*, in: Ringleb/Kremer/Lutter/v. Werder, DCGK, Rn. 1013; *Stephanblome*, NZG 2012, S. 445 (448). Zu der Frage der grundsätzlichen Sinnhaftigkeit der Einbeziehung von kontrollierenden Aktionären in die Unabhängigkeitsüberlegungen *Paschos/Goslar*, NZG 2012, S. 1361 (1362).

Demgegenüber erweist sich Ziffer 5.4.2 S. 3 DCGK als uneingeschränkt justiziabel. Die Frage, ob dem Aufsichtsrat einer Aktiengesellschaft entgegen der für befolgt erklärten Kodex-Empfehlung mehr als zwei ehemalige Vorstandsmitglieder angehören, ist gerichtlich voll nachprüfbar. Angesichts des in der Befolgung der Empfehlung zum Ausdruck kommenden Bemühens um eine effektive und ernst zu nehmenden Kontrolltätigkeit des Aufsichtsrats ist eine diesbezüglich unrichtige Kodex-Erklärung auch in einem wesentlichen Punkt i. S. d. höchstrichterlichen Rechtsprechung unrichtig[614]. Unter Anlegung des vom BGH entwickelten Maßstabs hinsichtlich einer anderweitigen Kenntniserlangung der Aktionäre dürfte die Anfechtung gleichwohl ausgeschlossen sein; denn immerhin erfahren diese durch die Wahlvorschläge von einer früheren Vorstandstätigkeit der designierten Aufsichtsratsmitglieder[615].

Ziffer 5.4.2 S. 4 DCGK lässt die praktische Eignung zur Begründung von Anfechtungsklagen unter Hinzuziehung des § 161 AktG wiederum vermissen: Zwar ist die Empfehlung, der zufolge Aufsichtsratsmitglieder keine Organfunktionen oder Beratungsaufgaben bei wesentlichen Wettbewerbern des Unternehmens ausüben sollen, angesichts der Bedeutung, die einer unabhängigen Kontrolltätigkeit durch den Aufsichtsrat zukommt, durchaus als wesentlicher Bestandteil der Entsprechenserklärung anzusehen[616]. Damit es nicht zu einem Mangel an fachlich qualifizierten Kandidaten für einen Aufsichtsratsposten kommt, ist das Merkmal des „wesentlichen Wettbewerbers" jedoch eng auszulegen[617], sodass „die Unternehmen in ihrem Kerngeschäft identische Tätigkeitsbereiche aufweisen" müssen[618]. Ein solcher Verstoß gegen Ziffer 5.4.2 S. 4 DCGK dürfte in der Regel schwer nachzuweisen sein.

---

614 Nach hier vertretener Auffassung kann aber wiederum nur derjenige Entlastungsbeschluss erfolgreich angefochten werden, der den Wahlvorschlag in zeitlicher Hinsicht erfasst.

615 *Woitzyk*, Anfechtung, S. 162, verneint mit eben diesem Argument das Vorliegen eines zur Anfechtbarkeit führenden Informationsmangels; ebenso wohl auch *Mutter*, ZGR 2009, S. 788 (800 f.). Da es nach hier vertretener Auffassung aber auf eine zutreffende Information über die Corporate Governance-Praxis der Gesellschaft ankommt, reicht die bloße Kenntnis von der früheren Vorstandstätigkeit nicht aus, da die Aktionäre damit zwar die Unrichtigkeit der Entsprechenserklärung bekannt sei mag, sie jedoch nicht die Gründe für die Abweichung von der Kodex-Empfehlung kennen.

616 So auch *Goette*, in: FS Hüffer, S. 225 (234); *Kleindiek*, in: FS Goette, S. 239 (246); *Woitzyk*, Anfechtung, S. 162, der – unter Verkennung des Begründungserfordernisses, s.o. – Ziffer 5.4.2 S. 4 DCGK die Anfechtungsrelevanz nur für den Fall abspricht, dass der Wahlvorschlag an die Hauptversammlung bereits Angaben zur Beschäftigung des Kandidaten bei einem Wettbewerber macht.

617 *Kremer*, in: Ringleb/Kremer/Lutter/v. Werder, DCGK. Rn. 1033; vgl. auch *Wilsing*, in: Wilsing, DCGK, Ziff. 5.4.3 Rn. 19; *Vetter*, in: FS Schneider, S. 1345 (1364); so auch OLG München ZIP 2009, S. 133 („MAN") (dazu sogleich ausführlich unter D. III. 1. a).

618 OLG München ZIP 2009, S. 133 (136) („MAN").

ee) *Aufsichtsratswahl*

Ziffer 5.4.3 DCGK behandelt das Verfahren der Aufsichtsratswahl und der gerichtlichen Bestellung von Aufsichtsratsmitgliedern. Diese sollen nach Ziffer 5.4.3 S. 1 DCGK – entgegen der weit verbreiteten Praxis – nicht en bloc, sondern zum Zwecke der Transparenzsteigerung einzeln gewählt werden[619]. Zwar stellt die Schaffung von größtmöglicher Transparenz zu Gunsten des Aktionariats stets ein hehres Ziel dar. Gleichwohl kommt der wahrheitsgemäßen Information über die Umsetzung dieser Kodex-Empfehlung als bloßer Ordnungsvorgabe[620] realiter keinerlei Bedeutung für die Entlastungsentscheidung der Anteilseigner zu[621]; die Durchführung einer Einzelwahl ist schlechterdings kein entscheidender Maßstab für die Güte der Verwaltungstätigkeit. Mit der gleichen Begründung ist auch die Anfechtungsrelevanz von Ziffer 5.4.3 S. 3 DCGK, der zufolge Kandidatenvorschläge für den Aufsichtsratsvorsitz den Aktionären bekanntgegeben werden sollen, zu verneinen[622]. Da das Gericht über Anträge auf Bestellung von Aufsichtsratsmitgliedern gem. § 104 AktG nach pflichtgemäßem Ermessen entscheidet, und an eine etwaige Befristung des Bestellungsantrags ohnehin nicht gebunden ist[623], kommt auch der Empfehlung in Ziffer 5.4.3 S. 2 DCGK, den Antrag bis zur nächsten Hauptversammlung zu befristen, keine für die Organentlastung anfechtungserhebliche Bedeutung zu[624].

ff) *Ehemalige Vorstandsmitglieder als Aufsichtsratsvorsitzende*

Für den Fall, dass ein ehemaliges Vorstandsmitglied auf Basis eines Wahlvorschlags von mehr 25% der Aktionäre zulässigerweise vor Ablauf der zweijährigen cooling-off-Periode in den Aufsichtsrat wechselt (vgl. § 100 Abs. 2 Nr. 4 AktG), empfiehlt Ziffer 5.4.4 S. 2 DCGK, dass der Wechsel dieses ehemaligen Vorstandsmitglieds in den Aufsichtsratsvorsitz eine der Hauptversammlung zu begründende Ausnahme sein soll. Bereits die vorzeitige Tätigkeit eines ehemaligen Vorstandsmitglieds als „einfaches" Aufsichtsratsmitglied birgt Risiken hinsichtlich der Bereinigung strategischer Fehler oder der Beseitigung von Unregelmäßigkeiten aus dessen Vorstandszeit und soll deshalb nur ausnahmsweise auf Wunsch einer gewichtigen Eigentümerzahl möglich sein[625]. Die Gefahr eines „systematischen Kontrolldefizits"[626] ist dabei noch größer, wenn das ehemalige Mitglied des Vorstands sogar die herausgehobene

---

619 *Wilsing*, in: Wilsing, DCGK, Ziff. 5.4.3 Rn. 2.

620 *Woitzyk*, Anfechtung, S. 163.

621 *Kleindiek*, in: FS Goette, S. 239 (246); *Mutter*, ZGR 2009, S. 788 (801); *Woitzyk*, Anfechtung, S. 163; vgl. auch *Wilsing*, in: DCGK, Ziff. 5.4.3 Rn. 2.

622 *Mutter*, ZGR 2009, S. 788 (801); *Woitzyk*, Anfechtung, S. 163.

623 *Wilsing*, in: Wilsing, DCGK, Ziff. 5.4.3 Rn. 5.

624 Vgl. *Mutter*, ZGR 2009, S. 788 (801); *Woitzyk*, Anfechtung, S. 163.

625 Bericht und Beschlussempfehlung des Rechtausschusses zum VorstAG, BT-Drs. 16/13433, S. 11.

626 Bericht und Beschlussempfehlung des Rechtausschusses zum VorstAG, BT-Drs. 16/13433, S. 11.

Position des Aufsichtsratsvorsitzenden inne hat. Aus diesem Grund kommt Ziffer 5.4.4 S. 2 DCGK und der wahrheitsgemäßen Information des Aktionariats über ihre Befolgung eine herausragende Bedeutung für die Entscheidung über die Organentlastung zu, weshalb die Anfechtungsrelevanz dieser Kodex-Empfehlung i. V. m. § 161 AktG zu bejahen ist[627].

gg) Arbeitsbelastung der Aufsichtsratsmitglieder

Die Empfehlung in Ziffer 5.4.5 Abs. 1 S. 2 DCGK, wonach Vorstandsmitglieder nicht mehr als drei Aufsichtsratsmandate in konzernexternen börsennotierten Gesellschaften oder Aufsichtsgremien von konzernexternen Gesellschaften wahrnehmen sollen, die vergleichbare Anforderungen stellen, trägt dem Zeit- und Arbeitsaufwand Rechnung, der mit einer sachgerechten Kontrolltätigkeit, insbesondere vor dem Hintergrund des veränderten Rollenverständnisses des Aufsichtsrats, verbunden ist. Für die Bewertung der Güte der Aufsichtsratstätigkeit im Rahmen der Organentlastung ist die zutreffende Information über den Umgang dieser auf eine Steigerung der Effektivität der Unternehmensüberwachung gerichteten Kodex-Empfehlung[628] von Bedeutung. Mithin begründen nicht erklärte Abweichungen von Ziffer 5.4.5 Abs. 1 S. 2 DCGK die Unrichtigkeit der Kodex-Erklärung in einem wesentlichen Punkt[629]. Anders verhält es sich in Bezug auf Ziffer 5.4.5 Abs. 2 S. 2 DCGK, der zufolge die Mitglieder des Aufsichtsrats bei der Wahrnehmung von Aus- und Fortbildungsmaßnahmen von der Gesellschaft angemessen unterstützt werden sollen. Aufgrund des weiten Spielraumes hinsichtlich der Beurteilung der Angemessenheit[630] erweist sich die praktische Eignung dieser Empfehlung, über § 161 AktG die Anfechtbarkeit von Entlastungsbeschlüssen zu begründen, als gering.

hh) Aufsichtsratsvergütung

Die Empfehlungen zur Höhe der Aufsichtsratsvergütung in Ziffer 5.4.6 Abs. 1 und 2 DCGK richten sich ausschließlich an die Hauptversammlung. Obgleich die Verwaltung diesbezüglich Beschlussvorschläge zu unterbreiten hat, liegt die Entscheidung über die vergütungsmäßige Berücksichtigung von (stellvertretendem) Aufsichtsratsvorsitz sowie Vorsitz und Mitgliedschaft in Ausschüssen (Ziffer 5.4.6 Abs. 1 S. 2 DCGK) bei den Anteilseignern, vgl. § 113 Abs. 1 AktG. Gleiches gilt für

---

627 So auch *Mutter*, ZGR 2009, S. 788 (801); *Woitzyk*, Anfechtung, S. 164; vgl. auch *Wilsing*, in: Wilsing, DCGK, Ziff. 5.4.5 Rn. 9. Nach hier vertretener Auffassung ist jedoch nur diejenige Entlastungsentscheidung anfechtbar, die den Wahlvorschlag des Aufsichtsrats in zeitlicher Hinsicht erfasst.

628 *Kremer*, in: Ringleb/Kremer/Lutter/v. Werder, DCGK, Rn. 1051 f.

629 *Mutter*, ZGR 2009, S. 788 (801); *Woitzyk*, Anfechtung, S. 165. Auf die Schwierigkeiten bei der Beurteilung der „vergleichbaren Anforderungen“, die einer Eindeutigkeit des Verstoßes gegen § 161 AktG entgegen stehen könnten, zu recht hinweisend *Mense/Rosenhänger*, GWR 2010, S. 311 (314).

630 *Mense/Rosenhänger*, GWR 2010, S. 311 (313 f.).

die Entscheidung über die Höhe einer erfolgsorientierten Vergütung (Ziffer 5.4.6 Abs. 2 S. 2 DCGK). Da eine diesbezügliche Unrichtigkeit der Entsprechenserklärung schlussendlich von den Aktionären selbst bewirkt wurde – wobei der Verstoß gegen § 161 AktG infolge unterlassener Korrektur der Kodex-Erklärung freilich Vorstand und Aufsichtsrat zur Last gelegt wird –, kann die Anfechtbarkeit eines Entlastungsbeschlusses nicht hierauf gestützt werden[631]. Demgegenüber ist die Anfechtungsrelevanz von nicht verlautbarten Abweichungen von den Empfehlungen zur individualisierten Offenlegung der Aufsichtsratsvergütung i. S. d. § 113 Abs. 1 AktG sowie der sonstigen Vergütungen i. S. d. § 114 AktG (Ziffer 5.4.6 Abs. 3 DCGK) zu bejahen; die gesellschaftspolitische Bedeutung der Vergütungsthematik ist nicht nur auf die Bezüge von Vorstandsmitgliedern beschränkt[632]. Wenngleich auch die individualisierte Offenlegung der Aufsichtsratsbezüge „nur" einer Vereinfachung für die Aktionäre dient[633], ist die zutreffende Information über die Bemühungen der Verwaltung, Transparenz bzgl. der Verwendung von Aktionärsgeldern herzustellen, für die Entscheidung über die Organentlastung jedoch von Bedeutung.

ii) Teilnahme an Aufsichtsratssitzungen

Der Kodex empfiehlt in Ziffer 5.4.7 DCGK, eine Teilnahme eines Aufsichtsratsmitglieds nur an der Hälfte der Sitzungen des Aufsichtsrats und der Ausschüsse, dem es angehört, oder weniger in einem Geschäftsjahr im Bericht an die Hauptversammlung gem. § 171 Abs. 2 AktG zu vermerken, um die Aufsichtsratsmitglieder präventiv zu der so wichtigen tatsächlichen Teilhabe am Geschehen im Aufsichtsrat anzuhalten[634]. Wie schon so häufig, lässt auch hier der Umstand der Befolgung bzw. Nichtbefolgung Erhellendes über die Ernsthaftigkeit, mit der die Aufsichtsratsmitglieder die ihnen übertragene Aufgabe ausüben, erkennen. Folglich ist eine wahrheitsgemäße Information über den Umgang mit Ziffer 5.4.7 DCGK von Bedeutung für die Entlastungsentscheidung der Aktionäre und nicht erklärte Abweichungen sind damit anfechtungsrelevant[635].

---

631 *Kleefass*, Entsprechenserklärung, S. 199; *Mutter*, ZGR 2009, S. 788 (801); *Woitzyk*, Anfechtung, S. 165; vgl. auch *Goette*, in: FS Hüffer, S. 225 (234).

632 Vgl. *Olsen*, Börsen-Zeitung Nr. 80 vom 25.04.2012, S. 13; ebenso *Kleefass*, Entsprechenserklärung, S. 199; *Woitzyk*, Anfechtung, S. 165 f.

633 *Kremer*, in: Ringleb/Kremer/Lutter/v. Werder, DCGK, Rn. 1077.

634 *Wilsing*, in: Wilsing, DCGK, Ziff. 5.4.7 Rn. 1.

635 So auch *Mutter*, ZGR 2009, S. 788 (801 f.); *Woitzyk*, Anfechtung, S. 66; vgl. auch *Kremer*, in: Ringleb/Kremer/Lutter/v. Werder, DCGK, Rn. 1086. Einschränkend *Kleefass*, Entsprechenserklärung, S. 199 f.. Nach hier vertretener Auffassung ist jedoch nur derjenige Entlastungsbeschluss anfechtbar, der in zeitlicher Hinsicht den Bericht des Aufsichtsrats gem. § 171 Abs. 2 AktG erfasst.

jj) Interessenkonflikte im Aufsichtsrat

Nach Ziffer 5.5.2 DCGK soll jedes Aufsichtsratsmitglied Interessenkonflikte, insbesondere solche, die aufgrund einer Beratung oder Organfunktion bei Kunden, Lieferanten, Kreditgebern oder sonstigen Dritten entstehen können, dem Aufsichtsrat gegenüber offenlegen. Die Überarbeitung dieser – auch präventiv wirkenden[636] – Empfehlung im Zuge der Kodex-Novelle 2012 wirft Fragen auf: Während der Kodex i. d. F. vom 26.05.2010 noch die Offenlegung von Interessenkonflikten vorsah, die aus einer Beratung oder Organfunktion bei sonstigen „Geschäftspartnern" resultieren können, stellt er nunmehr auf die geschäftlichen Kontakte zu sonstigen „Dritten" ab. Ob hierdurch die Reichweite der Empfehlung unverändert bleibt, erscheint durchaus zweifelhaft[637]. Diese Auslegungsschwierigkeiten können aber allein der Eindeutigkeit eines Verstoßes gegen § 161 AktG i. V. m. Ziffer 5.5.2 DCGK entgegen stehen; gleiches gilt für die Frage, ob Ziffer 5.5.2 DCGK nur tatsächlich aufgetretene oder aber auch bloß potentielle Interessenkonflikte betrifft[638]. An der grundsätzlich herausragenden Bedeutung – und daraus resultierend der Anfechtungsrelevanz – der Empfehlungen zu Interessenkonflikten im Aufsichtsrat besteht nach den Entscheidungen „Kirch ./. Deutsche Bank" und „Umschreibungsstopp" kein Zweifel[639].

Enthält der Bericht des Aufsichtsrats an die Hauptversammlung entgegen der für befolgt erklärten Ziffer 5.5.3 S. 1 DCGK keinerlei Informationen über aufgetretene Interessenkonflikte und deren Behandlung, so mangelt es zwar nicht an der Eindeutigkeit des Gesetzesverstoßes[640]. Da der BGH (bislang) aber keine Aussage über die Detailtiefe der Berichterstattung über Interessenkonflikte getroffen hat[641], können diesbezügliche Unsicherheiten nicht zu Lasten einer beklagten Gesellschaft

---

636 *Kremer*, in: Ringleb/Kremer/Lutter/v. Werder, DCGK, Rn. 1097.

637 *Wilsing/von der Linden*, DStR 2012, S. 1391 (1393); dafür *Ringleb/Kremer/Lutter/v. Werder*, NZG 2012, S. 1081 (1089).

638 Für letztgenannte Auslegung *Hambloch-Gesinn/Gesinn*, in: Hölters, AktG, § 116 Rn. 52. AA OLG München ZIP 2009, S. 1667 (1669); *Diekmann/Fleischmann*, AG 2013, S. 141 (145).

639 Siehe oben unter C. III. 2. und 3. Wenngleich auch der BGH nur die Bedeutung von Ziffer 5.5.3 S. 1 DCGK zu beurteilen hatte, besteht angesichts des unmittelbaren Sachzusammenhangs sämtlicher Empfehlungen in Ziffer 5.5.2 und 5.5.3 DCGK kein Anlass für unterschiedliche Bewertungen. Die Anfechtungsrelevanz ohne jegliche Einschränkung bejahend *Goette*, in: FS Hüffer, S. 225 (234); *Kleefass*, Entsprechenserklärung, S. 202 f.; *Kleindiek*, in: FS Goette, S. 239 (246); *Woitzyk*, Anfechtung, S. 166; vgl. auch *Mutter*, ZGR 2009, S. 788 (802).

640 So verhielt es sich sowohl im Fall „Kirch ./. Deutsche Bank" als auch im Fall „Umschreibungsstopp", vgl. BGHZ 180, S. 9 (20) und 182, S. 272 (281). Auf die Auswirkungen der hier vertretenen Ansichten im Zusammenhang mit Ziffer 5.5.3 S. 1 DCGK wurde bereits hinlänglich hingewiesen.

641 OLG Düsseldorf, Urteil vom 07.05.2012 – 6 U 69/11, insoweit abrufbar über juris, Rn. 115; *Diekmann/Fleischer*, AG 2012, S. 141 (145); *von der Linden*, GWR 2011, S. 407 (408). AA OLG Frankfurt ZIP 2011, S. 1613 (1616).

gehen, zumal zwischen dem vom Kodex vorgesehenen transparenten Umgang mit Interessenkonflikten und dem Grundsatz der Vertraulichkeit von Organinterna (vgl. §§ 116 S. 1, 93 Abs. 1 S. 3 und § 116 S. 2 AktG) ein Spannungsverhältnis besteht[642]. Führen trotz anderslautender Entsprechenserklärung wesentliche und nicht nur vorübergehende Interessenkonflikte in der Person eines Aufsichtsratsmitglieds nicht, wie von Ziffer 5.5.3 S. 2 DCGK vorgesehen, zur Beendigung des Mandats, so handelt es sich dabei ebenfalls um einen schwerwiegenden Verstoß gegen § 161 AktG[643]. Allerdings kann auch dessen Eindeutigkeit mit Blick auf die Einschätzungsspielräume, die die Kodex-Empfehlung eröffnet, zu verneinen sein.

kk) Effizienzprüfung

Die Empfehlung in Ziffer 5.6 DCGK, wonach der Aufsichtsrat in regelmäßigen Abständen die Effizienz seiner Tätigkeit überprüfen soll, ist demgegenüber nur wenig geeignet, über § 161 AktG die Anfechtbarkeit von Entlastungsbeschlüssen zu begründen, da das Wie der Umsetzung dieser Kodex-Empfehlung im weitreichenden Ermessen des Aufsichtsrats steht[644]; lediglich bei gänzlichem Ausbleiben einer regelmäßigen Effizienzkontrolle trotz anderslautender Kodex-Erklärung kann ein Entlastungsbeschluss mit Erfolg angefochten werden[645].

e) Transparenz

Der sechste Abschnitt des DCGK betreffend „die Sichtbarmachung unternehmerischen Handelns für Aktionäre, Stakeholder oder die interessierte Öffentlichkeit“[646] ist im Zuge der Kodex-Novelle 2013 erheblich verschlankt worden: Die Wiedergabe der Publizitätspflichten nach dem WpHG in den Ziffer 6.1 und 6.2 DCGK a. F. wurde gestrichen, ebenso die Empfehlungen in Ziffer 6.4 und 6.8 DCGK a. F. Beibehalten wurde die Empfehlung in Ziffer 6.1 S. 2 DCGK n. F., der zufolge der Vorstand den Aktionären unverzüglich sämtliche neuen Tatsachen, die Finanzanalysten und vergleichbaren Adressaten mitgeteilt worden sind, zur Verfügung stellen soll, um Informationsgefälle zwischen „einfachen“ Anlegern und professionellen Kapitalmarktteilnehmern zu verhindern[647]. Im Zuge der Kodex-Novelle 2015 wurde Ziffer 6.1. S. 2 DCGK dahingehend eingeschränkt, dass es sich um „wesentliche“ Tatsachen handeln muss. Für die Bedeutsamkeit einer einheitlichen Information der Kapitalmarktteilnehmer spricht entscheidend die Wertung des aktienrechtlichen

---

642 OLG Düsseldorf, Urteil vom 07.05.2012 – 6 U 69/11, insoweit abrufbar über juris, Rn. 115; *Priester*, ZIP 2011, S. 2081 (2083); *von der Linden*, GWR 2011, S. 407 (409).

643 Zu Ziffer 5.5.3 S: 2 DCGK in den Fällen „Kirch ./. Deutsche Bank“ und „Umschreibungsstopp“ siehe oben unter C. III. 5. c) aa) (3).

644 *Wilsing*, in: Wilsing, DCGK, Ziff. 5.6 Rn. 3.

645 *Kleefass*, Entsprechenserklärung, S. 203; *Mutter*, ZGR 2009, S. 788 (802); *Woitzyk*, Anfechtung, S. 167.

646 *Ringleb*, in: Ringleb/Kremer/Lutter/v. Werder, DCGK (4. Aufl.), Rn. 1202.

647 *V. Werder*, in: Ringleb/Kremer/Lutter/v. Werder, DCGK, Rn. 1144.

Gleichheitsgebots des § 53a AktG[648], dessen Maßstab bei der Gestaltung sämtlicher das Gesellschaftsverhältnis betreffenden Beziehungen der Gesellschaft zu ihren Aktionären anzulegen ist[649]. Bei einer Kodex-Erklärung, welche in Bezug auf Ziffer 6.1 S. 2 DCGK unrichtig ist, betrifft die Unrichtigkeit daher einen wesentlichen Punkt der Erklärung, weshalb der hierin liegende Verstoß gegen § 161 AktG grundsätzlich als schwerwiegend zu qualifizieren ist[650]. In Anbetracht des Einschätzungsspielraumes, den das 2015 aufgenommene Wesentlichkeitserfordernis eröffnet, kann jedoch dessen Eindeutigkeit entfallen[651].

Grundsätzlich anders verhält es sich hingegen bei Ziffer 6.2 DCGK. Diese nimmt Bezug auf die gesetzliche Pflicht zur Veröffentlichung sog. director's dealings aus § 15a WpHG und empfiehlt, einen direkten oder indirekten Beteiligungsbesitz der einzelnen Verwaltungsmitglieder von mehr als 1% im Corporate Governance-Bericht anzugeben (Ziffer 6.2 S. 1 DCGK); ein Gesamtbesitz aller Verwaltungsmitglieder von mehr als 1% der ausgegebenen Aktien soll, getrennt nach Organen, ebenfalls offengelegt werden (Ziffer 6.2 S. 2 DCGK)[652]. Die Vorschrift des § 15a WpHG, über die die Kodex-Kommission mit ihren Empfehlungen hinausgeht, beabsichtigt nach überwiegender Auffassung ausschließlich die Sicherung der Funktionsfähigkeit des Kapitalmarkts und bezweckt gerade nicht den Schutz von Individualanlegerinteressen[653]. Dementsprechend wird in der instanzgerichtlichen Rechtsprechung die Möglichkeit einer aktienrechtlichen Beschlussmängelklage, gestützt auf eine

---

648 Ebenso *Kleefass*, Entsprechenserklärung, S. 205; *Mutter*, ZGR 2009, S. 788 (803); *Woitzyk*, Anfechtung, S. 168; vgl. auch *v. Werder*, in: Ringleb/Kremer/Lutter/v. Werder, DCGK, Rn. 1142.

649 *Bungeroth*, in: MünchKommAktG, § 53a Rn. 4.

650 Gleiches galt für die im Rahmen der Kodex-Novelle 2015 gestrichene Empfehlung in Ziffer 6.2 DCGK, a. F. die die informationelle Gleichbehandlung sämtlicher Kapitalmarktakteure in internationaler Hinsicht ausdehnte (hierzu *v. Werder*, in: Ringleb/Kremer/Lutter/v. Werder, DCGK, Rn. 1151). Die Empfehlung, Informationen, die die Gesellschaft im Ausland aufgrund der jeweiligen kapitalmarktrechtlichen Vorschriften veröffentlicht, auch im Inland unverzüglich bekannt zu geben, wurde zum Zwecke der Verschlankung des Kodex gestrichen, siehe die Erläuterung der Änderungsvorschläge 2015 durch die Regierungskommission Corporate Governance Kodex, S. 7.

651 Mit der Beschränkung auf „wesentliche" Tatsachen in Ziffer 6.1 S. 2 DCGK n. F. wollte die Kodex-Kommission die Relevanz der Informationen betonen und damit Klarheit und Rechtssicherheit schaffen, siehe die Erläuterung der Änderungsvorschläge 2015, S. 7. Ob die Aufnahme eines Wesentlichkeitserfordernisses diesem Ziel tatsächlich dient, darf indes ernsthaft bezweifelt werden.

652 *Ringleb*, in: Ringleb/Kremer/Lutter/v. Werder, DCGK, Rn. 1164 und 1166.

653 *Frowein*, in: Habersack/Mülbert/Schlitt, Hdb. Kapitalmarktinformation, § 10 Rn. 3: Anlegerschutz lediglich als Wirkung, nicht aber als gesetzgeberische Absicht; vgl. auch *Assmann*, in: Assmann/Schneider, WpHG, § 15 Rn. 27.

Verletzung von § 15 WpHG, schlechthin verneint[654]. Wenn nun schon ein Verstoß gegen wertpapierrechtliche Publizitätspflichten mangels Hauptversammlungsbezug nicht geeignet ist, die Anfechtbarkeit eines Entlastungsbeschlusses zu begründen, so spricht viel dafür, dass dies auch für eine nicht offengelegte Abweichung von der über diese gesetzliche Offenlegungspflicht hinausgehende Kodex-Empfehlung gilt[655].

Ebenfalls nicht anfechtungsrelevant sind nicht erklärte Abweichungen von Ziffer 6.3 DCGK, wonach die die Gesellschaft auf der Internetseite der Gesellschaft einen „Finanzkalender" publizieren soll, welcher die Termine der wesentlichen wiederkehrenden Veröffentlichungen, der Hauptversammlung sowie der Bilanzpresse- und Analystenkonferenzen beinhalten soll. Angesichts der offenen Formulierung dieser Empfehlung, die – abgesehen vom Ort der Veröffentlichung – keine näheren Vorgaben in Bezug auf Zeitpunkt und Form der Veröffentlichung des Finanzkalenders macht, sind Verstöße hiergegen nur in krassen Ausnahmefällen vorstellbar, etwa weil der Finanzkalender entgegen der verlautbarten Befolgungsabsicht gänzlich fehlt. Selbst in diesem Fall dürfte der hierin liegende Verstoß gegen § 161 AktG nicht so schwer wiegen, als dass eine hierauf gestützte Anfechtungsklage Erfolg hätte. Denn die Veröffentlichung eines Finanzkalenders stellt – wenngleich sie auch dem hehren Ziel der Transparenzsteigerung dient[656] – letztlich nur einen zusätzlichen Service für (potentielle) Anleger dar, die die für sie relevanten Termine nicht länger selbst im Blick behalten müssen; ein zusätzlicher Erkenntnisgewinn ist mit einer Auflistung dieser Termine indes nicht verbunden[657].

f) Rechnungslegung und Abschlussprüfung

Die Empfehlungen des siebten Kodex-Abschnitts betreffend die Rechnungslegung und die Abschlussprüfung wurden in dem Zeitraum von 2002 bis 2014 nur geringfügig überarbeitet; lediglich die Kodex-Novellen 2007, 2008 und 2012 brachten insoweit punktuelle Veränderungen mit sich[658]. Erst im Zuge der Kodex-Änderung 2015 kam es zu einer Streichung von Ziffer 7.1.4 DCGK a. F., da die gesetzlichen

---

654 LG München Der Konzern 2007, S. 448 (454); Beschluss vom 24.04.2008 – 5 HKO 23244/07, insoweit abrufbar über juris, Rn. 413. AA *Kersting*, ZGR 2007, S. 319 (339).

655 I. E. ebenso *Kleefass*, Entsprechenserklärung, S. 207; *Mutter*, ZGR 2009, S. 788 (802 f.); *Woitzyk*, Anfechtung, S. 169. AA offenbar *von der Linden*, in: Wilsing, DCGK, Ziff. 6.7 Rn. 13.

656 Vgl. *v. Werder*, in: Ringleb/Kremer/Lutter/v. Werder, DCGK, Rn. 1169.

657 Siehe schon oben unter C. III. 5. b) aa) (2) (a); vgl. auch *Goette*, in: FS Hüffer, S. 225 (235); *Kleefass*, Entsprechenserklärung, S. 205; *Kleindiek*, in: FS Goette, S. 239 (246); *Woitzyk*, Anfechtung, S. 168.

658 Im Rahmen der Kodex-Novelle 2007 wurden die bisherigen Empfehlungen in Ziffer 7.1.1 S. 2 und 3 DCGK in eine Beschreibung der seit Inkrafttreten des Transparenzrichtlinie-Umsetzungsgesetz (TUG) vom 05.01.2007, BGBl. I, S. 10, geltende Rechtslage (§§ 37w, 37x WpHG) umgewandelt.

Regelungen insoweit als ausreichend angesehen wurden[659]. Zudem wurde die bereits 2008 in den Kodex aufgenommene Ziffer 7.1.2 S. 2 DCGK neu gefasst.

aa) Rechnungslegung

Nach Ziffer 7.1.2 S. 2 DCGK n. F. sollen Halbjahres- und etwaige Quartalsfinanzberichte i. S. d. §§ 37w, 37x WpHG vor ihrer Veröffentlichung vom Vorstand gemeinsam mit dem Aufsichtsrat oder seinem Prüfungsausschuss erörtert werden[660]. Die Frage der Umsetzung dieser Empfehlung lässt zwar einiges über die Annahme der veränderten Rolle des Aufsichtsrats hin zu einem die Vorstandsarbeit begleitenden Gremium erkennen. Da die Befolgung dieser Kodex-Empfehlung lediglich eine zustimmende Kenntnisnahme der Berichte durch den Aufsichtsrat oder den Prüfungsausschuss erfordert – eine eingehende Prüfung ist demgegenüber weder erforderlich noch möglich[661] – sollte ihre Bedeutung nicht überschätzt werden[662]. Auch im Hinblick auf die von Kodex und § 161 AktG bezweckte Erleichterung von Investitionsentscheidungen gilt nichts anderes; denn Ziffer 7.1.2 S. 2 DCGK betrifft lediglich den Zeitraum vor Veröffentlichung der für die Anlageüberlegungen wichtigen Finanzberichte[663]. Zudem dürfte aufgrund der geringen Befolgungsanforderungen der Nachweis eines Verstoßes in der Regel kaum gelingen, weshalb Ziffer 7.1.2 S. 2 DCGK in praxi ohnehin nur wenig geeignet sein dürfte, über § 161 die Anfechtbarkeit von Entlastungsbeschlüssen zu begründen[664]. Entscheidend gegen die Anfechtungsrelevanz von Ziffer 7.1.2 S. 2 DCGK spricht wiederum dessen

---

659 Siehe die Erläuterung der Änderungsvorschläge 2015 durch die Regierungskommission Deutscher Corporate Governance Kodex, S. 8. Eine Beseitigung von Anfechtungsrisiken ist mit der Streichung von Ziffer 7.1.4 DCGK a. F. indes nicht verbunden. Die Empfehlung zur Veröffentlichung einer Liste von Drittunternehmen, an denen die Gesellschaft eine Beteiligung von nicht untergeordneter Bedeutung für das Unternehmen hält, war zu offen formuliert, als dass Verstöße hiergegen hätten ohne weiteres nachgewiesen werden können. Im (bewussten) Gegensatz zu der Auflistung des Beteiligungsbesitzes einer Gesellschaft nach § 285 Nr. 11 und § 313 Abs. 2 Nr. 4 HGB hatte die Kodex-Kommission bei Ziffer 7.1.4 DCGK a. F. auf feste Beteiligungsquoten verzichtet, sondern es den Unternehmen überlassen, die Bedeutung einer Beteiligung selbst zu bestimmen (*Ringleb*, in: Ringleb/Kremer/Lutter/v. Werder, DCGK, Rn. 1195 und 1197 f.). Daraus folgte, dass Abweichungen von der für befolgt erklärten Empfehlung allenfalls in krassen Ausnahmefällen denkbar waren, wobei in einem solchen Fall zugleich auch ein Verstoß gegen § 313 Abs. 2 Nr. 4 HGB selbst vorgelegen haben dürfte (*Kleefass*, Entsprechenserklärung, S. 210; *Woitzyk*, Anfechtung, S. 171).

660 Ausweislich der Erläuterung der Änderungsvorschläge 2015 durch die Regierungskommission Deutscher Corporate Governance Kodex (S. 7) soll die Neufassung von Ziffer 7.1.2 S. 2 DCGK die Rolle des Vorstands stärker betonen.

661 *Marsch-Barner*, in: Wilsing, DCGK, Ziff. 7.1.2 Rn. 3.

662 Vgl. auch *Kleefass*, Entsprechenserklärung, S. 209; *Woitzyk*, Anfechtung, S. 170.

663 Vgl. *Mutter*, ZGR 2009, S. 788 (803).

664 *Kleefass*, Entsprechenserklärung, S. 209; *Woitzyk*, Anfechtung, S. 170.

wertpapierrechtliche Grundlage, die den Schutz des Kapitalmarktes bezweckt, und Anlegerinteressen nur reflexartig schützt[665].

Ziffer 7.1.2 S. 4 DCGK empfiehlt die Veröffentlichung des Konzernabschlusses binnen 90 Tagen nach Ende des Geschäftsjahres, die der Zwischenberichte innerhalb von 45 Tagen nach Ende des Berichtsraums. Die zeitlichen Vorgaben, die dem angelsächsischem Grundgedanken des schnellen Abschlusses („fast close") Rechnung tragen, können dabei durchaus als ambitioniert bezeichnet werden[666]. Zu der Nichteinhaltung der vom Kodex vorgeschlagenen 45tägigen Frist für die Veröffentlichung der Zwischenberichte i. S. d. § 37x WpHG gelten die bisherigen Ausführungen zum Schutzzweck der kapitalmarktrechtlichen Publizitätspflichten. Zudem ist zu bedenken, dass es sich bei Ziffer 7.1. 2 S. 4 DCGK lediglich um eine „Serviceempfehlung" handelt, die die gesetzlich angeordneten Publizitätspflichten verkürzt. Damit ist mit einer Umsetzung der Empfehlung kein zusätzlicher, sondern lediglich ein frühzeitiger Erkenntnisgewinn verbunden. Aus Anlegersicht mag dieser zwar wünschenswert sein, er erscheint jedoch nicht als so bedeutungsschwer, dass eine nicht offenlegte Abweichung von Ziffer 7.1.2 S. 4 DCGK zu einer Unrichtigkeit der Entsprechenserklärung in einem wesentlichen Punkt führen würde[667].

Ziffer 7.1.3 DCGK beinhaltet eine der wenigen Vorgaben zum Inhalt des Corporate Governance-Berichts nach Ziffer 3.10 DCGK; dieser soll konkrete Angaben über Aktienoptionsprogramme und ähnliche wertpapierorientierte Anreizsysteme der Gesellschaft enthalten. Die Einschränkung, wonach diese Angaben nicht doppelt gemacht zu werden brauchen, wurde im Rahmen der Novelle 2012 in den Kodex aufgenommen. Erfolgsorientierte Anreizsysteme bergen allgemein die Gefahr, dass die von ihnen Begünstigten in ihrem eigennützigen Bestreben nach kurzfristigen wirtschaftlichen Erfolgen des Unternehmens immer größere Risiken eingehen und dabei die langfristigen Unternehmensinteressen aus dem Blick verlieren. Der Wandel von zunächst „sinnvollen Erfolgsbeteiligungen" hin zu einem „System hemmungsloser Selbstbedienung" gilt als eine zentrale Ursache für die derzeitige Finanzkrise[668]. Der Problematik ausufernder Anreizsysteme trug das VorstAG Rechnung, indem es u. a. die Ausrichtung von Vergütungssystemen an einer nachhaltigen Unternehmensentwicklung kodifizierte und die Wartezeit für die Ausübung von Optionsrechten

---

665 Nach § 37n WpHG sind der verkürzte Jahresabschluss und der Zwischenlagebericht als Bestandteile des Halbjahresfinanzberichts nach § 37w WpHG von der Bundesanstalt für Finanzdienstleistungsaufsicht zu prüfen. Diese nimmt nach § 4 Abs. 4 FinDAG ihre Aufgaben und Befugnisse ausschließlich im öffentlichen Interesse wahr.

666 Vgl. *Ringleb*, in: Ringleb/Kremer/Lutter/v. Werder, DCGK, Rn. 1188 f.

667 Vgl. auch *Kleefass*, Entsprechenserklärung, S. 209; *Mutter*, ZGR 2009, S. 788 (803); *Woitzyk*, Anfechtung, S. 170.

668 *Balzli/Dettmer/Hornig/Hüetlin/Mahler/Pauly/Reuter/Rosenbach/Schießl/Schulz*, DER SPIEGEL Nr. 8/2009, S. 60 ff.

erhöhte, §§ 87 Abs. 1, 193 Abs. 2 Nr. 4 AktG[669]. Eine zutreffende Information der Aktionäre über die Offenlegung von Informationen über Anreizsysteme, insbesondere die Gründe für eine etwaige Nicht-Offenlegung, sind angesichts dieser gesetzlichen Wertungen und der aus der Finanzkrise zu ziehenden Lehren für die Entlastungsentscheidung der Aktionäre, insbesondere den darin liegenden Vertrauensausspruch, von immenser Bedeutung. Eine Kodex-Erklärung, welche in Bezug auf Ziffer 7.1.3 DCGK unrichtig ist, ist daher grundsätzlich geeignet, die Anfechtung des dennoch gefassten Entlastungsbeschlusses zu begründen[670].

Der transparente Umgang mit möglichen wirtschaftlichen Abhängigkeiten, Interessenkonflikten und Umständen, die einer unabhängigen und effizienten Amtsführung entgegen stehen können, ist ein zentrales Merkmal des DCGK. In diesem Sinne ist auch Ziffer 7.1.4 DCGK zu sehen, wonach im Konzernabschluss die Beziehungen zu Aktionären erläutert werden sollen, die i. S. d. anwendbaren Rechnungslegungsvorschriften als nahe stehende Personen zu qualifizieren sind. Der Kodex nimmt damit auf den International Accounting Standard (IAS) 24 Bezug[671]. Dieser trägt dem Umstand Rechnung, dass bei geschäftlichen Beziehungen eines Unternehmens zu diesem nahe stehenden Unternehmen oder Personen das Risiko von Geschäftsabschlüssen zu nicht marktüblichen Konditionen besteht[672]. Trotz des oben erwähnten inhaltlichen Zusammenhangs zu anfechtungsrelevanten Kodex-Empfehlungen ist der mit der Befolgung von Ziffer 7.1.4 DCGK verbundene Erkenntnisgewinn gering; denn nach Art. 4 der sog. IAS-Verordnung[673] hat der IAS 24 ohnehin längst Eingang in das deutsche Bilanzrecht gefunden. Anfechtungsrelevanz kann einer nicht erklärten Abweichung von Ziffer 7.1.4 DCGK somit nur für den Fall zukommen, dass eine in den Anwendungsbereich des § 161 AktG fallende Gesellschaft nicht bereits qua Gesetz zur Offenlegung von Beziehungen zu nahestehenden Personen verpflichtet ist[674].

bb) Abschlussprüfung

Der letzte Unterabschnitt des DCGK dient zuvörderst der Stärkung der Unabhängigkeit der Abschlussprüfung. Danach soll der Aufsichtsrat eine sog. Unabhängigkeitserklärung des designierten Abschlussprüfers einholen, die Transparenz bzgl. solcher Umstände schafft, die einer unabhängigen Abschlussprüfung entgegen

---

669 Bericht und Beschlussempfehlung des Rechtsausschusses zum VorstAG, BT-Drs. 16/13433, S. 1 und 10.

670 *Woitzyk*, Anfechtung, S. 170; vgl. auch *Ringleb*, in: Ringleb/Kremer/Lutter/v. Werder, DCGK, Rn. 1194.

671 *Ringleb*, in: Ringleb/Kremer/Lutter/v. Werder, DCGK, Rn. 1204 f.

672 Ausführlich zum IAS 24 und seiner Rolle im deutschen Bilanzrecht *Niehus*, WPg 2003, S. 521 (522).

673 Verordnung (EG) Nr. 1606/2002 des Europäischen Parlaments und des Rates vom 19.07.2002 betreffend die Anwendung internationaler Rechnungslegungsstandards, ABl. EU Nr. L 243, S. 1 ff.

674 In diesem Sinne auch *Kleefass*, Entsprechenserklärung, S. 211; vgl. auch *Oser/Wader*, in: Pfitzer/Oser/Orth, DCGK, S. 274. AA *Woitzyk*, Anfechtung, S. 171.

stehen können, Ziffer 7.2.1 Abs. 1 DCGK[675]. Darüber hinaus soll nach Ziffer 7.2.1 Abs. 2 DCGK eine Informationsvereinbarung zwischen Aufsichtsrat und designiertem Prüfer geschlossen werden, der zufolge dieser den Aufsichtsrat über solche Umstände, die während der Prüfung auftreten und die Unabhängigkeit der Prüfung beeinträchtigen können, umgehend informieren soll, soweit sie nicht unverzüglich beseitigt werden. Eine zutreffende Information der Aktionäre über die Befolgung oder Nichtbefolgung dieser beiden Kodex-Empfehlungen ist für deren Entlastungsentscheidung von immenser Bedeutung: Die Frage, ob die Verwaltungstätigkeit des Aufsichtsrats zu billigen und ihm auch für die Zukunft das Vertrauen auszusprechen ist, hängt auch davon ab, wie sehr sich der Aufsichtsrat – über die diesbezüglichen Gesetzesvorgaben der §§ 319 bis 319b, 321 Abs. 4a HGB hinaus – um eine unabhängige Abschlussprüfung bemüht[676]. Mithin ist die Anfechtungsrelevanz beider Empfehlungen zu bejahen[677].

Gleiches gilt für die Erweiterung der gesetzlichen Redepflicht des Abschlussprüfers aus § 321 Abs. 1 S. 3 HGB in Ziffer 7.2.3 DCGK. Während die berichtspflichtigen Umstände i. S. d. § 321 Abs. 1 HGB, die im Übrigen auch sehr gravierend sein müssen, grundsätzlich erst nach Beendigung der Prüfung mitgeteilt werden[678], setzt Ziffer 7.2.3 Abs. 1 DCGK bereits im Vorfeld an und erweitert den Kreis der mitzuteilenden Erkenntnisse. Nach Ziffer 7.2.3 Abs. 2 DCGK sollen Vorstand und Abschlussprüfer zudem vereinbaren, dass – wenn schon die inhaltliche Richtigkeit der Entsprechenserklärung nicht Gegenstand der Abschlussprüfung ist[679] – der Aufsichtsrat jedenfalls über solche Tatsachen informiert wird, aus der sich eine Unrichtigkeit der Entsprechenserklärungen ergibt. Beide Empfehlungen sind in einem engen Zusammenhang mit den Empfehlungen des zweiten Kodex-Abschnitts betreffend die Informationsbeschaffung durch den Aufsichtsrat zu sehen; hier wie dort ist eine zutreffende Information der Aktionäre über die Befolgung von Kodex-Empfehlungen, welche dem Aufsichtsrat die Mitverantwortung für die Beschaffung der für eine effiziente Kotrolltätigkeit erforderlichen (Zusatz-)Informationen auferlegen, von Relevanz für die Entlastungsentscheidung der Aktionäre. Folglich vermögen nicht erklärte Abweichungen von Ziffer 7.2.3 DCGK grundsätzlich die Unrichtigkeit der Kodex-Erklärungen in einem wesentlichen Punkt zu begründen[680]. Die praktische Eignung beider Empfehlungen, über § 161 AktG zur Anfechtbarkeit von Entlastungsbeschlüssen zu führen, dürfte dennoch eher gering sein: Ziffer 7.2.3 Abs. 1

---

675 *Kremer*, in: Ringleb/Kremer/Lutter/v. Werder, DCGK, Rn. 1230.

676 *Kleefass*, Entsprechenserklärung, S. 212; *Woitzyk*, Anfechtung, S. 173. AA *Mutter*, ZGR 2009, S. 788 (803).

677 Betroffen ist nach hier vertretener Ansicht jedoch die Entlastungsentscheidung für dasjenige Geschäftsjahr, in dem die Erklärungen angesichts einer positiven Entsprechenserklärung hätten eingeholt werden müssen.

678 *Schmidt/Poullie*, in: Beck'scher Bilanz-Kommentar, § 321 HGB Rn. 45.

679 Begr. RegE TransPuG, BT-Drs. 14/8769, S. 25.

680 AA *Mutter*, ZGR 2009, S. 788 (803); ebenso wohl *Kleefass*, Entsprechenserklärung, S. 212.

DCGK ist mit dem Abstellen auf „wesentliche" Feststellungen und Vorkommnisse zu unbestimmt, als dass ohne – den Aktionären zudem bekannte – Konkretisierungen Verstöße hiergegen nachweisbar wären[681]. Da Ziffer 7.2.3 Abs. 2 DCGK keine gezielte Überprüfung der Geschäftsführung auf Unvereinbarkeiten mit der bisherigen Kodex-Erklärung hin erfordert[682], dürften eindeutige Verstöße nur dann vorliegen, wenn „Zufallsfunde" nachweisbar nicht an den Aufsichtsrat weitergeleitet wurden[683].

---

681 *Kleefass*, Entsprechenserklärung, S. 211 f.; *Woitzyk*, Anfechtung, S. 173; vgl. auch *Kremer*, in: Ringleb/Kremer/Lutter/ v. Werder, DCGK, Rn. 1242.

682 *Kremer*, in: Ringleb/Kremer/Lutter/v. Werder, DCGK, Rn. 1243.

683 I. E. daher Übereinstimmung mit *Kleefass*, Entsprechenserklärung, S. 212; *Woitzyk*, Anfechtung, S. 173.

D. Auswirkungen inhaltlich unzutreffender Entsprechenserklärungen auf den Bestand von Beschlüssen zur Wahl von Aufsichtsratsmitgliedern

Nachdem im vorherigen Kapitel dargestellt wurde, dass der von der Hauptversammlung zu fassende Beschluss über die Entlastung der Verwaltung unter bestimmten Voraussetzungen wegen Verstoßes gegen § 161 AktG anfechtbar sein kann, gilt es nunmehr zu untersuchen, ob sich eine fehlerhafte Entsprechenserklärung auch negativ auf den Bestand anderer Hauptversammlungsbeschlüsse auswirken kann[684]. Der BGH hatte diese Frage in seiner „Entscheidung „Kirch ./. Deutsche Bank" ausdrücklich offen gelassen, sodann aber ebenso ausdrücklich darauf hingewiesen, dass die Unrichtigkeit der Entsprechenserklärung im zu entscheidenden Fall nur als Anfechtungsgrund gegenüber den Beschlüssen über die Entlastung von Vorstand und Aufsichtsrat geltend gemacht werde, nicht aber gegenüber dem Beschluss über die Wahl der Aufsichtsratsmitglieder[685]. Die Prüfung, ob auch eine Aufsichtsratswahl wegen Verstoßes gegen § 161 AktG mit Erfolg angefochten werden kann und welche Voraussetzungen dafür gegebenenfalls erfüllt sein müssen, soll im Folgenden vorgenommen werden.

I. Aufsichtsratswahlverfahren

Zunächst bedarf es jedoch eines kurzen Überblicks über das Verfahren der Aufsichtsratswahl: Nach §§ 101, 119 Abs. 1 Nr. 1 AktG werden die Mitglieder des Aufsichtsrats von der Hauptversammlung gewählt, soweit sie nicht in den Aufsichtsrat zu entsenden (§ 101 Abs. 2 AktG) oder als Aufsichtsratsmitglieder der Arbeitnehmer nach dem Mitbestimmungsgesetz, dem Mitbestimmungsergänzungsgesetz, dem Drittelbeteiligungsgesetz oder dem Gesetz über die Mitbestimmung der Arbeitnehmer bei einer grenzüberschreitenden Verschmelzung zu wählen sind. Der Hauptversammlung obliegt damit ausschließlich die Wahl der Anteilseignervertreter im Aufsichtsrat. Die Aktionäre sind dabei in ihrer Wahlentscheidung gänzlich frei, sofern es sich nicht um solche eines mitbestimmten Montanunternehmens handelt, vgl. § 101 Abs. 1 S. 2 AktG. Der amtierende Aufsichtsrat – und ausschließlich dieser – ist nach § 124 Abs. 3

684 Eine schlichte Verallgemeinerung obiger Ergebnisse würde dem vollkommen unterschiedlichen Inhalt von Entlastungs- und Wahlbeschlüssen sowie den besonderen Verfahrensvorschriften für die Aufsichtsratswahl nicht hinreichend Rechnung tragen und verbietet sich daher; vgl. auch *Hüffer*, in: Gesellschaftsrecht in der Diskussion 2010, S. 63 (73).

685 BGHZ 180, S. 9 (19 f., 26) („Kirch ./. Deutsche Bank").

S. 1 AktG verpflichtet, den Aktionären einen Wahlvorschlag zu unterbreiten. An diesen ist die Hauptversammlung indes nicht gebunden, sondern kann die Wahl der vom Aufsichtsrat vorgeschlagenen Kandidaten ablehnen und stattdessen „eigene" Kandidaten wählen. Die designierten Kandidaten müssen allerdings jedenfalls den Anforderungen der §§ 100, 105 AktG genügen[686].

II. Anfechtbarkeit der Aufsichtsratswahl im Allgemeinen

Kommt es im Zusammenhang mit der Aufsichtsratswahl zu Rechtsverstößen, so führen diese – wie auch bei Hauptversammlungsbeschlüssen im Allgemeinen – entweder zur Nichtigkeit oder zur Anfechtbarkeit des von der Hauptversammlung gefassten Wahlbeschlusses. Aus Gründen der Rechtssicherheit enthält auch § 250 AktG – ebenso wie § 241 AktG – eine abschließende Aufzählung derjenigen Gesetzesverstöße, die so schwerwiegend sind, dass der gefasste Beschluss schlechterdings keinerlei Wirkung entfalten soll und daher nichtig ist[687]. In allen anderen Fällen berührt die Rechtswidrigkeit eines Wahlbeschlusses dessen Wirksamkeit (zunächst) nicht; dieser kann lediglich im Wege der Anfechtungsklage mit Wirkung ex tunc kassiert werden. Der im Rahmen des § 251 AktG erforderliche Gesetzes- oder Satzungsverstoß kann dabei – ebenfalls wie bei jedem anderen Hauptversammlungsbeschluss auch – den Inhalt des Wahlbeschlusses oder aber sein verfahrensmäßiges Zustandekommen betreffen[688]. Bei Vorliegen eines Verfahrensfehlers in Gestalt einer Informationspflichtverletzung muss dieser aus Sicht eines objektiv urteilenden Aktionärs Voraussetzung für die sachgerechte Wahrnehmung seines Wahlrechts gewesen sein, vgl. §§ 251 Abs. 1 S. 2, 243 Abs. 4 AktG.

III. Anfechtbarkeit des Wahlbeschlusses wegen materiell unrichtiger Entsprechenserklärung

Wenngleich auch es sich beim gänzlichen Unterlassen der Abgabe der Erklärung zum DCGK um einen eindeutigen und schwerwiegenden Verstoß gegen § 161 AktG handelt, der zur Anfechtbarkeit des von den Aktionären dennoch gefassten

---

686 Zum Wahlverfahren, insbesondere der Wahlfreiheit der Aktionäre und der Bedeutung von Wahlvorschlägen des Aufsichtsratsrates ausführlich unter D. III. 3. b) aa) (2).

687 *Stilz*, in: Spindler/Stilz, AktG, § 250 Rn. 4. Durch das Gesetz für die gleichberechtigte Teilhabe von Frauen und Männern in der Privatwirtschaft und im öffentlichen Dienst (siehe Fn. 527) wurde § 250 Abs. 1 Nr. 5 AktG eingeführt, dem zufolge ein Wahlbeschluss, der gegen die fixe Geschlechterquote des § 96 Abs. 2 AktG n. F. verstößt, nichtig ist.

688 *Hüffer*, in: MünchKommAktG, § 251 Rn. 4.

Entlastungsbeschlusses führt[689], so ist diese Variante der fehlerhaften Entsprechenserklärung angesichts des fehlenden Erklärungsgehalts für den Beschluss der Hauptversammlung über die Wahl des Aufsichtsrats ohne jede Bedeutung. Insoweit ist lediglich der Frage nachzugehen, welche beschlussmängelrechtlichen Folgen eine Verletzung des § 161 AktG in Form der Abgabe bzw. Aufrechterhaltung einer inhaltlich unzutreffenden Kodex-Erklärung hat.

1. Rechtsprechung

Die Frage, ob Beschlüsse zur Wahl von Aufsichtsratsmitgliedern wegen materiell unrichtiger Entsprechenserklärung anfechtbar sind, war bislang erst in zwei Fällen Gegenstand gerichtlicher Entscheidungen.

a) Urteil des OLG München vom 06.08.2008 – 7 U 5628/07 („MAN")

Der Entscheidung des OLG München[690] lag folgender Sachverhalt zugrunde: Vorstand und Aufsichtsrat der *MAN AG* gaben im Dezember 2006 eine uneingeschränkte Positiverklärungen zu den Empfehlungen des DCGK ab. Am 26.03.2007 erfolgte die Bekanntmachung der Einladung zur Hauptversammlung 2007 im elektronischen Bundesanzeiger. Zum Tagesordnungspunkt „Wahl der Aufsichtsratsmitglieder der Anteilseigner" unterbreitete der Aufsichtsrat einen Wahlvorschlag, der u. a. *Ferdinand Piëch*, Vorsitzender des Aufsichtsrats der *Volkswagen AG* und zum damaligen Zeitpunkt bereits 69 Jahre alt, *Stephan Schaller*, den damaligen Sprecher des Vorstands der *Volkswagen AG Nutzfahrzeuge* sowie *Rupert Stadler*, den Vorstandsvorsitzenden der *Audi AG* als Aufsichtsratsmitglieder vorsah. In der Hauptversammlung am 10.05.2007 wählten die Aktionäre schließlich neben anderen die Herren *Piëch* (inzwischen 70jährig) und *Schaller* zu Aufsichtsratsmitgliedern der *MAN AG*. Gegen diese beiden Wahlbeschlüsse wurde Anfechtungsklage erhoben, gestützt u. a. auf mehrere angebliche Verstöße gegen den DCGK. So verstoße die Wahl eines 70jährigen Kandidaten gegen Ziffer 5.4.1 Satz 2 DCGK, wonach bei der Zusammensetzung des Aufsichtsrats eine festzulegende Altersgrenze für dessen Mitglieder berücksichtigt werden soll. Bereits 2002 hatte der Aufsichtsrat der *MAN AG* in diesem Zusammenhang beschlossen, dass für die Aufsichtsratsmitglieder künftig eine Altersgrenze von 70 Jahren gelten soll. Auch liege ein Verstoß gegen die in den Ziffern 5.4.1 Satz 2 und 5.4.2 niedergelegte Empfehlung, dass dem Aufsichtsrat eine angemessenen Anzahl unabhängiger Mitglieder angehören soll, vor, da sich die Herren *Piëch* und *Schaller* aufgrund ihrer Tätigkeit im Vorstand bzw. Aufsichtsrat eines wesentlichen Mitbewerbers der *MAN AG* in einem Interessenkonflikt befänden.

Das LG München I als erste Instanz hatte die Anfechtbarkeit von Aufsichtsratswahlbeschlüssen wegen unrichtiger Entsprechenserklärung grundsätzlich

689 Siehe oben unter C. II. 3. a).
690 OLG München, ZIP 2009, S. 133 ff.

verneint[691]. Die Voraussetzungen für die Mandatsfähigkeit von Aufsichtsratsmitgliedern würden sich insbesondere aus den §§ 100, 105 Abs. 1 AktG ergeben, gegen die erkennbar nicht verstoßen worden sei. Keinesfalls normiere der Kodex selbst rechtlich bindende Voraussetzungen für die Wählbarkeit von Kandidaten für den Aufsichtsrat, weder über § 161 AktG, da durch diese Vorschrift der jeweilige Inhalt des Kodex nicht im Sinne einer dynamischen Verweisung in den gesetzgeberischen Willen aufgenommen werde, noch als Empfehlungskanon mit satzungsgleicher Wirkung[692]. Auch an einer Verletzung der Vorschrift über den vom Aufsichtsrat zu unterbreitenden Wahlvorschlag (§ 124 Abs. 3 AktG) fehle es. Denn die Nichtigkeit des dem Wahlvorschlag zugrunde liegenden Aufsichtsratsbeschlusses, welche zur Anfechtbarkeit des von den Aktionären gefassten Wahlbeschlusses führen würde, sei zu verneinen. Selbst wenn sich der Wahlvorschlag in Widerspruch zu den von Vorstand und Aufsichtsrat für befolgt erklärten Kodex-Empfehlungen setzen würde, so sei fraglich, ob überhaupt eine Pflicht zur unterjährigen Aktualisierung der Entsprechenserklärung bestünde. Jedenfalls aber müsse die aktualisierte Entsprechenserklärung den Aktionären auch dauerhaft zugänglich gemacht werden, was aber nicht durch die Bekanntgabe der Tagesordnung mit einem Wahlvorschlag erfolgen könne[693]. Zudem sei auch in diesem Zusammenhang zu bedenken, dass den Empfehlungen des DCGK nun einmal weder Gesetzeskraft noch eine satzungsgleiche Wirkung zukommen[694].

Das OLG München entschied hingegen in zweiter Instanz, dass die Anfechtbarkeit der Wahlbeschlüsse zwar nicht auf eine Verletzung der DCGK-Empfehlungen selbst gestützt werden könne, da es sich bei diesen weder um Gesetz noch um satzungsgleiche Regelungen handle[695]; gleichwohl seien die Empfehlungen des Kodex aber grundsätzlich von Bedeutung für die Rechtmäßigkeit der von der Hauptversammlung gefassten Wahlbeschlüsse. Zwar könnten Vorstand und Aufsichtsrat ihre Absicht hinsichtlich der Befolgung von Kodex-Empfehlungen auch unterjährig ändern; eine solch unterjährige Änderung der Befolgungsabsicht müsse jedoch mit Rücksicht auf den Vertrauensschutz der Aktionäre öffentlich gemacht werden. Wenn nun Vorstand und Aufsichtsrat mit einem Beschlussvorschlag eine ursprünglich für befolgt erklärte Kodex-Empfehlung missachten und ihre geänderte Befolgungsabsicht nicht gleichzeitig mit dem Beschlussvorschlag publik machen, so läge in diesem Verhalten ein Verstoß gegen § 161 AktG, welcher grundsätzlich zur Anfechtbarkeit des Wahlbeschlusses führe[696]. Dieses Ergebnis begründete das OLG München dogmatisch wie folgt: Der dem Wahlvorschlag an die Hauptversammlung

691 LG München ZIP 2007, S. 2360 ff.
692 LG München ZIP 2007, S. 2360 (2361).
693 LG München ZIP 2007, S. 2360 (2362).
694 LG München ZIP 2007, S. 2360 (2362).
695 OLG München ZIP 2009, S. 133 (134).
696 OLG München ZIP 2009, S. 133 (134).

zugrunde liegende Aufsichtsratsbeschluss, der einer für befolgt erklärten DCGK-Empfehlung widerspreche, sei inhaltlich fehlerhaft, wenn der Aufsichtsrat nicht auch zugleich die Abweichung von der bisherigen Entsprechenserklärung und deren Bekanntgabe beschließe. Der in dem Unterlassen dieser Beschlussfassung liegende Verstoß gegen § 161 AktG führe zur Nichtigkeit des dem Wahlvorschlag zugrunde liegenden Aufsichtsratsbeschlusses, weshalb der von den Aktionären dennoch gefasste Wahlbeschluss nach §§ 243, 251 AktG anfechtbar sei[697].

Im Ergebnis verneinte aber auch das OLG München die Anfechtbarkeit der Wahl von *Ferdinand Piëch* und *Stephan Schaller* zu Mitgliedern des Aufsichtsrats der *MAN AG*, da der Wahlvorschlag im konkreten Fall nicht im Widerspruch zu den von Vorstand und Aufsichtsrat für befolgt erklärten Kodex-Empfehlungen gestanden habe[698]. So lasse der Beschluss des Aufsichtsrats aus dem Dezember 2002 über die künftige Altersgrenze von Aufsichtsratsmitgliedern Ausnahmen zu. Diese Festlegung einer bloßen Regelaltersgrenze stehe indes nicht in Widerspruch zu der für befolgt erklärten Ziffer 5.4.1 Satz 2 DCGK. Zudem sei es dem Anfechtungskläger nicht gelungen, darzulegen und zu beweisen, dass etwaige Interessenkonflikte in den Personen von *Piëch* und *Schaller* bei der Beschlussfassung des Aufsichtsrats über den der Hauptversammlung zu unterbreitenden Wahlvorschlag keine Berücksichtigung i. S. v. Ziffer 5.4.1 Satz 2 DCGK gefunden haben. Auch bei unterstellter fehlender Unabhängigkeit der Herren *Piëch* und *Schaller* i. S. d. Ziffer 5.4.2 DCGK wäre es Sache des Klägers gewesen, nachzuweisen, dass der Aufsichtsrat in seiner Gesamtheit nicht mehr über eine ausreichende Anzahl an unabhängigen Mitgliedern verfügt; dieser Nachweis gelang nicht. Ferner vermochte der Kläger auch das Bestehen eines wesentlichen Wettbewerbsverhältnisses i. S. d. Ziffer 5.4.2 Satz 4 DCGK zwischen der *MAN AG* und der *Volkswagen AG* nicht darzulegen und zu beweisen.

b) Urteil des LG Hannover vom 17.03.2010 – 23 O 124/09 („Continental")

Das LG Hannover, 3. Kammer für Handelssachen[699], hatte über den folgenden Sachverhalt zu entscheiden: Im Dezember 2008 gaben Vorstand und Aufsichtsrat der *Continental AG* eine Entsprechenserklärung ab, der zufolge den Empfehlungen des

697 OLG München ZIP 2009, S. 133 (135).

698 Vgl. OLG München ZIP 2009, S. 133 (135 f.). Aus diesem Grund bestand auch für den BGH als letzte Instanz in Sachen „MAN" keine Notwendigkeit, sich mit der grundsätzlichen Frage der Anfechtbarkeit von Aufsichtsratswahlbeschlüssen wegen unrichtiger Entsprechenserklärung auseinanderzusetzen, vgl. Beschluss vom 09.11.2009 – II ZR 14/09, juris.

699 LG Hannover ZIP 2010, S. 833 ff. Das zwischenzeitlich vor dem OLG Celle zum Az. 9 U 43/10 anhängige Berufungsverfahren wurde durch übereinstimmende Erledigungserklärung der Parteien im März 2011 beendet, siehe die Bekanntmachung der *Continental AG* gem. §§ 248a, 149 Abs. 2 AktG vom 16.03.2011, veröffentlicht im elektronischen Bundesanzeiger.

DCGK mit Ausnahme von u. a. Ziffer 5.4.3 Satz 1 und Ziffer 5.5.4 entsprochen werde. Am 17.03.2009 erfolgte die Bekanntmachung der Einladung zur Hauptversammlung im April 2009. Diese enthielt zum Tagesordnungspunkt „Neuwahl des Aufsichtsrats" einen Beschlussvorschlag des Aufsichtsrats, der u. a. *Rolf Koerfer* zur Wahl in den Aufsichtsrat vorsah. Dieser war bereits seit langem als Berater der Hauptaktionärin der *Continental AG*, der *Schaeffler KG*, tätig gewesen, und beriet und vertrat diese auch in jenen rechtlichen Angelegenheiten, die aus ihrer Beteiligung an der *Continental AG* erwuchsen. Bereits am 05.02.2009 war er durch Beschluss des AG Hannover nach § 104 Abs. 2 AktG bis zur Beendigung der nächsten ordentlichen Hauptversammlung zum Aufsichtsratsmitglied der *Continental AG* bestellt worden. Eine gegen diese Entscheidung gerichtete Beschwerde war zwar von der 1. Kammer für Handelssachen des LG Hannover zurückgewiesen worden; das Gericht hatte in seinem Beschluss vom 12.03.2009 jedoch ausgeführt, dass im Hinblick auf die Person von Herrn *Koerfer* – bedingt durch seiner Doppelfunktion als Rechtsberater der *Schaeffler KG* und Mitglied des Aufsichtsrats der *Continental* AG – eine „gravierende Pflichtenkollision" bestünde, welche allerdings beherrschbar sei[700].

In der am 23.04.2009 stattfindenden Hauptversammlung der *Continental AG* brachte die *Schaeffler KG* indes einen zweiten Wahlvorschlag als Antrag ein, welcher sich jedoch nur hinsichtlich einer Person, die erst nach Verabschiedung des Wahlvorschlags des Aufsichtsrats mitgeteilt hatte, ein Aufsichtsratsmandat nicht übernehmen zu wollen, nicht mit dem Wahlvorschlag des Aufsichtsrats deckte, und damit ebenfalls *Rolf Koerfer* zur Wahl vorsah. Die Aktionäre stimmten in der Hauptversammlung einzig über diesen zweiten Wahlvorschlag ab, wobei alle Kandidaten die erforderliche Stimmenmehrheit erhielten. Gegen die Beschlüsse der Hauptversammlung über die Wahl von *Rolf Koerfer* sowie vier weiterer Kandidaten wurden Anfechtungsklagen erhoben. Diese wurden u. a. anderem damit begründet, dass die von Vorstand und Aufsichtsrat im Dezember 2008 abgegebene Entsprechenserklärung im Hinblick auf die Ziffern 5.4.1 Satz 2 und 5.5.3 Satz 1 DCGK materiell unrichtig und damit korrekturbedürftig gewesen sei. Insbesondere in der Person von Herrn *Koerfer* bestünde ein wesentlicher und nicht nur vorübergehender Interessenkonflikt, da dieser als langjähriger juristischer Berater und Vertreter der *Schaeffler KG* auch und gerade im Zusammenhang mit deren Beteiligung an der *Continental AG* einerseits zur Wahrung der Interessen der Hauptaktionärin verpflichtet sei, als Aufsichtsratsmitglied der *Continental AG* andererseits in deren Unternehmensinteresse handeln müsse. Der in dem Unterlassen der Aktualisierung der Entsprechenserklärung liegende Verstoß gegen § 161 AktG führe zur Anfechtbarkeit des Wahlbeschlusses.

Die 3. Kammer für Handelssachen des LG Hannover gab den Anfechtungsklägern in diesem Punkt Recht. Die Entsprechenserklärung von Vorstand und Aufsichtsrat aus dem Dezember 2008 hätte aufgrund einer Veränderung tatsächlicher Umstände zwischen dem Abgabedatum und dem Datum der Hauptversammlung am 23.04.2009

700 LG Hannover ZIP 2009, S. 761 (763).

unterjährig korrigiert werden müssen[701]. Der Aufsichtsrat der *Continental AG*, der an *Rolf Koerfer* als Aufsichtsratsmitglied festhalten wollte, hätte aufgrund des Beschlusses der 1. Kammer für Handelssachen vom 12.03.2009, in dem das Vorliegen eines Interessenkonflikts in der Person des Herrn *Koerfer* festgestellt worden war, die Entsprechenserklärung aus dem Dezember 2008 betreffend Ziffer 5.4.1 S. 2, jedenfalls aber bezüglich Ziffer 5.5.3 S. 1 DCGK, noch vor der Hauptversammlung aktualisieren müssen[702]. Das Unterlassen der gebotenen unterjährigen Aktualisierung stelle – in Übereinstimmung mit der Rechtsprechung des OLG München – einen Verstoß gegen § 161 AktG dar, welcher nach §§ 243 Abs. 1, 251 Abs. 1 S. 1 AktG zur Anfechtbarkeit des Wahlbeschlusses führe[703]. Auf den Umstand, dass in der Hauptversammlung überhaupt nicht über den Wahlvorschlag des Aufsichtsrats, sondern über den Alternativvorschlag der *Schaeffler KG* abgestimmt wurde, komme es insoweit nicht an. Denn an der Grundlage für die Wahlen zum Aufsichtsrat habe sich dadurch nichts geändert; der Wahlvorschlag des Aufsichtsrats wurde lediglich um die aus gegebenem Anlass erforderlich gewordene Nachnominierung eines Kandidaten ergänzt. Nur insoweit habe überhaupt ein Vorschlag und Antrag der Hauptaktionärin i. S. d. §§ 127, 126 AktG vorgelegen[704].

2. Rezeption der instanzgerichtlichen Rechtsprechung im Schrifttum

Die Entscheidungen des OLG München und des LG Hannover sind im Schrifttum weit überwiegend auf Ablehnung gestoßen[705]. Grundsätzliche Kritik entzündet sich dabei an der mit den Urteilen verbundenen „Fortführung der Tendenz zur Konstruktion immer neuer Anfechtungsgründe“[706] – zumal sich das OLG München durch sein obiter dictum zur Anfechtbarkeit von Aufsichtsratswahlbeschlüssen wegen unrichtiger Entsprechenserklärung ganz ohne Not so weit vorgewagt habe. Auch sei allenfalls die Entlastungsentscheidung der Hauptversammlung der richtige Anknüpfungspunkt für einen Verstoß der Verwaltung gegen § 161 AktG, keinesfalls

---

701 LG Hannover ZIP 2010, S. 833 (835).

702 LG Hannover ZIP 2010, S. 833 (836).

703 LG Hannover ZIP 2010, S. 833 (838).

704 LG Hannover ZIP 2010, 833 (837 f.).

705 *Bröcker*, Der Konzern 2011, S. 313 (316); *Hüffer*, ZIP 2010, S. 1979 ff.; *Krieger*, ZGR 2012, S. 223 (224 f.); *Tröger*, ZHR 175 (2011), S. 746 (772 ff.). AA *Heidel*, in: Heidel, § 243 AktG Rn. 7d f.; *Lutter*, in: KölnKommAktG, § 161 Rn. 151; *ders.*, BB 2010, S. 2267 (2268).

706 *Wind/Klie*, NZG 2010, S. 1413 (1414); vgl. auch *Hüffer*, ZIP 2010, S. 1979 (1984); *Pluskat*, EWiR § 161 AktG 1/09, S. 259 (260). Zur Problematik ausufernder Anfechtungsmöglichkeiten anschaulich formulierend *Bröcker*, Der Konzern 2011, S. 313 (316): „Mit der Auffassung des OLG München und wohl auch des LG Hannover setzt man einen Zug unter Dampf, dessen Reise vielleicht durch viel unwegsameres Gelände führt, als man eigentlich bei Reiseantritt erkunden wollte.“

aber Beschlüsse über die Wahl von Aufsichtsratsmitgliedern[707]. Das Urteil des LG Hannover in Sachen „Continental" sei schließlich auch deshalb verfehlt, da die Wahl eines juristischen Beraters eines Mehrheitsaktionärs in den Aufsichtsrat der von ihm kontrollierten Gesellschaft keine Interessenkonflikte bzw. Abhängigkeiten begründe, weshalb es jedenfalls an einem Verstoß gegen § 161 AktG fehle[708]. Hauptkritikpunkt ist jedoch die dogmatisch angeblich nicht überzeugende Begründung der Anfechtbarkeit von Aufsichtsratswahlbeschlüssen wegen unrichtiger Entsprechenserklärung.

a) Inhaltsfehler des Wahlbeschlusses

Selbstverständlich sei der Wahlbeschluss der Hauptversammlung über die Wahl eines Aufsichtsratsmitglieds nicht bereits wegen einer Abweichung von Kodex-Empfehlungen inhaltlich fehlerhaft und damit anfechtbar, da es sich bei den Empfehlungen des DCGK nicht um Rechtsnormen i. S. d. Art. 2 EGBGB handle[709]. Der Wahlbeschluss leide aber auch dann nicht an einem Inhaltsfehler, wenn die von Vorstand und Aufsichtsrat abgegebene Entsprechenserklärung materiell unrichtig ist und damit ein Verstoß gegen § 161 AktG vorliegt. Die Voraussetzungen für die Wählbarkeit von Aufsichtsratsmitgliedern ergäben sich allein aus §§ 100, 105 AktG und weiteren Fachgesetzen; § 161 AktG regele den Inhalt von Wahlbeschlüssen hingegen nicht. Stehe ein von der Hauptversammlung gefasster Wahlbeschluss in inhaltlichem Widerspruch zu den vom DCGK zusätzlich vorgesehenen persönlichen Anforderungen an ein Aufsichtsratsmitglied, so sei diese Diskrepanz rechtlich unbeachtlich, da die Kodex-Empfehlungen nicht rechtlich bindend sind. Auch über § 161 AktG gelte nichts anderes, da das enttäuschte Vertrauen des Kapitalmarktes in die Befolgung der Empfehlungen diesen keine Rechtskraft verleihe[710]. Auch handle es sich bei der Entsprechenserklärung nicht um eine Erklärung der Gesellschaft selbst, § 161 AktG verpflichte lediglich Vorstand und Aufsichtsrat im Sinne einer „isolierten Organpflicht"[711]. Daher könne auch nicht davon ausgegangen werden, dass auch

707 *Simons*, in: Hölters, AktG, § 251 Rn. 10b; *Hüffer*, ZIP 2010, S. 1979 (1980); *Marsch-Barner*, in: FS K. Schmidt, S. 1109 (1113); *Mülbert/Wilhelm*, ZHR 176 (2012), S. 286 (296); *Ogorek/von den Steinen*, EWiR § 161 AktG 1/08, S. 65 (66); *Rieder*, GWR 2009, S. 25 (28); *Schubert/Jacobsen*, WM 2011, S. 726 (733).

708 *Hüffer*, ZIP 2010, S. 1979 (1982 ff.).

709 Statt vieler *Hüffer*, ZIP 2010, S. 1979 (1980). Insoweit sind sich Rechtsprechung und Schrifttum noch einig, vgl. OLG München, ZIP 2009, S. 133 (134); LG Hannover, ZIP 2010, S. 833 (835).

710 *Hüffer*, ZIP 2010, S. 1979 (1980); *Kiefner*, NZG 2011, S. 201 (203); *Kleefass*, Entsprechenserklärung, S. 236; *Krieger*, ZGR 2012, S. 202 (223); *Schubert/Jacobsen*, WM 2011, S. 726 (734); i. E. ebenso *von der Linden*, in: Wilsing, DCGK, § 161 AktG Rn. 60, allerdings ohne nähere Begründung.

711 *Spindler*, NZG 2011, S. 1007 (1011).

die Hauptversammlung an die abgegebene Erklärung gebunden sei und bei einer Abstimmung das Gebot erklärungskonformen Verhaltens beachtet werden müsse[712].

b) Verfahrensfehler des Wahlbeschlusses

Nach der vorherrschenden Auffassung im Schrifttum kann die Anfechtbarkeit eines Aufsichtsratswahlbeschlusses auch nicht überzeugend auf dessen angebliche Verfahrensfehlerhaftigkeit infolge eines Verstoßes gegen § 161 AktG gestützt werden. Bevor auf die insoweit in der Literatur vorgebrachte Kritik näher eingegangen wird, bedarf der von der Rechtsprechung gewählte Begründungsansatz zunächst einer eingehenden Analyse. Das OLG München hat in seinem Urteil vom 06.08.2008 die Rechtsauffassung vertreten, dass „ein Aufsichtsratsbeschluss, der einen Vorschlag an die Hauptversammlung zur Wahl von Aufsichtsratsmitgliedern zum Gegenstand hat, der einer vom Aufsichtsrat anerkannten Empfehlung des Kodex widerspricht, [...] unter einem inhaltlichen Mangel [leidet], wenn der Aufsichtsrat nicht zeitgleich mit dem Beschluss auch die Abweichung von der bisher abgegebenen Entsprechenserklärung beschlossen hat. Dieser Verstoß gegen § 161 AktG begründet die Nichtigkeit des Aufsichtsratsbeschlusses. Ein auf dieser Grundlage gefasster Beschluss der Hauptversammlung ist gem. §§ 243, 251 AktG anfechtbar."[713]. Das LG Hannover hat sich dieser Auffassung schlicht angeschlossen, ohne sich weiter mit der dogmatischen Begründung des Ergebnisses der Anfechtbarkeit des Wahlbeschlusses auseinanderzusetzen[714].

Betrachtet man obige gerichtliche Aussagen genauer und ordnet diese in die Systematik des aktienrechtlichen Beschlussmängelrechts ein, so ergibt sich Folgendes: Das OLG München geht davon aus, dass der Aufsichtsratsbeschluss, der dem der Hauptversammlung nach § 124 Abs. 3 S. 1 AktG zu unterbreitenden Wahlvorschlag zugrunde liegt, inhaltlich fehlerhaft ist, wenn er im inhaltlichen Widerspruch zu einer im Rahmen der Entsprechenserklärung für befolgt erklärten DCGK-Empfehlung steht und nicht zugleich die Entsprechenserklärung entsprechend aktualisiert und bekanntgemacht wird, da er in diesem Fall gegen § 161 AktG verstoße. § 108 AktG schweigt zu der Frage, welche Folgen ein Inhaltsfehler im Hinblick auf die Wirksamkeit eines Aufsichtsratsbeschlusses hat. Der BGH und die herrschende Literatur gehen indes davon aus, dass ein Aufsichtsratsbeschluss, der inhaltlich gesetzeswidrig ist, grundsätzlich nichtig ist[715]. Damit fehlt es nach der gerichtlichen Auffassung an

712 *Kleefass*, Entsprechenserklärung, S. 237; *Spindler*, NZG 2011, S. 1007 (1011); *Tröger*, ZHR 175 (2011), S. 746 (774 f.); *Woitzyk*, Anfechtung, S. 174. AA *Waclawik*, ZIP 2011, S. 885 (889 f.), demzufolge in der Beschlussfassung der Hauptversammlung selbst der Gesetzesverstoß gegen § 161 AktG als Inhaltsfehler i. S. d. §§ 251, 243 AktG liegt, wenn nicht gleichzeitig die Entsprechenserklärung korrigiert wird.

713 OLG München, ZIP 2009, S. 133 (135).

714 LG Hannover, ZIP 2010, S. 833 (838).

715 BGHZ 122, S. 342 (351); 135, S. 244 (247); 164, S. 249 (253); *Habersack*, in: MünchKommAktG, § 108 Rn. 81 f.; *Hambloch-Gesinn/Gesinn*, in: Hölters, AktG, § 108

einem wirksamen Wahlvorschlag an die Hauptversammlung i. S. d. § 124 Abs. 3 S. 1 AktG. Über die Aufsichtsratswahl als Gegenstand der Tagesordnung, der demzufolge nicht ordnungsgemäß bekannt gemacht wurde, darf die Hauptversammlung nach § 124 Abs. 4 S. 1 AktG nicht beschließen. Erfolgt dennoch eine Beschlussfassung, so ist der Wahlbeschluss aufgrund des Bekanntmachungsfehlers verfahrensfehlerhaft zustande gekommen und deshalb nach §§ 251, 243 AktG anfechtbar[716].

aa) Vorliegen eines Bekanntmachungsfehlers

Die instanzgerichtliche Annahme, die Anfechtbarkeit des von der Hauptversammlung gefassten Beschlusses über die Wahl von Aufsichtsratsmitgliedern sei auf einen Verfahrensfehler in Gestalt eines Bekanntmachungsfehlers gegründet, wird vom Schrifttum weit überwiegend abgelehnt.

(1) Inhaltsfehler des dem Wahlvorschlag zugrunde liegenden Aufsichtsratsbeschlusses

So wird die inhaltliche Fehlerhaftigkeit des Aufsichtsratsbeschlusses, die zu einem Verfahrensfehler des Wahlbeschlusses in Form eines Bekanntmachungsfehlers führen würde, schon teilweise mit dem gleichen Argument verneint, mit dem auch schon die inhaltliche Fehlerhaftigkeit des Wahlbeschlusses abgelehnt wurde: Ebenso wenig wie § 161 AktG den Beschlussinhalt von Wahlbeschlüssen regle, habe die Norm einen Regelungsgehalt hinsichtlich der dem Wahlbeschluss zugrunde liegenden Beschlussempfehlung. Der Inhalt des Aufsichtsratsbeschlusses sei nur insoweit betroffen, als er im Widerspruch zu den für befolgt erklärten Empfehlungen des DCGK stehe. Bei diesen handle es sich aber nicht um Rechtsnormen; sie würden auch nicht dadurch Rechtskraft erlangen, dass es der Aufsichtsrat unterlässt, eine Abweichung von ihnen zu veröffentlichen[717]. Eine über § 161 AktG vermittelte Bindungswirkung wäre mit dem Grundgedanken des Kodex als unverbindlichem Transparenz- und Ordnungsinstrumentarium unvereinbar und verfassungsrechtlich problematisch[718].

Heftigster Widerspruch regt sich gegen die maßgebliche Annahme der OLG München in Sachen „MAN“, das Unterlassen einer Korrektur der bisherigen Kodex-Erklärung habe Auswirkungen auf die materielle Rechtmäßigkeit der Beschlussempfehlung des Aufsichtsrats. Das Gericht vermenge bei seinem Abstellen allein

Rn. 70 f.; *Hüffer*, AktG, § 108 Rn. 26; *Spindler*, in: Spindler/Stilz, AktG, § 108 Rn. 64. AA OLG Schleswig, ZIP 2003, S. 1703 (1705); *Mertens/Cahn*, in: KölnKommAktG, § 108 Rn. 104: Unterscheidung zwischen Nichtigkeit und Anfechtbarkeit entsprechend den §§ 241 ff. AktG.

716 *Hopt/Roth*, in: GroßkommAktG, § 101 Rn. 224; *Hüffer*, AktG, § 124 Rn. 27.

717 *Bröcker*, Der Konzern 2011, S. 313 (316); *Hüffer*, ZIP 2010, S. 1979 (1981); *ders.*, in: Gesellschaftsrecht in der Diskussion 2010, S. 63 (75 f.); *Krieger*, ZGR 2012, S. 202 (223); *Rieder*, NZG 2010, S. 737 (738); *Tröger*, ZHR 175 (2011), S. 746 (773); insoweit auch *Waclawik*, ZIP 2011, S. 885 (888).

718 *Ogorek/von den Steinen*, EWiR § 161 AktG 1/08, S. 65 (66).

auf den Vertrauensschutz der Aktionäre zwei selbständige Rechtsakte; dabei sei der dem Wahlvorschlag an die Hauptversammlung zugrunde liegende Aufsichtsratsbeschluss von einer etwaigen Notwendigkeit der Aktualisierung der Entsprechenserklärung tatsächlich strikt zu trennen: Ein etwaiger Verstoß gegen § 161 AktG sei dem Aufsichtsratsbeschluss rein denklogisch nachgelagert, da die Pflicht zur Aktualisierung der Entsprechenserklärung überhaupt erst durch den von ihr abweichenden Beschluss begründet werde könne. Sofern man überhaupt einen Verstoß gegen § 161 AktG annehmen wolle, so könne dieser jedenfalls keine Auswirkungen auf den Inhalt des vom Aufsichtsrat gefassten Beschlusses haben; dieser sei vollkommen rechtmäßig[719]. Nur ganz vereinzelt erfährt die Argumentation des OLG München im Schrifttum hingegen auch Zustimmung. Der Aufsichtsrat sei mit seiner Entsprechenserklärung eine „freiwillige Selbstbindung auf Widerruf"[720] eingegangen, welche er verletze, wenn er die Erklärung missachte. Mit einer Beschlussfassung über den Wahlvorschlag, die im Widerspruch zu der bisher verlautbarten Befolgungsabsicht steht, werde diese zwangsläufig zugleich aufgegeben und dadurch die Pflicht begründet, die Kodex-Erklärung zu aktualisieren[721].

---

719 *Leyens*, in: GroßkommAktG, § 161 Rn. 483; *von der Linden*, in: Wilsing, DCGK, § 161 AktG Rn. 61; *Simons*, in: Hölters, AktG, § 251 Rn. 10b; *Bachmann/Becker*, WuB II A. § 161 AktG 1.09, S. 605 (607); *Bröcker*, Der Konzern 2011, S. 313 (316); *Goslar/von der Linden*, DB 2009, S. 1691 (1696); *Hüffer*, in: Gesellschaftsrecht in der Diskussion 2010, S. 63 (76); *Kleefass*, Entsprechenserklärung, S. 241 f.; *Kocher*, BB 2010, S. 264 (266); *ders.*, AG 2013, S. 406 (413); *Kocher/Bedkowski*, BB 2009, S. 235; *Krieger*, ZGR 2012, S. 202 (223); *Marsch-Barner*, in: FS K. Schmidt, S. 1109 (112 f.); *Mülbert/Wilhelm*, ZHR 176 (2012), S. 286 (297 f.); *Reger/Theusinger*, EWiR § 161 AktG 2/10, S. 345 (346); *Rieder*, GWR 2009, S. 25 (28); *ders.*, NZG 2010, S. 737 (738); *Schubert/Jacobsen*, WM 2011, S. 726 (732 f.); *Thümmel*, CCZ 2008, S. 141 (143); *Woitzyk*, Anfechtung, S. 87. Für eine Unabhängigkeit des Wahlvorschlages von der Entsprechenserklärung auch noch das LG München als Vorinstanz, ZIP 2007, S. 2360 (2362), dem zufolge eine korrigierte Entsprechenserklärung den Aktionären auch dauerhaft zugänglich gemacht werden müsste, was aber nicht durch die Bekanntgabe der Tagesordnung mit einem Wahlvorschlag erfolgen könne.

720 *Vetter*, NZG 2008, S. 121 (123).

721 *Heidel*, in: Heidel, § 243 AktG Rn. 7e; *Kirschbaum*, ZIP 2007, S. 2362 (2364); *Vetter*, NZG 2008, S. 121 (123 f.); *ders.*, in: FS Schneider, S. 1345 (1354), allerdings insoweit einschränkend, als dass nach den Entscheidungen des BGH in Sachen „Kirch ./. Deutsche Bank" und „Umschreibungsstopp" der Aufsichtsratsbeschluss nur dann wegen Verstoßes gegen § 161 AktG nichtig sein soll, wenn die Entsprechenserklärung wegen des Wahlvorschlages in einem wesentlichen Punkt unrichtig wird. In einem ähnlichen Sinn, wenngleich die Frage nach dem Vorliegen eines Bekanntmachungsfehlers letztlich offen lassend, *Habersack*, in: FS Goette, S. 121 (123 f.) dem zufolge die Aktionäre, die über die Aufsichtsratswahl zu beschließen haben, davon ausgehen dürften, dass sich der Aufsichtsrat mit seinem Wahlvorschlag an seine bisherige Entsprechenserklärung hält, wenn er diese nicht zeitgleich aktualisiert. *Heidel*, in: Heidel, § 243 AktG Rn. 7e, geht sogar davon aus, die Korrektur der Entsprechenserklärung müsse bereits vor Bekanntgabe

Das Argument, dass es sich bei dem dem Wahlvorschlag an die Hauptversammlung zugrunde liegenden Aufsichtsratsbeschluss und der Aktualisierung der Entsprechenserklärung um zwei selbständige Rechtsakte handle, machen auch jene Literaturvertreter für sich fruchtbar, die meinen, ein Inhaltsfehler des Aufsichtsratsbeschlusses ergebe sich auch nicht unter dem Gesichtspunkt der Perplexität. Dies wäre nur dann der Fall, wenn der Aufsichtsratsbeschluss einen inneren, auch durch Auslegung nicht ausräumbaren Widerspruch aufweisen würde, der zur Folge hätte, dass er keinerlei vernünftigen Sinn ergibt[722]. Der Beschlussvorschlag an die Hauptversammlung und die Entsprechenserklärung nach § 161 AktG würden jedoch keine Regelungsgesamtheit darstellen, die in sich widersprüchlich sein könnte. Vielmehr bestehe der Widerspruch lediglich zu der zeitlich vorgelagerten Entsprechenserklärung[723].

Auch eine Unwirksamkeit des Aufsichtsratsbeschlusses nach § 242 BGB wegen Verstoßes gegen das Verbot widersprüchlichen Verhaltens im Hinblick auf die abgegebene Entsprechenserklärung liege nicht vor, da es im Hinblick auf den der Hauptversammlung vom Aufsichtsrat unterbreiteten Beschlussvorschlag an einem anerkannten Vertrauenstatbestand fehle. Der Aufsichtsrat setzte mit seinem Vorschlag nicht eine Rechtsposition in treuwidriger Art und Weise gegenüber den Aktionären durch, denn erst der von der Hauptversammlung gefasste Beschluss über die Wahl der Aufsichtsratsmitglieder stelle überhaupt eine Rechtsposition in diesem Sinne dar[724]. Schließlich könne die Nichtigkeit des Aufsichtsratsbeschlusses auch nicht aus der Nichtbeachtung einer Ermessensreduzierung hergeleitet werden, da die Abgabe der Entsprechenserklärung nicht zu einer kompetentiellen Selbstbindung des Aufsichtsrats im Hinblick auf die von ihm abzugebenden Beschlussempfehlungen führe[725].

des Wahlvorschlages erfolgen, namentlich dann, wenn die Verwaltung plant, mit diesem von ihrer bisherigen Entsprechenserklärung abzuweichen. Sodann müsse eine angemessene Wartefrist ablaufen, damit die Aktionäre ggf. Konsequenzen aus der geänderten Befolgungsabsicht ziehen können.

722 *Würtwein*, in: Spindler/Stilz, AktG, § 241 Rn. 235.

723 *Hüffer*, in: Gesellschaftsrecht in der Diskussion 2010, S. 63 (76); *Kiefner*, NZG 2011, S. 201 (203); *Mülbert/Wilhelm*, ZHR 176 (2012), S. 286 (296 f.); *Woitzyk*, Anfechtung, S. 89.

724 *Kiefner*, NZG 2011, S. 201 (203); vgl. auch *Mülbert/Wilhelm*, ZHR 176 (2012), S. 286 (296 f.); *Woitzyk*, Anfechtung, S. 88.

725 *Hüffer*, in: Gesellschaftsrecht in der Diskussion 2010, S. 63 (77); *Tröger*, ZHR 175 (2011), S. 746 (774). AA *Deilmann/Albrecht*, AG 2010, S. 727 (732), denen zufolge die Entsprechenserklärung „zu einer laufenden Selbstbindung der Organe und ihrer Mitglieder [führe]“, welche zur Beachtung der DCGK-Empfehlungen zwinge und gleichbedeutend mit einer „freiwilligen Ermessensbeschränkung“ sei.

(2) Verfahrensfehler des Aufsichtsratsbeschlusses

Obgleich es für das OLG München aufgrund des Abstellens auf die (angebliche) inhaltliche Fehlerhaftigkeit der Beschlussempfehlung nicht mehr auf die Frage nach dem Vorliegen etwaiger Verfahrensmängel des Aufsichtsratsbeschlusses ankam, findet im Schrifttum höchst vorsorglich auch diesbezüglich eine kritische Auseinandersetzung statt. Nicht nur ein Aufsichtsratsbeschluss, der unter einem inhaltlichen Mangel leidet, ist im Grundsatz nichtig; gleiches gilt auch für einen verfahrensfehlerhaften Beschluss. Allerdings muss es sich um einen schwerwiegenden bzw. wesentlichen Verfahrensfehler handeln; bloß leichte Mängel des Beschlussverfahrens rechtfertigen die gravierende Rechtsfolge der Nichtigkeit hingegen nicht[726].

In der Literatur wird indes – soweit ersichtlich ausschließlich – vertreten, dass der Beschluss des Aufsichtsrats unter keinerlei verfahrensrechtlichem Mangel leide, weder unter einem schwerwiegenden noch unter einem weniger gravierenden. Der Entsprechenserklärung habe keine Bedeutung für die aufsichtsratsinterne Willensbildung. § 161 AktG sei nicht mit denjenigen Verfahrensvorschriften vergleichbar, die das Zustandekommen eines Beschlusses beträfen und deren Verletzung zur Nichtigkeit des Gremiumsbeschlusses – und damit vorliegend auch zur Anfechtbarkeit des Hauptversammlungsbeschlusses – führe[727]. Auch unter dem Gesichtspunkt einer Informationspflichtverletzung lasse sich die Verfahrensfehlerhaftigkeit des Aufsichtsratsbeschlusses[728] nicht begründen. § 161 AktG nehme den Aufsichtsrat selbst in die Pflicht; infolge dessen könne dieser überhaupt nicht von einer etwaigen Informationsverkürzung betroffen sein[729].

bb) Vorliegen einer Verletzung von gegenüber der Hauptversammlung bestehenden Informationspflichten

Da das OLG München die Anfechtbarkeit des Wahlbeschlusses bereits wegen Verfahrensfehlerhaftigkeit infolge eines Bekanntmachungsfehlers bejahte, war auch eine gerichtliche Stellungnahme zum Vorliegen einer Informationspflichtverletzung gegenüber der Hauptversammlung, welche unter Umständen auch zur Anfechtbarkeit

---

726 *Habersack*, in: MünchKommAktG, § 108 Rn. 76 f.; *Hambloch-Gesinn/Gesinn*, in: Hölters, AktG, § 108 Rn. 68; *Hüffer*, AktG, § 108 Rn. 26 f.; *Spindler*, in: Spindler/Stilz, AktG, § 108 Rn. 69; vgl. auch BGHZ 122, S. 342 (351). Schwerwiegende Mängel des Beschlussverfahrens: z. B. Beschlussunfähigkeit (OLG München, AG 2003, S. 427 (429)); fehlerhafte Zusammensetzung des Aufsichtsrats (OLG Köln ZIP 2008, S. 1767 (1768)). Leichter Verfahrensfehler: z. B. Teilnahme unberechtigter Dritter an Aufsichtsratssitzung (BGHZ 47, S. 341 (349 f.)).

727 *Hüffer*, ZIP 2010, S. 1979 (1981); *ders.*, in: Gesellschaftsrecht in der Diskussion 2010, S.63 (77); *Kiefner*, NZG 2011, S. 201 (203); *Kleefass*, Entsprechenserklärung, S. 240.

728 In Betracht kommt aber eine Informationspflichtverletzung gegenüber der Hauptversammlung, welche einen Verfahrensfehler des Wahlbeschlusses begründen könnte, dazu sogleich unter D. III. 3. b) bb).

729 *Kiefner*, NZG 2011, S. 201 (203); *Mülbert/Wilhelm*, ZHR 176 (2012), S. 286 (297).

der Aufsichtsratswahl führen könnte, entbehrlich. Im Schrifttum hingegen bleibt auch dieser Punkt nicht unberücksichtigt.

Thematisiert wird dabei weniger die Frage, ob auf Seiten der Aktionäre, die über den Wahlvorschlag des Aufsichtsrats abstimmen, überhaupt ein Informationsdefizit vorliegt[730], sondern vielmehr, ob dieses auch die nötige Relevanz i. S. v. § 243 Abs. 4 AktG (i. V. m. § 251 Abs. 1 S. 3 AktG) aufweist, um die Anfechtbarkeit des Wahlbeschlusses zu begründen. Dies wäre dann der Fall, wenn ein objektiv urteilender Aktionär in dem Bewusstsein unzureichender Information über die tatsächliche Corporate Governance-Praxis seiner Gesellschaft eine sachgerechte Abstimmung über den ihm unterbreiteten Wahlvorschlag nicht für möglich halten würde[731].

Überwiegend wird eine Relevanz in diesem Sinne verneint, da die Aktionäre auch ohne eine korrigierte Entsprechenserklärung schon aufgrund des ihnen vorliegenden Beschlussvorschlags über das Vorgehen im konkreten Fall informiert seien dürften; eine aktualisierte Entsprechenserklärung brächte demgegenüber keinen Erkenntnisgewinn und hätte keine (positiven) Auswirkungen auf die Rechtsposition der Aktionäre, sondern würde lediglich eine zusätzliche Quelle für die gleiche Information darstellen[732]. Schließlich sei die Informationsgrundlage der Aktionäre auch durch die der Aufsichtsratswahl in der Regel vorausgehende mehrstündige Debatte und eine umfangreiche mediale Berichterstattung gesichert[733].

3. Auseinandersetzung mit der Kritik und eigene Bewertung

Nachdem sowohl die bisherige Rechtsprechung zur Anfechtbarkeit von Aufsichtsratswahlen wegen unrichtiger Entsprechenserklärung und die diesbezüglichen Literaturauffassungen dargestellt wurden, gilt es nunmehr zu untersuchen, ob und inwieweit die bisherigen Argumente für und wider die Anfechtbarkeit tatsächlich

---

730 Dafür *Habersack*, in: FS Goette, S. 121 (124). AA *Rieder* NZG 2010, S. 737 (738 f.); *Schubert/Jacobsen*, WM 2011, S. 726 (733 f.): § 131 AktG als lex specialis zu § 161 AktG (dazu schon unter C. II. 3. b) aa), Fn. 369. Einschränkend *Goslar/von der Linden*, DB 2009, S. 1691 (1696), denen zufolge es denkbar ist, dass „die Wiederwahl eines Aufsichtsratsmitglieds mit der Begründung angefochten werden kann, die Entsprechenserklärung nach § 161 AktG sei pflichtwidrig überhaupt nicht oder fehlerhaft abgegeben worden, eine notwendige Aktualisierung sei unterblieben oder die Erklärung sei nicht ordnungsgemäß zugänglich." (Hervorhebung durch die Verf.). In diesem Sinne auch *Leyens*, in: GroßkommAktG, § 161 Rn. 492 f.; *Woitzyk*, Anfechtung, S. 175 f.

731 *Hüffer*, ZIP 2010, S. 1979 (1981); vgl. auch *Hommelhoff/Schwab*, in: Hommelhoff/Hopt/v. Werder, Hdb. Corporate Governance, S. 71 (97).

732 *Simons*, in: Hölters, AktG, § 251 Rn. 10b; *Kocher*, BB 2010, S. 264 (266); *Kocher/Bedkowski*, BB 2009, S. 235; *Krieger*, ZGR 2012, S. 202 (223).

733 *Hüffer*, ZIP 2010, S. 1979 (1981); *Mülbert/Wilhelm*, ZHR 176 (2012), S. 286 (298 f.), die mit der gleichen Begründung auch die – von den Instanzgerichten überhaupt nicht geprüfte – Relevanz des Bekanntmachungsfehlers verneinen.

verfangen und ob sich nicht noch weitere Erwägungen für die eine oder andere Seite ins Feld führen lassen.

a) Keine inhaltliche Fehlerhaftigkeit des Wahlbeschlusses

Inhalt des von der Hauptversammlung gefassten Wahlbeschlusses ist die Einsetzung bzw. Berufung einer bestimmten Person in das Amt des Aufsichtsratsmitglieds[734]. Dieser Beschluss ist dann wegen Gesetzesverstoßes inhaltlich fehlerhaft und damit anfechtbar, wenn die gewählte Person ihr Mandat qua Gesetz oder Satzung tatsächlich nicht ausüben darf, weil sie die erforderlichen persönlichen Voraussetzungen nicht erfüllt; der inhaltliche Mangel des Beschlusses ist also immer in der Person des Gewählten begründet[735].

Auch wenn die Wahl eines designierten Aufsichtsratsmitglieds in noch so eindeutigem Widerspruch zu einer Empfehlung des DCGK stehen mag (z. B. Mitgliedschaft von mehr als zwei ehemaligen Vorstandsmitgliedern im Aufsichtsrat entgegen Ziff. 5.4.2 S. 3 DCGK), so folgt daraus unzweifelhaft nichts im Hinblick auf die inhaltliche Rechtmäßigkeit des von der Hauptversammlung gefassten Beschlusses. Die Kodex-Empfehlung selbst normieren mangels Rechtskraft keine persönlichen Voraussetzungen für die Mitgliedschaft im Aufsichtsrat, welche zwingend eingehalten werden müssten und deren Nichteinhaltung Konsequenzen hinsichtlich des Bestandes des Wahlbeschlusses hätte.

Auch über § 161 AktG ergibt sich insoweit nichts anderes. Keinesfalls werden durch den Rückgriff auf die gesetzliche Verpflichtung von Vorstand und Aufsichtsrat zur Abgabe der Kodex-Erklärung aus den rechtlich unverbindlichen DCGK-Empfehlungen persönliche Voraussetzungen für die Mandatsfähigkeit eines designierten Aufsichtsratsmitglieds. Die gesetzliche Festlegung eines Anforderungsprofils in § 100 Abs. 1 AktG[736], aber auch beispielsweise in § 36 Abs. 3 S. 1 KWG[737], oder aber die gesetzliche Normierung von Hinderungsgründen, wie in § 100 Abs. 2 und § 105 AktG[738], bezwecken die Gewährleistung einer effektiven Überwachungstätigkeit

---

734 Vgl. *Bollweg*, Wahl, S. 24, 34 und 38.

735 Vgl. *Weber/Kersjes*, Hauptversammlungsbeschlüsse, § 1 Rn. 478; *Vetter*, ZIP 2012, S. 701 (702).

736 In diesem Zusammenhang von einem „Anforderungsprofil" zu sprechen, entbehrt indes nicht einer gewissen Komik, wenn doch danach die einzige Voraussetzung, die ein Aufsichtsratsmitglied in positiver Hinsicht zu erfüllen hat, die unbeschränkte Geschäftsfähigkeit ist. Pointiert diesbezüglich *Wirth*, ZGR 2005, S. 327 (331).

737 Eingefügt durch das Gesetz zur Stärkung der Finanzmarkt- und Versicherungsaufsicht vom 29.07.2009, BGBl. I, S. 2305.

738 Wobei ein Verstoß gegen § 100 Abs. 2 AktG, ebenso wie gegen § 100 Abs. 1, schon zur Nichtigkeit des Wahlbeschlusses führt, vgl. § 250 Abs. 1 Nr. 4 AktG.

des Aufsichtsrats[739]. Die Empfehlungen des DCGK, welche die fachliche Qualifikation und die Unabhängigkeit der Aufsichtsratsmitglieder betreffen, haben zwar die gleiche Intention und sollen sogar ausdrücklich den (wenig umfangreichen) gesetzlichen Kanon der persönlichen und fachlichen Voraussetzungen für die Übernahme eines Aufsichtsratsmandats ergänzen[740]. Die Entsprechenserklärung, welche hier gerade als Vehikel zur Begründung eines Geltungsanspruchs der Empfehlungen genutzt werden soll, weist jedoch einen gänzlich anderen Telos auf: Ihr vorrangiger Zweck ist es nicht, für eine umfassende Befolgung der Empfehlungen zu sorgen; vielmehr soll sich die Verwaltung der Gesellschaft lediglich mit der unternehmenseigenen Corporate Governance auseinandersetzen (Ordnungsfunktion) und diese transparent darstellen (Kommunikationsfunktion). Dies bedeutet gerade nicht, dass die Empfehlungen ausnahmslos umgesetzt werden müssten; „gute" Corporate Governance berücksichtigt immer auch die konkrete Situation im Unternehmen und daraus resultierende Bedürfnisse im Hinblick auf Unternehmensleitung und -kontrolle. § 161 AktG nimmt lediglich Vorstand und Aufsichtsrat insoweit in die Pflicht, weist aber keinerlei Bezug zur Aufsichtsratswahl durch die Hauptversammlung auf und vermag insbesondere aus dem Empfehlungen des DCGK keine inhaltlichen Maßstäbe für die Rechtmäßigkeit der von der Hauptversammlung zu treffenden Wahlentscheidung zu konstruieren.

Etwas anderes folgt auch nicht daraus, dass die Aktionäre aufgrund der abgegebenen Entsprechenserklärung möglicherweise auf die Beibehaltung der verlautbarten Befolgungsabsicht vertrauen. Bei der Entsprechenserklärung handelt es sich um eine Erklärung „auf Zeit", die jederzeit geändert werden kann, wenn die Verwaltung eine Änderung der bisherigen Corporate Governance-Praxis für notwendig erachtet. Mögen die Aktionäre unter dem Gesichtspunkt des Vertrauensschutzes zwar einen Anspruch auf eine stets aktuelle und inhaltlich zutreffende Erklärung über die Corporate Governance haben – daraus folgen jedoch keine inhaltlichen Vorgaben für den von ihnen im Rahmen der Hauptversammlung zu fassenden Wahlbeschluss. Eine etwaige von der Verwaltung begangene Pflichtverletzung, wie sie im Falle des Unterlassens einer gebotenen unterjährigen Aktualisierung der Entsprechenserklärung zweifelsohne vorliegt, kann – wenn überhaupt – nur Auswirkungen auf die Rechtmäßigkeit des weiteren Verwaltungshandelns haben, nicht jedoch auf das Handeln der Hauptversammlung.

Auch die Herleitung des Inhaltsfehlers des Wahlbeschlusses über die Verletzung eines vermeintlich existierenden Gebots erklärungskonformen Verhaltens, an welches sich die Hauptversammlung bei ihrer Beschlussfassung über die Besetzung der Aufsichtsratsposten zu halten habe, vermag nicht zu überzeugen. Bei der Entsprechenserklärung handelt es sich lediglich um eine Verlautbarung von Vorstand und

739 Statt vieler *Habersack*, in: MünchKommAktG, § 100 Rn. 1; zu § 36 Abs. 3 KWG siehe Begr. RegE des Gesetzes zur Stärkung der Finanzmarkt- und Versicherungsaufsicht, BT-Drs. 16/12783, S. 16.

740 *Kremer*, in: Ringleb/Kremer/Lutter/v. Werder, DCGK, Rn. 969.

Aufsichtsrat in ihrer Eigenschaft als Organe und gerade nicht um eine Erklärung der Gesellschaft insgesamt, lediglich durch Vorstand und Aufsichtsrat vertreten[741]. Aus einer Verpflichtung, die Vorstand und Aufsichtsrat im Sinne einer „isolierten Organpflicht“[742] trifft, eine Bindung der Hauptversammlung ableiten zu wollen, verbietet sich. Nach alledem lässt sich die inhaltliche Fehlerhaftigkeit des Beschlusses der Hauptversammlung über die Wahl von Aufsichtsratsmitgliedern wegen unrichtiger Entsprechenserklärung unter keinem denkbaren Gesichtspunkt begründen.

b) Vorliegen eines Verfahrensfehlers des Wahlbeschlusses

Möglich erscheint allenfalls das Vorliegen eines Verfahrensfehlers des Hauptversammlungsbeschlusses über die Aufsichtsratswahl.

aa) Fehlerhafte Bekanntmachung des Wahlvorschlages

Insofern ist zunächst die instanzgerichtliche Rechtsauffassung des Vorliegens eines Bekanntmachungsfehlers wegen Unwirksamkeit des Wahlvorschlags gem. § 124 Abs. 3 AktG in den Blick zu nehmen.

(1) Keine Nichtigkeit des Aufsichtsratsbeschlusses wegen Verstoßes gegen § 161 AktG

Die Antwort auf die Frage, ob der dem Wahlvorschlag an die Hauptversammlung zugrunde liegende Aufsichtsratsbeschlusses wegen Aufrechterhaltung einer nicht länger inhaltlich zutreffenden Entsprechenserklärung als Verstoß gegen § 161 AktG nichtig sein kann, liegt in Berücksichtigung der zeitlichen Abläufe des Beschlussverfahrens und einer damit einhergehenden strikten Trennung zwischen der Beschlussfassung im Aufsichtsrat auf der einen Seite und der infolgedessen ggf. bestehenden Notwendigkeit einer Aktualisierung der Entsprechenserklärung andererseits[743].

Zunächst ist zu konstatieren, dass hinsichtlich der vom Aufsichtsrat abzugebenden Wahlempfehlung in inhaltlicher Hinsicht nichts anderes gelten kann als beim Wahlbeschluss der Hauptversammlung selbst: Für beide Organe sind allein die gesetzlichen oder satzungsmäßigen Voraussetzungen des passiven Wahlrechts entscheidend. Der Aufsichtsrat kann bei seiner Kandidatenauswahl insoweit keinen anderen, weitergehenden Restriktionen unterliegen als die Hauptversammlung.

741 Siehe oben unter A. II. 4. b).

742 *Spindler*, NZG 2011, S. 1007 (1011).

743 Diese Vorgehensweise erscheint gerade nicht – wie *Habersack* meint (FS Goette, S. 121 (123)) – „reichlich konstruiert“; stattdessen bringt sie Ordnung in das durch § 161 AktG unübersichtlich gewordene Pflichtenprogramm des Aufsichtsrats im Rahmen mit der Aufsichtsratswahl. Die Trennung von Aufsichtsratsbeschluss und Entsprechenserklärung bzw. der Notwendigkeit ihrer Aktualisierung ebenfalls für „künstlich“ und „konstruiert“ haltend *Goette*, in: MünchKommAktG, § 161 Rn. 94.

Wenn nun durch § 161 AktG keine inhaltlichen Maßstäbe für die Wahl der Aufsichtsratsmitglieder durch die Hauptversammlung gesetzt werden, so muss dies auch für die Wahlempfehlung des Aufsichtsrats und die ihr zugrunde liegende Beschlussfassung gelten. Die Tatsache, dass auf Ebene des Wahlvorschlages vorschlagendes Organ und Erklärungsverpflichteter i. S. d. § 161 AktG übereinstimmen, vermag daran nichts zu ändern. Denn aus der erklärten Absicht, bei Kandidatensuche und -vorschlag bestimmten Empfehlungen des DCGK entsprechen zu wollen, resultiert keine Bindung des Aufsichtsrats i. S. e. kompetentiellen Selbstbeschränkung. Dieser ist nicht daran gehindert, Kandidaten zur Wahl vorzuschlagen, deren Nominierung im Widerspruch zu einer für befolgt erklärten Kodex-Empfehlung steht; alles andere wäre mit der Grundidee der stets freiwilligen Kodex-Befolgung und der daraus resultierenden Möglichkeit, jederzeit von der bisherigen Befolgungsabsicht abzuweichen, unvereinbar. Da die Entsprechenserklärung mithin keinerlei inhaltliche Vorgaben für die gremieninterne Vorbereitung der Aufsichtsratswahl macht, erscheint es bereits äußerst fragwürdig, § 161 AktG als Anknüpfungspunkt für die vermeintliche Gesetzeswidrigkeit des dem Wahlvorschlag an die Hauptversammlung zugrunde liegenden Beschlusses des Aufsichtsrats zu wählen.

Jedenfalls muss aber aufgrund der zeitlichen Abfolge der zur Vorbereitung der Aufsichtsratswahl erforderlichen Schritte richtigerweise die Nichtigkeit des Aufsichtsratsbeschlusses wegen Aufrechterhaltung einer unrichtigen Entsprechenserklärung verneint werden. Kommt der Aufsichtsrat bei Unterbreitung seines Wahlvorschlages an die Hauptversammlung – zulässigerweise, wie soeben gesehen – überein, eine für befolgt erklärte Empfehlung zur Zusammensetzung des Aufsichtsrats künftig nicht mehr beachten zu wollen, so hat er diese geänderte Befolgungsabsicht umgehend offen zu legen; daran besteht angesichts des Telos der Entsprechenserklärung kein Zweifel. Unterlässt er sodann die gebotene Aktualisierung, so liegt in diesem Unterlassen – ebenso eindeutig – ein Verstoß gegen § 161 AktG. Diese Gesetzesverletzung kann jedoch keine Auswirkungen auf die inhaltliche Rechtmäßigkeit des Aufsichtsratsbeschlusses, der dem Wahlvorschlag zugrunde liegt, haben. Durch die Verabschiedung eines Wahlvorschlages, der im inhaltlichen Widerspruch zu der bisherigen Entsprechenserklärung steht, gibt der Aufsichtsrat erstmals in rechtlich relevanter Weise zu verstehen, dass er sich nicht länger an die abgegebene Erklärung halten will. Erst dadurch wird aber überhaupt die Pflicht zur umgehenden Korrektur der Kodex-Erklärung ausgelöst. Bei der Aktualisierung der Erklärung nach § 161 AktG und dem Wahlvorschlag nach § 124 Abs. 3 AktG handelt es sich um zwei selbständige, streng voneinander zu trennende Rechtsakte, die nicht etwa dergestalt miteinander „verschmelzen", dass eine materiell zutreffende Entsprechenserklärung Rechtmäßigkeitsvoraussetzung für den dem Wahlvorschlag zugrunde liegenden Aufsichtsratsbeschluss wird, bloß weil beide Akte in einem unmittelbaren zeitlichen Zusammenhang zueinander stehen (müssten). Aus dem gleichen Grund lässt sich die inhaltliche Fehlerhaftigkeit des Aufsichtsratsbeschlusses auch nicht unter dem Gesichtspunkt der Perplexität begründen.

Schließlich lässt sich – und insoweit wird erstmals die Problematik der Verkennung der geringen rechtlichen Bedeutung des Wahlvorschlages i. S. d. § 124 Abs. 3 AktG, auf die im Folgenden noch einzugehen sein wird, deutlich – die inhaltliche Fehlerhaftigkeit richtigerweise nicht auf die Nichteinhaltung des Verbotes widersprüchlichen Verhaltens (§ 242 BGB) stützen. Denn in der Fallkonstellation, in der die Wahlempfehlung des Aufsichtsrats in inhaltlichem Widerspruch zu der ursprünglichen Entsprechenserklärung steht, übt der Aufsichtsrat jedenfalls kein Recht aus, auf dessen Nichtausübung die Hauptversammlung angesichts der bisherigen Entsprechenserklärung berechtigterweise vertraut hätte. Das Gesetz verpflichtet den Aufsichtsrat zur Unterbreitung eines Wahlvorschlags an die Hauptversammlung. Dieser ist jedoch nicht bindend, die Hauptversammlung bleibt in ihrer Entscheidung über die Wahl der Aufsichtsratsmitglieder frei[744]. Die Mitgliedschaft im Aufsichtsrat ist damit allein von der autonomen Entscheidung der Hauptversammlung abhängig, sodass nicht die Rede davon sein kann, der Aufsichtsrat setze mit seinem Wahlvorschlag eine Rechtposition in treuwidriger Weise gegenüber der Hauptversammlung durch.

Zusammenfassend ist also festzuhalten, dass sich schon die inhaltliche Fehlerhaftigkeit des dem Wahlvorschlag an die Hauptversammlung zugrunde liegenden Aufsichtsratsbeschlusses unter keinem denkbaren Gesichtspunkt begründen lässt, und bereits aus diesem Grund die Rechtsprechung des OLG München und des LG Hannover abzulehnen ist. Höchst vorsorglich ist darauf hinzuweisen, dass der Aufsichtsratsbeschluss auch nicht wegen eines gravierenden Verfahrensfehlers nichtig ist, da es sich bei § 161 AktG nicht um eine Vorschrift handelt, die die gremiumsinterne Willensbildung betrifft. Wenngleich auch die Aufrechterhaltung einer materiell unzutreffenden Entsprechenserklärung einen Verstoß gegen § 161 AktG darstellt, der unter bestimmten Voraussetzungen zur Anfechtbarkeit von Entlastungsbeschlüssen führt, so hat er aber auf keinen Fall Auswirkungen auf den Bestand von Aufsichtsratswahlbeschlüssen.

(2) Auswirkungen der (unterstellten) Nichtigkeit des Aufsichtsratsbeschlusses auf den Wahlbeschluss der Hauptversammlung

Selbst bei unterstellter inhaltlicher Fehlerhaftigkeit des Aufsichtsratsbeschlusses wegen Verletzung von § 161 AktG und daraus resultierender Nichtigkeit stellt sich jedoch die Frage, ob daraus auch tatsächlich, wie vom OLG München angenommen, zwingend die Anfechtbarkeit des Wahlbeschlusses der Hauptversammlung folgt. Anlass für diese Überlegung bietet ein bemerkenswerter Passus des Urteils des LG Hannover vom 17.03.2010 in Sachen „Continental", welcher vom Schrifttum im Rahmen der kritischen Auseinandersetzung mit der Entscheidung erstaunlicherweise überhaupt nicht aufgegriffen wurde. Wörtlich heißt es dort:

> „Der [...] Standpunkt, durch eine solche gerichtliche Entscheidung *[Anfechtbarkeit des Wahlbeschlusses zum Aufsichtsrat wegen Verstoßes gegen § 161 AktG, Anm. der Verf.]* würde das Wahlrecht der Anteilseigner in der Hauptversammlung, ein zentrales

744 Näheres dazu sogleich unter D. III. b) aa) (2) (b) (cc).

Mitgliedschaftsrecht, entwertet und die Hauptversammlung für Fehler in die Pflicht genommen werden, die andere begangen haben, überzeugt nicht."[745]

Zur Begründung führt das Gericht aus:

„Das in der Tat freie Wahlrecht der Anteilseigner einer AG steht nicht über dem Gesetz, sondern kann sich nur in dessen Rahmen manifestieren und in dessen Grenzen Wirkung entfalten. Die individuelle Verantwortlichkeit für Gesetzesverletzungen und ihre Zuordnung zu bestimmten Verwaltungsträgern ist keine Voraussetzung für die Anfechtbarkeit von Hauptversammlungsbeschlüssen. Weder § 243 Abs. 1 noch § 251 Abs. 1 Satz 1 AktG enthalten subjektiv Tatbestandsvoraussetzungen."[746]

Die Frage, ob nicht tatsächlich, wie von *Rolf Koerfer* als Nebenintervenient im Verfahren vor dem LG Hannover vorgetragen, ein „Durchschlagen" von Beschlussmängeln in dem Sinne, dass die (unterstellte) Nichtigkeit des Aufsichtsratsbeschlusses zur Anfechtbarkeit des von der Hauptversammlung gefassten Wahlbeschlusses führt, Friktionen im aktienrechtlichen Kompetenzgefüge und insbesondere eine Entwertung von zentralen Aktionärsrechten nach sich zieht[747], verdient eine eingehende Betrachtung. Freilich handelt es sich insoweit allerdings um allgemeine Überlegungen zur Unwirksamkeit eines Wahlvorschlages des Aufsichtsrats und dem Beschlussverbot des § 124 Abs. 4 AktG, die nicht erst bei § 161 AktG anknüpfen.

(a) Kein Anfechtungsausschluss wegen § 251 Abs. 1 S. 2 AktG

Teilweise werden im Schrifttum die rechtlichen Auswirkungen eines nichtigen Aufsichtsratsbeschlusses auf den Wahlvorschlag und dementsprechend auch auf den Wahlbeschluss der Hauptversammlung bereits unter Hinweis auf die Regelung des § 251 Abs. 1 S. 2 AktG verneint. Danach kann für den Fall, dass die Hauptversammlung an Wahlvorschläge gebunden ist, die Anfechtung der Wahl eines Aufsichtsratsmitglieds auch darauf gestützt werden, dass der Wahlvorschlag gesetzeswidrig zustande gekommen ist. Daraus folge im Umkehrschluss, dass in denjenigen Fällen, in denen keine Bindung der Hauptversammlung an Wahlvorschläge gegeben ist, solche Vorschläge zur Beschlussfassung i. S. d. § 124 Abs. 3 AktG, die auf einem nichtigen Aufsichtsratsbeschluss beruhen, nicht zur Anfechtbarkeit entsprechender Hauptversammlungsbeschlüsse führen würden[748].

---

745 LG Hannover ZIP 2010, S. 833 (838).

746 LG Hannover ZIP 2010, S. 833 (838).

747 Vgl. LG Hannover ZIP 2010, S. 833 (838). Interessant insoweit auch die Ausführungen von *Pietrancosta*, in: FS Hopt, S. 1109 (1125), demzufolge der Bedeutungsverlust der Hauptversammlung bereits dem „comply or explain"-Ansatz geschuldet sei, welcher der Verwaltung eine größere Rolle zubillige als dies bei festgelegten Verhaltensstandards ohne Abweichungsmöglichkeit („set of default rules") der Fall wäre.

748 *Mertens*, in: KölnKommAktG (1. Aufl.), § 108 Rn. 76; *Semler*, in: MünchKommAktG (2. Aufl.), § 108 Rn. 269; *Zöllner*, in: KölnKommAktG (1. Aufl.), § 124 Rn. 49; *Happ*, in: FS Hüffer, S. 293 (300); *Marsch-Barner*, in: FS K. Schmidt, S. 1109 (1119).

Die Annahme, § 251 Abs. 1 S. 2 AktG stelle eine Beschränkung des Anfechtungsrechts dar, vermag nicht zu überzeugen; sie ist weder vom Wortlaut des Vorschrift noch von ihrem Sinn und Zweck gedeckt[749]. Nach § 251 Abs. 1 S. 2 AktG kann die Anfechtung des Wahlbeschlusses bei Bindung der Hauptversammlung an den Wahlvorschlag „auch" darauf gestützt werden, dass der Wahlvorschlag gesetzeswidrig zustande gekommen ist. Bereits die Verwendung des Wortes „auch" spricht dafür, dass es sich insoweit um eine Erweiterung der Anfechtungsgründe handelt, nicht aber um eine Einschränkung selbiger. Zudem spricht auch der Telos der Vorschrift gegen einen Anfechtungsausschluss im Sinne obiger Ansicht. § 251 Abs. 1 S. 2 AktG verfolgt den Zweck, mitbestimmungsrechtliche Mitwirkungsrechte zu sichern; insofern liegt ein besonderer Anfechtungsgrund vor[750]. Ist die Hauptversammlung nämlich an Wahlvorschläge gebunden, besteht hinsichtlich der Anfechtung der entsprechenden Wahlbeschlüsse folgendes Problem: Selbst wenn diese bindenden Wahlvorschläge nicht mit dem Gesetz in Einklang stehen, erweist sich der Beschluss der Hauptversammlung als rechtmäßig; aufgrund der gebundenen Entscheidung haften ihm keinerlei Verfahrens- oder Inhaltsfehler an[751]. Um der Tatsache Rechnung zu tragen, dass trotz der rechtsfehlerfreien Beschlussfassung der Hauptversammlung das Wahlergebnis dadurch verfälscht worden sein kann, dass der bindende Wahlvorschlag gesetzeswidrig zustande gekommen ist, erweitert das Gesetz die Anfechtungsmöglichkeit[752].

(b) Geltung des Beschlussverbotes des § 124 Abs. 4 bei (unterstelltem) Verstoß gegen § 124 Abs. 3 AktG

Anknüpfungspunkt für die Frage, ob die Nichtigkeit des dem Wahlvorschlag i. S. d. § 124 Abs. 3 AktG zugrunde liegenden Aufsichtsratsbeschlusses tatsächlich Auswirkungen auf den Bestand des von der Hauptversammlung gefassten Wahlbeschlusses haben kann, ist damit nicht § 251 Abs. 1 S. 2 AktG. Vielmehr erscheint es angezeigt, die Regelung des § 124 Abs. 4 AktG insoweit in den Blick zu nehmen und zu fragen, wie weit das dort normierte Abstimmungsverbot überhaupt reicht. Sollte sich dabei herausstellen, dass unwirksame Beschlussvorschläge nicht von § 124 Abs. 4 AktG erfasst werden, so würde dies freilich nicht bedeuten, dass die Anfechtbarkeit von Wahlbeschlüssen, die trotz Vorliegens eines Bekanntmachungsfehlers gefasst wurden, schlechterdings ausgeschlossen wäre. Sie wäre jedoch nur dann zu bejahen, wenn sich der Verstoß gegen § 124 Abs. 3 AktG im konkreten Einzelfall als relevant für die mitgliedschaftlichen Rechte der Aktionäre erweisen würde[753].

---

749 Ebenso *Vetter*, in: FS Schneider, S. 1345 (1356).

750 *K. Schmidt*, in: KölnKommAktG (1. Aufl.), § 251 Rn. 9.

751 *Simons*, in: Hölters, AktG, § 251 Rn. 11.

752 Begr. RegE AktG 1965, BT-Drs. IV/171, S. 204.

753 *Noack/Zetzsche*, in: KölnKommAktG, § 124 Rn. 90; *Scholz*, AG 2008, S. 11 (15); vgl. auch *Kocher*, AG 2013, S. 406 (407).

(aa) Unterscheidung zwischen Wahlvorschlag und Wahlakt

Ausgangspunkt für obige Überlegung bildet zunächst die Feststellung, dass zwischen Wahlvorschlag und Wahlakt zu differenzieren ist. Die Wahl der Mitglieder des Aufsichtsrats nach §§ 101 Abs. 1, 119 Abs. 1 Nr. 1 AktG stellt das ureigene Recht der Hauptversammlung dar, das durch Satzungsbestimmung weder auf ein anderes Organ der Gesellschaft noch auf Dritte übertragen werden kann[754]. Daher handelt es sich bei einem Beschlussvorschlag, ganz gleich, ob er vom Aufsichtsrat oder von einem Aktionär unterbreitet wird[755], auch noch nicht um den Beschlussantrag, über den letztlich zu entscheiden ist. Dieser muss in der Hauptversammlung nochmals ausdrücklich und mündlich gestellt werden[756]. Diese Tatsache scheint – überraschenderweise, da sie doch unstreitig ist – bei der Beantwortung der Frage, welche Bedeutung einem der Hauptversammlung zu unterbreitenden Wahlvorschlag zukommt, oftmals in Vergessenheit zu geraten[757].

(bb) Bekanntmachung von Tagesordnung und Beschlussvorschlägen: Systematik und Telos des § 124 AktG

Sodann gilt es, zwischen der Tagesordnung und den Beschlussvorschlägen der Verwaltung zu unterscheiden. Zwar werden sowohl die Tagesordnung als auch die Beschlussvorschläge vom Gesetzgeber für notwendig erachtet, damit den Aktionären eine sachgerechte Mitwirkung an der Hauptversammlung möglich ist. Dennoch unterscheiden sie sich – wie sich im Folgenden noch zeigen wird – hinsichtlich ihres Aussagegehalts grundlegend. Eben diese Divergenz ist der Grund für die allgemeine Überlegung bzgl. der Reichweite des § 124 Abs. 4 AktG.

Bei der Tagesordnung handelt es sich um eine geordnete, schlagwortartige Auflistung derjenigen Gegenstände, die in der Hauptversammlung behandelt werden sollen[758]. Nach § 124 Abs. 1 S. 1 AktG a. F. war die Tagesordnung der Hauptversammlung in den Gesellschaftsblättern bekannt zu machen. Durch das ARUG wurde § 121 Abs. 3 AktG neu gefasst, sodass nach S. 2 dieser Vorschrift die Tagesordnung nunmehr „zwingend als integrierter Bestandteil der Einberufung selbst bekannt zu machen ist“[759]; § 124 Abs. 1 S. 1 AktG a. F. wurde gestrichen. Eine Änderung der Rechtslage war damit freilich nicht verbunden, es handelte sich insoweit lediglich um eine sprachliche

---

754 *Habersack*, in: MünchKommAktG, § 101 Rn. 11; *Hopt/Roth*, in: GroßkommAktG, § 101 Rn. 9; *Spindler*, in: Spindler/Stilz, AktG, § 101 Rn. 3.

755 Näheres dazu sogleich unter D. III. 3. b) aa) (2) (b) (dd).

756 *Hüffer*, AktG, § 124 Rn. 17; *Kubis*, in: MünchKommAktG, § 124, Rn. 44; *Rieckers*, in: Spindler/Stilz, AktG, § 124 Rn. 6; *Priester*, in: liber amicorum Happ, S. 213 (216).

757 Siehe schon oben unter D. III. 3. b) aa) (1) bei der Frage des Verstoßes gegen das Verbot widersprüchlichen Verhaltens.

758 *Kubis*, in: MünchKommAktG, § 121 Rn. 44; *Butzke*, Hauptversammlung, Rn. B 75; *Priester*, in: liber amicorum Happ, S. 213 (215); *Schlitt/Becker*, in: Semler/Volhard/Reichert, Hdb. HV, § 4 Rn. 153.

759 Begr. RegE ARUG, BT-Drs. 16/11642, S. 27.

Anpassung als Reaktion auf die Praxis der Gesellschaften, Einberufung und Tagesordnung ohnehin in der Regel in einem Text bekannt zu machen[760]. Die Bekanntmachung dient zuvörderst dem Zweck, den Aktionären eine Entschlussfassung über das Ob und Wie ihrer Teilnahme an der Hauptversammlung zu ermöglichen[761]. Sollten sich die Anteilseigner dementsprechend dazu entschließen, der Hauptversammlung fern zu bleiben, so haben sie aufgrund der bekannt gemachten Tagesordnung zugleich die Möglichkeit, etwaigen Vertretern Weisungen zu erteilen[762]. Zudem soll die Bekanntmachung der Tagesordnung gewährleisten, dass sich die Aktionäre, sofern sie sich für eine persönliche Teilnahme entscheiden, auf die einzelnen Tagesordnungspunkte vorbereiten können, „um ihr Rede-, Frage- und Stimmrecht sinnvoll auszuüben“[763]. Damit diese Zwecke gewährleistet sind, bedarf es einer hinreichend konkreten Tagesordnung; die Aktionäre müssen ohne weiteres erkennen können, was sie erwartet[764]. Allerdings darf die Konkretisierung auch nicht zu einer zu starken Einschränkung von Diskussions- und Verhandlungsgegenständen führen; denn andernfalls liefe das Gegenantragsrecht der Aktionäre leer, vgl. § 124 Abs. 4 S. 2, 2. Var. AktG[765]. Für den hier in Rede stehenden Tagesordnungspunkt „Aufsichtsratswahl“ bereitet die Frage der Konkretisierung der Tagesordnung indes keine Schwierigkeiten: Unter obiger schlagwortartiger Bezeichnung ist sowohl die Neu- als auch die Ersatzwahl von Aufsichtsratsmitgliedern möglich[766]. Auch erlaubt obiger Tagesordnungspunkt die Wahl anderer als vom Aufsichtsrat vorgeschlagener Kandidaten[767]. Bei der Wahl der Aufsichtsratsmitglieder muss zudem bereits in der Bekanntmachung der Tagesordnung angegeben werden, nach welchen gesetzlichen Vorschriften sich der Aufsichtsrat zusammensetzt und ob die Hauptversammlung an Wahlvorschläge gebunden ist, § 124 Abs. 2 S. 1 AktG. Denn für die Beurteilung, ob eine persönliche Teilnahme der Aktionäre an der Hauptversammlung ratsam ist, kommt es auch darauf an, ob die Anteilseigner die Aufsichtsratsmitglieder frei wählen können[768].

---

760 Begr. RegE ARUG, BT-Drs. 16/11642 S. 27 f.

761 Begr. RegE AktG 1965, BT-Drs. IV/171 S. 150.

762 Begr. RegE AktG 1965, BT-Drs. IV/171, S. 150.

763 BGHZ 153, S. 32 (36) („Hypo-Vereinsbank“).

764 *Butzke*, Hauptversammlung, Rn. B 76; *Priester*, in: liber amicorum Happ, S. 213 (215).

765 Dazu sogleich unter D. III. 3. b) aa) (2) (b) (dd).

766 *Kubis*, in: MünchKommAktG, § 121 Rn. 50; *Butzke*, Hauptversammlung, Rn. B 77; *Priester*, in: liber amicorum Happ, S. 213 (223). Auch die Formulierung des Tagesordnungspunkts „Wahl von Herrn X zum Aufsichtsrat“ führt nicht zu einer (beabsichtigten oder unbeabsichtigten) Verhinderung von Gegenkandidaturen, da die Konkretisierung auf einen Kandidaten nur bei Bindung der Hauptversammlung an Wahlvorschläge möglich ist, vgl. *Wieneke*, in: FS Schwark, S. 305 (320).

767 Vgl. *Butzke*, Hauptversammlung, Rn. B 77; *Kocher*, AG 2013, S. 406 (410); *Priester*, in: liber amicorum Happ, S. 213 (223).

768 Begr. RegE AktG 1965, BT-Drs. IV/171, S. 151. Nach § 124 Abs. 2 S. 2 AktG n. F. zudem muss bereits in der Bekanntmachung auf die fixe Geschlechterquote hingewiesen und angegeben werden, was es zu ihrer Erfüllung bedarf.

Die Beschlussvorschläge, zu deren Unterbreitung die Verwaltung nach § 124 Abs. 3 AktG verpflichtet ist, sollen den Aktionären angesichts der lediglich stichwortartig formulierten Tagesordnungspunkte eine Unterlage für ihren Entschluss über das Ob und Wie ihrer Beteiligung in der Hauptversammlung zu geben[769]. Nach der Vorstellung des Gesetzgebers ist gerade die Wahl der Mitglieder des Aufsichtsrats nur dann sinnvoll durchzuführen, wenn die Anteilseigner den Wahlvorschlag des Aufsichtsrats bereits kennen und durch ihn nicht erst in der Hauptversammlung überrascht werden[770]. Dabei sind die Beschlussvorschläge nicht bereits selbst Bestandteil der Tagesordnung[771]. Wenngleich auch in der Praxis nicht immer sauber zwischen der Tagesordnung und den Beschlussvorschlägen zur Tagesordnung unterschieden wird[772], so muss aus rechtlicher Sicht insoweit differenziert werden, damit nicht der Verwaltung die Möglichkeit zur Reaktion auf veränderte Umstände genommen wird und es wiederum nicht zu einer Einschränkung des Gegenantragsrechts der Aktionäre kommt. Eine strikte Bindung der Verwaltung an die von ihr unterbreitete Beschlussempfehlung besteht indes nicht. Unstreitig kann sie gänzlich darauf verzichten, den (Wahl-)Vorschlag in Form des entsprechenden Beschlussantrages in der Hauptversammlung tatsächlich zur Abstimmung zu stellen[773]. Auch ist ihr die Möglichkeit zur inhaltlichen Modifizierung ihres (Wahl-)Vorschlags nicht grundsätzlich zu verwehren, soweit sich die Änderungen im Rahmen der Tagesordnung bewegen; die Einzelheiten, d. h. unter welchen weiteren Voraussetzungen die inhaltliche Divergenz von Vorschlag und Antrag zulässig ist, sind allerdings streitig[774]. Auch soll

769 Begr. RegE AktG 1965, BT-Drs. IV/171, S. 151.

770 Vgl. Begr. RegE AktG 1965, BT-Drs. IV/171, S. 151.

771 Zutreffend insoweit der Hinweis von *Drinhausen*, in: Hölters, AktG, § 124 Rn. 15, dem zufolge die Anordnung der Bekanntmachung der Beschlussvorschläge in der Einberufung nach § 124 Abs. 3 S. 1 AktG entbehrlich wäre, wenn es sich bei den Verwaltungsvorschlägen bereits um Bestandteile der Tagesordnung handeln würde. In diesem Sinne auch *Noack/Zetzsche*, in: KölnKommAktG, § 124 Rn. 89; *Rieckers*, in: Spindler/Stilz, AktG, § 12, Rn. 27; *Kocher*, AG 2013, S. 406; *Werner*, in: FS Fleck, S. 401 (405); *Wieneke*, in: FS Schwark, S. 305 (314 f.).

772 *Werner*, in GroßkommAktG, § 124 Rn. 23; *Schlitt/Becker*, in: Semler/Volhard/Reichert, Hdb. HV, § 4 Rn. 156.

773 *Drinhausen*, in: Hölters, AktG, § 124 Rn. 21; *Hüffer*, AktG, § 124 Rn. 17; *Kubis*, in: MünchKommAktG, § 124 Rn. 44; *Werner*, in: GroßkommAktG, § 124 Rn. 80; *Kocher*, AG 2013, S. 406 (410); *Priester*, in: liber amicorum Happ, S. 213 (216).

774 So wird teilweise angenommen, eine inhaltliche Abweichung sei nur dann zulässig, wenn nach Bekanntgabe des Vorschlags neue Tatsachen vorliegen oder der Verwaltung bekannt geworden sind oder ein anderer sachlicher Grund vorliegt: OLG Stuttgart AG 1994, 411 (415); *Drinhausen*, in: Hölters, AktG, § 124 Rn. 22; *Hüffer*, AktG (10. Aufl.), § 124 Rn. 12; *Kubis*, in: MünchKommAktG, § 124 Rn. 45; *Arnold/Carl/Götze*, AG 2011, S. 349 (355); *Priester*, in: liber amicorum Happ, S. 213 (217). Andere wiederum halten eine inhaltliche Divergenz stets für zulässig: *Rieckers*, in: Spindler/Stilz, AktG, § 124 Rn. 26; *Werner*, in: GroßkommAktG, § 124 Rn 80; *Butzke*,

sich die Verwaltung Alternativanträge von Aktionärsseite zu Eigen machen können, wenn sie dies als dem Gesellschaftsinteresse dienlich erachtet[775].

Nach § 124 Abs. 4 S. 1 AktG dürfen über Gegenstände der Tagesordnung, die nicht ordnungsgemäß bekannt gemacht sind, keine Beschlüsse gefasst werden. Erfolgt trotz Vorliegens eines Bekanntmachungsfehlers in der Hauptversammlung gleichwohl eine Beschlussfassung, so ist der gefasste Beschluss nach § 243 Abs. 1 AktG (i. V. m. § 251 Abs. 1 S. 1) wegen Verfahrensfehlerhaftigkeit anfechtbar[776]. Ein absolutes Beschlussverbot lässt sich aus § 124 Abs. 4 S. 1 AktG indes nicht ableiten. Es liegt vielmehr im Ermessen des Versammlungsleiters, ob er den unter einem Bekanntmachungsfehler leidenden Beschlussantrag trotz des Risikos der Anfechtbarkeit zur Abstimmung stellt[777].

(cc) Grundsatz der Wahlfreiheit der Hauptversammlung

Bei einer Hauptversammlung, die über die Wahl von Mitgliedern des Aufsichtsrats zu beschließen hat, steht der Vorschlagspflicht des amtierenden Aufsichtsrats aus § 124 Abs. 3 AktG sodann der Charakter der Hauptversammlung als „ergebnisoffenes Plenum"[778] gegenüber. Es gilt der Grundsatz der Wahlfreiheit: Mit Ausnahme der in § 101 Abs. 1 S. 2 AktG ausdrücklich normierten Fälle kann die Hauptversammlung den Aufsichtsrat ganz nach ihren Wünschen zusammensetzen; sie ist in ihrer Willensentschließung grundsätzlich frei[779]. Dieses freie Auswahlrecht wird allein durch Verfahrensvorschriften, die Voraussetzungen des passiven Wahlrechts, namentlich die §§ 100, 105 AktG, sowie das Verbot rechtsmissbräuchlicher Stimm- und Wahlrechtsausübung begrenzt[780]. Dies bedeutet zweierlei: Zunächst ist die Hauptversammlung

---

Hauptversammlung, Rn. B 87; *Kocher*, AG 2013, S. 406 (410); *Scholz*, AG 2008, S. 11 (16); *Wieneke*, in: FS Schwark, S. 305 (312).

775 OLG Hamm AG 2005, S. 361 (363); *Werner*, in: GroßkommAktG, § 124, Rn. 80.

776 *Drinhausen*, in: Hölters, AktG, § 124 Rn. 19; *Hüffer*, AktG, § 124 Rn. 27; *Kubis*, in: MünchKommAktG, § 124 Rn. 48; *Rieckers*, in: Spindler/Stilz, AktG, § 124 Rn. 43. Dies gilt grundsätzlich auch dann, wenn sämtliche in der Hauptversammlung anwesende oder vertretene Aktionäre ihr Einverständnis zur Beschlussfassung trotz Vorliegens eines Bekanntmachungsfehlers erklärt haben, da die Regelung des § 124 Abs. 4 S. 1 AktG gerade auch den Schutz der nicht erschienenen Aktionäre bezweckt, deren Entscheidung über die Nicht-Teilnahme an der Hauptversammlung durch den Bekanntmachungsfehler beeinflusst worden sein kann, vgl. § 245 Nr. 2, 3. Var. AktG (i. V. m. § 251 Abs. 2 S. 1), siehe BGHZ 153, S. 32 (36) („HypoVereinsbank").

777 *Kubis*, in: MünchKommAktG, § 124 Rn. 47; *Rieckers*, in: Spindler/Stilz, AktG, § 124 Rn. 49.

778 *Noack/Zetzsche*, in: KölnKommAktG, § 124 Rn. 92.

779 RGZ 133, S. 90 (95); BGHZ 8, S. 348 (354); *Habersack*, in: MünchKommAktG, § 101 Rn. 7; *Hopt/Roth*, in: GroßkommAktG, § 101 Rn. 20; *Hüffer*, AktG, § 101 Rn. 3 f.; *Simons*, in: Hölters, AktG, § 101 Rn. 8; *Spindler*, in: Spindler/Stilz, AktG, § 101 Rn. 16; *Bollweg*, Wahl, S. 391.

780 BGH NJW 1975, S. 1657 (1658); *Bollweg*, Wahl, S. 396.

bei ihrer Entscheidung nicht an den Wahlvorschlag des Aufsichtsrats gebunden[781]. Sie kann also die Wahl aller oder auch nur einzelner vom Aufsichtsrat vorgeschlagenen Kandidaten ablehnen, d. h. ihnen die Zustimmung verweigern, ohne dass es dafür einer sachlichen Rechtfertigung bedürfte. Auch kann der Verwaltungsvorschlag aufgrund der Diskussion in der Hauptversammlung selbst noch abgeändert werden und in geänderter Fassung sodann zur Abstimmung gestellt werden[782]. Bei ihrer Wahlentscheidung haben sich die Aktionäre insbesondere auch nicht am Unternehmensinteresse zu orientieren. Daher kann auch solchen Kandidaten die Zustimmung verweigert werden, deren Vorschlag durch den Aufsichtsrat im Hinblick auf die Gewährleistung einer effektiven Überwachungstätigkeit wohl durchdacht war[783]. Des Weiteren ist die Hauptversammlung auch unabhängig von einem etwaigen Gegenvorschlag zur Wahl der Aufsichtsratsmitglieder, welchen ein Aktionär bereits im Vorfeld (§§ 127, 126 AktG) oder erst in der Hauptversammlung (§ 124 Abs. 4 S. 2, 2. Var. AktG) unterbreitet[784].

(dd) Insbesondere: Wahlvorschlag von Aktionärsseite

Jeder Aktionär hat die Möglichkeit, einen Alternativantrag hinsichtlich der Wahl von Aufsichtsratsmitgliedern zu stellen. Dies kann bereits im Vorfeld der Hauptversammlung geschehen. Erfüllt ein solcher vorab eingereichter Wahlvorschlag die Voraussetzungen der §§ 127, 126 AktG (auch die nach §§ 124 Abs. 3 S. 4[785], 125 Abs. 1 S. 5 AktG erforderlichen Angaben sind zu beachten), so hat ihn der Vorstand den Aktionären zugänglich zu machen, damit diese frühzeitig über das Bestehen einer echten Wahlalternative informiert werden[786]. In der Hauptversammlung muss vom Vorschlagenden sodann die Wahl „seines“ oder „seiner“ Kandidaten allerdings nochmals ausdrücklich beantragt werden[787]. Über einen mitteilungspflichtigen Wahlvorschlag i. S. d. § 127 AktG, der in der Hauptversammlung nochmals als Antrag gestellt wird, ist nach § 137 AktG vorrangig abzustimmen, wenn eine qualifizierte

781 Begr. RegE AktG 1965, BT-Drs. IV/171, S. 138; *Simons*, in: Hölters, AktG, § 101 Rn. 8; *Hopt/Roth*, in: GroßkommAktG, § 101 Rn. 20; *Wieneke*, in: FS Schwark, S. 305 (314).

782 *Werner*, in: GroßkommAktG, § 124 Rn. 66.

783 *Habersack*, in: MünchKommAktG, § 101 Rn. 8.

784 *Habersack*, in: MünchKommAktG, § 101 Rn. 7; *Hopt/Roth*, in: GroßkommAktG, § 101 Rn. 20; *Simons*, in: Hölters, AktG, § 101 Rn. 8; *Spindler*, in: Spindler/Stilz, AktG, § 101 Rn. 17.

785 Bei dem Verweis in § 127 S. 3 auf § 124 Abs. 3 S. 3 AktG handelt es sich um redaktionelles Versehen, vgl. Begr. RegE Aktienrechtsnovelle 2012, BT-Drs. 17/8989, S. 16.

786 Die bloße Ablehnung eines vom Aufsichtsrat vorgeschlagenen Kandidaten begründet hingegen keine Auswahlfreiheit und ist als Gegenantrag i. S. d. § 126 AktG zu behandeln, der damit einer Begründung bedarf, damit die Gesellschaft publizitätspflichtig wird, *Drinhausen*, in: Hölters, AktG, § 127 Rn. 4.

787 Vgl. Begr. RegE TransPuG, BT-Drs. 14/8769, S. 20.

Aktionärsminderheit dies verlangt. Der Gegenantrag kann vom Aktionär aber auch erstmals in der Hauptversammlung selbst und damit ad hoc gestellt werden. Die §§ 127, 126 AktG beschränken das Antragsrecht nicht, sondern dienen lediglich dazu, die Chancen auf Zustimmung der Hauptversammlung zu einem oppositionellen Beschlussantrag zu erhöhen[788]. Unstreitig handelt es sich bei abweichenden Personalvorschlägen von Aktionärsseite um Anträge zu einem Gegenstand der Tagesordnung i. S. d. § 124 Abs. 4 S. 2, 2. Var. AktG, sodass eine Pflicht zur vorherigen Bekanntmachung nicht besteht[789].

Ebenso wenig wie sich die Hauptversammlung bei ihrer Entscheidung über den Wahlvorschlag des Aufsichtsrats am Unternehmensinteresse orientieren muss, haben Alternativvorschläge der Aktionäre dem Interesse der Gesellschaft Rechnung zu tragen. Der Aufsichtsrat ist verpflichtet, eine Beschlussempfehlung zu unterbreiten, die mit dem Interesse der Gesellschaft an einer effektiven Überwachung des Vorstands in Einklang steht[790]. Oppositionelle Anträge von Aktionärsseite unterliegen dieser Restriktion hingegen nicht; insbesondere müssen keine Sorgfaltspflichten berücksichtigt werden[791]. Es bestehen keine rechtlichen Bedenken, wenn ein Aktionär mit seinem Wahlvorschlag ausschließlich eigene Interessen verfolgt, solange er nicht das freie Wahlrecht zum Zwecke der Verschaffung gesellschaftsfremder Sondervorteile missbraucht[792]. So können von Aktionärsseite beispielsweise auch

---

788 LG München, Urteil vom 29.11.2007 – 5 HKO 16391/07, juris, Rn. 102; *Kubis*, in: MünchKommAktG, § 126 Rn. 1.

789 *Priester*, in: liber amicorum Happ, S. 213 (223).

790 *Habersack*, in: MünchKommAktG, § 101 Rn. 8; *Simons*, in: Hölters, AktG, § 101 Rn. 10.

791 Selbst wenn dem so wäre, hatte ein dem Unternehmensinteresse nicht hinreichend Rechnung tragender Wahlvorschlag keinerlei Auswirkungen auf den rechtlichen Bestand des auf dieser Grundlage gefassten Wahlbeschlusses. Auch Aufsichtsratsmitglieder, die eine für eine effiziente Überwachungstätigkeit nicht ausreichend qualifizierte Person zur Wahl in den Aufsichtsrat vorschlagen, handeln „nur“ sorgfaltswidrig und machen sich gegebenenfalls schadensersatzpflichtig. Auswirkungen auf die Rechtswirksamkeit des Wahlbeschlusses oder auf die rechtliche Stellung des gewählten Aufsichtsratsmitglieds sind mit dieser Sorgfaltspflichtverletzung hingegen nicht verbunden, siehe *Semler*, in: FS K. Schmidt, S. 1489 (1495).

792 *Habersack*, in: MünchKommAktG, § 101 Rn. 8; *Hopt/Roth*, in: GroßkommAktG, § 101 Rn. 23; *Spindler*, in: Spindler/Stilz, AktG, § 101 Rn. 17; *Semler*, in: FS K. Schmidt, S. 1489 (1495). Besonders anschaulich insoweit BGH AG 1962, S. 216 (217), dem zufolge es zulässig ist, „wenn der Mehrheitsaktionär den Aufsichtsrat ausschließlich mit Personen seiner Wahl besetzt und hiermit den Zweck verfolgt, das Anstellungsverhältnis eines Vorstandsmitglieds, das selbst eine größere Anzahl von Aktien besitzt, fristgemäß auslaufen zu lassen und die Wiederbestellung eines Vorstandsmitglieds zu verhindern [...]. Das Aktiengesetz verwehrt es der Mehrheit [...] nicht, ihre Stimmenmacht zu gebrauchen und die Wahl des Aufsichtsrats so vorzunehmen, daß sie eine von ihr gewünschte Änderung in der Besetzung des Vorstandes erreicht.“

solche Kandidaten für den Aufsichtsrat vorgeschlagen werden, die die an sich gebotene Qualifikation für ein solches Amt nicht aufweisen[793].

(ee) Folgerungen für die Reichweite des § 124 Abs. 4 AktG

Von der Regelung des § 124 Abs. 4 S. 1 AktG vollkommen unzweifelhaft erfasst sind diejenigen Fälle, in denen den Anforderungen des § 121 Abs. 3 S. 2, 124 Abs. 1 S. 1 AktG nicht entsprochen wird, es also bereits an der Bekanntmachung der Tagesordnung gänzlich fehlt, oder aber die bekannt gemachte Tagesordnung irreführend oder zu vage ist[794]. Denn die stichwortartige Angabe derjenigen Sachthemen, über die die Aktionäre zu befinden haben, ist essentiell für die Entscheidung über die Teilnahme an der Hauptversammlung. Rechtsprechung[795] und herrschende Lehre[796] gehen indes noch weiter: Danach erfasst § 124 Abs. 4 S. 1 AktG sämtliche Verstöße gegen §§ 121 Abs. 3 S. 2, 124 Abs. 1 bis 3 AktG, sofern sie die nötige Relevanz für das Teilnahme- und Mitwirkungsrecht aufweisen[797]. Für ein solches, weites Verständnis des „Beschlussverbotes" sprächen der Wortlaut und die systematische Stellung des § 124 Abs. 4 S. 1 AktG[798]. Zudem hätten auch die Beschlussvorschläge der Verwaltung den Sinn, eine sachgerechte Information der Aktionäre zu gewährleisten, aufgrund derer die Entscheidung sowohl über das Ob als auch über das Wie der Teilnahme an der Hauptversammlung getroffen werden kann[799].

Aus dem Wortlaut des § 124 Abs. 4 S. 1 AktG allein folgt freilich nicht, dass auch Fehler im Zusammenhang mit Beschlussvorschlägen der Verwaltung zur Anfechtbarkeit dennoch gefasster Hauptversammlungsbeschlüsse führen[800]. Das „Beschlussverbot"

793 *Semler*, in: FS K. Schmidt, S. 1489 (1495 f.).

794 Vgl. OLG Brandenburg AG 2011, S. 418 (419); LG München NZG 2005, S. 818; *Zöllner*, in: KölnKommAktG (1. Aufl.), § 124 Rn. 44; *Butzke*, Hauptversammlung, Rn. B 73.

795 BGHZ 153, S. 32 (36 f.) („HypoVereinsbank"); 149, S. 158 (165) („Sachsenmilch III"); vgl. auch OLG Stuttgart AG 2009, S. 124 (125).

796 *Hüffer*, AktG, § 124 Rn. 27; *Kubis*, in: MünchKommAktG, § 124 Rn. 46; *Rieckers*, in: Spindler/Stilz, AktG, § 124 Rn. 43; *Werner*, in: GroßkommAktG, § 124 Rn. 97; *Ziemons*, in: Schmidt/Lutter, AktG, § 124, Rn. 71; *Zöllner*, in: KölnKommAktG (1. Aufl.), § 124 Rn. 44; *Bollweg*, Wahl, S. 128 f.; *Priester*, in: liber amicorum Happ, S. 213 (225). Offenbar zweifelnd *Drinhausen*, in: Hölters, AktG, § 124 Rn. 15, 19 und 22. AA *Noack/Zetzsche*, in: KölnKommAktG, § 124 Rn. 88; *Scholz*, AG 2008, S. 11 (13).

797 Die Relevanz wird dabei von der Rechtsprechung in der Regel bejaht, vgl. BGHZ 160, S. 253 (255), sogar auch dann, wenn der fehlerhafte Beschlussvorschlag gar nicht erst zur Abstimmung gestellt wurde, vgl. BGHZ 153, S. 32 (36) („HypoVereinsbank"); insoweit einschränkend *Kubis*, in: MünchKommAktG, § 124 Rn. 30 und 49.

798 *Zöllner*, in. KölnKommAktG (1. Aufl.), § 124 Rn. 44.

799 BGHZ 153, S. 32 (36) („HypoVereinsbank"): „Mitteilung der Tagesordnungspunkte einschließlich der Beschlussvorschläge".

800 Vgl. auch *Scholz*, AG 2008, S. 11 (12); *Wieneke*, in: FS Schwark, S. 305 (316).

greift danach nur dann, wenn „Gegenstände der Tagesordnung“ nicht ordnungsgemäß bekannt werden. Zwischen Tagesordnungsgegenständen und Beschlussvorschlägen besteht indes, wie bereits ausgeführt, nicht nur ein begrifflicher, sondern auch ein rechtlicher Unterschied. Allerdings ist nicht zu verkennen, dass die in § 124 Abs. 4 S. 2 AktG normierten Ausnahmen von der Bekanntmachungspflicht (insbesondere § 124 Abs. 4 S. 2, 2. Var. AktG) über die Ebene der bloß stichwortartigen Festlegung des Rahmenprogramms der Hauptversammlung hinausgehen und stattdessen schon die inhaltliche Arbeit in der Hauptversammlung betreffen, weshalb in der Gesamtschau durchaus der Schluss möglich erscheint, § 124 Abs. 4 S. 1 AktG erfasse nicht nur die bloße Kurzbezeichnung der Beschlussgegenstände, sondern auch deren inhaltliche Konkretisierung durch die Beschlussvorschläge[801]. In der Tat spricht auch die Systematik des § 124 AktG dafür, dass das „Beschlussverbot“ des Absatzes 4 sämtliche Verstöße nach § 124 Abs. 1 bis 3 AktG erfasst.

Die dem § 124 Abs. 4 S. 1 AktG tatsächlich beizumessende Reichweite erschließt sich jedoch mit Blick auf die tatsächlich nur äußerst geringe Bedeutung der Verwaltungsvorschläge einerseits und die Rechte der Aktionäre in der Hauptversammlung andererseits, die durch eine Überbetonung einer vermeintlichen Schutzbedürftigkeit keinesfalls entwertet werden dürfen. Zentrales Anliegen der Bekanntmachungsvorschriften ist es, den Aktionären zu ermöglichen, eine Entscheidung darüber zu treffen, ob sie an der Hauptversammlung persönlich teilnehmen wollen. Dafür ist es zweifelsohne unerlässlich, über diejenigen Gegenstände, die überhaupt zur Beschlussfassung anstehen, richtig informiert zu werden. Von lediglich sekundärer Bedeutung ist hingegen die Vorab-Information über <u>ein</u> mögliches Beschlussergebnis[802]; denn um nichts anderes handelt es sich angesichts der Wahlfreiheit der Hauptversammlung bei einem Verwaltungsvorschlag. Der Charakter der Hauptversammlung als ein in

---

801 Vgl. insoweit *Ziemons*, in K. Schmidt/Lutter, AktG, § 124 Rn. 52 f., der aus dem Zusammenspiel von § 124 Abs. 4 S. 1 und 2 AktG schließt, dass schlagwortartige Bezeichnung des Tagesordnungspunkts und Beschlussvorschlag zusammen den Gegenstand der Tagesordnung i. S. d. § 124 Abs. 4 S. 1 AktG bilden.

802 Vgl. *Priester*, in: liber amicorum Happ, S. 213 (216). Dass Beschlussvorschläge vom Gesetzgeber für die Erreichung obigen Zwecks nicht grundsätzlich für notwendig erachtet werden, zeigt auch ein Blick in das Vereins- und das GmbH-Recht: Sowohl § 32 Abs. 1 S. 2 BGB als auch § 56 Abs. 4 GmbHG sollen sicherstellen, dass die Vereinsmitglieder bzw. Gesellschafter eine sachgerechte Entscheidung über das Ob ihrer Teilnahme an der Mitglieder- bzw. Gesellschafterversammlung treffen können und zudem die Möglichkeit zur sachgerechten Vorbereitung bekommen. Zu diesem Zwecke ist eine hinreichend genaue Bezeichnung des Tagesordnungsgegenstandes erforderlich; Beschlussvorschläge müssen hingegen nicht unterbreitet werden, vgl. auch BGH NJW 2008, S. 69 (73): lediglich schlagwortartige Wiedergabe eines zu beschließenden Vertrages in der Tagesordnung; *Zöllner*, in: Baumbach/Hueck, GmbHG, § 51 Rn. 21 und 24.

weiten Teilen ergebnisoffenes Plenum führt per se zu einer gewissen Entwertung der Verwaltungsvorschläge[803].

Schließlich sichert § 245 Nr. 2, 3. Var. AktG den nicht in der Hauptversammlung erschienenen Aktionär auch nur insoweit ab, als dass er geltend machen kann, er wäre zur Hauptversammlung erschienen, hätte er gewusst, dass eine Beschlussfassung über einen bestimmten Gegenstand anstand[804]. Nicht gehört werden kann er hingegen mit der Rüge, das Ergebnis der Beschlussfassung entspreche nicht seiner Erwartung. Sein Vertrauen ist nur insoweit schutzwürdig, als dass er darauf bauen kann, dass nur solche Beschlüsse gefasst werden, deren Ob bereits im Vorfeld angekündigt war; das Wie der Beschlussfassung, mithin ihr Ergebnis, genießt hingegen keinerlei Vertrauensschutz. Zwar kann nicht übersehen werden, dass die schützenswerte Entscheidung über das Ob der Teilnahme an der Hauptversammlung in gewissem Umfang auch dadurch bedingt sein kann, welche Vorschläge die Verwaltung zu bestimmten Tagesordnungspunkten unterbreitet[805]. Gerade zur Mitwirkung an der Aufsichtsratswahl, gleich welcher Form auch immer, mag sich der Aktionär erst aufgrund der vorgeschlagenen Kandidaten berufen fühlen. Dies darf aber nicht darüber hinweg täuschen, dass kein Aktionär davor gefeit ist, mit anderen als den von ihm erwarteten oder erhofften Beschlussergebnissen konfrontiert zu werden[806]. Wenn sich nun also jeder Aktionär dem Risiko ausgesetzt sieht, dass sich ein mögliches Beschlussergebnis, welches von der Verwaltung mittels einer Beschlussempfehlung vorab präsentiert wird, tatsächlich nicht realisiert, so erscheint es nicht überzeugend, Fehlern beim Zustandekommen dieser Beschlussempfehlung auf den von der Hauptversammlung autonom gefassten Beschluss „durchschlagen“ zu lassen.

Zu bedenken ist schließlich, dass bei einer Auslegung des § 124 Abs. 4 S. 1 AktG dergestalt, dass sämtliche Verstöße gegen §§ 121 Abs. 3 S. 2, 124 Abs. 1 bis 3 AktG erfasst werden, die Aktionäre für Versäumnisse anderer in die Pflicht genommen werden würden, ohne dass sie zugleich die Möglichkeiten hätten, korrigierend einzugreifen. Nach der Rechtsprechung des BGH in Sachen „HypoVereinsbank“ führt ein fehlerhafter Beschlussvorschlag auch dann zur Anfechtbarkeit des dennoch gefassten Hauptversammlungsbeschlusses, wenn die Verwaltung ihren Fehler bei der Stellung des eigentlichen Beschlussantrages korrigiert und sich der Mangel der Beschlussempfehlung damit nicht mehr auf das Beschlussergebnis auswirkt, da § 124 Abs. 4 S. 1 AktG gerade auch den Schutz der nicht in der Hauptversammlung

803 Vgl. *Zöllner*, in: KölnKommAktG (1. Aufl.), § 124 Rn. 31.

804 *Englisch*, in: Hölters, AktG, § 245 Rn. 25. Dennoch entspricht es der hM, dass unter Bekanntmachungsfehlern i. S. d. § 245 Nr. 2, 3. Var. AktG sämtliche Verstöße gegen § 124 Abs. 1 bis 3 AktG fallen, siehe *Dörr*, in: Spindler/Stilz, § 245 Rn. 38; *Hüffer*, in: MünchKommAktG, § 245 Rn. 49; *K. Schmidt*, in: GroßkommAktG, § 245 Rn. 28.

805 AA offenbar *Scholz*, AG 2008, S. 11 (13).

806 So auch *Noack/Zetzsche*, in: KölnKommAktG, § 124 Rn. 92; *Kocher*, AG 2013, S. 406 (407); *Scholz*, AG 2008, S. 11 (13).

erschienenen Anteilseigner bezwecke[807]. Dies hat indes die gänzliche Entwertung des Gegenantragsrecht der Aktionäre zur Folge[808]; ihnen wird jegliche Möglichkeit genommen, die Beschlussfassung noch dadurch zu „retten", dass sie initiativ tätig werden und einen Antrag einbringen, der Gegenstand der Beschlussfassung wird – ein zu Recht als „absurd"[809] zu bezeichnendes und daher auch gänzlich verfehltes Ergebnis der zu weiten Auslegung des § 124 Abs. 4 S. 1 AktG. Dabei wird die Problematik der Einschränkung von Aktionärsrechten infolge der Überbewertung der Bedeutung von Verwaltungsvorschlägen an anderer Stelle durchaus erkannt und überzeugend gelöst. Bei der Bekanntmachung von Gegenanträgen nach § 126 AktG entspricht es der allgemeinen Auffassung im Schrifttum, dass Verstöße der Verwaltung gegen die Pflicht zur Bekanntmachung von Beschlussempfehlungen nicht zu Lasten der Aktionäre gehen können. Fehlt es an einem Beschlussvorschlag nach § 124 Abs. 3 AktG, so können die Aktionäre an sich nicht in den Genuss der Regelung des § 126 AktG kommen, die Gegenanträgen durch frühzeitige Publizität zu größerer Zustimmung verhelfen soll, da ein Gegenantrag begrifflich nur dann vorliegt, wenn er sich auf einen bestimmten Verwaltungsvorschlag bezieht, zu dem er sich in Opposition setzen kann, vgl. § 126 Abs. 1 S. 1 AktG. In einem solchen Fall soll – bei Vorliegen der weiteren Voraussetzungen des § 126 AktG – dennoch jeder Beschlussantrag als zu publizierender Gegenantrag eines Aktionärs anzusehen sein, damit die Rechtslage der Anteilseigners nicht infolge der Pflichtvergessenheit der Verwaltung verschlechtert wird[810]. Diese Annahme verdient uneingeschränkte Zustimmung, da sie das aktienrechtliche Kompetenzgefüge wahrt und der Tatsache Rechnung trägt, dass es nicht die Hauptversammlung ist, welche sich pflichtwidrig verhält (ein Umstand, der im Rahmen der §§ 243, 251 AktG aufgrund des Fehlens von subjektiven Tatbestandsvoraussetzungen keinerlei Berücksichtigung findet – insoweit ist dem LG Hannover in Sachen „Continental"[811] tatsächlich einmal zuzustimmen). Allerdings mutet es äußerst merkwürdig an, dass die gleichen Stimmen

807 Vgl. BGHZ 153, S. 32 (36 f.); anders noch das OLG München als Vorinstanz, AG 2001, S. 193 (196), das davon ausgeht, dass § 124 Abs. 4 S. 1 AktG nur dann eingreift, wenn sich der Bekanntmachungsfehler auch in einem Beschluss der Hauptversammlung niederschlägt, und nicht bereits dann, wenn „letztlich nur eine [...] verunglückte Ankündigung des Beschlussvorschlages [...] in der Einladung zur Hauptversammlung" enthalten sei. Das LG Hannover scheint in Sachen „Continental" die höchstrichterliche Rechtsprechung zu verkennen, denn andernfalls wären die Ausführungen zum Verwaltungsvorschlag anstelle des Aktionärsantrages als Grundlage der Wahlhandlung entbehrlich, vgl. ZIP 2010, S. 833 (837), dazu sogleich noch unter D. III. 3. a) b) aa) (3).

808 *Noack/Zetzsche*, in: KölnKommAktG, § 124 Rn. 88; *Scholz*, AG 2008, S. 11 (15).

809 *Noack/Zetzsche*, in: KölnKommAktG, § 124 Rn. 88.

810 *Drinhausen*, in: Hölters, AktG, § 126 Rn. 6; *Kubis*, in: MünchKommAktG, § 126 Rn. 9; *Rieckers*, in: Spindler/Stilz, AktG, § 126 Rn. 9; *Werner*, in: GroßkommAktG, § 126 Rn. 12; *Butzke*, Hauptversammlung, Rn. B 152.

811 ZIP 2010, S. 833 (838).

im Schrifttum, die mit Verve § 124 Abs. 4 S. 1 AktG im Grundsatz auf sämtliche Pflichten nach §§ 121 Abs. 3 S. 2, 124 Abs. 1 bis 3 AktG ausdehnen wollen, zugleich einen erhöhten Begründungsaufwand in Kauf nehmen, um die Anwendbarkeit des § 126 AktG zu bejahen, wo doch wegen Verletzung des § 124 Abs. 3 AktG ohnehin das Damoklesschwert der Anfechtbarkeit über dem von der Hauptversammlung gefassten Beschluss schweben müsste; das Zusammenspiel beider Normen bleibt insoweit unklar. Jedenfalls ist es nicht stimmig, auf der einen Seite im Rahmen des § 126 AktG mit Blick auf die Rechtsposition der Anteilseigner, welche durch ein Fehlverhalten der Verwaltung nicht geschmälert werden soll, dem Fehlen eines Verwaltungsvorschlages (zu recht) keine Bedeutung beizumessen, auf der anderen Seite obige Erwägung, die immerhin auch dem aktienrechtlichen Kompetenzgefüge Rechnung trägt, nicht bei der Auslegung des § 124 Abs. 4 S. 1 AktG heranzuziehen[812].

Entgegen der Rechtsprechung und der herrschenden Meinung im Schrifttum erfasst § 124 Abs. 4 S. 1 AktG daher nur Verstöße gegen §§ 121 Abs. 3 S. 2, 124 Abs. 1 AktG, nicht aber solche gegen § 124 Abs. 3 AktG. Gleiches gilt bei einer Verletzung der zusätzlichen Bekanntmachungspflichten § 124 Abs. 2 AktG[813]. Auch die dort genannten Informationen sind nicht bereits Bestandteile der Tagesordnung, denn andernfalls wäre auch hier die gesetzliche Anordnung der Bekanntmachung entbehrlich. Zudem ist die Hauptversammlung nach allgemeiner Ansicht auch im Falle der Abstimmung über eine Satzungsänderung oder einen zustimmungsbedürftigen Vertrag nicht an den vorgeschlagenen Wortlaut und Inhalt gebunden, sondern kann – freilich nur im Rahmen des bekanntgemachten Tagesordnungspunkts – abweichende Beschlüsse treffen[814]. Klarstellend sei noch einmal darauf hingewiesen, dass mit der Beschränkung des Anwendungsbereiches des § 124 Abs. 4 S. 1 AktG auf Verstöße gegen §§ 121 Abs. 3 S. 2, 124 Abs. 1 AktG die Anfechtbarkeit von Hauptversammlungsbeschlüssen wegen Bekanntmachungsfehlern nicht per se ausgeschlossen ist. Voraussetzung ist jedoch die Relevanz einer Verstoßes gegen § 124 Abs. 2 oder 3 AktG im konkreten Fall[815].

(ff) Zwischenergebnis

Selbst bei (unterstellter) Nichtigkeit des dem Wahlvorschlag an die Hauptversammlung zugrunde liegenden Aufsichtsratsbeschlusses wegen Verstoßes gegen § 161 AktG würde dieser Bekanntmachungsfehler nicht wegen Verstoßes gegen § 124 Abs. 4 AktG zwangsläufig zur Anfechtbarkeit des von der Hauptversammlung gefassten

---

812 So auch *Scholz*, AG 2008, S. 11 (15).

813 Ebenso *Scholz*, AG 2008, S. 11 (14). AA wohl *Kocher*, AG 2013, S. 406 (407).

814 Statt vieler *Kubis*, in: MünchKommAktG, § 124 Rn. 13 und 17. AA *Werner*, in: GroßkommAktG, § 124 Rn. 33 (zu Satzungsänderungen).

815 Siehe die Nachweise in Fn. 742. Für die Vornahme einer Relevanzprüfung auch bei extensiver Auslegung des § 124 Abs. 4. S. 1 *Kubis* in: MünchKommAktG, § 124 Rn. 30 und 49.

Wahlbeschlusses führen, da das „Beschlussverbot" des § 124 Abs. 4 AktG fehlerhafte Wahlvorschläge nicht erfasst.

(3) Relevanz des (unterstellten) Bekanntmachungsfehlers

Unter Zugrundelegung der höchstrichterlichen Rechtsprechung zum Anwendungsbereich des § 124 Abs. 4 S. 1 AktG ist eine Prüfung der Relevanz des (unterstellten) Bekanntmachungsfehlers in Gestalt eines Verstoßes gegen § 124 Abs. 3 AktG entbehrlich. Denn nach Auffassung des BGH liegt dem umfassenden „Verbot" der Beschlussfassung gemäß § 124 Abs. 4 S. 1 AktG die gesetzliche Wertung zugrunde, dass Bekanntmachungsmängel für das Teilnahme- und Mitwirkungsrecht der Aktionäre grundsätzlich von Bedeutung sind[816]. Daher ist das Fehlen entsprechender Ausführungen im Urteil des OLG München in Sachen „MAN" auch nur konsequent. Folge der hier vertretenen Auffassung zur beschränkten Reichweite des „Beschlussfassungsverbotes" des § 124 Abs. 4 S. 1 AktG ist jedoch die Erforderlichkeit einer Relevanzprüfung im Einzelfall, die an den – im Falle einer (unterstellten) Unwirksamkeit des Wahlvorschlages des Aufsichtsrats unstreitig vorliegenden – Verfahrensfehler in Form des Verstoßes gegen § 124 Abs. 3 AktG selbst anknüpft. An dessen Relevanz für das Teilhabe- und Mitwirkungsrecht der Aktionäre fehlt es jedoch, wenn sich der (unterstellte) Bekanntmachungsfehler überhaupt nicht im Beschlussergebnis niedergeschlagen hat, weil der fehlerhafte Beschlussvorschlag gar nicht erst zur Abstimmung gestellt wurde[817].

So verhielt es sich im Fall des LG Hannover: Nicht der (unterstellt fehlerhafte) Wahlvorschlag des Aufsichtsrats wurde als Antrag zur Abstimmung gestellt, sondern der Alternativantrag der *Schaeffler KG*. Beide Vorschläge unterschieden sich lediglich hinsichtlich einer Personalie. Dies nahm das Gericht sodann auch zum Anlass, trotz der fehlenden Abstimmung über den als Antrag eingebrachten Wahlvorschlag des Aufsichtsrats diesen auch weiterhin als sachlichen Kern der Wahlgrundlagen für die Aufsichtsratswahl, lediglich ergänzt um den von der Mehrheitsaktionärin nachnominierten Kandidaten, anzusehen; andernfalls bestünde die Gefahr einer Umgehung von Anfechtungsmöglichkeiten durch taktische Gestaltung des Ablaufs der Hauptversammlung durch den Versammlungsleiter[818]. Die gerichtliche Annahme, es sei bedeutungslos, dass tatsächlich über einen Aktionärsantrag abgestimmt wurde, da

816 BGHZ 149, S. 158 (165) („Sachsenmilch III"); vgl. auch BGHZ 160, S. 253 (255 f.).

817 *Kubis* in: MünchKommAktG, § 124 Rn. 30 und 49; *Noack/Zetzsche*, in: KölnKommAktG, § 124 Rn. 90; *Scholz*, AG 2008, S. 11 (15).

818 LG Hannover ZIP 2010, S. 833 (838). Die Ausführungen des Gerichts sind insoweit freilich schon deshalb überraschend und nicht schlüssig, da es nach der Rechtsprechung des BGH auf die antragsmäßige Grundlage der Aufsichtsratswahl überhaupt nicht ankommt. Bei Vorliegen eines Bekanntmachungsfehlers in Gestalt eines Verstoßes gegen § 124 Abs. 3 AktG verbietet sich danach zum Schutze der nicht in der Hauptversammlung erschienenen Aktionäre jegliche Beschlussfassung (s.o.).

dieser nahezu wortgleich mit dem Vorschlag des Aufsichtsrats war, ist freilich unzutreffend. Ob es sich bei dem Wahlvorschlag der *Schaeffler KG* um einen solchen im Sinne des § 127 AktG handelt[819] – was das Landgericht angesichts der Abweichung vom Verwaltungsvorschlag in bloß einem Punkt bezweifelt –, kann dabei dahinstehen. Denn § 127 AktG normiert lediglich bestimmte Voraussetzungen dafür, dass ein Wahlvorschlag von Aktionärsseite, ohne dass er einer Begründung bedürfte, von der Verwaltung der Gesellschaft im Vorfeld der Hauptversammlung publik gemacht werden muss; Aktionärsanträge, die wie hier erst ad hoc in der Hauptversammlung gestellt werden, müssen sich demgegenüber allein an § 124 Abs. 4 S. 2, 2. Var. AktG messen lassen, mithin zu einem Gegenstand der Tagesordnung gestellt worden sein. Da unter dem Tagesordnungspunkt „Aufsichtsratswahl" nach allgemeiner Ansicht auch die Wahl anderer als vom Aufsichtsrat vorgeschlagener Kandidaten zulässig ist, wahrt der modifizierte Antrag der Mehrheitsaktionärin der *Continental AG* die Voraussetzungen der Bekanntmachungsfreiheit und stellt damit einen zulässigen Beschlussgegenstand dar[820]. Da sich der (unterstellte) Verstoß gegen § 124 Abs. 3 AktG damit nicht im Beschlussergebnis der Hauptversammlung niedergeschlagen hat, fehlt es in Sachen „Continental" damit jedenfalls an der erforderlichen Relevanz des Bekanntmachungsfehlers.

Für die Entscheidung des OLG München in Sachen „MAN" gilt dies jedoch nicht. Dort hatten die Aktionäre dem – vom Gericht im Nachhinein für unwirksam befundenen – Wahlvorschlag des Aufsichtsrats zustimmt, sodass sich der (unterstellte) Bekanntmachungsfehler auf das Beschlussergebnis tatsächlich ausgewirkt hat. In diesem Fall ist auch bei einer einschränkenden Auslegung des § 124 Abs. 4 S. 1

819 Zu den Voraussetzungen des Vorliegens eines Gegenantrages i. S. d. § 127 AktG siehe nur *Kubis*, in: MünchKommAktG, § 127 Rn. 4.

820 So auch *Hüffer*, ZIP 2010, S. 1979 (1981). Auch die vorrangige Behandlung des Aktionärsantrags in der Hauptversammlung der *Continental AG* begegnet entgegen der Auffassung des LG Hannover keinen rechtlichen Bedenken. Denn bei Vorliegen mehrerer Anträge zu einem Tagesordnungspunkt hat sich der Versammlungsleiter bei seiner Entscheidung über die Abstimmungsreihenfolge am Grundsatz der Sachdienlichkeit zu orientieren, sofern nicht ein Fall des § 137 AktG vorliegt. Danach ist derjenige Antrag als erster zur Abstimmung zu stellen, für den eine Mehrheit zu erwarten ist, siehe *Ramm*, NJW 1991, S. 2753 (2754). Unter diesem Gesichtspunkt erscheint es nicht ermessensfehlerhaft, wenn der Leiter der Hauptversammlung der *Continental AG* nach Mitteilung über die fehlende Bereitschaft eines vom Aufsichtsrat vorgeschlagenen Kandidaten zur Übernahme des Aufsichtsratsmandats zunächst denjenigen Vorschlag zur Abstimmung stellt, der ausschließlich zur Kandidatur bereite Personen benennt. Die Tatsache, dass die Aufsichtsratswahlen letztlich im Verfahren der Einzelwahl durchgeführt wurden, ändert nichts am Vorliegen zweier Wahlvorschläge, das die Festlegung einer Abstimmungsreihenfolge erforderlich machte.

AktG die Anfechtbarkeit des Wahlbeschlusses wegen Verfahrensfehlerhaftigkeit zu bejahen[821].

bb) Vorliegen einer Informationspflichtverletzung

Nachdem nach der hier vertretenen Auffassung im Falle der Aufrechterhaltung einer materiell unzutreffenden Entsprechenserklärung schon kein Verstoß gegen Bekanntmachungsvorschriften vorliegt, ein solcher jedenfalls aber nicht automatisch auf den von der Hauptversammlung gefassten Wahlbeschluss „durchschlägt", bleibt noch zu prüfen, ob der Beschluss der Hauptversammlung möglicherweise an einem zur Anfechtbarkeit führenden Verfahrensfehler in Gestalt einer Verletzung einer gegenüber der Hauptversammlung bestehenden Informationspflicht leidet.

Dies wäre nach §§ 251 Abs. 1 S. 3, 243 Abs. 4 AktG aber nur dann der Fall, wenn ein objektiv urteilender Aktionär die Information über die tatsächliche Corporate Governance-Praxis der Gesellschaft als wesentliche Voraussetzung für seine Entscheidung über einen in der Hauptversammlung als Antrag eingebrachten Wahlvorschlag angesehen hätte. In diesem Zusammenhang ist erneut darauf hinzuweisen, dass es sich bei denjenigen Kodex-Empfehlungen, die im Zusammenhang mit der Wahl von Aufsichtsratsmitgliedern und deren Mandatsausübung die Erteilung bestimmter Informationen zu Gunsten der Anteilseigner vorsehen, nicht um Informationspflichten i. S. d. § 243 Abs. 4 AktG handelt. Daher kommt es nach der hier vertretenen Auffassung für die in Rede stehende Relevanzprüfung ausschließlich auf das durch die unrichtige Entsprechenserklärung begründete Informationsdefizit an[822]. Ob aber eine sachgerechte Entscheidung über die Wahl von Aufsichtsratsmitgliedern tatsächlich davon abhängt, dass die Anteilseigner zutreffend über das Ob der Umsetzung bestimmter Kodex-Empfehlungen informiert sind, erscheint unter gleich mehreren Gesichtspunkten zweifelhaft.

(1) Auseinanderfallen von tatsächlicher und verlautbarter Corporate Governance teilweise abhängig von Aktionärsentscheidung

Zunächst ist zu bedenken, dass ein Auseinanderfallen von tatsächlicher und verlautbarter Befolgungspraxis in Bezug auf die DCGK-Empfehlungen betreffend den Aufsichtsrat in vielen Fällen abhängig ist von der erst in der Hauptversammlung zu treffenden Aktionärsentscheidung, mithin ein tatsächliches Informationsdefizit erst <u>nach</u> erfolgter Aufsichtsratswahl vorliegt. Schlägt der Aufsichtsrat im Widerspruch zu seiner bisherigen Entsprechenserklärung einen Kandidaten vor, so mag er dadurch zwar zum Ausdruck bringen, dass sich seine Befolgungsabsicht insoweit geändert

821 In diesem Sinne ist wohl auch *Kocher*, AG 2013, S. 406 (412) zu verstehen, der die Anfechtbarkeit von Wahlbeschlüssen wegen unrichtiger Entsprechenserklärung jedoch ebenfalls wegen des dem Aufsichtsratsbeschluss zeitlich nachgelagerten Verstoßes gegen § 161 AktG verneint (413).

822 Siehe oben unter C. II 3. B) bb) und C. III. 5 b) bb) (2).

hat, und damit zugleich die Pflicht zur Aktualisierung der Entsprechenserklärung begründen. Ob Entsprechenserklärung und tatsächliche Corporate Governance-Praxis aber auch wirklich auseinanderfallen, hängt letztlich von der freien Wahlentscheidung der Hauptversammlung ab. Insofern stellt sich die Frage, welchen Erkenntnisgewinn eine im Vorfeld der Hauptversammlung rechtzeitig aktualisierte Entsprechenserklärung für die Aktionäre hätte, wenn sich der Aufsichtsrat mit seinem Wahlvorschlag möglicherweise doch nicht durchsetzen kann. Die in diesem Fall erforderliche Korrektur der bereits einmal aktualisierten Kodex-Erklärung hin zu ihrem ursprünglichen Inhalt birgt die Gefahr ihrer gänzlichen Entwertung und dürfte, gerade auch im Hinblick auf die Kommunikationsfunktion von Kodex und Entsprechenserklärung, mehr Verwirrung stiften denn Klarheit über die Corporate Governance-Praxis des Unternehmens bringen.

(2) Zusammenhang zwischen der Information über die Kodex-Befolgung und der Aufsichtsratswahl

Zudem erscheint die Bedeutung einer unrichtigen Information über den tatsächlichen Umgang mit den Empfehlungen des DCGK – sofern eine solche überhaupt bereits vor dem Wahlbeschluss der Hauptversammlung vorliegt – für eine sachgerechte Entscheidung über die Wahl von Aufsichtsratsmitgliedern fraglich. Wenngleich auch § 161 AktG im Grundsatz die Information auch der Aktionäre über die Corporate Governance-Praxis der Gesellschaft bezweckt[823], so darf daraus keineswegs reflexartig geschlossen werden, Verstöße gegen obige Norm würden wegen einer damit einhergehenden Informationspflichtverletzung ausnahmslos zur Anfechtung jedweder Hauptversammlungsbeschlüsse führen. Insoweit gilt es immer zu hinterfragen, inwiefern die streitgegenständliche Information aus Sicht eines objektiv urteilenden Aktionärs für den konkret in Rede stehenden Hauptversammlungsbeschluss tatsächlich von Bedeutung ist[824]. Die schlichte Übertragung der Ergebnisse zur Anfechtbarkeit von Entlastungsbeschlüssen wegen Vorliegens einer Informationspflichtverletzung verbietet sich hingegen. Bereits der grundsätzliche Zusammenhang zwischen der Information über die Befolgung oder Nichtbefolgung von Kodex-Empfehlungen einerseits und der Aufsichtsratswahl durch die Aktionäre andererseits erscheint äußerst fraglich: Ob der Aufsichtsrat mit einem bestimmten Personalvorschlag zugleich die bisher verlautbarte Befolgungsabsicht aufgibt bzw. aufgeben möchte, dürfte für die Wahlentscheidung eines objektiv urteilenden Aktionärs realiter keine Bedeutung haben. Dieser wird seine Entscheidung in erster Linie danach treffen, ob er den vorgeschlagenen Kandidaten für einer effiziente Überwachungstätigkeit geeignet hält; Maßstab hierfür können freilich auch bestimmte Wertungen des DCGK (z. B. Ziffer 5.4.2 S. 3 DCGK) sein. Wie bereits gesehen, können Aktionäre aber auch andere Motive zur Grundlage ihrer Wahlentscheidung machen.

---

823 Siehe oben unter A. II. 2.

824 AA offenbar *Mülbert/Wilhelm*, ZHR 176 (2012), S. 286 (289), trotz des Hinweises auf den bloß „partiellen Hauptversammlungsbezug" der Kodex-Erklärung.

Ob und in welchem Umfang der amtierende Aufsichtsrat die Kodex-Empfehlungen umsetzt, wird hingegen keine Rolle spielen. Obgleich § 161 AktG auch die Information der Aktionäre bezweckt, erfolgt dies nicht zum Zwecke der Sicherstellung einer ausreichenden Grundlage für eine Abstimmungsentscheidung über Personalien in der Hauptversammlung. Dies zeigt sich auch darin, dass die Wahl der Aufsichtsratsmitglieder nicht die Vorlage der Entsprechenserklärung voraussetzt, anders als dies über §§ 120 Abs. 3, 175 Abs. 2, 176 Abs. 1 AktG i. V. m. § 289a HGB bei der Beschlussfassung über die Entlastung der Verwaltung und die Verwendung des Bilanzgewinns der Fall ist[825].

(3) Kenntnis der Aufgabe der bisherigen Befolgungsabsicht durch Wahlvorschlag

Schließlich würde eine aktualisierte Entsprechenserklärung den Aktionären zumeist nur dasjenige schriftlich vor Augen führen, was angesichts der Personalvorschläge ohnehin schon offensichtlich ist. Die Aktionäre kennen die bisherige Entsprechenserklärung von Vorstand und Aufsichtsrat. Teilweise kann bereits dem vom Aufsichtsrat unterbreiteten Wahlvorschlag selbst entnommen werden, dass die Möglichkeit eines Widerspruchs hierzu besteht[826]. Jedenfalls aber dürfte aufgrund von öffentlichen Diskussionen im Vorfeld der Hauptversammlung bzw. den Debattenbeiträgen während der Versammlung den Aktionären bewusst sein, dass der Vorschlag des Aufsichtsrats bzw. ein darauf hin gefasster Wahlbeschluss im Widerspruch zur derzeitigen Kodex-Erklärung steht bzw. stünde, sodass von einer unzureichenden Information der Aktionäre kaum ausgegangen werden kann. Anders als bei der Frage der Anfechtung des Entlastungsbeschlusses[827] kommt es vorliegend auch nicht darauf an, dass den Aktionären im Falle einer unrichtigen Entsprechenserklärung zugleich auch die Gründe für die (nicht erklärte) Abweichung vom DCGK nicht bekannt sind. Ebenso wie der Grad der Befolgung der Kodex-Empfehlungen durch den amtierenden Aufsichtsrat für die Wahlentscheidung eines objektiv urteilenden Aktionärs keine Rolle spielt, ist die Begründung einer Nichtumsetzung einer

---

825 AA offenbar *Mülbert/Wilhelm*, ZHR 176 (2012), S. 286 (299) unter Hinweis auf § 161 Abs. 2 AktG, der auch während der Hauptversammlung gelte. Aus der Verpflichtung zum dauerhaften Zugänglichmachen der Entsprechenserklärung einen Hauptversammlungsbezug herleiten zu wollen, erscheint jedoch reichlich konstruiert. Auf ein etwaiges Spezialitätsverhältnis zwischen § 131 AktG und § 161 AktG – welches im Übrigen ohnehin abzulehnen ist, siehe bereits unter C. II. 3. b) aa), Fn. 364 – kommt es vorliegend nicht an.

826 Vgl. *Mutter*, ZGR 2009, S. 788 (800). Im Fall „MAN“ enthielt dementsprechend bereits die Bekanntmachung der Einberufung der Hauptversammlung vom 26.03.2007 wegen § 124 Abs. 3 S. 4 AktG den Hinweis auf die Tätigkeiten von *Ferdinand Piëch* und *Stephan Schaller* für die *Volkswagen AG*, welche möglicherweise der Unabhängigkeit im Sinne der für befolgt erklärten Ziffern 5.4.1 und 5.4.2 des DCGK entgegen stehen könnten.

827 Siehe oben unter C. III. 5. b) bb) (4).

Empfehlung von Bedeutung. In der Gesamtschau erscheint daher die Annahme verfehlt, eine etwaige Informationspflichtverletzung sei für die Wahlentscheidung der Aktionäre in der Hauptversammlung relevant, weshalb auch nach §§ 251 Abs. 1 S. 3, 243 Abs. 4 AktG die Anfechtung der Wahl von Aufsichtsratsmitgliedern wegen Aufrechterhaltung einer unrichtigen Entsprechenserklärung ausscheidet.

c) Ergebnis

Die Anfechtung von Beschlüssen der Hauptversammlung über die Wahl von Aufsichtsratsmitgliedern lässt sich unter keinem denkbaren Gesichtspunkt begründen: Weder liegt ein Verfahrensfehler des Wahlbeschlusses in Gestalt eines Bekanntmachungsmangels noch in Form einer relevanten Informationspflichtverletzung vor. Der Bejahung erstgenannten Anfechtungsgrunds steht entgegen, dass der dem Wahlvorschlag an die Hauptversammlung zugrunde liegende Aufsichtsratsbeschluss einem möglichen Verstoß gegen § 161 AktG zeitlich vorausgeht, sodass ein etwaiger Gesetzesverstoß keine Auswirkungen auf seine Rechtmäßigkeit haben kann. Selbst wenn man dies anders sehen wollte und den der Wahlempfehlung zugrunde liegenden Aufsichtsratsbeschluss wegen nicht erklärter Abweichung von einer bislang für befolgt erklärten Kodex-Empfehlung für nichtig hält, schlägt diese Unwirksamkeit nach hier vertretener Auffassung nicht zwangsläufig auf den Wahlbeschluss der Hauptversammlung durch; nach vorzugswürdiger Auffassung erfasst das „Beschlussfassungsverbot" des § 124 Abs. 4 AktG keine Verstöße gegen § 124 Abs. 3 AktG. Erst recht kann ein (unterstellter) Bekanntmachungsfehler die Anfechtbarkeit des Wahlbeschlusses nicht begründen, wenn, wie im Falle des LG Hannover, überhaupt nicht über den fehlerhaft bekannt gemachten Wahlvorschlag abgestimmt wird. Auch ein Abstellen auf ein aus Sicht eines objektiv urteilenden Aktionärs relevantes Informationsdefizit zur Begründung der Anfechtbarkeit des Wahlbeschlusses kommt nach hier vertretener Auffassung nicht in Betracht. Zunächst ist das Vorliegen eines tatsächlichen Informationsdefizits häufig von der letztendlichen Wahlentscheidung der Aktionäre abhängig. Zudem wird ein Aktionär seine Wahlentscheidung realiter nicht von der Frage der Befolgung oder Nichtbefolgung bestimmter Kodex-Empfehlungen – nach hier vertretener Auffassung der richtige Anknüpfungspunkt für eine Relevanzprüfung – abhängig machen. Schließlich dürften die Aktionäre über die tatsächliche Corporate Governance-Praxis der Gesellschaft bereits auf anderem Wege ausreichend informiert werden.

4. Analyse der einzelnen Kodex-Empfehlungen im Hinblick auf ihre praktische Eignung, über § 161 AktG die Anfechtbarkeit des Wahlbeschlusses zu begründen

Wenngleich auch nach der hier vertretenen Auffassung die Anfechtung von Hauptversammlungsbeschlüssen wegen Verstoßes gegen § 161 AktG infolge unrichtiger Entsprechenserklärung ausscheidet, so kann die gegenläufige instanzgerichtliche Rechtsprechung zum Vorliegen eines Bekanntmachungsfehlers nicht ignoriert werden. Daher bedürfen auch die Empfehlungen des fünften Abschnitts des DCGK betreffend die Zusammensetzung, Wahl und Arbeitsweise des Aufsichtsrats einer Analyse bzgl. ihrer praktischen Eignung, über § 161 AktG die Anfechtbarkeit von Wahlbeschlüssen zu begründen. Unter Zugrundelegung der Entscheidungen des OLG München und des LG Hannover betrifft diese Prüfung lediglich diejenigen Kodex-Empfehlungen, bei denen ein inhaltlicher Widerspruch zum Wahlvorschlag des Aufsichtsrats überhaupt möglich ist[828].

Sobald aber ein solcher Widerspruch zwischen einer weiterhin für befolgt erklärten Empfehlung des DCGK und dem Wahlvorschlag festzustellen ist, begründet der darin liegende Verstoß gegen § 161 AktG zwangsläufig die Nichtigkeit des dem Wahlvorschlag an die Hauptversammlung zugrunde liegenden Aufsichtsratsbeschlusses wegen eines inhaltlichen Mangels[829] – und damit zugleich die Anfechtbarkeit des Wahlbeschlusses wegen Vorliegens eines Bekanntmachungsfehlers. Denn nach herrschender Auffassung in Rechtsprechung und Lehre sind Aufsichtsratsbeschlüsse, die ihrem Inhalt nach gegen Gesetz oder Satzung verstoßen, ausnahmslos nichtig; eine Differenzierung nach der Schwere des Verstoßes findet – anders als

---

828 In Anbetracht der bisherigen höchstrichterlichen Rechtsprechung in Sachen „Kirch ./. Deutsche Bank“ und „Umschreibungstopp“ kann nicht ausgeschlossen werden, dass künftig die Anfechtbarkeit von Wahlbeschlüssen wegen Verstoßes gegen § 161 AktG auch auf das Vorliegen einer relevanten Informationspflichtverletzung gestützt wird, zumal dieser Ansatz auch im Schrifttum Fürsprecher findet. Da eine entsprechende Prüfung vorliegend jedoch unter der doppelten Hypothese stünde, dass erstens der BGH den richtigen Anknüpfungspunkt für seine Relevanzprüfung gewählt hat und zweitens die Erklärung gem. § 161 AktG überhaupt dazu dient, den Aktionären eine informatorische Grundlage für ihre Wahlentscheidung zu verschaffen, beschränkt sich die nachfolgende Untersuchung auf eine Analyse der Kodex-Empfehlungen anhand der von der instanzgerichtlichen Rechtsprechung entwickelten Grundsätze.

829 So auch *Kleefass*, Entsprechenserklärung, S. 244 f. AA *Vetter*, in: FS Schneider, S. 1345 (1355), der anhand der vom BGH aufgestellten Grundsätze zur Anfechtbarkeit von Entlastungsbeschlüssen über die Nichtigkeit des Aufsichtsratsbeschlusses entscheiden will. Der Hinweis *Vetters* auf die Gesetzesbegründung zu § 161 AktG, der zufolge es auch solche Kodex-Abweichungen gibt, die nicht ins Gewicht fallen, ist zwar der Sache nach zutreffend (siehe oben unter A. II. 7 e)); er macht jedoch zugleich deutlich, dass die Problematik der Anfechtbarkeit von Wahlbeschlüssen wegen Verstoßes gegen § 161 AktG niemals vom Gesetzgeber bedacht, geschweige denn ein Lösungsansatz im Sinne der instanzgerichtlichen Rechtsprechung ersonnen wurde, sind doch diese Ausführungen gänzlich unvereinbar ist der vorherrschenden Auffassung zur Nichtigkeit von Aufsichtsratsbeschlüssen wegen inhaltlicher Fehlerhaftigkeit. *Woitzyk*, Anfechtung, S. 176 ff., stellt bei seiner Analyse der Kodex-Empfehlungen ebenfalls auf die Bedeutung der Kodex-Empfehlungen ab, verfolgt aber auch den Ansatz des Vorliegens eines Informationsmangels.

bei bloßen Verfahrensfehlern[830] – nicht statt[831]. Vor diesem Hintergrund erscheint die Bezugnahme des LG Hannover auf die höchstrichterliche Rechtsprechung in Sachen „Kirch ./. Deutsche Bank“ und „Umschreibungsstopp“, mithin auf das Erfordernis der Unrichtigkeit der Entsprechenserklärung in einem wesentlichen Punkt[832], bestenfalls missverständlich[833]. Das OLG München hatte demgegenüber noch – zu Recht – keinerlei Einschränkungen im Hinblick auf die Schwere des Verstoßes gegen § 161 AktG vorgenommen und damit zu verstehen gegeben, dass jeglicher inhaltlicher Widerspruch zwischen dem der Wahlempfehlung an die Hauptversammlung zugrunde liegenden Aufsichtsratsbeschluss und einer weiterhin anerkannten DCGK-Empfehlung ausreicht, um die Nichtigkeit des Gremiumsbeschlusses zu begründen. Für die Analyse der einzelnen Kodex-Empfehlungen im Hinblick auf ihre Anfechtungsrelevanz kommt es daher – anders als bei Entlastungsbeschlüssen – nicht auf die Bedeutung derjenigen Kodex-Erklärung an, von der mit dem Wahlvorschlag ohne entsprechende, zeitgleiche Aktualisierung der Kodex-Erklärung abgewichen wird. Die praktische Eignung einer Kodex-Empfehlung, durch eine unrichtige Entsprechenserklärung die Anfechtbarkeit des Wahlbeschlusses wegen Vorliegens eines Verfahrensmangels in Gestalt eines Bekanntmachungsfehlers auszulösen, kann daher nur deshalb entfallen, weil ein inhaltlicher Widerspruch zwischen Empfehlung und Wahlvorschlag schlechterdings ausgeschlossen ist[834].

a) Nominierungsausschuss

Die erste Kodex-Empfehlung betreffend die Wahl von Aufsichtsratsmitgliedern findet sich erst in Ziffer 5.3.3 DCGK. Während sich die Empfehlung zur Einrichtung eines Nominierungsausschusses, welcher die Wahlvorschläge des Aufsichtsrats gem. § 124 Abs. 3 AktG vorbereitet, i. V. m. § 161 AktG in Bezug auf Entlastungsbeschlüsse

830 Statt vieler *Hüffer*, AktG, § 108 Rn. 26 f.

831 Vgl. nur BGHZ 135, S. 244 (247) („ARAG / Garmenbeck“) m. w Nachw.; *Habersack*, in: MünchKommAktG, § 108 Rn. 80; *Hüffer*, AktG, § 108 Rn. 26; *Spindler*, in: Spindler/Stilz, AktG, § 108 Rn. 68. AA OLG Hamburg ZIP 1992, S. 1310 (1313).

832 LG Hannover ZIP 2010, S. 833 (835) („Continental“).

833 Da das LG Hannover im Folgenden selbst auf eine Prüfung der Wesentlichkeit der streitgegenständlichen Kodex-Empfehlungen verzichtet, ist zu seinen Gunsten davon auszugehen, dass der Bezug auf die BGH-Rechtsprechung nicht so verstanden werden darf, als wolle das Gericht die Nichtigkeit des dem Wahlvorschlag an die Hauptversammlung zugrunde liegenden Aufsichtsratsbeschlusses tatsächlich von der Bedeutung derjenigen Kodex-Empfehlung, von der ohne diesbezügliche Erklärung abgewichen wird, abhängig machen.

834 Auf eine Untersuchung der einzelnen Kodex-Empfehlungen im Hinblick auf ihre Eignung, infolge einer unrichtigen Entsprechenserklärung einen Verfahrensfehler in Gestalt einer Informationspflichtverletzung auszulösen, wird vorliegend verzichtet. Dieser Ansatz wurde in der instanzgerichtlichen Rechtsprechung nicht verfolgt und er ist nach der hier vertretenen Auffassung auch abzulehnen (siehe oben unter D. III 3. b) bb).

noch als anfechtungsrelevant erwies, ist sie nicht geeignet, auch die Anfechtbarkeit des Aufsichtsratswahlbeschlusses wegen Vorliegens eines Bekanntmachungsmangels zu begründen. Zunächst ist zu bedenken, dass die Befolgung von Ziffer 5.3.3 DCGK nicht erfordert, dass sich die Empfehlungen des Nominierungsausschusses auch im Wahlvorschlag des Aufsichtsrats an die Hauptversammlung niederschlagen. Dieser kann bei seiner abschließenden Entscheidung über die designierten Aufsichtsratsmitglieder von dem Votum des Nominierungsausschusses abweichen; dieses ist – ebenso wie das des Prüfungsausschusses nach § 107 Abs. 3 S. 2 AktG bzgl. des Abschlussprüfers[835] – gänzlich unverbindlich[836]. Anders als bei einem Abweichen von der Empfehlung des Prüfungsausschusses[837] sieht Ziffer 5.3.3 DCGK noch nicht einmal eine Begründung für die Nichtberücksichtigung der Vorschläge des Nominierungsausschusses vor. Vor diesem Hintergrund ist ein Verstoß gegen die Kodex-Empfehlung überhaupt nur dann denkbar, wenn entgegen der verlautbarten Befolgungsabsicht überhaupt kein Nominierungsausschuss eingerichtet wird oder aber dessen Vorschläge nachweisbar nicht in die Erwägungen des Aufsichtsrats einbezogen werden. Selbst wenn hiernach ein Verstoß gegen Ziffer 5.3.3 DCGK vorliegt, so betrifft dieser lediglich das Zustandekommen des Wahlvorschlages an die Hauptversammlung; Auswirkungen auf dessen Inhalt i. S. e. Widersprüchlichkeit sind damit jedoch nicht verbunden[838]. Mithin kommt Ziffer 5.3.3 DCGK keine Anfechtungsrelevanz zu[839].

b) Vielfältige Zusammensetzung des Aufsichtsrats

Die Frage der Befolgung der Diversity-Empfehlung zur Benennung konkreter Ziele hinsichtlich der vielfältigen Zusammensetzung des Aufsichtsrats in Ziffer 5.4.1 Abs. 2 DCGK ist für die Entlastungsentscheidung der Aktionäre bedeutsam; etwaige Unrichtigkeiten der Entsprechenserklärung in diesem Punkt sind folglich wesentlich. Bei der Prüfung, ob darüber hinaus auch ein von der Hauptversammlung gefasster Aufsichtsratswahlbeschluss wegen einer in Hinblick auf Ziffer 5.4.1 Abs. 2 DCGK unrichtigen Kodex-Erklärung anfechtbar ist, bedarf es jedoch der Hinzuziehung von Ziffer 5.4.1 Abs. 3 S. 1 DCGK, um einen sachlichen Zusammenhang zwischen der Zielbenennung und der Aufsichtsratswahl überhaupt zu begründen. Ziffer 5.4.1 Abs. 3 S. 1 DCGK hat sich jedoch bereits in Bezug auf Entlastungsbeschlüsse als nicht anfechtungsrelevant erwiesen; gleiches gilt im Hinblick auf Beschlüsse über die Wahl von Aufsichtsratsmitgliedern. Denn deren Befolgung setzt

---

835 *Hüffer*, AktG, § 124 Rn. 22.

836 *Kleefass*, Entsprechenserklärung, S. 249; *Vetter*, in: FS Schneider, S. 1345 (1357); vgl. auch *Kremer*, in: Ringleb/Kremer/Lutter/v. Werder, DCGK, Rn. 964: Vorbereitung der Wahlvorschläge des Aufsichtsrats.

837 Vgl. Begr. RegE BilMoG, BT-Drs. 16/10067, S. 103.

838 *Vetter*, in: FS Schneider, S. 1345 (1357).

839 I. E. ebenso *Kleefass*, Entsprechenserklärung, S. 249; *Vetter*, in: FS Schneider, S. 1345 (1358); *Woitzyk*, Anfechtung. S. 178.

lediglich voraus, dass die vom amtierenden Aufsichtsrat selbst gesteckten Ziele für dessen künftige Zusammensetzung bei den der Hauptversammlung zu unterbreitenden Wahlvorschlägen berücksichtigt werden, mithin in die Überlegungen des Aufsichtsrats bzgl. der designierten Neumitglieder einfließen; ein tatsächlicher Beitrag des Wahlvorschlages zum Erreichen der gesetzten Ziele ist hingegen nicht erforderlich[840]. Nur wenn der amtierende Aufsichtsrat die selbst gesteckten Ziele bei der Kandidatensuche nachweisbar gänzlich außer Betracht gelassen hat, liegt überhaupt ein Verstoß gegen Ziffer 5.4.1 Abs. 3 S. 1 i. V. m. Ziffer 5.4.1 Abs. 2 DCGK vor, sodass deren Anfechtungsrelevanz im Hinblick auf Wahlbeschlüsse gering einzustufen ist[841]. Etwas anderes ergibt sich auch nicht bei gänzlichem Fehlen der

---

840 So auch das OLG München ZIP 2009, S. 133 (135) („MAN") zu Ziffer 5.4.1 S. 2 DCGK i. d. F. vom 12.06.2006, wonach bei den Wahlvorschlägen an die Hauptversammlung die internationale Tätigkeit des Unternehmens, potenzielle Interessenkonflikte und eine festzulegende Altersgrenze für Aufsichtsratsmitglieder berücksichtigt werden sollen; wortwörtlich heißt es dort in Bezug auf potentielle Interessenkonflikte der designierten Aufsichtsratsmitglieder *Piëch* und *Schaller*: „Die Empfehlung erfordert ausdrücklich lediglich eine Berücksichtigung und damit eines Abwägung des vorschlagenden Organs bei seiner Beschlussfassung. Der Empfehlung ist hingegen nicht zu entnehmen, dass bereits möglicherweise bestehende oder in Zukunft zwingend entstehende oder potentielle Interessenkonflikte einem Wahlvorschlag entgegen stehen." Auch das LG Hannover geht in Sachen „Continental" davon aus, dass der in der Person des *Rolf Koerfer* liegende potentielle Interessenkonflikt vom Aufsichtsrat lediglich hätte „erwogen und berücksichtigt" werden müssen; ob dies der Fall war, konnte nach Auffassung des Gerichts indes dahinstehen (ZIP 2010, S. 833 (836)). In Bezug auf die nach Ziffer 5.4.1 S. 2 DCGK a. F. im Rahmen der Zielbenennung festzulegende Altersgrenze – die das designierte Aufsichtsratsmitglied *Piëch* an sich überschritten hatte – geht das OLG München in Sachen „MAN" zunächst davon aus, dass Ziffer 5.4.1 S. 2 DCGK a. F. keine starre Altersgrenze erfordere, sondern dem Aufsichtsrat insoweit die Möglichkeit zu einer flexiblen Gestaltung durch die Festlegung von Regelaltersgrenzen ermögliche. Aus diesem Grund vermochte das Gericht auch schon keinen Widerspruch zwischen der vereinbarten Altersgrenze und dem Vorschlag des Aufsichtsrats, *Ferdinand Piëch* in den Aufsichtsrat zu wählen, zu erkennen. Zudem verlange der Kodex ebenfalls nur, dass der Aufsichtsrat die von ihm festgelegte (Regel-)Altersgrenze im Rahmen der Beschlussfassung über den von ihm zu unterbreitenden Wahlvorschlag berücksichtigt. Dies hatte der Aufsichtsrat der *MAN AG* nach der Überzeugung des OLG München auch getan (ZIP 2009, S. 133 (135). Diese Erwägungen müssen auch hinsichtlich der im Rahmen der Kodex-Novelle 2015 eingeführten Regelgrenze für die Zugehörigkeitsdauer im Aufsichtsrat gelten, die den Unternehmen gerade mehr Flexibilität im Einzelfall ermöglichen soll, siehe die Medien-Präsentation der Regierungskommission Deutscher Corporate Governance Kodex vom 11.05.2015, S. 4.

841 So auch *Woitzyk*, Anfechtung, S. 180. AA *Vetter*, in: FS Schneider, S. S. 1345 (1369), allerdings im Hinblick auf Ziffer 5.4.1 S. 2 DCGK i. d. F. vom 16.06.2009, der zufolge auch auf die internationale Tätigkeit des Unternehmens, auf potenzielle Interessenkonflikte und eine festzulegende Altersgrenze für Aufsichtsratsmitglieder

Zielbenennung trotz diesbezüglich aufrechterhaltener Positiverklärung. Zwar liegt in diesem Fall ein eindeutiger Verstoß gegen § 161 AktG vor; es fehlt jedoch an Umständen, zu denen sich der Kandidatenvorschlag an die Hauptversammlung in Widerspruch setzen könnte[842].

c) *Angemessene Anzahl unabhängiger Aufsichtsratsmitglieder*

Entsprechend den obigen Ausführungen erlangt die Thematik „Unabhängigkeit des Aufsichtsrats" nicht bereits über Ziffer 5.4.1 Abs. 2 DCGK Anfechtungsrelevanz. Zwar müssen seit 2012 die vom amtierenden Aufsichtsrat zu benennenden konkreten Ziele auch die Anzahl der unabhängigen Aufsichtsratsmitglieder umfassen; jedoch erfordert die Einhaltung dieser Empfehlung nicht mehr als die Berücksichtigung dieser Ziele bei der Beschlussfassung über den der Hauptversammlung zu unterbreitenden Wahlvorschlag.

Anders verhält es sich mit der im Rahmen der Kodex-Novelle 2012 überarbeiteten Ziffer 5.4.2 S. 1 DCGK. Die Empfehlung, der zufolge dem Aufsichtsrat eine nach seiner Einschätzung angemessene Anzahl unabhängiger Mitglieder angehören soll, erweist sich demgegenüber grundsätzlich als geeignet, bei nicht erklärter Abweichung die Anfechtung des Wahlbeschlusses anhand der von der instanzgerichtlichen Rechtsprechung entwickelten Grundsätzen zu begründen. Schwierigkeiten bereitet allerdings auch hier – ebenso wie bereits im Rahmen der Prüfung der Anfechtungsrelevanz im Hinblick auf Entlastungsbeschlüsse – der dem amtierenden Aufsichtsrat eingeräumte weite Ermessensspielraum. Eine Abweichung von der für befolgt erklärten Ziffer 5.4.2 DCGK, welche umgehend offen gelegt werden müsste, damit nicht der dem Wahlvorschlag an die Hauptversammlung zugrunde liegende Aufsichtsratsbeschluss an einem inhaltlichen Mangel leidet, liegt jedenfalls dann vor, wenn der amtierende Aufsichtsrat im Falle der vollständigen Neuwahl kein einziges unabhängiges Mitglied i. S. d. Ziffer 5.4.2 S. 2 DCGK zur Wahl vorschlägt[843].

---

sowie auf Vielfalt (Diversity) geachtet werden soll. Trotz des geänderten Wortlauts der Kodex-Empfehlung zurück zu „berücksichtigen" ebenfalls einen Verstoß gegen Ziffer 5.4.1 Abs. 3 S. 1 i. V. m. Ziffer 5.4.1 Abs. 2 DCGK annehmend, wenn ein Kandidatenvorschlag nicht im Einklang mit einer vom Aufsichtsrat beschlossenen Altersgrenze steht, *Kleefass*, Entsprechenserklärung, S. 252.

842 Vgl. auch *Kleefass*, Entsprechenserklärung, S. 252; *Vetter*, in: FS Schneider, S. 1345 (1360); *Woitzyk*, Anfechtung, S. 179 f.

843 *Kleefass*, Entsprechenserklärung, S. 254; *Vetter*, in: FS Schneider, S. 1345 (1362); *Woitzyk*, Anfechtung, S. 182. In diesem Sinne auch das OLG München in Sachen „MAN", dem zufolge Ziffer 5.4.2 S. 1 eine Gesamtbetrachtung der vorgeschlagenen Zusammensetzung des Aufsichtsrats erfordere und die Zugehörigkeit einzelner Mitglieder, die nicht als unabhängig i. S. v. Ziffer 5.4.2 S. 2 DCGK anzusehen sind, gerade nicht untersage. Wenn sich der Aufsichtsrat dazu entschließen sollte, solche Kandidaten zur Wahl vorzuschlagen, die nach der Definition der Ziffer 5.4.2 S. 2 DCGK nicht als unabhängig gelten – ob dies in Bezug auf die designierten Aufsichtsratsmitglieder *Piëch* und *Schaller* der Fall gewesen war, brauchte das

Gleiches gilt für den Fall der Ersatzwahl, wenn dem Aufsichtsrat im Falle der Zustimmung der Hauptversammlung kein unabhängiges Mitglied mehr angehört[844].

d) *Zeitliche Beanspruchung*

Die durch die Kodex-Novelle neu eingefügte Empfehlung in Ziffer 5.4.1 Abs. 4 DCGK zur vorherigen Vergewisserung, dass dem designierten Aufsichtsratsmitglied auch ausreichend Zeit für die qualifizierte Wahrnehmung seines neuen Mandats zur Verfügung steht, weist ausdrücklich einen Bezug zum Wahlvorschlag des Aufsichtsrats gem. § 124 Abs. 3 AktG auf. Damit begründet ein Unterlassen der Erkundigung über die zeitliche Beanspruchung des vorgesehenen Mitglieds bei anderslautender Entsprechenserklärung die inhaltliche Mangelhaftigkeit des dem Wahlvorschlag an die Hauptversammlung zugrunde liegenden Aufsichtsratsbeschlusses, welcher wiederum zur Anfechtbarkeit des Wahlbeschlusses führt. Gleiches gilt für den – in der Praxis freilich unwahrscheinlichen – Fall, dass der Aufsichtsrat trotz der Mitteilung des potentiellen Mitglieds, mit der Übernahme des Mandats zeitlich überfordert zu sein, dieses der Hauptversammlung zur Wahl vorschlägt. Denn selbstverständlich erfolgt die vorherige Vergewisserung, dass der Kandidat für den Aufsichtsrat auch den zu erwartenden Zeitaufwand aufbringen kann, nicht um ihrer selbst willen[845].

e) *Offenlegung von persönlichen und geschäftlichen Beziehungen im Wahlvorschlag*

Einen eindeutigen Bezug zum Wahlvorschlag des amtierenden Aufsichtsrats weist auch Ziffer 5.4.1 Abs. 5 DCGK auf, welche seit der Kodex-Novelle 2013 die Offenlegung von persönlichen und geschäftlichen Beziehungen des designierten Aufsichtsratsmitglieds zum Unternehmen, den Organen der Gesellschaft und einem wesentlich beteiligten Aktionär empfiehlt. Legt der amtierende Aufsichtsrat solche Beziehungen eines potentiellen Mitglieds gänzlich nicht offen, so leidet der dem Wahlvorschlag zugrunde liegende Aufsichtsratsbeschluss eindeutig an einem inhaltlichen Mangel, welcher zur Anfechtbarkeit des dennoch gefassten Wahlbeschlusses führt. Schwieriger gestaltet sich die Situation bei einer möglicherweise bloß unzureichenden Offenlegung. Im Rahmen der Prüfung der Justiziabilität von Ziffer 5.4.1 Abs. 5 DCGK im Hinblick auf Entlastungsbeschlüsse hat sich gezeigt, dass die offene Formulierung dieser Empfehlung der Bejahung einer eindeutigen

---

OLG München nicht zu entscheiden –, so sei es aufgrund des dem amtierenden Aufsichtsrat gem. Ziffer 5.4.2 S. 1 DCGK eingeräumten Ermessens Sache des Anfechtungsklägers, darzulegen und zu beweisen, dass infolge ihrer Wahl in der Gesamtschau keine ausreichende Anzahl unabhängiger Aufsichtsratsmitglieder mehr gegeben sei (ZIP 2009, S. 133 (135 f.).

844 *Vetter*, in: FS Schneider, S. 1345 (1362).

845 Vgl. die Erläuterung der Änderungsvorschläge 2015 durch die Regierungskommission Deutscher Corporate Governance Kodex, S. 9.

Abweichung, welche durch eine umgehende Korrektur der Entsprechenserklärung offen gelegt werden müsste, in den meisten Fällen entgegenstehen wird. Dieses Problem der Unbestimmtheit setzt sich im Rahmen der hier vorzunehmenden Prüfung freilich fort. Da es für die Rechtsfolgen eines unter einem inhaltlichen Mangel leidenden Aufsichtsratsbeschlusses aber nicht auf die Erkennbarkeit dieses Mangels ankommt – anders als im Rahmen der Anfechtung der Entlastungsentscheidung wegen Vorliegens eines Inhaltsfehlers –, bleibt dem Aufsichtsrat nur zu raten, Ziffer 5.4.1 Abs. 5 DCGK weit auszulegen oder aber die Empfehlung gar nicht erst umzusetzen und dies öffentlich zu machen[846].

f) Begrenzung der Anzahl ehemaliger Vorstandsmitglieder

Unterbreitet der Aufsichtsrat der Hauptversammlung einen Wahlvorschlag, der im Falle seiner Annahme durch die Aktionäre die Mitgliedschaft von mehr als zwei ehemaligen Vorstandsmitgliedern zur Folge hätte, so ist eine in Bezug auf Ziffer 5.4.2 S. 3 DCGK uneingeschränkte Positiverklärung, welche nicht umgehend korrigiert wird, eindeutig unrichtig; Spielräume bei der Auslegung der Empfehlung zur Beschränkung der Anzahl ehemaliger Vorstandsmitglieder im Aufsichtsrat bestehen nicht. Der Widerspruch zwischen der aufrecht erhaltenen ursprünglichen Kodex-Erklärung und dem der Wahlempfehlung zugrunde liegenden Aufsichtsratsbeschluss begründet mit Blick auf die instanzgerichtliche Rechtsprechung dessen inhaltlichen Mangel und führt zu seiner Nichtigkeit, mit der Folge des Vorliegens einer Bekanntmachungsfehlers des Wahlbeschlusses. Ziffer 5.4.2 S. 3 DCGK kommt, i. V. m. § 161 AktG, im Hinblick auf Wahlbeschlüsse folglich Anfechtungsrelevanz zu[847]. Bei vollständiger Neuwahl des Aufsichtsrats trotz Verstoßes gegen § 161 AktG i. V. m. Ziffer 5.4.2 S. 3 DCGK betrifft die Nichtigkeit des Wahlvorschlages sämtliche ehemalige Vorstandsmitglieder; eine Differenzierung zwischen den einzelnen Kandidaten scheidet mangels Anknüpfungspunkten aus. Bei einer entsprechenserklärungswidrigen Ergänzungswahl ist nur derjenige Wahlbeschluss anfechtbar, durch den mehr als zwei ehemalige Vorstandsmitglieder in den Aufsichtsrat gelangen[848].

g) Keine Repräsentanz wesentlicher Wettbewerber im Aufsichtsrat

Uneingeschränkt justiziabel erweist sich auch Ziffer 5.4.2 S. 4 DCGK. Ein Aufsichtsratsbeschluss über einen Wahlvorschlag, mit dem den Anteilseignern ein Kandidat für den Aufsichtsrat präsentiert wird, der eine Organfunktion oder Beratungsaufgaben bei einem wesentlichen Wettbewerber des Unternehmens ausübt, ist nach

846 *Wilsing/von der Linden*, DStR 2012, S. 1391 (1393). Für die Anfechtungsrelevanz auch *de Raet*, demzufolge Ziffer 5.4.1 Abs. 6 DCGK insoweit allerdings als Korrektiv wirkt, vgl. AG 2013, S. 488 (489, 496).

847 *Kleefass*, Entsprechenserklärung, S. 255; *Vetter*, in: FS Schneider, S. 1345 (1364); i. E. auch *Woitzyk*, Anfechtung, S. 182: relevantes Informationsdefizit.

848 *Vetter*, in: FS Schneider, S. 1345 (1364).

der Rechtsprechung des OLG München in Sachen „MAN“ wegen Verstoßes gegen § 161 AktG inhaltlich fehlerhaft und daher nichtig, wenn nicht die diesbezügliche Positiverklärung umgehend aktualisiert wird[849]. Folge ist auch hier das Vorliegen eines Bekanntmachungsmangels, welcher zur Verfahrensfehlerhaftigkeit des Wahlbeschlusses führt. Zu bedenken ist allerdings, dass das entscheidende Tatbestandsmerkmal der Ziffer 5.4.2 S. 4 DCGK – „wesentlicher Wettbewerber“ – eng auszulegen ist[850], sodass tatsächliche Verstöße gegen diese Empfehlung in praxi eher selten sein dürften[851].

h) *Verfahren der Aufsichtsratswahl*

Ziffer 5.4.3 S. 1 DCGK kommt demgegenüber unter keinem denkbaren Gesichtspunkt Anfechtungsrelevanz in Bezug auf den von der Hauptversammlung gefassten Wahlbeschluss zu[852]. Die Empfehlung zur Durchführung von Einzelwahlen ist dem Wahlvorschlag und dem ihm zugrunde liegenden Aufsichtsratsbeschluss zeitlich nachgelagert. Zu ihrer Befolgung ist es ausreichend, wenn der Versammlungsleiter in der Hauptversammlung ankündigt, die Kandidaten für den Aufsichtsrat einzeln zu wählen[853]. Unterbleibt diese Ankündigung trotz erklärter Absicht zur Befolgung der Empfehlung, und werden die Kandidaten tatsächlich en bloc gewählt, so liegt darin zwar ein Verstoß gegen § 161 AktG, wenn die ursprüngliche Erklärung nicht umgehend an die tatsächlichen Gegebenheiten angepasst wird; Auswirkungen auf den Inhalt des Aufsichtsratsbeschlusses über die Nominierung der Aufsichtsratsmitglieder hat dieser Gesetzesverstoß jedoch nicht. Auch eine Fehlerhaftigkeit des

849 OLG München ZIP 2009, S. 133 (136) („MAN“). Die dortigen Ausführungen, wonach der amtierende Aufsichtsrat durch Anerkennung von Ziffer 5.4.2 S. 4 DCGK verpflichtet gewesen sei, keine Personen vorzuschlagen, die für einen wesentlichen Wettbewerber tätig sind, solange die Entsprechenserklärung nicht geändert ist, verdienen indes entschiedene Ablehnung: Auch § 161 AktG verpflichtet nicht zu einem kodexgetreuen Verhalten. Verpflichtend ist einzig die Abgabe einer wahrheitsgemäßen Entsprechenserklärung. Für die Anfechtungsrelevanz aber ebenfalls *Kleefass*, Entsprechenserklärung, S. 256 f.; *Vetter*, in: FS Schneider, S. 1345 (1365); *Woitzyk*, Anfechtung, S. 182: relevantes Informationsdefizit.

850 Siehe oben unter C. III. 6. d) dd) (2).

851 Auch das OLG München vermochte in Sachen „MAN“ einen Verstoß gegen Ziffer 5.4.2 S. 4 DCGK nicht festzustellen, da das Bestehen eines wesentlichen Konkurrenzverhältnisses zwischen der *MAN AG* und der *Volkswagen AG* für den Bereich der Nutzfahrzeuge vom Anfechtungskläger nicht hinreichend dargetan wurde.

852 Vgl. auch *Kleefass*, Entsprechenserklärung, S. 258; offenbar ebenso *Wilsing*, in: Wilsing, DCGK, Ziff. 5.4.3 Rn. 2. AA *Woitzyk*, Anfechtung, S. 183: relevantes Informationsdefizit.

853 *Kremer*, in: Ringleb/Kremer/Lutter/v. Werder, DCGK, Rn. 1038.

Abstimmungsverfahrens lässt sich so nicht begründen; denn auch über § 161 AktG wird die Durchführung von Einzelabstimmungen nicht zur Pflicht[854].

i) *Vorschläge für den Aufsichtsratsvorsitz*

Wird den Aktionären – entgegen der für befolgt erklärten Ziffer 5.4.3 S. 3 DCGK – im Zusammenhang mit einer anstehenden Neuwahl der Aufsichtsratsmitglieder die Person des vom amtierenden Aufsichtsrat bereits auserkorenen Aufsichtsratsvorsitzenden nicht mitgeteilt, so liegt darin, sofern nicht die bisherige Kodex-Erklärung umgehend aktualisiert wird, unstreitig eine Verletzung von § 161 AktG. Allerdings liegt diese nicht bereits dann vor, wenn die Aktionäre nicht schon mit der Bekanntmachung der Einberufung der Hauptversammlung der Tagesordnung über den designierten Aufsichtsratsvorsitzenden informiert werden. Erst wenn es an einer Unterrichtung der Anteilseigner unmittelbar in der Hauptversammlung fehlt, liegt eine Abweichung von Ziffer 5.4.3 S. 3 DCGK vor, welche umgehend erklärt werden muss[855]. Aufgrund des fehlenden Zusammenhangs zwischen Wahlvorschlag und Aktionärsinformation kann die Aufsichtsratswahl nicht wegen Vorliegens eines Bekanntmachungsfehlers infolge unrichtiger Entsprechenserklärung erfolgreich angefochten werden[856].

j) *Begründung des Wechsels ehemaliger Vorstandsmitglieder in den Aufsichtsratsvorsitz*

Ein Verstoß gegen § 161 AktG wegen nicht erklärter Abweichung von Ziffer 5.4.4 DCGK ist nach den von der instanzgerichtlichen Rechtsprechung aufgestellten Grundsätzen nur bedingt geeignet, die Anfechtbarkeit des gefassten Wahlbeschlusses wegen Vorliegens eines Bekanntmachungsfehlers zu begründen[857]. Nur für den Fall, dass sich der Aufsichtsrat einen Wahlvorschlag eines Großaktionärs, der die Bestellung eines ehemaligen Vorstandsmitglieds vor Ablauf der zweijährigen cooling-off-Periode vorsieht, zu Eigen macht, oder er den Aktionären mit seinem an sich dem

---

854 AA *Vetter*, in: FS Schneider, S. 1345 (1366). Dessen Hinweis auf die Entscheidung des LG München, NZG 2004, S. 626 ff., wonach eine en bloc-Abstimmung die Anfechtung eines Wahlbeschlusses rechtfertige, hilft für die vorliegende Problematik freilich nicht weiter, hatten doch in dem entschiedenen Fall gleich mehrere Aktionäre ausdrücklich die Einzelentlastung beantragt, worauf der Versammlungsleiter überhaupt nicht eingegangen war. Zu der Unzulässigkeit solcher Geschäftsordnungsanträge bei einem dem Versammlungsleiter qua Satzung zustehenden Ermessens bzgl. der Wahlmodalitäten OLG Frankfurt, ZIP 2007, S. 1463 (1464) (Vorinstanz „Kirch ./. Deutsche Bank").

855 Vgl. *Wilsing*, in: Wilsing, DCGK, Ziff. 5.4.2 Rn. 8.

856 I. E. ebenso *Kleefass*, Entsprechenserklärung, S. 259; *Vetter*, in: FS Schneider, S. 1345 (1367) und *Woitzyk*, Anfechtung, S. 184.

857 I. E. ebenso *Kleefass*, Entsprechenserklärung. S. 255. AA *Vetter*, in: FS Schneider, S. 1345 (1368); *Woitzyk*, Anfechtung, S. 185: relevante Informationspflichtverletzung.

§ 100 Abs. 2 Nr. 4 AktG widersprechenden Wahlvorschlag zugleich den Vorschlag unterbreitet, dass in der Hauptversammlung 25% der Stimmrechte die entsprechende Wahl beantragen[858], besteht überhaupt der erforderliche Zusammenhang zwischen Wahlvorschlag und Kodex-Empfehlung bzw. einer insoweit unrichtigen Entsprechenserklärung. Beinhaltet die Beschlussempfehlung des amtierenden Aufsichtsrats in einem solchen Fall jedoch keine Begründung des Wechsels des ehemaligen Vorstandsmitglieds, obwohl sich der Aufsichtsrat hierauf bereits verständigt hat, und wird die noch anderslautende Entsprechenserklärung nicht umgehend aktualisiert, ist die Wahl des ehemaligen Vorstandsmitglieds und designierten Aufsichtsratsvorsitzenden wegen Vorliegens eines Beschlussmangels anfechtbar.

k) Beschränkung der Aufsichtsratsmandate mit vergleichbaren Anforderungen

Unstreitig liegt ein Verstoß gegen § 161 AktG i. V. m. Ziffer 5.4.5 S. 2 DCGK vor, wenn ein designiertes Aufsichtsratsmitglied für den Fall seiner Wahl mehr als drei Aufsichtsratsmandate in konzernexternen börsennotierten Gesellschaften oder in Aufsichtsgremien von konzernexternen Gesellschaften inne hätte, die vergleichbare Anforderungen an ihn stellen würden, und die anderslautende Kodex-Erklärung nicht umgehend aktualisiert wird. Diese Situation entspricht derjenigen, in der der Wahlvorschlag des amtierenden Aufsichtsrats im Falle seiner Annahme durch die Hauptversammlung zur Folge hätte, dass mehr als zwei ehemalige Vorstandsmitglieder dem Aufsichtsrat angehören. Mithin kommt einer nicht erklärten Abweichung von Ziffer 5.4.5 S. 2 DCGK nach der instanzgerichtlichen Rechtsprechung Anfechtungsrelevanz auch für Beschlüsse der Hauptversammlung über die Wahl von Aufsichtsratsmitgliedern zu[859].

l) Sonstige Empfehlungen des fünften Kodex-Abschnitts

Unter Zugrundelegung der vom OLG München entwickelten Grundsätze kommt den sonstigen Empfehlungen des fünften Abschnitts des DCGK keine Anfechtungsrelevanz im Hinblick auf Wahlbeschlüsse zu, da es an einem Zusammenhang zwischen den vom Kodex empfohlenen Verhaltensweisen und dem der Hauptversammlung gem. § 124 Abs. 3 AktG zu unterbreitenden Wahlvorschlag fehlt[860]. Dies gilt erst recht für diejenigen Empfehlungen, die sich an Vorstand (Ziffer 5.4.5 Abs. 2 S. 2 DCGK) und Hauptversammlung (Ziffer 5.4.6 Abs. 1 und 2 DCGK) richten.

---

858 Vgl. *Kremer*, in: Ringleb/Kremer/Lutter/v. Werder, DCGK, Rn. 1045.

859 Vgl. auch *Kleefass*, Entsprechenserklärung, S. 260; *Vetter*, in: FS Schneider, S. 1345 (1369); i. E. auch *Woitzyk*, Anfechtung, S. 186.

860 AA *Woitzyk*, Anfechtung, S. 186 f. in Bezug auf die Kodex-Empfehlungen gem. Ziffern 5.4.7, 5.5.2, 5.5.3, dem zufolge im Falle einer in diesen Punkten unrichtigen Entsprechenserklärung ein jedenfalls für die Wiederwahl von Aufsichtsratsmitgliedern relevantes Informationsdefizit auf Seiten des Aktionariats vorliegt.

Das LG München hat demgegenüber in Sachen „Continental“ eine nicht erklärte Abweichung von Ziffer 5.5.3 DCGK als anfechtungsbegründend angesehen[861]. Weshalb aber ein im Hinblick auf aufgetretene Interessenkonflikte und deren Behandlung lückenhafter Bericht des Aufsichtsrats an die Hauptversammlung zur Nichtigkeit des zuvor gefassten Aufsichtsratsbeschluss über den der Hauptversammlung zu unterbreitenden Wahlvorschlag führen soll – schließlich rekurriert das LG Hannover ausdrücklich auf die Entscheidung des OLG in Sachen „MAN“ –, erschließt sich jedoch nicht[862].

861 ZIP 2010, S. 833 (836).

862 Der von *Woitzyk*, Anfechtung, S. 186 f., gefundene Weg zur Begründung der Anfechtungsrelevanz von Ziffer 5.5.3 DCGK leuchtet hingegen ein, wenngleich er auch im Ergebnis abzulehnen ist.

E. Auswirkungen unrichtiger Entsprechenserklärungen auf den Bestand von Beschlüssen zur Wahl des Abschlussprüfers

Die Frage, ob auch der Beschluss der Hauptversammlung über die Wahl des Abschlussprüfers wegen Verstoßes gegen § 161 AktG anfechtbar sein kann, war bislang noch nicht Gegenstand gerichtlicher Entscheidungen. Der DCGK enthält allerdings in Abschnitt 7.2. einige Empfehlungen zur Abschlussprüfung, zu deren Befolgung sich Vorstand und Aufsichtsrat zu erklären haben. Daher gilt es nunmehr zu untersuchen, welche Folgen eine im Hinblick auf diese Kodex-Empfehlungen unrichtige Entsprechenserklärung auf den Bestand des Wahlbeschlusses hat.

I. Verfahren der Wahl des Abschlussprüfers

Der Abschlussprüfer einer Aktiengesellschaft wird, ebenso wie der Aufsichtsrat, von den Aktionären in der Hauptversammlung gewählt, § 119 Abs. 1 Nr. 4 AktG, § 318 HGB. Nach § 124 Abs. 3 AktG hat ausschließlich der Aufsichtsrat diesbezüglich einen Wahlvorschlag zu unterbreiten. Sofern der Aufsichtsrat gemäß § 107 Abs. 3 S. 2 AktG einen Prüfungsausschuss eingerichtet hat, so ist bei kapitalmarktorientierten Gesellschaften dessen Empfehlung dem Wahlvorschlag zugrunde zu legen, § 124 Abs. 3 S. 2 AktG[863]. Diesem Wahlvorschlag liegt wiederum ein Beschluss des Aufsichtsrats zugrunde. Die Hauptversammlung ist bei ihrer Wahlentscheidung indes nicht an den Vorschlag des Aufsichtsrats gebunden, sondern kann die Wahl des Vorgeschlagenen schlicht verweigern. Auch können Aktionäre einen Gegenvorschlag unterbreiten, entweder nach § 127 AktG bereits im Vorfeld der Hauptversammlung – § 137 AktG gilt dann allerdings nicht – oder ad hoc in der Hauptversammlung[864]. Mithin unterscheidet sich das Verfahren der Wahl des Abschlussprüfers nicht von dem der Wahl des Aufsichtsrats.

Die Voraussetzungen des passiven Wahlrechts des Abschlussprüfers sind in §§ 319, 319a HGB normiert: Danach können Abschlussprüfer einer Aktiengesellschaften nur Wirtschaftsprüfer und Wirtschaftsprüfungsgesellschaften im Sinne des § 1 WPO sein, die die nötige Unabhängigkeit und Unbefangenheit aufweisen, um ihrer Pflicht zur unparteiischen Prüfung (vgl. § 323 Abs. 1 S. 1 HGB) nachzukommen.

863 Die Einrichtung eines Prüfungsausschusses ist nur dann verpflichtend, wenn eine kapitalmarktorientierte Gesellschaft keinen Aufsichts- oder Verwaltungsrat hat, der die Voraussetzungen des § 100 Abs. 5 AktG erfüllt, vgl. § 324 Abs. 1 HGB.

864 *Leuering*, in: Semler/Volhard/Reichert, Hdb. HV, § 18 Rn. 12.

II. Anfechtbarkeit der Abschlussprüferwahl im Allgemeinen

Auch auf die Wahl des Abschlussprüfers finden die §§ 241 ff. AktG Anwendung, sodass der Wahlbeschluss wegen Vorliegens eines Inhaltsfehlers oder aber wegen Verfahrensfehlerhaftigkeit angefochten werden kann. Sonderregelungen, wie etwa in § 251 AktG zur Nichtigkeit der Aufsichtsratswahl, existieren nicht. Zu beachten ist lediglich der in § 243 Abs. 3 Nr. 3 AktG normierte Anfechtungsausschluss, wonach eine Anfechtungsklage nicht auf solche Gründe gestützt werden kann, die ein gerichtliches Ersetzungsverfahren nach § 318 Abs. 3 HGB rechtfertigen. Damit ist die gerichtliche Geltendmachung angeblicher Verstöße gegen die Befangenheitsvorschriften der §§ 319 Abs. 2 bis 4, 319a, 319b HGB im Wege der Anfechtungsklage ausgeschlossen[865].

III. Übertragbarkeit der bisherigen Rechtsprechung und Literaturmeinungen zur Anfechtbarkeit der Aufsichtsratswahl wegen Verstoßes gegen § 161 AktG auf die Wahl des Abschlussprüfers

Aufgrund des gleichen Ablaufs des Wahlverfahrens lassen sich die bisherigen Ergebnisse zur Anfechtbarkeit der Aufsichtsratswahl wegen Verletzung von § 161 AktG auf die Wahl des Abschlussprüfers übertragen. Unter Zugrundelegung der Rechtsprechung des OLG München und des LG Hannover ist daher grundsätzlich von Folgendem auszugehen: Setzt sich der Aufsichtsrat mit seinem Vorschlag zur Wahl des Abschlussprüfers zugleich in Widerspruch zu der bisherigen Entsprechenserklärung und korrigiert diese nicht umgehend, so ist der der Wahlempfehlung zugrunde liegende Gremiumsbeschluss inhaltlich fehlerhaft und damit nichtig. Mangels Vorliegens eines wirksamen Beschlussvorschlages i. S. d. § 124 Abs. 3 S. 1 AktG ist der

865 Gleiches gilt für die Nichtigkeitsklage, auch wenn § 249 AktG nicht auf § 243 Abs. 3 Nr. 3 AktG verweist. Insofern muss von einem gesetzgeberischen Versehen ausgegangen werden, da § 249 Abs. 1 S. 1 AktG in der Fassung des Art. 4 Nr. 8 des Gesetzes zur Einführung internationaler Rechnungslegungsstandards und zur Sicherung der Qualität der Abschlussprüfung (Bilanzrechtsreformgesetz – BilReG) vom 04.12.2004 (BGBl. I, S. 3166) noch ausdrücklich auf die damalige Nr. 2 des § 243 Abs. 3 AktG (geändert durch Art. 1 Nr. 27 ARUG) verwies. Bei der Neufassung des § 249 Abs. 1 AktG durch Art. 1 Nr. 25 UMAG wurde die vorherige Änderung offensichtlich übersehen, jedenfalls geht aus der Gesetzesbegründung nicht hervor, dass der Gesetzgeber von seinem Wunsch abgerückt wäre, sowohl Anfechtungs- als auch Nichtigkeitsklagen gegen den Wahlbeschluss der Hauptversammlung, die auf die vermeintliche Befangenheit des gewählten Prüfers gestützt werden, auszuschließen (vgl. Begr. RegE BilReG, BT-Drs. 15/3419, S. 54 f.); vgl. auch *Hüffer*, AktG (10. Aufl.), § 249 Rn. 1. AA *Heidel*, in: Heidel, AktG, § 249 Rn. 3a.

Gegenstand des Tagesordnung „Wahl des Abschlussprüfers" nicht ordnungsgemäß bekannt gemacht. Mithin hat nach § 124 Abs. 4 S. 1 AktG eine Beschlussfassung der Hauptversammlung zu unterbleiben. Treffen die Aktionäre dennoch eine Wahlentscheidung, so ist dieser Beschluss wegen Verfahrensfehlerhaftigkeit anfechtbar.

Wer die von der Rechtsprechung gewählte dogmatische Begründung der Anfechtbarkeit von Aufsichtsratswahlbeschlüssen wegen Verletzung von § 161 AktG ablehnt, da der dem Wahlvorschlag zugrunde liegende Aufsichtsratsbeschluss und die Einhaltung der bisherigen Entsprechenserklärung in rechtlicher Hinsicht streng voneinander zu trennen seien, muss dies aufgrund des gleich gestalteten Wahlverfahrens konsequenterweise auch in Bezug auf die Beschlüsse der Hauptversammlung über die Wahl des Abschlussprüfers tun[866]. Diejenigen Literaturvertreter, die meinen, die Anfechtung der Aufsichtsratswahl scheitere auch noch aus anderen Gründen, etwa weil auf Seiten der Aktionäre kein relevantes Informationsdefizit vorliege[867], haben auch die Frage der Anfechtbarkeit der Abschlussprüferwahl wegen Verstoßes gegen § 161 AktG abschlägig zu beantworten.

IV. Übertragung der eigenen Ergebnisse zur Frage der Anfechtbarkeit der Aufsichtsratswahl wegen unrichtiger Entsprechenserklärung

Da sich das Verfahren der Abschlussprüferwahl nicht vom demjenigen der Aufsichtsratswahl unterscheidet, können auch die eigenen Ergebnisse aus dem vorhergehenden Kapitel übertragen werden.

1. Keine inhaltliche Fehlerhaftigkeit des Wahlbeschlusses

Ebenso wenig wie ein Verstoß gegen § 161 AktG zur inhaltlichen Fehlerhaftigkeit des Beschlusses der Hauptversammlung über die Wahl des Aufsichtsrats führt, begründet er eine inhaltliche Gesetzeswidrigkeit der Bestellung des Abschlussprüfers durch die Aktionäre[868]. Deren Beschluss steht nur dann inhaltlich nicht mit dem Gesetz in Einklang, wenn ein Abschlussprüfer gewählt wird, der nicht die Voraussetzungen des passiven Wahlrechts erfüllt, mithin mit seiner Wahl gegen die §§ 319 ff. HGB verstoßen wird. Allerdings wirkt sich auch nur ein Verstoß gegen § 319 Abs. 1 HGB auf den Bestand des Hauptversammlungsbeschlusses aus, vgl. § 243 Abs. 3 Nr. 3 AktG i. V. m. § 318 Abs. 3 HGB; der entsprechende Wahlbeschluss ist dann gemäß § 241 Nr. 3 AktG nichtig[869]. Bei sämtlichen anderen Gesetzesverstößen ist das gerichtliche Ersetzungsverfahren nach § 318 Abs. 3 HGB hingegen vorrangig.

---

866 Vgl. *Bröcker*, Der Konzern 2011, S. 313 (316); *Goslar/von der Linden*, DB 2009, S. 1691 (1696); *Rieder*, GWR 2009, S. 25 (28). AA *Habersack*, in: FS Goette, S. 121 (123).

867 Siehe oben unter D. III. 2. b) bb).

868 So auch *Kleefass*, Entsprechenserklärung, S. 262; *Woitzyk*, Anfechtung, S. 187.

869 *Ebke*, in: MünchKommHGB, § 319 Rn. 16.

Zudem enthält der DCGK in Abschnitt 7.2 ohnehin keinerlei Empfehlungen bzgl. der Wählbarkeit von Abschlussprüfern[870], sondern empfiehlt dem Aufsichtsrat lediglich die Einholung einer Unabhängigkeitserklärung des Abschlussprüfers und den Abschluss bestimmter Vereinbarungen mit selbigem.

2. Kein Vorliegen eines Verfahrensfehlers des Wahlbeschlusses

Auch ein die Anfechtbarkeit des Wahlbeschlusses der Hauptversammlung begründender Verfahrensfehler liegt im Falle einer unrichtigen Entsprechenserklärung nicht vor, weder in Gestalt eines Bekanntmachungsfehlers noch in der einer Informationspflichtverletzung[871].

a) Kein Bekanntmachungsfehler

Bei der Wahl des Abschlussprüfers gilt es, ebenso wie bei der Aufsichtsratswahl, zwischen dem Aufsichtsratsbeschluss, welcher dem Wahlvorschlag i. S. d. § 124 Abs. 3 AktG zugrunde liegt, und der in der Aufrechterhaltung einer materiell unzutreffenden Kodex-Erklärung liegenden Pflichtverletzung des Aufsichtsrats zu differenzieren. Anders als bei der Aufsichtsratswahl, bei der die Bejahung eines Bekanntmachungsfehlers nach hier vertretener Auffassung bereits deshalb ausscheidet, weil ein etwaiger Verstoß gegen § 161 AktG dem der Beschlussempfehlung zugrunde liegenden Aufsichtsratsbeschluss denklogisch nachgelagert ist, betreffen die Empfehlungen des siebten Abschnitts des DCGK bzgl. Wahl und Arbeitsweise des Abschlussprüfers teilweise ausdrücklich den Zeitraum vor der Beschlussfassung des Aufsichtsrats (vgl. Ziffer 7.2.1 DCGK). Dies hat zur Folge, dass die Nichtigkeit des Aufsichtsratsbeschlusses jedenfalls zum Teil nicht bereits unter Hinweis auf eine erst nach Beschlussfassung erforderliche Aktualisierung der Kodex-Erklärung verneint werden kann: Verzichtet der Aufsichtsrat beispielsweise vor Unterbreitung des Wahlvorschlages an die Hauptversammlung – und somit auch vor der eigenen Beschlussfassung über diesen Wahlvorschlag[872] – trotz anderslautender Entsprechenserklärung auf die

---

870 Ebenso *Kleefass*, Entsprechenserklärung, S. 262.

871 Die Anfechtbarkeit des Wahlbeschlusses wegen Verfahrensfehlerhaftigkeit ist dabei nicht etwa bereits wegen § 243 Abs. 3 Nr. 3 AktG ausgeschlossen. Diese Vorschrift greift lediglich bei solchen Inhaltsmängeln des Wahlbeschlusses, die dem Ersetzungsverfahren nach § 318 Abs. 3 HGB unterfallen; Verfahrensmängel können weiterhin im Wege der Anfechtungsklage geltend gemacht werden, *Englisch*, in: Hölters, AktG, § 243 Rn. 81. AA offenbar OLG München ZIP 2009, S. 1667 (1670): „strikter Vorrang des Verfahrens nach § 318 Abs. 3 HGB".

872 Vgl. *Marsch-Barner*, in: Wilsing, DCGK, Ziff. 7.2.1 Rn. 3 f.; *Ringleb*, in: Ringleb/Kremer/Lutter/v. Werder, DCGK, Rn. 1230. AA *Kleefass*, Entsprechenserklärung, S. 263. Dessen Auffassung, es reiche aus, wenn der Aufsichtsrat die Unabhängigkeitserklärung erst nach der eigenen Beschlussfassung, aber vor Unterbreitung der Wahlvorschlag einhole, überzeugt freilich nicht, lässt sie doch die Unabhängigkeitserklärung als bloße Förmelei erscheinen, wenn nicht der Aufsichtsrat den

von Ziffer 7.2.1 Abs. 1 DCGK empfohlene Einholung einer Erklärung über die geschäftlichen, finanziellen, persönlichen oder sonstigen Beziehungen des in Betracht kommenden Prüfers zu der Gesellschaft, so wird die umgehende Aktualisierung der bisherigen Entsprechenserklärung nicht erst durch den Wahlvorschlag selbst erforderlich. Unterbleibt die gebotene Korrektur der Erklärung tatsächlich, so ist der in diesem Unterlassen der Korrektur liegende Verstoß gegen § 161 AktG dem Beschluss, der dem Wahlvorschlag an die Hauptversammlung zugrunde liegt, also vorgelagert[873]. Obgleich die – im Rahmen der Anfechtung der Aufsichtsratswahl wegen Verletzung von § 161 AktG noch zentrale – zeitliche Problematik damit vorliegend jedenfalls partiell nicht besteht, scheidet die Anfechtbarkeit der Abschlussprüferwahl dennoch aus, da § 161 AktG in keinerlei inhaltlichem Zusammenhang mit der Beschlussfassung über die Unterbreitung einer Wahlempfehlung zur Wahl des Abschlussprüfers steht; die Befolgung der Pflicht zur Abgabe einer zutreffenden Kodex-Erklärung ist nicht etwa Tatbestandsvoraussetzung für einen rechtmäßigen Aufsichtsratsbeschluss[874]. Daher kann, trotz des abweichenden Zeitpunkts des Verstoßes gegen § 161 AktG, auch bei der Aufsichtsratswahl die Nichtigkeit des Beschlussvorschlages nicht auf diese Gesetzesverletzung gestützt werden.

Hinsichtlich der weiteren Gründe, die sich für die Rechtswidrigkeit des Aufsichtsratsbeschlusses über die Empfehlung zur Wahl des Abschlussprüfers anführen ließen (Perplexität, widersprüchliches Verhalten, Ermessensreduzierung, Verfahrensfehlerhaftigkeit etc.) kann auf das bereits Gesagte verwiesen werden[875]. Zudem gelten auch bei der Wahl des Abschlussprüfers die bisherigen Ausführungen zur lediglich beschränkten Reichweite des § 124 Abs. 4 S. 1 AktG, der einen unwirksamen Beschlussvorschlag nach § 124 Abs. 3 AktG nicht erfasst[876], sodass nach der hier vertretenen Auffassung jedenfalls aus diesem Grund ein Verfahrensfehler des Wahlbeschlusses der Hauptversammlung in Form eines Bekanntmachungsfehlers ausscheidet.

b) Keine (relevante) Informationspflichtverletzung

Eine Informationspflichtverletzung, auf welche sich die Anfechtung des Beschlusses der Hauptversammlung über die Wahl des Abschlussprüfers stützen ließe, liegt

---

Erklärungsinhalt auch in seine Entscheidung für oder wider einen bestimmten Abschlussprüfer einfließen lassen muss.

873 So auch *von der Linden*, in: Wilsing, DCGK, § 161 AktG Rn. 63; *Goslar/von der Linden*, DB 2009, S. 1691 (1696); *Woitzyk*, Anfechtung, S. 188. AA *Kleefass*, Entsprechenserklärung, S. 263. Zu der Eignung der einzelnen Empfehlungen des Abschnitts 7.2 des DCGK, über § 161 AktG die Anfechtbarkeit der Abschlussprüferwahl zu begründen, ausführlich unter E. V.

874 *Goslar/von der Linden*, DB 2009, S. 1691 (1696); *Woitzyk*, Anfechtung, S. 188; vgl. auch *Kleefass*, Entsprechenserklärung, S. 263.

875 Siehe oben unter D. III. 3. b) aa) (1).

876 Siehe oben unter D. III 3. b) aa) (2) (b).

ebenfalls nicht vor[877]. Auch hier kommt es darauf an, ob ein objektiv urteilender Aktionär eine sachgerechte Entscheidung über den ihm unterbreiteten Wahlvorschlag in dem Bewusstsein, nicht zutreffend über die tatsächliche Befolgung der Kodex-Empfehlungen informiert zu sein, nicht für möglich halten würde. Dieser Zusammenhang ist richtigerweise zu verneinen. Für die Frage, ob es sich bei dem vom Aufsichtsrat vorgesehenen Abschlussprüfer um einen geeigneten Kandidaten handelt, der dementsprechend die Zustimmung der Aktionäre verdient, kommt es nicht auf eine ordnungsgemäße Verlautbarung der Befolgung der Kodex-Empfehlungen an; eine solche bringt den Aktionären keinerlei Erkenntnisgewinn. Sie sind bereits anhand des Wahlvorschlags des Aufsichtsrats ausreichend informiert. Keinesfalls darf – dies soll an dieser Stelle nochmals ausdrücklich klargestellt werden – in diesem Zusammenhang darauf abgestellt werden, ob die Aktionäre zutreffend über die Objektivität des Abschlussprüfers informiert sind. Denn insoweit beinhaltet die unrichtige Entsprechenserklärung keinerlei Information: Die von Ziffer 7.2.1 DCGK geforderte Unabhängigkeitserklärung wird den Aktionären nicht etwa als Teil der Kodex-Erklärung zugänglich gemacht. Auch liegt die Entscheidung, inwiefern der vorgesehene Abschlussprüfer tatsächlich die gebotene Unabhängigkeit aufweist, ausschließlich im Ermessen des Aufsichtsrats; eine Bindungswirkung entfaltet die vom Prüfer ggf. abgegebene Erklärung nicht[878].

3. Ergebnis

Sofern die Rechtsprechung unter Zugrundelegung der bisherigen instanzgerichtlichen Argumentation zur Anfechtbarkeit einer Aufsichtsratswahl wegen Verstoßes gegen § 161 AktG auch die Wahl des Abschlussprüfers für anfechtbar erklären würde, so wären auch diese Entscheidungen nicht überzeugend. Denn auch der Beschluss über die Wahl des Abschlussprüfers ist bei Vorliegen einer unrichtigen Entsprechenserklärung nicht rechtswidrig; es liegen weder ein Inhalts- noch ein Verfahrensfehler vor. Die Fehlerhaftigkeit der Entsprechenserklärung hat keine Auswirkungen auf die Rechtmäßigkeit des dem Wahlvorschlag des Aufsichtsrats an die Hauptversammlung zugrunde liegenden Beschlusses. Selbst wenn dem so wäre, läge auch kein zur Anfechtbarkeit führender Bekanntmachungsfehler vor, da nach hier vertretener Auffassung ein unwirksamer Beschlussvorschlag nach § 124 Abs. 3 AktG nicht das „Beschlussverbot“ des § 124 Abs. 4 S. 1 AktG auslöst. Auch das Vorliegen einer Informationsverletzung, welche das Beschlussverfahren in der Hauptversammlung fehlerhaft machen würde, wäre richtigerweise zu verneinen.

877 AA *Kleefass*, Entsprechenserklärung, S. 263; *Woitzyk*, Anfechtung, S. 187.
878 Vgl. *Velte*, AG 2009, S. 102 (105).

V. Analyse der einzelnen Kodex-Empfehlungen hin auf ihre praktische Eignung, die Anfechtbarkeit des Wahlbeschlusses wegen Verstoßes gegen § 161 AktG zu begründen

Auch die Kodex-Empfehlungen betreffend die Auswahl und die Arbeit des Abschlussprüfers bedürfen einer Analyse hinsichtlich ihrer praktischen Eignung, über § 161 AktG die Anfechtbarkeit der Abschlussprüferwahl auszulösen. Maßstab sind auch hier ausschließlich die vom OLG München entwickelten und vom LG Hannover übernommenen Grundsätze zum Vorliegen eines Bekanntmachungsfehlers des Wahlbeschlusses, wenngleich sie auch vorliegend aus verschiedenen Gründen abgelehnt werden.

1. Unabhängigkeitserklärung

Die nach Ziffer 7.2.1 Abs. 1 DCGK empfohlene Einholung der Unabhängigkeitserklärung betrifft, wie bereits erwähnt, ausdrücklich den Zeitraum vor der internen Festlegung des Aufsichtsrats auf einen Kandidaten für das Abschlussprüferamt und dementsprechender Unterbreitung eines Wahlvorschlags an die Hauptversammlung. Unterlässt der Aufsichtsrat also die Einholung der Erklärung über bestehende geschäftliche, finanzielle, persönliche oder sonstige Beziehungen der Prüfers, seiner Organe und seinen Prüfungsleitern zum zu prüfenden Unternehmen und seinen Organmitgliedern, die Zweifel an der Unabhängigkeit der Prüfung begründen können – obgleich die Befolgung von Ziffer 7.2.1 Abs. 1 DCGK erklärt wurde –, so ist diese Erklärung umgehend zu korrigieren. Unterbleibt sie, so geht der darin liegende Verstoß gegen § 161 AktG der Beschlussfassung des Aufsichtsrats vor, weshalb der dennoch gefasste Gremiumsbeschluss wegen Verletzung zwingenden Rechts nichtig ist. Mithin kommt Ziffer 7.2.1 Abs. 1 DCGK über § 161 AktG Anfechtungsrelevanz zu[879].

Gleiches gilt für die Empfehlung in Ziffer 7.2.1 Abs. 2 DCGK, der zufolge der Aufsichtsrat mit dem Abschlussprüfer eine Informationsvereinbarung dergestalt abschließen soll, dass der Aufsichtsrats- bzw. Prüfungsausschussvorsitzende über während der Prüfung auftretende mögliche Ausschluss- oder Befangenheitsgründe unverzüglich unterrichtet wird, soweit diese nicht unverzüglich beseitigt werden. Diese Vereinbarung ist ebenfalls bereits mit dem nur vom Aufsichtsrat vorgesehenen Abschlussprüfer zu schließen[880], sodass ein nicht erklärtes Abweichen von Ziffer

879 So auch *Kirschbaum*, in: Heidel, § 161 AktG Rn. 76a; i. E. ebenfalls *Woitzyk*, Anfechtung, S. 190, allerdings einschränkend infolge des Abstellens auf eine Informationspflichtverletzung; vgl. auch *Waclawik*, ZIP 2011, S. 885 (891). AA *Kleefass*, Entsprechenserklärung, S. 265.

880 *Kremer*, in: Ringleb/Kremer/Lutter/v. Werder, DCGK, Rn. 1236; *Marsch-Barner*, in: Wilsing, DCGK, Ziff. 7.2.1 Rn. 13. AA *Habersack*, in: MünchKommAktG, § 111 Rn. 84: Vereinbarung mit dem gewählten Abschlussprüfer.

7.2.1 Abs. 2 DCGK dem der Wahlempfehlung an die Hauptversammlung zugrunde liegenden Aufsichtsratsbeschluss ebenfalls zeitlich vorgelagert ist.

2. Offenlegungsvereinbarung

Die von Kodex in Ziffer 7.2.3 Abs. 1 und 2 empfohlenen Offenlegungsvereinbarungen, welche die gesetzliche Redepflicht des Abschlussprüfers aus § 321 Abs. 1 S. 3 HGB erweitern, dienen der Verbesserung des „internen Frühwarnsystems"[881] der Gesellschaft. Sie greifen – im Gegensatz zur Unabhängigkeitserklärung – allerdings erst nach erfolgter Wahl und Erteilung des Prüfauftrags durch den Aufsichtsrat bzw. gleichzeitig mit dieser ein[882]. Mithin besteht wiederum das Problem, dass ein Verstoß gegen § 161 AktG wegen Nichtabschluss der Offenlegungsvereinbarungen und anschließendem Unterlassen der Aktualisierung der Entsprechenserklärung dem Aufsichtsratsbeschluss über den Vorschlag des Abschlussprüfers zeitlich nachgelagert ist. Bereits deshalb erweisen sich Ziffer 7.2.3 Abs. 1 und 2 DCGK nach hier vertretener Ansicht als nicht geeignet, über § 161 AktG die Anfechtbarkeit der Abschlussprüferwahl zu begründen[883].

Unter Zugrundelegung der vom OLG München entwickelten und vom LG Hannover bestätigten Grundsätze zur Anfechtbarkeit von Aufsichtsratswahlen führt eine in diesen Punkten unrichtige Kodex-Erklärung jedoch zur Nichtigkeit des Aufsichtsratsbeschlusses über die Unterbreitung des Wahlvorschlags und damit zum Vorliegen eines Verfahrensfehlers des Wahlbeschlusses in Gestalt eines Bekanntmachungsfehlers. Denn für die Frage, ob der dem Wahlvorschlag an die Hauptversammlung zugrunde liegende Aufsichtsratsbeschluss inhaltlich fehlerhaft und damit nichtig ist, kommt es nach der bisherigen instanzgerichtliche Rechtsprechung allein darauf an, <u>ob</u> ein inhaltlicher Widerspruch zwischen dem Beschluss des Aufsichtsrats und einer verlautbarten Befolgungsabsicht besteht. Der Zeitpunkt seines Entstehens ist demgegenüber irrelevant, sodass die Instanzgerichte auch dann Aufsichtsratsbeschlüsse wegen Verletzung des § 161 AktG für nichtig erklärt haben, wenn die Abkehr von der bisherigen Befolgungsabsicht erst nach der Beschlussfassung im Aufsichtsrat stattfand und nicht umgehend bekannt gemacht wurde.

881 *Schmidt/Poullie*, in: Beck'scher Bilanz-Kommentar, § 321 HGB Rn. 20.
882 Vgl. *Kremer*, in: Ringleb/Kremer/Lutter/v. Werder, DCGK, Rn. 1241 ff.
883 I. E. auch *Woitzyk*, Anfechtung, S. 191.

F. Auswirkungen einer unrichtigen Entsprechenserklärung auf sonstige Hauptversammlungsbeschlüsse

Ebenso wenig wie sich die Gerichte bislang mit den Auswirkungen einer unrichtigen Entsprechenserklärung auf die Wahl des Abschlussprüfers beschäftigen mussten, wurden bislang ihre Konsequenzen für den Bestand sonstiger Hauptversammlungsbeschlüsse gerichtlich thematisiert. Auch im Schrifttum hat diese Frage bislang kaum Beachtung gefunden. Dieses Manko soll nachfolgend ausgeglichen werden.

I. Vergütung der Aufsichtsratsmitglieder, § 113 Abs. 1 S. 2 AktG

Sofern die Mitglieder des Aufsichtsrats[884] eine Vergütung für ihre Tätigkeit erhalten sollen – ein gesetzlicher Anspruch besteht insoweit nicht[885] –, ist in jedem Fall ein Beschluss der Hauptversammlung erforderlich: Entweder setzen die Anteilseigner der Gesellschaft die Vergütung in der Satzung fest (§ 113 Abs. 1 S. 2, 1. Alt. AktG), wobei die entsprechende Satzungsbestimmung die Vergütung zumindest in der Gesamtsumme betragsmäßig beziffern muss[886], oder aber sie bewilligen eine solche Vergütung durch konkreten Beschluss (§ 113 Abs. 1 S. 2, 2. Alt. AktG)[887]. Der Umstand, dass jedwede Aufsichtsratsvergütung auf einem Beschluss der Hauptversammlung beruht, eröffnet zugleich die Möglichkeit, diesen Beschluss bei Vorliegen der entsprechenden Voraussetzungen anzufechten[888]; es gelten insoweit die allgemeinen beschlussmängelrechtlichen Regelungen. Auch das Verfahren der Beschlussfassung folgt den allgemeinen Regeln: Vorstand und Aufsichtsrat haben der Hauptversammlung nach § 124 Abs. 3 S. 1 AktG einen Beschlussvorschlag zu unterbreiten, demzufolge die Vergütung in einem angemessenen Verhältnis zu den

---

884 Nach § 120 Abs. 4 AktG. i. d. F. des VorstKoG (siehe oben unter C. III. 6. C) bb)) hätte die Hauptversammlung künftig auch über die Vergütung der Vorstandsmitglieder verbindlich entscheiden sollen. § 161 AktG i. V. m. den Ziffern 4.2.2 und 4.2.3 DCGK wäre in diesem Zusammenhang allerdings keine Bedeutung zugekommen, da der Anfechtungsausschluss des § 120 Abs. 4 S. 3 AktG hätte weiterhin gelten sollen, vgl. Bericht und Beschlussempfehlung des Rechtsausschusses zum VorstKoG, BT-Drs. 17/14214, S. 7.

885 *Maser/Göttle*, NZG 2013, S. 201.

886 *Hüffer*, AktG, § 113 Rn. 3.

887 Zur Vergütung der Aufsichtsratsmitglieder, insbesondere zu den Vergütungsarten, ausführlich *Maser/Göttle*, NZG 2013, S. 201 ff.

888 *Semler/Wagner*, in: Semler/v. Schenck, Arbeitshdb. Aufsichtsratsmitglieder, § 10 Rn. 11.

Aufgaben der Aufsichtsratsmitglieder steht und die Lage der Gesellschaft widerspiegelt, vgl. § 113 Abs. 1 S. 3 AktG. Die Aktionäre sind an diesen Vorschlag wiederum nicht gebunden. Angesichts dieses – inzwischen bekannten – Verfahrensablaufs stellt sich die Frage, inwieweit sich die bislang von den Instanzgerichten entwickelten Grundsätze zur Anfechtbarkeit von Aufsichtsratswahlbeschlüssen infolge unrichtiger Entsprechenserklärung auf den Beschluss der Hauptversammlung über die Vergütung des Aufsichtsrats übertragen lassen. Eine inhaltliche Fehlerhaftigkeit des Hauptversammlungsbeschlusses selbst scheidet hingegen unzweifelhaft aus, da auch über die Erklärung gem. § 161 AktG die Kodex-Empfehlungen in Ziffer 5.4.6 Abs. 1 und 2 DCGK – denen zufolge bei der Festlegung der Vergütungshöhe herausgehobene Positionen im Aufsichtsrat besonders berücksichtigt werden sollen und im Falle der Zusage einer erfolgsorientierten Vergütung diese auf eine nachhaltige Unternehmensentwicklung ausgerichtet sein soll – nicht zu Rechtmäßigkeitsvoraussetzungen des Hauptversammlungsbeschlusses werden, zumal sich diese Empfehlungen ohnehin an die Aktionäre selbst richten und die Verwaltung daher über ihren Beschlussvorschlag gem. § 124 Abs. 3 S. 1 AktG auf die Umsetzung der Empfehlung hinwirken, nicht aber eine bindende Entscheidung diesbezüglich treffen kann[889].

Unterbreiten Vorstand und Aufsichtsrat einen Beschlussvorschlag, mit dem sie nicht auf die Umsetzung der von ihnen für befolgt erklärten Empfehlungen in Ziffer 5.4.6 Abs. 1 und 2 DCGK hinwirken, so sind die diesem Wahlvorschlag zugrunde liegenden Beschlüsse auf Grundlage der Rechtsprechung des OLG München und des LG Hannover nichtig und der von der Hauptversammlung gefasste Vergütungsbeschluss ist damit wegen Vorliegens eines Verfahrensfehlers in Gestalt eines Bekanntmachungsmangels anfechtbar. Sämtliche anderen Kodex-Empfehlungen, die Bezüge zur Vergütung des Aufsichtsrats aufweisen – namentlich Ziffer 5.4.6 Abs. 3 DCGK oder aber auch 5.4.7 DCGK[890] – sind demgegenüber nicht geeignet, über § 161 AktG die Anfechtbarkeit des Vergütungsbeschlusses gem. § 113 AktG anhand der von der instanzgerichtlichen Rechtsprechung entwickelten Grundsätze zu begründen, da es an der Möglichkeit zur inhaltlichen Divergenz zwischen für befolgt erklärter Empfehlung und dem der Beschlussempfehlung an das Aktionariat zugrunde liegenden Beschlusses fehlt: Ziffer 5.4.6 Abs. 3 DCGK empfiehlt, die Vergütung der Aufsichtsratsmitglieder im Anhang oder im Lagebericht individualisiert, nach Bestandteilen gegliedert, auszuweisen, ebenso wie die vom Unternehmen an die Mitglieder des Aufsichtsrats gezahlten Vergütungen oder gewährten Vorteile für persönlich erbrachte Leistungen, insbesondere Beratungs- und Vermittlungsleistungen. Diese Empfehlungen weisen keinerlei Bezug zur Beschlussfassung im Aufsichtsrat über die

889 Siehe oben unter A. II. 6. b).

890 Wie *Woitzyk*, Anfechtung, S. 197, zutreffend anmerkt, hängt die Antwort auf die Frage, ob die vorgeschlagene Vergütungshöhe angemessen ist, sicherlich auch mit davon ab, wie engagiert die Aufsichtsratsmitglieder in der Vergangenheit ihren Verpflichtungen nachgekommen sind.

der Hauptversammlung zu unterbreitende Beschlussempfehlung auf. Eine insoweit unrichtige Entsprechenserklärung vermag demzufolge auch keine Widersprüchlichkeit zum Aufsichtsratsbeschluss zu begründen. Gleiches gilt für Ziffer 5.4.7 DCGK, der zufolge (erst) im Bericht des Aufsichtsrats vermerkt werden soll, wenn ein Aufsichtsratsmitglied in einem Geschäftsjahr nur an der Hälfte der Sitzungen des Aufsichtsrats und der Ausschüsse, denen es angehört, oder weniger teilgenommen hat.

Die Empfehlungen betreffend die Offenlegung der Vergütung der Aufsichtsratsmitglieder in Ziffer 5.4.6 Abs. 3 DCGK können allenfalls durch die Bejahung eines aus Sicht eines objektiv urteilenden Aktionärs relevanten Informationsdefizits Auswirkungen auf den Bestand des Beschlusses über die Vergütung des Aufsichtsrats erlangen[891]; gleiches gilt für eine nicht (nachträglich) erklärte Abweichung von Ziffer 5.4.7 DCGK[892]. Nach hier vertretener Auffassung ist allerdings davon auszugehen, dass eine Fehlinformation über den tatsächlichen Stand der Umsetzung der Kodex-Empfehlungen – nicht entscheidend ist eine unrichtige bzw. unterlassene Information über vom Kodex als veröffentlichungswürdig erachtete Umstände[893] – keine Relevanz i. S. d. § 243 Abs. 4 AktG aufweist.

II. Gewinnverwendungsbeschluss, §§ 119 Abs. 1 Nr. 2, 174 AktG

Wird die Wahl des Abschlussprüfers auf Grundlage der bisherigen instanzgerichtlichen Rechtsprechung zur Anfechtbarkeit von Aufsichtsratswahlen wegen Verstoßes gegen § 161 AktG mit Erfolg angefochten, so ist – so viel kann an dieser Stelle vorweg genommen werden[894] – der zwischenzeitlich geprüfte Jahresabschluss gem. § 256 Abs. 1 Nr. 3 AktG nichtig; gleiches gilt für den auf seiner Grundlage von der Hauptversammlung nach § 119 Abs. 1 Nr. 2, 174 AktG gefassten Gewinnverwendungsbeschluss, vgl. § 253 Abs. 1 S. 1 AktG. Sofern jedoch der Gewinnverwendungsbeschluss nicht bereits infolge einer erfolgreichen Anfechtung der Abschlussprüferwahl nichtig ist, stellt sich die Frage, ob er nicht auch selbst wegen Verstoßes gegen § 161 AktG anfechtbar sein kann. Die Anfechtbarkeit des Beschlusses der Hauptversammlung über die Verwendung des Bilanzgewinns nach §§ 119 Abs. 1 Nr. 2, 174 AktG richtet sich dabei zuvörderst nach der allgemeinen beschlussmängelrechtlichen Regelung des § 243 AktG. Daneben normiert § 254 Abs. 1 AktG einen besonderen Anfechtungsgrund bei übermäßiger Thesaurierung, welcher allerdings nur bei Erreichen des Quorums gem. § 254 Abs. 2 S. 3 AktG geltend gemacht werden kann.

Eine zur Anfechtbarkeit führende inhaltliche Fehlerhaftigkeit des Hauptversammlungsbeschlusses wegen Verstoßes gegen § 161 AktG scheidet freilich bereits deshalb

891 So *Woitzyk*, Anfechtung, S. 198.
892 Ebenfalls *Woitzyk*, Anfechtung, S. 197.
893 Siehe oben unter C. III. 5. b) aa) (2) (e).
894 Zu den Folgen einer erfolgreich angefochtenen Abschlussprüferwahl ausführlich unter G. III. 3.

aus, da der Kodex keinerlei Empfehlungen bzgl. der Verwendung des Bilanzgewinns enthält, die über § 161 AktG zum inhaltlichen Maßstab für die Rechtmäßigkeit des Gewinnverwendungsbeschlusses werden können – unabhängig davon, dass § 161 AktG ohnehin kein geeignetes „Vehikel" hierfür darstellt[895]. Möglich erscheint allenfalls das Vorliegen eines Verfahrensfehlers in Gestalt eines Bekanntmachungsfehlers oder einer Informationspflichtverletzung. Die Verwaltung hat der Hauptversammlung auch im Falle des Gewinnverwendungsbeschlusses einen Beschlussvorschlag zu unterbreiten, § 124 Abs. 3 S. 1 AktG, und zwar mit dem in § 170 Abs. 2 AktG vorgesehen Inhalt. An diesen Vorschlag sind die Aktionäre jedoch wiederum nicht gebunden[896]. Die der – in der Regel gemeinsamen[897] – Beschlussempfehlung von Vorstand und Aufsichtsrat zugrunde liegenden Beschlüsse sind im Falle eines Verstoßes gegen § 161 AktG jedoch nicht nichtig. Voraussetzung für die – freilich ohnehin nicht überzeugende – These vom Vorliegen eines Bekanntmachungsfehlers ist zumindest eine inhaltliche Widersprüchlichkeit zwischen den einer Beschlussempfehlung an die Hauptversammlung zugrunde liegenden Beschlüssen der Verwaltung und der bisherigen Entsprechenserklärung. Im Falle des Gewinnverwendungsbeschlusses ist eine solche inhaltliche Divergenz mangels Kodex-Empfehlungen betreffend die Verwendung des Bilanzgewinns schlechterdings ausgeschlossen[898]. Zwar beinhaltet der Kodex in Abschnitt 7.1 insgesamt fünf Empfehlungen betreffend die Rechnungslegung; jedoch beziehen sich diese nicht unmittelbar auf die Verwendung des Bilanzgewinns. Da eine Unrichtigkeit der Kodex-Erklärung im Hinblick auf den Gewinnverwendungsbeschluss ausgeschlossen ist, lässt sich ein zu dessen Anfechtbarkeit führender Verfahrensfehler in Gestalt eines Bekanntmachungsmangels nicht begründen.

Auch ein für die Entscheidung über die Gewinnverwendung relevantes Informationsdefizit auf Seiten der Aktionäre liegt nicht vor. Ein objektiv urteilender Aktionär wird sich auch in dem Bewusstsein, unzutreffend über die tatsächliche Corporate Governance-Praxis der Gesellschaft informiert zu sein, zur sachgerechten Beschlussfassung über die Verwendung des Bilanzgewinns in der Lage sehen. Etwas anderes folgt auch nicht aus dem Umstand, dass über den „Umweg" über den Lagebericht, dessen Bestandteil u a. die Erklärung zur Unternehmensführung nach § 289a HGB ist, die wiederum die Kodex-Erklärung beinhaltet, die Erklärung gem. § 161 AktG zu denjenigen Unterlagen gehört, die den Aktionären zwecks (Vorab-) Information und Vorbereitung ihrer Beschlussfassung in der Hauptversammlung auszulegen und zugänglich zu machen sind, vgl. §§ 175 Abs. 2, 176 AktG. Eine Verletzung dieser Informationspflicht stellt zwar im Grundsatz einen zur Anfechtbarkeit des dennoch gefassten Hauptversammlungsbeschlusses führenden Gesetzesverstoß

895 Siehe oben unter D. III. 3. a).

896 *Hennrichs/Pöschke*, in: MünchKommAktG, § 174 Rn. 8.

897 *Hennrichs/Pöschke*, in: MünchKommAktG, § 170 Rn. 51.

898 AA *Woitzyk*, Anfechtung, S. 191 f.: inhaltlicher Zusammenhang zwischen den Ziffern 4.2.2 bis 4.2.5 DCGK und einem etwaigen Beschluss über die Bewilligung einer Sondertantieme aus dem Bilanzgewinn für Vorstandsmitglieder besondere Verdienste um das Unternehmen.

dar[899]. Allerdings fehlt auch diesem die nötige Relevanz i. S. d. § 243 Abs. 4 AktG, insbesondere da der Kodex keinerlei Empfehlungen bzgl. der Verwendung des Bilanzgewinns enthält[900].

III. Sonstige Beschlussgegenstände nach § 119 Abs. 1 AktG

Auch im Hinblick auf den überwiegenden Teil der sonstigen Beschlussgegenstände des Katalogs des § 119 Abs. 1 AktG, namentlich Maßnahmen der Kapitalbeschaffung und -herabsetzung, Bestellung von Sonderprüfern sowie Auflösung der Gesellschaft, kommt mangels korrespondierender Kodex-Empfehlungen eine Anfechtbarkeit des von der Hauptversammlung gefassten Beschlusses infolge unrichtiger Entsprechenserklärung nicht in Betracht[901]. Angesichts des Schweigens des DCGK zu diesen Punkten lassen sich weder ein Bekanntmachungsmangel des Beschlusses wegen Nichtigkeit der Beschlussempfehlung der Verwaltung infolge inhaltlicher Widersprüchlichkeit zu der bisherigen Kodex-Erklärung noch eine relevante Informationspflichtverletzung konstruieren. Einzig Satzungsänderungen können auf Grundlage der bisherigen Rechtsprechung zur Anfechtbarkeit von Wahlbeschlüssen wegen Verstoßes gegen § 161 AktG mit Erfolg angefochten werden, sofern es sich bei den streitgegenständlichen Satzungsregelungen um solche betreffend die Vergütung der Aufsichtsratsmitglieder handelt[902]; denn diesbezüglich beinhaltet der Kodex in Ziffer 5.4.6 tatsächlich Empfehlungen.

IV. Beschlüsse über Strukturänderungen außerhalb des Katalogs des § 119 Abs. 1 AktG

Maßnahmen außerhalb des Katalogs des § 119 Abs. 1, durch welche die Struktur der Gesellschaft eine Änderung erfährt – namentlich der Abschluss von Unternehmensverträgen gem. §§ 291 ff. AktG, die Eingliederung nach §§ 319 ff. AktG, der Squeeze-Out gem. §§ 327a ff. AktG sowie Maßnahmen nach dem UmwG – setzen ebenfalls einen entsprechenden Beschluss der Hauptversammlung voraus. Dieser unterliegt

899 *Hennrichs/Pöschke*, in: MünchKommAktG, § 175 Rn. 42. m. w. Nachw.

900 Verhaltend positiv hingegen *Woitzyk*, Anfechtung, S. 192.

901 Etwas anderes mag allenfalls dann gelten, wenn es sich um eine bedingte Kapitalerhöhung zum Zwecke der Gewährung von Bezugsrechten an Vorstandsmitglieder handelt (§ 192 Abs. 2 Nr. 3 AktG), und man wie *Woitzyk* Verstöße gegen § 161 AktG als Informationspflichtverletzungen einstuft; dann nämlich mögen Fehlinformationen über die Befolgung der Ziffern 4.2.2 bis 4.2.5 sowie 6.3 DCGK n. F. aus Sicht eines objektiv urteilenden Aktionärs in der Tat Auswirkungen auf die sachgerechte Wahrnehmung seiner Teilnahme- und Mitgliedschaftsrechte, vgl. *Woitzyk*, Anfechtung. S. 193 f.

902 Siehe oben unter F. I.

den allgemeinen beschlussmängelrechtlichen Regelungen, ist mithin wegen Gesetzes- oder Satzungsverletzung in Form eines Inhalts- oder eines Verfahrensfehlers anfechtbar. Insofern stellt sich auch hier die Frage nach den Auswirkungen eines Verstoßes gegen § 161 AktG.

Für sämtliche dieser Strukturänderungen, auch für diejenigen außerhalb des AktG, gelten zunächst die allgemeinen Vorschriften über die Beschlussfassung in der Hauptversammlung. Mithin haben Vorstand und Aufsichtsrat der Hauptversammlung in der Bekanntmachung der Tagesordnung einen Vorschlag zur Beschlussfassung zu unterbreiten, § 124 Abs. 3 S. 1 AktG. Sofern die Wirksamkeit eines vom Vorstand abgeschlossenen Vertrages der Zustimmung der Hauptversammlung bedarf[903], ist gemäß § 124 Abs. 2 S. 2 AktG zudem auch der wesentliche Inhalt des Vertrages bekannt zu machen. Darüber hinaus ist für die Beschlussfassung der Hauptversammlung über einen Unternehmensvertrag, die Eingliederung der Gesellschaft oder den Ausschluss von Minderheitsaktionären die Vorabinformation der Aktionäre durch Auslegung bestimmter Unterlagen gesetzlich angeordnet, vgl. §§ 293f, 319 Abs. 3, 327c Abs. 3 AktG.

Da ein Verstoß gegen § 161 AktG, ebenso wie bei der Wahl von Aufsichtsratsmitgliedern oder Abschlussprüfern, keine Auswirkungen auf die inhaltliche Rechtmäßigkeit von Strukturbeschlüssen hat, bleibt zu überlegen, ob sich das instanzgerichtliche Abstellen auf einen Bekanntmachungsmangel zur Begründung der Anfechtbarkeit von Aufsichtsratswahlen wegen unrichtiger Entsprechenserklärung auf die vorliegend zu untersuchenden Beschlüsse übertragen lässt. Zu bedenken ist allerdings, dass der DCGK auch in Bezug auf Veränderungen der Gesellschaftsstruktur schweigt. Die zur Begründung eines Bekanntmachungsmangels jedenfalls erforderliche inhaltliche Divergenz zwischen Verwaltungsbeschlüssen und bisheriger Entsprechenserklärung ist damit ausgeschlossen. Unabhängig von der Frage, ob eine inhaltlich zutreffende Kodex-Erklärung überhaupt Tatbestandsvoraussetzung für die der Beschlussempfehlung zugrunde liegenden Gremiumsbeschlüsse ist – was richtigerweise zu verneinen ist –, ist das Vorliegen eines Bekanntmachungsfehler daher bereits aus diesem Grund abzulehnen.

Auch eine Verletzung von Informationspflichten, die zur Anfechtbarkeit der in der Hauptversammlung gefassten Beschlüsse über Strukturmaßnahmen führen würde, liegt nicht vor. Zwar sind die Aktionäre im Falle einer unrichtigen Entsprechenserklärung nicht zutreffend über die tatsächliche Corporate Governance-Praxis ihrer Gesellschaft unterrichtet; diese Fehlinformation ist aus Sicht eines objektiv urteilenden Aktionärs für seine Entscheidung über die Strukturmaßnahmen allerdings nicht relevant. Daran vermag auch die Tatsache, dass zumindest bei Unternehmensverträgen, Eingliederung und Squeeze-Out die Entsprechenserklärung über die Erklärung zur Unternehmensführung zu denjenigen Unterlagen gehört, die den Aktionären zur Vorbereitung der Hauptversammlung zur Einsicht auszulegen sind

903 Unternehmensverträge, vgl. § 293 Abs. 1 AktG; umwandlungsrechtliche Verträge bzw. Pläne, vgl. § 13 Abs. 1 UmwG.

(vgl. nur § 293f Abs. 1 Nr. 2 AktG), nichts zu ändern. Obgleich ein Verstoß gegen diese Informationspflichten im Grundsatz einen zur Anfechtbarkeit des dennoch gefassten Hauptversammlungsbeschlusses führenden Gesetzesverstoß darstellt[904], fehlt auch diesem die nötige Relevanz i. S. d. § 243 Abs. 4 AktG, insbesondere da der Kodex keinerlei Empfehlungen in Bezug auf strukturelle Veränderungen in der Gesellschaft enthält. Somit lässt sich die Anfechtbarkeit von Hauptversammlungsbeschlüssen über Strukturmaßnahmen wegen Verstoßes gegen § 161 AktG weder unter Rückgriff auf die instanzgerichtliche Rechtsprechung zur Anfechtbarkeit des Aufsichtsratswahl noch wegen Vorliegens eines relevanten Informationsdefizits begründen.

V. Beschlüsse aufgrund ungeschriebener Gesetzgebungszuständigkeiten

Trotz des an sich eindeutigen Wortlauts des § 119 Abs. 1 AktG („in den ausdrücklich bestimmen Fällen") ist in der höchstrichterlichen Rechtsprechung anerkannt, dass es solche Geschäftsführungsmaßnahmen gibt, für die der Vorstand zwar rein formal allein zuständig ist, die jedoch von solcher Bedeutung für das Mitgliedschaftsrecht des Aktionärs und dessen im Anteilseigentum verkörpertes Vermögensinteresse sind, dass der Vorstand sie nicht ausschließlich in eigener Verantwortung durchführen kann, sondern stattdessen die Hauptversammlung hinzuziehen muss; in einem solchen Fall sei sein Vorlageermessen nach § 119 Abs. 2 AktG auf null reduziert[905]. Eine solche ungeschriebene Hauptversammlungszuständigkeit soll jedoch nur ausnahmsweise in Betracht kommen, wenn Geschäftsführungsmaßnahmen des Vorstands „an die Kernkompetenz der Hauptversammlung, über die Verfassung der Gesellschaft zu bestimmen, rühren und in ihren Auswirkungen einem Zustand nahezu entsprechen, der allein durch eine Satzungsänderung herbeigeführt werden kann."[906]. Sofern hiernach für eine Maßnahme, die an sich von der Geschäftsführungsbefugnis des Vorstands gedeckt ist, ausnahmsweise die Zustimmung der Hauptversammlung einzuholen ist, gelten die allgemeinen Regelungen zur Beschlussfassung in der Hauptversammlung (Beschlussvorschlag etc.)[907], allerdings mit der Besonderheit, dass der Hauptversammlungsbeschluss einer Mehrheit von drei Vierteln des Grundkapitals bedarf[908]. Auch im Hinblick auf Beschlussmängel

904 *Altmeppen*, in: MünchKommAktG, § 293f Rn. 11 m. w. Nachw.

905 Grundlegend BGHZ 83, S. 122 (131) („Holzmüller"). Die dogmatische Begründung über § 119 Abs. 2 AktG hat zur Folge, dass die Vorlagepflicht des Vorstandes lediglich im Innenverhältnis wirkt; ein Verstoß hat demzufolge keinerlei Auswirkungen auf die Wirksamkeit der vom Vorstand getroffenen Maßnahme.

906 BGHZ 159, S. 30 (44 f.) („Gelatine"). Obiges Ergebnis stützt der BGH allerdings nicht länger auf eine Reduzierung des von § 119 Abs. 2 AktG eingeräumten Vorlageermessens, sondern auf eine „offene Rechtsfortbildung".

907 *Kubis*, in: MünchKommAktG, § 119 Rn. 53.

908 BGHZ 159, S. 30 (45) („Gelatine").

gelten die allgemeinen aktienrechtlichen Regelungen, sodass der Zustimmungsbeschluss der Hauptversammlung wegen eines Verfahrensfehlers in Gestalt eines Bekanntmachungsfehlers anfechtbar sein kann[909].

Die Thematik ungeschriebener Hauptversammlungszuständigkeiten bedarf indes keiner vertieften Betrachtung[910]. Denn Voraussetzung für die Übertragung der bisherigen Rechtsprechung zur Anfechtbarkeit von Wahlbeschlüssen infolge unrichtiger Entsprechenserklärung ist zumindest das Bestehen der Möglichkeit einer inhaltlichen Divergenz zwischen dem Beschlussvorschlag der Verwaltung bzw. den diesem zugrunde liegenden Beschlüssen von Vorstand und Aufsichtsrat und der bisher verlautbarten Absicht zur Befolgung der Kodex-Empfehlungen. An Kodex-Empfehlungen im Zusammenhang mit grundlegenden Geschäftsführungsmaßnahmen mit „Mediatisierungs-"[911] bzw. „Wertverwässerungseffekt"[912], die infolgedessen einer Zustimmung der Aktionärsversammlung bedürfen, fehlt es jedoch. Bereits deshalb scheidet die Annahme eines Bekanntmachungsfehlers aus. Entsprechend den bisherigen Ausführungen lässt sich die Anfechtung der aufgrund ungeschriebener Hauptversammlungszuständigkeit gefassten Beschlüssen auch nicht auf eine Informationspflichtverletzung stützen; dieser fehlt jedenfalls die nach § 243 Abs. 4 AktG nötige Relevanz. Somit kommt eine Anfechtbarkeit von Beschlüssen aufgrund ungeschriebener Hauptversammlungszuständigkeit infolge unrichtiger Entsprechenserklärung nicht in Betracht.

VI. Ergebnis

Auf Grundlage der bisherigen instanzgerichtlichen Rechtsprechung zur Anfechtung von Wahlbeschlüssen lässt sich die Anfechtbarkeit sonstiger Hauptversammlungsbeschlüsse wegen nicht (nachträglich) offengelegter Abweichung von einer Kodex-Empfehlung nur in wenigen Fällen bejahen. Anders verhält es sich, ordnet man den darin liegenden Verstoß gegen § 161 AktG als Verfahrensfehler in Gestalt einer Informationspflichtverletzung ein. In diesem Fall sind die Anfechtungssituationen theoretisch mannigfaltig, wobei die jeweilige Relevanzprüfung häufig genug zu dem Ergebnis führen wird, dass eine zutreffende bzw. erfolgte Information über die vom Kodex als veröffentlichungswürdig eingestuften Umstände – auf die es nach hier vertretener Auffassung allerdings nicht ankommt – aus Sicht eines objektiv urteilenden Aktionärs keine Voraussetzung für die sachgerechte Wahrnehmung seiner Teilnahme- und Mitgliedschaftsrechte ist[913].

---

909 Vgl. *Kubis*, in: MünchKommAktG, § 119 Rn. 104.

910 Ausführlich hierzu, insbesondere zu den quantitativen Voraussetzungen einer Hauptversammlungszuständigkeit *Fleischer*, NJW 2004, S. 2335 ff.; *Götze*, NZG 2004, S. 585 ff.; *Liebscher*, ZGR 2005, S. 1 ff.

911 BGHZ 159, S. 30 (41).

912 *Fleischer*, NJW 2004, S. 2335 (2336).

913 Ausführlich zu den verschiedensten Anfechtungssituationen *Woitzyk*, Anfechtung, S. 198 ff.

G. Vereinbarkeit der Rechtsprechung zu § 161 AktG mit den bisherigen Bemühungen zur Eindämmung missbräuchlicher Anfechtungsklagen

Angesichts der bisherigen höchst- und instanzgerichtlichen Rechtsprechung zu Verstößen gegen § 161 AktG, die sich als äußerst günstig für „prozessfreudige Aktionäre“[914] erwiesen hat, überrascht es nicht, dass die regelmäßigen Überarbeitungen der DCGK-Empfehlungen im Schrifttum mittlerweile standardmäßig mit Blick auf das ihnen innewohnende Anfechtungspotential bewertet werden[915]. Dabei geraten jedoch nicht nur „gewöhnliche“ Anfechtungskläger ins Visier kritischer Schrifttumsvertreter; immer wieder wird auch auf angebliche Risiken hingewiesen, die betroffenen Gesellschaften von Seiten der mittlerweile leidlich bekannten Gruppe der Berufsopponenten drohen. Bereits kurz nach Veröffentlichung der entsprechenden Urteile wurden Befürchtungen geäußert, wonach diese Kläger vermeintliche Verstöße gegen die Pflicht zur Abgabe bzw. Aufrechterhaltung einer inhaltlich zutreffenden Entsprechenserklärung als neues lukratives Betätigungsfeld entdecken könnten[916]. Nachfolgend sollen daher zunächst die Problematik räuberischer Anfechtungsklagen, die bisherigen Bemühungen des Gesetzgebers und der Gerichte zur Eindämmung eben solcher sowie die Rechtsfolgen einer erfolgreichen Anfechtungsklage gegen die in die Kapitel C. bis F. behandelten Hauptversammlungsbeschlüsse dargestellt werden, um anschließend der Frage nachzugehen, inwiefern § 161 AktG tatsächlich als neue „Spielwiese“ für Berufskläger bezeichnet werden kann.

---

914 *Bachmann*, F.A.Z. Nr. 28 vom 03.02.2010, S. 19. Bemerkenswert ist auch der (wohl kaum wohlwollend zu verstehende) Hinweis *Goettes* – als damaliger Vorsitzender des II. Zivilsenats immerhin maßgeblich an den Entscheidungen „Kirch /. Deutsche Bank“ und „Umschreibungsstopp“ beteiligt –, demzufolge „die Anfechtungskläger das Instrument des § 161 AktG entdeckt haben und sich auszutesten schicken, wie weit die Fernwirkung des soft law des DCGK auf die Anfechtbarkeit von Hauptversammlungsbeschlüssen reicht.“, in: Gesellschaftsrecht in der Diskussion 2009, S. 1 (47).

915 Siehe nur *DAV-Handelsrechtsausschuss*, NZG 2012, S. 335 (336 f.); *Kocher/Lönner*, BB 2011, S. 907 (909); *Wilsing/von der Linden*, DStR 2012, S. 1391 (1392); vgl. auch *Paschos/Goslar*, NZG 2012, S. 1361 (1366).

916 *Hüffer*, in: Gesellschaftsrecht in der Diskussion 2010, S. 63 (80); *Kocher/Bedkowski*, BB 2009, S. 235; *Tröger*, ZHR 175 (2011), S. 746 (780 f.); vgl. auch *Leyens*, in: GroßkommAktG, § 161 Rn. 477; *Bachmann*, AG 2012, S. 565 (571); *Bayer*, NZG 2013, S. 1 (14); *Priester*, ZIP 2011, S. 2081 (2085); *Waclawik*, ZIP 2011, S. 885 (890).

I. Die Problematik räuberischer Anfechtungsklagen

Dem Recht des einzelnen Aktionärs auf Überprüfung der Rechtmäßigkeit von Hauptversammlungsbeschlüssen nach den §§ 241 ff. AktG kommt eine Doppelfunktion zu[917]: Zum einen hat der Aktionär – als Gegenstück zum Mehrheitsprinzip in der Hauptversammlung (§ 133 AktG) – die Möglichkeit zur Verteidigung eigener Rechte; insofern handelt es sich bei dem Anfechtungsrecht um ein Minderheitenrecht von herausragender Bedeutung. Zum anderen erhält der einzelne Aktionär die Möglichkeit, für Legalität innerhalb der Gesellschaft zu sorgen und handelt insoweit auch im fremden Interesse. Weder die Nichtigkeits- noch die Anfechtungsklage setzen voraus, dass der klagende Aktionär ein besonderes Feststellungs- bzw. Rechtsschutzinteresse nachweist; entscheidend ist allein, ob der angegriffene Hauptversammlungsbeschluss an einem Gesetzes- oder Satzungsverstoß leidet[918]. Die Voraussetzungen für die Befugnis zur Erhebung einer Anfechtungsklage sind in § 245 AktG abschließend geregelt. Danach muss der klagende Aktionär im Regelfall lediglich in der Hauptversammlung seinen Widerspruch gegen den gefassten Beschluss erklärt haben, und seine Aktien bereits vor Bekanntmachung der Tagesordnung der fraglichen Hauptversammlung erworben haben, § 245 Nr. 1 AktG – dies allerdings auch erst seit der Änderung des AktG durch das UMAG im Jahr 2005. Die Anfechtungsbefugnis ist damit denkbar weit gefasst.

Aus dem fehlenden Erfordernis einer individuellen Rechtsverletzung resultiert jedoch zugleich die Gefahr eines individuellen Missbrauchs des Anfechtungsrechts: Wer lediglich darlegen muss, dass ein von der Hauptversammlung gefasster Beschluss gesetzes- oder satzungswidrig ist, um die Gesellschaft damit unter Umständen vor rechtliche oder tatsächliche Probleme zu stellen – abhängig vom Gegenstand des angefochtenen Beschlusses –, wird die ihm eingeräumte Befugnis möglichweise nutzen, um – im wahrsten Sinne des Wortes – aus der prekären Lage der Gesellschaft Kapital zu schlagen. Der BGH geht von einer rechtsmissbräuchlichen Klageerhebung aus, „wenn der Kläger [die Klage] mit dem Ziel erhebt, die verklagte Gesellschaft in grob eigennütziger Weise zu einer Leistung zu veranlassen, auf die er keinen Anspruch hat und billigerweise auch nicht erheben kann. Der Anfechtungskläger wird sich dabei im Allgemeinen von der Vorstellung leiten lassen, die verklagte Gesellschaft werde die Leistung erbringen, weil sie hoffe, dass der Eintritt anfechtungsbedingter Nachteile und Schäden dadurch vermieden werden könne."[919]. Das Phänomen, dass einzelne, zumeist Klein(st)aktionäre Anfechtungsklage gegen für die Gesellschaft bedeutsame Hauptversammlungsbeschlüsse erheben oder auch nur androhen, um sich anschließend den „Lästigkeitswert" ihrer Klage von der Gesellschaft abkaufen zu lassen, ist unter der Bezeichnung der „räuberischen Anfechtungsklage" bzw. des „räuberischen Aktionärs" hinlänglich bekannt

917 *Habersack/Stilz*, ZGR 2010, S. 710 (712).
918 BGHZ 107, S. 296 (308) („Kochs Adler") m. w. Nachw.
919 BGHZ 107, S. 296 (311) („Kochs Adler").

geworden[920]. Das genaue Vorgehen dieser Art von Opponenten, insbesondere die „technischen" Finessen, soll im Folgenden außer Betracht bleiben[921]. Vielmehr sollen nachfolgend zunächst die bisherigen gesetzgeberischen und richterlichen Bemühungen zur Eindämmung der oben beschriebenen Problematik darstellt werden, um anschließend der Frage nachgehen zu können, inwiefern die bisherige Rechtsprechung zu den Auswirkungen eines Verstoßes gegen § 161 AktG auf den Bestand von Hauptversammlungsbeschlüssen damit vereinbar ist.

Der „Lästigkeitswert" einer angedrohten oder tatsächlich erhobenen Anfechtungsklage ist naturgemäß dort am größten, wo der angegriffene Hauptversammlungsbeschluss einer Registereintragung bedarf, um wirksam zu werden, und eine erhobene Anfechtungsklage eben dieser konstitutiven Eintragung im Wege steht, ihr folglich eine „Hebelwirkung"[922] zukommt. Die Nichtdurchführbarkeit des Hauptversammlungsbeschlusses kann dabei unter Umständen schwerwiegende wirtschaftliche Folgen für die betroffene Gesellschaft haben, insbesondere wenn es um sanierungsbedingte Kapitalmaßnahmen oder Strukturänderungen geht. Entsprechend viel wird einer Gesellschaft in einem solchen Fall daran gelegen sein, es durch finanzielle Zuwendungen an den Opponenten gar nicht erst zu einem Rechtsstreit kommen zu lassen oder aber einen Prozess möglichst schnell zu beenden. Das Vorliegen eines Eintragungshindernisses bei drohender oder bereits erhobener Anfechtungsklage wird zum Teil ausdrücklich angeordnet; in diesen Fällen liegt eine sog. gesetzliche Registersperre vor[923]. So ist für die Eintragung eines Eingliederungs-, eines Squeeze-Out- sowie eines Umwandlungsbeschlusses eine sog. Negativerklärung[924] der Vertretungsorgane erforderlich[925]. Kann die geforderte Erklärung, dass eine Klage gegen die Wirksamkeit des betreffenden Beschlusses nicht oder nicht fristgerecht erhoben worden ist oder eine solche Klage rechtskräftig abgewiesen oder zurückgenommen worden ist, nicht abgegeben werden, so darf der entsprechende Hauptversammlungsbeschluss grundsätzlich nicht eingetragen werden. In den Fällen, in denen eine Registersperre nicht ausdrücklich gesetzlich angeordnet ist, steht die Eintragung eines eintragungspflichtigen Hauptversammlungsbeschlusses (z. B. Satzungsänderung, § 181 Abs. 3 AktG) bei (drohender) Anhängigkeit eines Rechtsstreits über seine Wirksamkeit hingegen im Ermessen des Registergerichts, vgl. §§ 21, 381 FamFG. Das Registergericht wird jedoch in der Regel davon absehen, die erforderliche Eintragung vorzunehmen, bis nicht die Rechtmäßigkeit des

920 Der Begriff des „Räubers" wurde dabei erstmals von *Lutter* in die Diskussion eingeführt, siehe. ZHR 153 (1989), S. 446 (466).
921 Dazu ausführlich *Baums*, Gutachten, S. 152 ff.
922 *Baums*, Gutachten, S. 155.
923 Statt vieler *Hüffer*, AktG, § 319 Rn. 15.
924 Siehe nur *Hüffer*, AktG, § 319 Rn. 14.
925 Eingliederung: § 319 Abs. 5 AktG; Squeeze-Out: § 327e Abs. 2 i. V. m. § 319 Abs. 5 AktG; Umwandlungsmaßnahmen: § 16 Abs. 2 UmwG als Grundnorm.

angegriffenen Beschlusses gerichtlich geklärt ist. Damit kommt es zu einer sog. faktischen Registersperre[926].

Bei nicht eintragungspflichtigen Hauptversammlungsbeschlüssen besteht die Gefahr einer faktischen Registersperre logischerweise nicht; eine drohende oder bereits erhobene Anfechtungsklage vermag die Gesellschaft folglich nicht zu lähmen. Gleichwohl lässt dieser Umstand den „Lästigkeitswert" der Klage keineswegs entfallen. Die Bereitschaft der Gesellschaft, den Verzicht auf die Erhebung der Klage bzw. die Beendigung des bereits anhängigen Rechtsstreits finanziell zu „belohnen", hängt dabei entscheidend von den Rechtsfolgen einer erfolgreichen Anfechtung des Hauptversammlungsbeschlusses ab, die unter Umständen gravierend[927], zumindest jedoch unangenehm sein können[928].

Diese Abstufung des Lästigkeitswerts erhobener Anfechtungsklagen und die daraus resultierende Präferenz räuberischer Aktionäre hinsichtlich bestimmter Hauptversammlungsbeschlüsse spiegelt sich auch in den Ergebnissen älterer empirischer Studien eindeutig wider: In dem Ranking der angegriffenen Beschlüsse finden sich auf den oberen Plätzen diejenigen Entscheidungen der Hauptversammlung wieder, die zu ihrer Wirksamkeit einer Registereintragung bedürfen[929]. Diejenigen Aktionäre, die als Berufsopponenten bekannt sind, legen nahezu ausschließlich Klagen mit „Hebelwirkung" ein[930].

II. Bisherige Bemühungen zur Eindämmung räuberischer Anfechtungsklagen

Sowohl der Gesetzgeber als auch die Rechtsprechung haben in den vergangenen Jahren auf vielfältige Weise versucht, dem Problem räuberischer Anfechtungsklagen zu begegnen.

---

926 *Nedden-Boeger*, in: Schulte-Bunert/Weinreich, FamFG, § 381 Rn. 13; *Baums/Keinath/Gajek*, ZIP 2007, S. 1629 (1649).

927 So sind beispielsweise im Falle einer erfolgreichen Anfechtung einer Aufsichtsratswahl nach der (noch) herrschenden Meinung sämtliche Stimmabgaben des betroffenen Aufsichtsratsmitglieds unwirksam; dazu sogleich ausführlich unter G. III. 2.

928 So löst beispielsweise die rückwirkende Vernichtung eines Entlastungsbeschlusses zwar keine unmittelbaren Rechtsfolgen aus, ihr kommt jedoch ihr eine hohe Symbolkraft zu. Dazu sogleich ausführlich unter G. III. 1.

929 *Baums/Vogel/Tacheva*, ZIP 2000, S. 1649 (1652); *Baums/Keinath/Gajek*, ZIP 2007, S. 1629 (1639 f.). Die Tatsache, dass in den Untersuchungszeiträumen am häufigsten Entlastungsbeschlüsse Gegenstand von Anfechtungsklagen sind, lässt sich den Autoren der Studien zufolge damit erklären, dass diese häufig im Wege einer „Generalabrechnung" zusätzlich zu eintragungspflichtigen Beschlüssen gerichtlich angegriffen werden, siehe *Baums/Keinath/Gajek*, ZIP 2007, S. 1629 (1639).

930 Vgl. *Baums/Drinhausen/Keinath*, ZIP 2011, S. 2329 (2344).

1. Gesetzgeberisches Handeln

Der Gesetzgeber hatte bzgl. der Maßnahmen nach dem UmwG und der Eingliederung nach § 319 AktG bereits recht früh erkannt, dass es für betroffene Gesellschaften wirtschaftlich unvertretbar sein könnte, wenn man ihnen zumuten würde, vor dem Vollzug der von der Hauptversammlung gefassten Beschlüsse erst den rechtskräftigen Abschluss des erfahrungsgemäß langen Rechtsstreit über ihre Wirksamkeit abzuwarten. Dadurch könnte der wirtschaftliche Erfolg der getroffenen Maßnahmen verzögert oder sogar vereitelt werden, ohne dass dies in einigen Fällen gerechtfertigt erschiene[931]. Dementsprechend können die betroffenen Gesellschaften unter bestimmten Voraussetzungen ein Freigabeverfahren durchführen und gerichtlich feststellen lassen, dass die Erhebung einer Anfechtungsklage der Eintragung des angegriffenen Hauptversammlungsbeschlusses nicht entgegen steht, § 16 Abs. 3 UmwG bzw. § 319 Abs. 6 AktG. Erweist sich die Anfechtungsklage im Nachgang als begründet, ist der erfolgreiche Anfechtungskläger auf Schadensersatzansprüche beschränkt, § 16 Abs. 3 S. 10 UmwG bzw. § 319 Abs. 6 S. 10 UmwG. Die Problematik der räuberischen Anfechtungsklagen hatte der Gesetzgeber dabei indes nur am Rande im Blick[932]. Bei Schaffung der aktienrechtlichen Regelungen zum Squeeze-Out (§§ 327a ff. AktG)[933] wurde die Notwendigkeit eines Freigabeverfahrens unmittelbar bedacht (§ 327e Abs. 2 AktG), allerdings ebenfalls ohne Hinweis auf die Umtriebigkeit von Berufsopponenten[934].

Obgleich sich bereits der 63. Deutsche Juristentag im Jahre 2000 ausführlich mit der Problematik der rechtsmissbräuchlichen Ausnutzung des Anfechtungsrechts durch Kleinstaktionäre beschäftigt hatte, und auch die Regierungskommission „Corporate Governance" diesbezügliche Überlegungen angestellt hatte[935], wandte sich der Gesetzgeber erst mit dem UMAG dieser Thematik ausdrücklich zu. Folge war zunächst eine Änderung des § 245 Abs. 1 Nr. 1 und 3 AktG dergestalt, dass die Klagebefugnis nunmehr nur noch dann gegeben ist, wenn der opponierende Aktionär seine Aktien bereits vor Bekanntmachung der Tagesordnung erworben hat, damit nicht erst nach Bekanntmachung der Tagesordnung – also in Kenntnis der zu erwartenden Beschlüsse – gezielt einzelne Aktien erworben werden, um damit

931 Begr. des Entwurfs eines Gesetzes zur Bereinigung des Umwandlungsrechts (UmwBerG) (Gesetz vom 28.10.1994, BGBl. I S. 3210), BT-Drs. 12/6699, S. 88 und 179.

932 Vgl. Begr. UmwBerG, BT-Drs. 12/6699, S. 89.

933 Eingefügt durch Art. 7 des Gesetzes zur Regelung von öffentlichen Angeboten zum Erwerb von Wertpapieren und von Unternehmensübernahmen vom 20.12.2001, BGBl. I, S. 3822.

934 Vgl. Begr. RegE eines Gesetzes zur Regelung von öffentlichen Angeboten zum Erwerb von Wertpapieren und von Unternehmensübernahmen, BT-Drs. 14/7034, S. 73.

935 *Baums*, Bericht, Rn. 145 ff.

Anfechtungsklagen betreiben zu können[936]. Des Weiteren wurde durch Einführung des § 246a AktG das Freigabeverfahren des § 16 Abs. 3 UmwG für bestimmte eintragungspflichtige Hauptversammlungsbeschlüsse, bei denen eine drohende oder bereits erhobene Anfechtungsklage eine faktische Registersperre bewirkt, namentlich Beschlüsse über Maßnahmen der Kapitalbeschaffung und -herabsetzung und über Unternehmensverträge, übernommen. Sinn und Zweck dieser Neuregelung war die Abmilderung der „Hebelwirkung" einer Anfechtungsklage gegen eintragungspflichtige Beschlüsse, welche sich Berufsopponenten zu Nutze machen, ohne dadurch zugleich die Bedeutung der Beschlussmängelklage als wichtiges Kontrollinstrument des einzelnen Aktionärs zu schmälern[937]. Schließlich wurde – mit Blick auf die abschreckende Wirkung, welche einem transparenten Umgang mit Rechtsstreiten zukommt[938] – zur Eindämmung des Phänomens räuberischer Anfechtungsklagen § 248a in das AktG aufgenommen, wonach börsennotierte Gesellschaften die Umstände der Beendigung eines Anfechtungsprozesses bekannt zu machen haben. Von dieser Bekanntmachungspflicht erfasst sind alle Arten der Verfahrensbeendigung sowie solche Vereinbarungen, die im Vorfeld eines Anfechtungsprozesses mit Aktionären oder ihnen nahestehenden Dritten zur Vermeidung eben dieses Prozesses geschlossen werden[939].

Eine empirische Studie aus dem Jahre 2007 bescheinigte den gesetzgeberischen Bemühungen indes keinen überragenden Erfolg[940]. Der Gesetzgeber habe zwar wichtige Schritte auf dem Weg der Eindämmung der funktionswidrigen Verwendung von Anfechtungsklagen und der Entwicklung eines Klagegewerbes unternommen; jedoch bestehe weiterhin dringender Reformbedarf. Trotz der gesetzlichen Neuregelungen habe die Zahl der Beschlussmängelklagen im Jahr 2006 einen Höchststand erreicht, sowohl absolut als auch relativ im Verhältnis zur Zahl der Gesellschaften. Zudem habe sich die Gruppe derjenigen Berufskläger, die nahezu ausschließlich gegen Hauptversammlungsbeschlüsse mit „Hebelwirkung" vorgehen und die ihre Rechtsstreitigkeiten beinahe immer durch Vergleich beilegen, erheblich vergrößert.

Infolgedessen[941] wurde der Gesetzgeber 2009 im Rahmen des ARUG erneut tätig und modifizierte die Regelungen des Freigabeverfahrens in §§ 246a, 319 AktG und § 16 Abs. 3 UmwG einheitlich dahingehend, dass den Anfechtungsklägern bestimmte Möglichkeiten zur Verfahrensverzögerung genommen wurden[942]. Ebenfalls zum

936 Begr. RegE UMAG, BT-Drs. 15/5092, S. 27. Dabei handelt es sich um eine unter räuberischen Anfechtungsklägern bis dahin beliebte Vorgehensweise, vgl. *Baums*, Gutachten, S. 153.

937 Vergl. Begr. RegE UMAG, BT-Drs. 15/5092, S. 29.

938 Begr. RegE UMAG, BT-Drs. 15/5092, S. 24.

939 Begr. RegE UMAG, BT-Drs. 15/5052, S. 30.

940 *Baums/Keinath/Gajek*, ZIP 2007, S. 1629 (1649 f.).

941 Begr. RegE ARUG, BT-Drs. 16/11642, S. 1 und 40.

942 Der bei Berufsopponenten bis dahin beliebten Vorgehensweise, durch Übertragung ihrer Aktien auf einen ausländischen Rechtsträger sowie durch Benennung eines ausländischen Prozessbevollmächtigten für das Freigabeverfahren die Zustellung

Zwecke der Verfahrensbeschleunigung wird das Freigabeverfahren nunmehr vor dem OLG geführt und dessen Freigabeentscheidung für unanfechtbar erklärt. Des Weiteren wurde die Interessenabwägungsklausel der jeweiligen Absätze 2 Nr. 3 präzisiert und ein Bagatellquorum von 1000 Euro eingeführt[943]. Der Vorschlag des Bundesrats, das Freigabeverfahren nach § 246a AktG auf sämtliche eintragungspflichtige Hauptversammlungsbeschlüsse auszuweiten, um ein Ausweichen von Berufsklägern zu verhindern[944], fand indes keinen Niederschlag im Gesetz[945].

Inwieweit die beschriebenen gesetzgeberischen Maßnahmen, insb. das ARUG, eine Hilfe im Kampf gegen räuberische Aktionäre darstellen, wird inzwischen unterschiedlich bewertet. Einigkeit besteht insoweit, dass die Zahl der angegriffenen Hauptversammlungsbeschlüsse insgesamt zurückgegangen ist. Insbesondere hat sich die Anzahl gerichtlich angefochtener Strukturbeschlüsse reduziert[946]. Auffallend ist, dass im Vergleich zu früheren Studien die Beschlüsse über Wahl des Aufsichtsrats und über die des Abschlussprüfers stärker in den klägerischen Fokus gerückt sind[947]. Das Ausmaß, in dem räuberische Anfechtungskläger weiterhin ihr Unwesen treiben, wird hingegen unterschiedlich beurteilt: Teilweise wird dem

---

gerichtlicher Schriftstücke erheblich zu verzögern, wurde durch eine entsprechende Anwendung des §§ 82 bis 84 ZPO der Boden entzogen. Gleiches gilt für die bis dahin mögliche Verfahrensverzögerung durch verspätetes Einzahlen von Gerichtskosten, da die Gesellschaft nunmehr nach § 246a Abs. 3 S. 5 AktG die Möglichkeit hat, die eingereichte Klage bereits vor ihrer Zustellung einzusehen. Ausführlich zu beiden Punkten Begr. RegE ARUG, BT-Drs. 16/11642, S. 40 f.

943 Zu den Abweichungen vom Regierungsentwurf vgl. Beschlussempfehlung und Bericht des Rechtsausschusses des Deutschen Bundestages, BT-Drs. 16/13098, S. 19 f. und 41 f.

944 Vgl. BT-Drs. 16/11642, S. 54.

945 Der RegE der Aktienrechtsnovelle 2012 sah vor, dem Phänomen der nachgeschobenen Nichtigkeitsklage (hierzu ausführlich *Schockenhoff*, ZIP 2008, S. 1945 ff.) dadurch zu begegnen, dass die Nichtigkeit eines Hauptversammlungsbeschlusses, gegen den bereits Anfechtungsklage erhoben wurde, nur noch binnen eines Monats nach Bekanntmachung der Erhebung der Anfechtungsklage gerichtlich gerügt werden kann (§ 249 Abs. 3 AktG-E). Dadurch sollte verhindert werden, dass die Erhebung von Nichtigkeitsklagen bewusst hinaus gezögert wird, damit das gesamte Beschlussmängelverfahren in die Länge gezogen und dadurch sein Lästigkeitswert erhöht wird (siehe Begr. RegE Aktienrechtsnovelle, BT-Drs. 17/8989, S. 1, 8 und 19 ff.). Im Rahmen des VorstKoG sollte diese Problematik nunmehr keine Regelung erfahren. Stattdessen sollte „eine Lösung mit weiterem Blick auf das gesamte System des Beschlussmängelrechts erwogen werden", siehe Bericht und Beschlussempfehlung zum VorstKoG, BT-Drs. 17/14214, S. 24. Die Aktienrechtsnovelle 2014 sieht demgegenüber wieder die Einführung der Monatsfrist für nachgeschobene Nichtigkeitsklagen vor (BT-Drs. 18/4349, S. 9 und 30 ff.

946 *Bayer/Hoffmann/Sawada*, ZIP 2012, S. 897 (899 f.); *Baums/Drinhausen/Keinath*, ZIP 2011, S. 2393 (2332 und 2337).

947 Vgl. *Baums/Drinhausen/Keinath*, ZIP 2011, S. 2329 (2337).

ARUG die hinsichtlich der Betätigung von Berufsopponenten bezweckte Wirkung abgesprochen; obgleich die Gesamtzahl der angefochtenen Hauptversammlungsbeschlüsse zurückgegangen sei, sei die Zahl der räuberischen Anfechtungsklagen gleich geblieben. Zudem habe sich der Kreis der Berufskläger noch vergrößert[948]. Eine andere Untersuchung kommt wiederum zu dem Ergebnis, dass die Aktivitäten von räuberischen Aktionären in den letzten Jahren massiv eingebrochen seien und das ARUG insoweit sehr wohl Wirkung entfaltet habe[949].

2. Bemühungen der Rechtsprechung

Auch die höchstrichterliche Rechtsprechung hat sich in den vergangenen drei Jahrzehnten bemüht, dem Treiben räuberischer Aktionäre Herr zu werden, angefangen mit dem bereits zitierten „Kochs Adler"-Urteil, dem zufolge eine Beschlussmängelklage wegen individuellen Rechtsmissbrauchs durch den Kläger auch dann als unbegründet abzuweisen ist, wenn der angegriffene Beschluss tatsächlich rechtswidrig ist[950], bis hin zu der Entscheidung, dass eine Beschlussmängelklage auch dann wegen unzulässiger Rechtsausübung unbegründet sein könne, wenn sich der Kläger erst nach Klageerhebung dazu entschließt, die Gesellschaft damit in grob eigennütziger Weise zu einer Leistung zu veranlassen, auf die er keinen Anspruch hat und billigerweise auch nicht erheben kann[951]. Empirische Untersuchungen ergaben jedoch, dass sich die Gerichte in der Vergangenheit in einer Vielzahl von Fällen zwar durchaus mit dem Einwand unzulässiger Rechtsausübung auseinandersetzten, allerdings zögerten, klageabweisende Urteile allein auf diesbezügliche Erwägungen zu stützen[952]. Diese Situation hat auch in den letzten Jahren keine Änderung erfahren, bedingt durch ein inzwischen sehr viel subtileres Vorgehen räuberischer Anfechtungskläger und dem Umstand, dass diejenigen Gerichtsverfahren, in denen ein individueller Missbrauch des Anfechtungsrechts nahe liegt, in der Regel nicht durch streitiges Urteil beendet werden[953]. Aufsehen erregt hat in jüngerer Zeit jedoch eine Entscheidung des LG Frankfurts aus dem Jahr 2007, mit der nicht nur eine aktienrechtliche Anfechtungsklage wegen unzulässiger Rechtsausübung als unbegründet abgewiesen wurde, sondern der (einschlägig bekannte) räuberische

948 *Baums/Drinhausen/Keinath*, ZIP 2011, S. 2329 (2336).

949 *Bayer/Hoffmann/Sawada*, ZIP 2012, S. 897 (903), mit ausführlicher Begründung des abweichenden Ergebnisses.

950 Vgl. BGHZ 107, S. 296 (304) („Kochs Adler").

951 BGH NJW 1992, S. 569 (570 f.).

952 *Baums/Vogel/Tacheva*, ZIP 2000, S. 1649 (1655).

953 *Baums/Keinath/Gajek*, ZIP 2007, S. 1629 (1630 f.). Vgl. insoweit nur die aktuelle Studie von *Baums/Drinhausen/Keinath*, ZIP 2011, S. 2329 (2344), der zufolge sich die einschlägig bekannten „Top-20-Kläger", die ohnehin beinahe ausschließlich Klagen mit „Hebelwirkung" einlegen, zum weit überwiegenden Teil mit den beklagten Gesellschaften vergleichen. Diese Zahlen liegen jedoch unter denen der vorausgegangenen Studie.

Anfechtungskläger darüber hinaus auch erstmals zur Leistung von Schadensersatz wegen vorsätzlicher sittenwidriger Schädigung verurteilt wurde[954].

Einige Instanzgerichte haben sich seit Einführung des Freigabeverfahrens nach § 246a AktG bemüht, der „kreativen" Vorgehensweise räuberischer Anfechtungskläger zur Verzögerung des für die Gesellschaft unter Umständen so wichtigen Verfahrens Einhalt zu gebieten, indem sie beispielsweise § 82 ZPO analog anwendeten[955] – eine Praxis, die der Gesetzgeber schließlich im Rahmen des ARUG aufgegriffen hat, vgl. § 246a Abs. 1 S. 2 AktG. Gleiches gilt für die Möglichkeit der Gesellschaften, bereits vor Rechtshändigkeit der Anfechtungsklage Akteneinsicht zu nehmen (§ 246 Abs. 3 S. 5 AktG), sodass eine Verzögerung des Zustellungszeitpunktes der Klage durch verspätetes Einzahlen des Prozesskostenvorschusses (vgl. § 12 GKG) aus Sicht von Berufsopponenten keinen Sinn mehr macht[956].

3. Ergebnis

Sowohl Gesetzgebung als auch Rechtsprechung haben sich in den letzten Jahren ersichtlich bemüht, das Problem räuberischer Anfechtungsklagen einzudämmen. Angesichts der rückläufigen Zahl von Beschlussmängelklagen, insbesondere solcher mit „Hebelwirkung", kann auch durchaus von einem Erfolg dieser Bemühungen gesprochen werden; das „Geschäftsmodell" räuberischer Anfechtungskläger scheint insgesamt an Attraktivität eingebüßt zu haben[957]. Dennoch bleibt festzuhalten, dass der Schutz der Gesellschaften vor eigennützig agierenden Berufsopponenten noch lückenhaft ist; insbesondere Beschlussmängel im Zusammenhang mit nicht eintragungspflichtigen Hauptversammlungsbeschlüssen bieten noch ausreichend Angriffsfläche, wenngleich auch die erfolgreiche Anfechtung in diesen Fällen weniger gravierend – keinesfalls jedoch irrelevant – ist. Aus diesem Grund wird auch weiterhin vehement eine grundsätzliche Reform des aktienrechtlichen Beschlussmängelrechts angemahnt[958] – eine Forderung, der sich auch die Politik inzwischen angeschlossen hat[959].

---

954 LG Frankfurt NZG 2007, S. 949 (950); bestätigt durch Urteil des OLG Frankfurt, NZG 2009, S. 222. Die hiergegen gerichtete Nichtzulassungsbeschwerde wurde vom BGH mit Beschluss vom 10.08.2010, NJW-Spezial 2010, S. 657, zurückgewiesen.

955 Vgl. LG Münster NZG 2006, S. 833.

956 Vgl. Begr. RegE ARUG, BT-Drs. 16/11642, S. 41.

957 Vgl. auch *Bayer/Hoffmann/Sawada*, ZIP 2012, S. 897 (910).

958 *Habersack/Stilz*, ZGR 2010, S. 710 (714 f.) m. w. Nachw.

959 Vgl. den Bericht des Rechtsausschusses des Deutschen Bundestags zum ARUG, BT-Drs. 16/13098, S. 35. Dennoch ist die Chance, das Beschlussmängelrecht im Rahmen der Aktienrechtsnovelle 2012/13 bzw. des VorstKoG umfassend zu reformieren, wieder nicht genutzt worden.

III. Rechtsfolgen erfolgreicher Anfechtungsklagen und der davon abhängige „Lästigkeitswert“

Bevor nachfolgend der Frage nachgegangen wird, wie sich die höchstrichterliche und die instanzgerichtliche Rechtsprechung zu den Auswirkungen eines Verstoßes gegen § 161 AktG auf den Bestand von Hauptversammlungsbeschlüssen zu den Bemühungen um eine Eindämmung räuberischer Anfechtungsklagen verhalten, gilt es zunächst festzustellen, welche Folgen die erfolgreiche Anfechtung der in Kapitel C. bis F. untersuchten Beschlüsse hat, um den „Lästigkeitswert“ einer erhobenen Anfechtungsklage zu bestimmen.

1. Rechtsfolgen einer erfolgreichen Anfechtung eines Entlastungsbeschlusses

Das einer Anfechtungsklage gegen einen von der Hauptversammlung gefassten Entlastungsbeschluss stattgebende Urteil vernichtet diesen mit Wirkung ex tunc, d. h. die Entlastung wurde niemals wirksam erteilt[960]. Die Situation entspricht damit derjenigen bei Verweigerung der Entlastung durch die Hauptversammlung. Versagen die Aktionäre der Hauptversammlung die Entlastung, so löst dies indes keine unmittelbaren Rechtsfolgen aus: In der Versagung liegt nicht zwangsläufig der für einen Widerruf der Bestellung von Vorstandsmitgliedern nach § 84 Abs. 3 AktG erforderliche wichtige Grund in Gestalt eines Vertrauensentzugs durch die Hauptversammlung (§ 84 Abs. S. 2, 3. Var. AktG)[961]. Auch entbindet sie nicht von der Notwendigkeit eines ausdrücklichen Hauptversammlungsbeschlusses für die Abberufung von Aufsichtsratsmitgliedern gem. § 103 Abs. 1 AktG[962]. Schließlich begründet sie aufgrund des weiten Ermessens der Hauptversammlung hinsichtlich der Entlastungsentscheidung auch keine Vermutung für das Vorliegen einer zum Schadensersatz verpflichtenden Pflichtverletzung der Verwaltung[963]. Die Folgen der Entlastungsverweigerung sind damit rein symbolischer Natur: Die Reputation der Gesellschaft, vor allem aber die des betroffenen Organmitglieds leidet erheblich – oftmals folgt bereits einem schlechten Entlastungsergebnis stante pede der Rücktritt des Betroffenen[964].

Trotz des Umstands, dass die erfolgreiche Anfechtung eines Entlastungsbeschlusses keine unmittelbaren Rechtsfolgen nach sich zieht, kann die betroffene Gesellschaft dennoch ein Interesse an einer möglichst geräuschlosen Beilegung

960 Statt vieler *Hüffer*, in: MünchKommAktG, § 248 Rn. 15.

961 KG Berlin AG 2007, S. 745 (746); *Weber*, in: Hölters, AktG, § 84 Rn. 76.

962 *Hüffer*, AktG, § 103 Rn. 3.

963 *Kubis*, in: MünchKommAktG, § 120 Rn. 36.

964 So z. B. im Fall des ehemaligen Vorsitzenden der Kodex-Kommission *Dr. Gerhard Cromme*, dem als Aufsichtsratsvorsitzender der *ThyssenKrupp AG* auf der Hauptversammlung 2013 mit lediglich 69,16 Prozent der Stimmen die Entlastung erteilt worden war (im Vorjahr noch fast 95 Prozent), siehe *Hartmann/Tauber*, Die Welt Nr. 17 vom 21.01.2013, S. 11.

einer diesbezüglichen gerichtlichen Auseinandersetzung haben; immerhin setzt eine erfolgreiche Klage gegen die von der Hauptversammlung beschlossene Entlastung doch einen schwerwiegenden Gesetzes- oder Satzungsverstoß der Verwaltung voraus. Dessen gerichtliche Feststellung und die daraus resultierende öffentliche Aufmerksamkeit dürften die betroffenen Gesellschaften wohl häufig durch entsprechende Zahlungen an den Kläger vermeiden wollen, sodass auch fehlerhafte Entlastungsbeschlüsse für Berufsopponenten durchaus attraktiv sein können[965].

2. Rechtsfolgen der erfolgreich angefochtenen Aufsichtsratswahl

Während die bloße Anfechtbarkeit der Aufsichtsratswahl bzw. eine diesbezüglich rechtshängige Anfechtungsklage unzweifelhaft noch keine Auswirkungen auf die Amtsstellung des Betroffenen hat[966], sind die Rechtsfolgen einer erfolgreich angefochtenen Aufsichtsratswahl im AktG bloß rudimentär geregelt. Nach § 252 Abs. 2 S. 1 AktG wirkt das auf eine Anfechtungsklage hin ergangene, ihr stattgebende Urteil für und wider alle Aktionäre sowie die Mitglieder des Vorstands und Aufsichtsrats, auch wenn sie nicht Partei sind. Das Urteil wirkt allerdings auch über den genannten Personenkreis hinaus, nämlich für und gegen jedermann; ihm kommt damit inter omnes-Wirkung zu[967]. Die Antwort auf die Frage nach der Urteilswirkung in zeitlicher Hinsicht ergibt sich gleichfalls nicht unmittelbar aus dem Gesetz. Im Rahmen des § 248 Abs. 1 S. 1 AktG, mithin bei erfolgreichen Anfechtungsklagen gegen „normale" Hauptversammlungsbeschlüsse, ist indes anerkannt, dass der kassatorischen Gerichtsentscheidung ex tunc-Wirkung kommt[968]. Dies folgt nicht zuletzt auch aus der Regelung des § 244 S. 2 AktG („für die Zeit bis zum Bestätigungsbeschluss")[969]. Entgegen einer früher vertretenen Auffassung[970] ist inzwischen allgemein anerkannt, dass der Grundsatz der Rückwirkung ausnahmslos

965 Vgl. *Baums*, Gutachten, S. 162; *Habersack/Stilz*, ZGR 2010, S. 710 (722). Sämtliche empirischen Untersuchungen der vergangenen Jahre weisen die Beschlüsse über die Entlastung der Verwaltung schließlich auch als diejenigen aus, die am häufigsten im Wege der Anfechtungsklage gerichtlich angegriffen werden, siehe *Baums/Vogel/Tacheva*, ZIP 2000, S. 1649 (1652); *Baums/Keinath/Gajek*, ZIP 2007, S. 1629 (1639); *Baums/Drinhausen/Keinath*, ZIP 2011, S. 2329 (2337). Ob dieser Umstand aber tatsächlich ausschließlich auf den der Anfechtungsklage gegen einen Entlastungsbeschluss innewohnenden „Lästigkeitswert" zurückzuführen ist, muss doch bezweifelt werden, vgl. *Baums/Keinath/Gajek*, ZIP 2007, S. 1629 (1639), siehe schon Fn. 929.

966 Vgl. OLG Frankfurt, Urteil vom 05.07.2011 – 5 U 104/10, insoweit abrufbar über juris, Rn. 114.

967 *Hüffer*, in: MünchKommAktG, § 252 Rn. 9.

968 *Hüffer*, in: MünchKommAktG, § 248 Rn. 11.

969 Vgl. *Lowe*, Aufsichtsratsmitglieder, S. 21.

970 Z. B. *Mertens*, in: KölnKommAktG (1. Aufl.), § 101 Rn. 77.

gilt, mithin die ex tunc-Wirkung auch bei einer erfolgreich angefochtenen Aufsichtsratswahl zum Tragen kommt[971]; immerhin verweist § 251 Abs. 1 S. 3 AktG auch auf § 244 S. 2 AktG. Sofern das fehlerhaft bestellte Aufsichtsratsmitglied sein Amt überhaupt nicht antritt, bereitet die Rückwirkung des der Anfechtungsklage stattgebenden Urteils der Gesellschaft keine Probleme. Für den Fall jedoch, dass ein Aufsichtsratsmitglied ungeachtet seiner fehlerhaften Bestellung die Tätigkeit im Gremium aufnimmt, stellt sich die Frage, ob aus der Rückwirkung der gerichtlichen Kassation der Bestellung auf den Zeitpunkt der Beschlussfassung in der Hauptversammlung zugleich auch die Notwendigkeit folgt, sämtliche vom fehlerhaft Bestellten in der Zwischenzeit vorgenommenen Rechtshandlungen rückabzuwickeln. Insbesondere ist fraglich, wie mit erfolgten Stimmabgaben des tatsächlichen Nicht-Mitglieds umzugehen ist.

Einigkeit herrscht in Rechtsprechung und Schrifttum insoweit, dass auf das in Vollzug gesetzte Aufsichtsratsmandat die Grundsätze der fehlerhaften Bestellung[972] Anwendung finden. Trotz der teilweise divergierenden Bezeichnungen besteht insoweit Übereinstimmung, als dass das fehlerhaft bestellte Mitglied bis zu einem formellen Beendigungsakt (Widerruf der Bestellung oder Amtsniederlegung) jedenfalls partiell wie ein wirksam bestelltes Aufsichtsratsmitglied zu behandeln ist[973]. Die genaue Reichweite der Lehre vom fehlerhaften Bestellungsverhältnis ist indes streitig. Unzweifelhaft gelten auch für das fehlerhaft bestellte und dennoch tätig gewordene Mitglied des Aufsichtsrats bei seiner Amtsführung die gleichen Sorgfaltspflichten wie für ein wirksam bestelltes Mitglied. Bei Verletzung der ihm obliegenden Pflichten macht es sich gleichfalls haftbar[974]. Im Gegenzug steht ihm aber auch die Vergütung eines wirksam gewählten Aufsichtsratsmitglieds zu[975]. Die strafrechtliche Verantwortlichkeit ist ebenfalls nicht von der Wirksamkeit der Bestellung abhängig[976].

971 *Hüffer*, in: MünchKommAktG, § 252 Rn. 10; *Simons*, in: Hölters, AktG, § 252 Rn. 9; *Stilz*, in: Spindler/Stilz, AktG, § 252 Rn. 6; *Vetter*, ZIP 2012, S. 701 (702); ausführlich *Lowe*, Aufsichtsratsmitglieder, S. 18 ff.

972 BGHZ 168, S. 188 (197); vgl. auch *Habersack*, in: MünchKommAktG, § 101, Rn. 69 ff.: „Lehre vom fehlerhaften Organ"; *Mertens/Cahn*, in: KölnKommAktG, § 101 Rn. 107: „Grundsätze über die beschränkte rechtliche Anerkennung fehlerhafter Dauerverhältnisse"; *Stein*, Organ, S. 197: „faktisches Organ".

973 Statt vieler *Habersack*, in: MünchKommAktG, § 101 Rn. 69; abweichend *Stein*, Organ, S. 125 und 127, die insoweit schon auf die Kenntnis der Beteiligten vom Bestellungsmangel abstellt, aus Gründen der Rechtssicherheit dennoch die Fortgeltung der fehlerhaften Organstellung bis zum förmlichen Akt des Widerrufs bzw. der Amtsniederlegung befürwortet.

974 Vgl. RGZ 152, S. 273 (278) zu § 41 GenG; *Habersack*, in: MünchKommAktG, § 101 Rn. 69; *Spindler*, in: Spindler/Stilz, AktG, § 101 Rn. 110; *Lowe*, Aufsichtsratsmitglieder, S. 76 f.; *Vetter/van Laak*, ZIP 2008, S. 1806 (1807).

975 Vgl. BGHZ 168, S. 188 (197).

976 Vgl. *Müller-Michaels*, in: Hölters, AktG, § 399 Rn. 31; einschränkend *Stein*, Organ, S. 130 ff.

Nach der Rechtsprechung des BGH und eines Teils des Schrifttums finden die Vorschriften des AktG jedoch nicht ausnahmslos Anwendung auf das unwirksam bestellte Mitglied, das sein Amt dennoch angetreten hat; Mitverwaltungsrechte werden danach nicht vom Grundsatz der fehlerhaften Bestellung erfasst. Der nichtig Bestellte ist demnach nicht zur Mitwirkung an Beschlussfassungen des Aufsichtsrats befugt[977]. Hält sich das tatsächliche Nicht-Mitglied nicht daran, so liegt eine Beschlussfassung unter Teilnahme fremder Personen vor. Der so gefasste Beschluss ist jedoch nur dann nichtig, wenn sich die Stimmabgabe des fehlerhaft Bestellten auch auf das Beschlussergebnis ausgewirkt hat, etwa weil die Wahl sämtlicher Aufsichtsratsmitglieder erfolgreich angefochten wurde, der Aufsichtsrat ohne Beteiligung des nicht wirksam Bestellten beschlussunfähig gewesen wäre oder aber der Beschluss ohne die tatsächlich unwirksame Stimmangabe nicht die notwendige Mehrheit erhalten hätte[978]. Unter dieser Voraussetzung vermag eine erfolgreich angefochtene Aufsichtsratswahl gravierende Rechtsfolgen auszulösen: So kann beispielsweise die Bestellung des Vorstands gemäß § 84 AktG gleichfalls fehlerhaft sein[979], ein unwirksamer Beschlussvorschlag nach § 124 Abs. 3 AktG wird nach herrschender Meinung die Anfechtbarkeit des Hauptversammlungsbeschlusses nach sich ziehen oder aber der Jahresabschluss kann nach § 256 Abs. 2 AktG nichtig sein[980]. Einige Instanzgerichte sowie immer mehr Literaturvertreter verstehen die Anwendung der Grundsätze der fehlerhaften Bestellung daher inzwischen im Sinne einer vollumfänglichen Wirksamkeit der vom nicht wirksam bestellten und dennoch tätig gewordenen Aufsichtsratsmitglied vorgenommenen Rechtshandlungen, sodass auch dessen Stimmabgaben, ungeachtet der fehlerhaften Bestellung, als wirksam anzusehen sind[981], es sei denn, höherrangige Interessen der Allgemeinheit oder schutzwürdige Interessen Einzelner stehen einer umfassenden Wirksamkeit entgegen[982].

---

977 BGHZ 11, S. 231 (246) (zum Aufsichtsrat in der GmbH); *Hopt/Roth*, in: GroßkommAktG, § 101 Rn. 220; *Mertens/Cahn*, in: KölnKommAktG, § 101 Rn. 107; *Simons*, in: Hölters, AktG, § 101 Rn. 50 f.

978 BGHZ 47, S. 341 (346); anders noch BGHZ 12, S. 327 (331 f.).

979 *Weber*, in: Hölters, AktG, § 84 Rn. 29.

980 Vgl. *Rölike*, in: Spindler/Stilz, AktG, § 256 Rn. 51.

981 OLG Frankfurt ZIP 2011, S. 24 (27); AG 2011, S. 631 (635); vgl. auch OLG Köln AG 2011, S. 465 (467); *Drygala*, in: K. Schmidt/Lutter, AktG, § 101 Rn. 36 (anders noch die Vorauflage, vgl. dort Rn. 31); *Habersack*, in: MünchKommAktG, § 101 Rn. 70; *Hüffer*, AktG (10. Aufl.), § 101 Rn. 18 (anders noch in der 8. Aufl., vgl. dort Rn. 17); *Bayer/Lieder*, NZG 2012, S. 1 (6); *Happ*, FS Hüffer, S. 293 (304); *Kort*, Der Aufsichtsrat 2011, S. 84 (85); *Schürnbrand*, NZG 2008, S. 609 (610); *Stein*, Organ, S. 129. Im Ergebnis ebenso *Spindler*, in: Spindler/Stilz, AktG, § 101 Rn. 112; *Habersack*, Gutachten, S. E 66; *Marsch-Barner*, in: FS K. Schmidt, S. 1109 (1128). Vermittelnd *Vetter*, ZIP 2012, S. 701 (704 f.).

982 So sollen beispielsweise Verstöße gegen §§ 100, 105 AktG auch aufgrund ihrer eindeutigen Erkennbarkeit nicht durch die Lehre von der fehlerhaften Bestellung im Sinne einer vollumfänglichen Wirksamkeit des Handelns des fehlerhaft Bestellten

Die Ausklammerung von Mitverwaltungsrechten aus dem Anwendungsbereich der Grundsätze der fehlerhaften Bestellung, wie sie der BGH und Teile der Literatur vornehmen, birgt die Gefahr von Wertungswidersprüchen: Während einem fehlerhaft bestellten Mitglied des Aufsichtsrats, welches dennoch seine Tätigkeit aufgenommen hat, auf der einen Seite Pflichten und daraus resultierend die Möglichkeit einer zivilrechtlichen Haftung und einer strafrechtlichen Verantwortlichkeit aufgebürdet werden, wird ihm auf der anderen Seite jedoch die Möglichkeit zur rechtswirksamen Mitwirkung in der Gesellschaft versagt[983]. Da es der nahezu einhelligen Auffassung in Rechtsprechung und Lehre entspricht, dass sämtliche Rechtshandlungen eines fehlerhaft bestellten Mitglieds des Vorstands, das seine Tätigkeit ungeachtet der Unwirksamkeit der Bestellung aufgenommen hat, ausnahmslos wie diejenigen eines wirksam Bestellten zu beurteilen sind[984], kommt es zudem zu einer Ungleichbehandlung von fehlerhaft bestellten Aufsichtsrats- und Vorstandsmitgliedern[985]. Dies hat zur Folge, dass bei einem gemeinsamen Beschlussvorschlag von Vorstand und Aufsichtsrat der zugrunde liegende Vorstandsbeschluss trotz Mitwirkung eines fehlerhaft bestellten Mitglieds wirksam ist, der Beschluss des Aufsichtsrats bei für das Beschlussergebnis ursächlicher Teilnahme eines bloß faktischen Mitglieds hingegen nicht[986]. Schließlich kommt es auch zu einer Ungleichbehandlung von fehlerhaft bestellten Anteilseignervertretern und Arbeitnehmervertretern im Aufsichtsrat[987]. Bei letzteren führt die erfolgreiche Anfechtung ihrer Wahl nach (eindeutig) überwiegender Auffassung lediglich zur Vernichtung ihrer Amtsstellung mit Wirkung ex nunc, da die einschlägigen mitbestimmungsrechtlichen Vorschriften

---

überwunden werden können, siehe *Habersack*, in: MünchKommAktG, § 101 Rn. 72; *Hüffer*, AktG (10. Aufl.), § 101 Rn. 18.

983 OLG Frankfurt AG 2011, S. 631 (635); *Bayer/Lieder*, NZG 2012, S. 1 (7); *Happ*, in: FS Hüffer, S. 293 (306); vgl. auch *Kort*, Der Aufsichtsrat 2011, S. 84 (85).

984 BGHZ 41, S. 282 (286 f.); *Fleischer*, in: Spindler/Stilz, AktG, § 84 Rn. 20; *Weber*, in: Hölters, AktG, § 84 Rn. 30; *Stein*, Organ, S. 129. AA *Spindler*, in: MünchKomm-AktG, § 84 Rn. 244, der eine generelle Wirksamkeit der vom fehlerhaft bestellten Vorstandsmitglied im innergesellschaftlichen Bereich vorgenommenen Rechtshandlungen ablehnt.

985 OLG Frankfurt AG 2011, S. 631 (635); *Habersack*, in: MünchKommAktG, § 101 Rn. 70; *Bayer/Lieder*, NZG 2012, S. 1 (6); *Happ*, in: FS Hüffer, S. 293 (304); *Schürnbrand*, NZG 2008, S. 609 (610).

986 *Schürnbrand*, NZG 2008, S. 609 (610). *Vetter*, ZIP 2012, S. 701 (704 f.) rechtfertigt die Ungleichbehandlung damit, dass sich die Situation der fehlerhaften Bestellung eines Vorstandsmitglieds von der eines Aufsichtsratsmitglieds dadurch unterscheide, dass die Nichtigkeit des Vorstandsmandates unter Umständen jahrelang unerkannt bleiben könne, während über die Möglichkeit der gerichtlichen Kassation des Aufsichtsratswahlbeschlusses bereits binnen eines Monats nach Beschlussfassung (vgl. § 246 Abs. 1 AktG) Klarheit herrsche und bei Erfolgsaussicht der Anfechtungsklage entsprechend reagiert werden könne.

987 *Habersack*, in: MünchKommAktG, § 101 Rn. 70.

(§ 11 DrittelbG, § 22 MitbestG, § 10l MitBestErG) gerade nicht auf die §§ 251, 241 Nr. 5 AktG verweisen[988].

Trotz der skizzierten Gefahr von Wertungswidersprüchen hat der BGH den Rufen nach einer Änderung seiner Rechtsprechung jüngst eine eindeutige Absage erteilt und diese mit einer in der vollumfänglichen Anerkennung der Grundsätze der fehlerhaften Bestellung liegenden Umgehung der ex tunc-Wirkung der Anfechtungsklage begründet[989]. Somit werden diejenigen Aufsichtsratsmitglieder, deren Wahl mit Erfolg angefochten wird, auch weiterhin wie Nicht-Mitglieder behandelt, sodass es für die Wirksamkeit eines unter ihrer Mitwirkung gefassten Aufsichtsratsbeschlusses auf die Ursächlichkeit ihrer Stimme ankommt. Nach höchstrichterlicher Auffassung kann denjenigen Überlegungen, die hinter der umfassenden Anwendung der Grundsätze der fehlerhaften Bestellung stehen – namentlich der Schutz des Vertrauens unbeteiligter Dritter sowie die Vermeidung von Schwierigkeiten bei der Abwicklung von Dauerschuldverhältnissen – bereits de lege lata hinreichend Rechnung getragen werden; diesbezüglichen Problemen im Einzelfall müsse jeweils konkret begegnet werden. So soll beispielsweise ein an sich wegen kausaler Stimmabgabe eines Nicht-Mitglieds unwirksamer Beschlussvorschlag nach § 124 Abs. 3 AktG keine beschlussmängelrechtlichen Auswirkungen auf den dennoch gefassten Hauptversammlungsbeschluss haben, da eine ordnungsgemäße Beschlussfassung des Aufsichtsrats schlechterdings unmöglich war[990]. Obgleich sich über diese höchstrichterliche Rechtsprechung auch weiterhin vortrefflich streiten lässt[991], ist für die Praxis entscheidend, dass Anfechtungsklagen gegen Beschlüsse der Hauptversammlung über die Wahl von Aufsichtsratsmitgliedern infolge der Weigerung des BGH, eine umfassende Anwendung der Grundsätze der fehlerhaften Bestellung anzuerkennen, auch weiterhin ein hoher „Lästigkeitswert" zukommt, welchen sich Berufsopponenten zu Nutze machen können[992].

---

988 *Henssler*, in: Ulmer/Habersack/Henssler, § 22 MitbestG Rn. 18 m. w. Nachw., auch zur vereinzelt vertretenen Gegenauffassung; *Marsch-Barner*, in: FS K. Schmidt, S. 1109 (1108).

989 BGH NZG 2013, S. 456 (458); auf die Umgehungsgefahr ebenfalls hinweisend *Spindler*, in: Spindler/Stilz, AktG, § 101, Rn. 112; *Marsch-Barner*, in: FS K. Schmidt, S. 1109 (1128). Diese Entscheidung des BGH überrascht, hatte das Gericht doch erst eineinhalb Jahre zuvor die Anwendbarkeit der Grundsätze der fehlerhaften Bestellung auf den besonderen Vertreter gem. § 147 Abs. 2 AktG bejaht, vgl. BGH NZG 2011, S. 1383 (1384) („HVB ./. UniCredit").

990 BGH NZG 2013, S. 456 (458).

991 Die Entscheidung des BGH ablehnend *Cziupka/Pitz*, NJW 2013, S. 1539; *Kiefner/Seibel*, Der Konzern 2013, S. 310 (313 ff.); *Kocher*, BB 2013, S. 1170; *Priester*, GWR 2013, S. 175 (176 f.); *Rieckers*, AG 2013, S. 383 (384 f.); *Schürnbrand*, NZG 2013, S. 481 ff.; Zustimmung äußern hingegen *Tielmann/Struck*, BB 2013, S. 1548 (1549).

992 Vgl. auch die Ergebnisse der Studie von *Baums/Drinhausen/Keinath*, ZIP 2011, S. 2329 (2337), denen zufolge Aufsichtsratswahlbeschlüsse zu denjenigen Beschlüssen gehören, welche am häufigsten mit der Anfechtungsklage angegriffen werden.

3. Rechtsfolgen einer erfolgreichen Anfechtung der Wahl des Abschlussprüfers

Eine bloß rechtshängige Anfechtungsklage gegen die Wahl des Abschlussprüfers hat – ebenso wie bei der Aufsichtsratswahl – noch keine Folgen für die Stellung des Abschlussprüfers; bis zum Vorliegen einer rechtskräftigen Entscheidung ist seine Bestellung wirksam. Daher wird der Abschlussprüfer, auch im Hinblick auf die unter Umständen mehrjährige Dauer eines Anfechtungsprozesses, in der Regel trotz der erhobenen Anfechtungsklage tätig werden und den Jahresabschluss gemäß des ihm vom Aufsichtsrat nach § 111 Abs. 1 S. 3 AktG erteilten Prüfauftrages prüfen und testieren[993]. Der so geprüfte Jahresabschluss wird anschließend von Vorstand und Aufsichtsrat gemäß § 172 AktG oder von der Hauptversammlung nach § 173 AktG festgestellt.

Wird der Wahlbeschluss allerdings mit Erfolg angefochten, so erklärt das Gericht die Bestellung des Abschlussprüfers mit Wirkung ex tunc für nichtig[994], d. h. der Betroffene war niemals wirksam bestellt. Nach § 256 Abs. 1 Nr. 3 AktG führt die Prüfung eines festgestellten Jahresabschlusses durch Personen, die nicht zum Abschlussprüfer bestellt worden sind, zu dessen Nichtigkeit. Dies gilt auch dann, wenn die Bestellung durch ein einer Anfechtungsklage stattgebendes Urteil rückwirkend für nichtig erklärt wird[995]. Korrespondierend zu der Regelung in § 243 Abs. 3 Nr. 3 AktG schlägt die Befangenheit des Abschlussprüfers allerdings nicht auf den Bestand des festgestellten Jahresabschlusses durch, vgl. § 256 Abs. 1 Nr. 3, 2. Alt. AktG.

Aus der Nichtigkeit des festgestellten Jahresabschlusses resultieren Folgeprobleme: Da die Hauptversammlung bei ihrer Beschlussfassung über die Verwendung des Bilanzgewinns (§ 119 Abs. 1 Nr. 2 AktG) gemäß § 174 Abs. 1 S. 2 AktG an den festgestellten Jahresabschluss gebunden ist, zieht die Nichtigkeit des Jahresabschluss die des auf seiner Grundlage gefassten Gewinnverwendungsbeschlusses nach sich, § 253 Abs. 1 S. 1 AktG. Sofern die Hauptversammlung die Ausschüttung einer Dividende beschlossen hat, haben die Aktionäre diese nach § 62 AktG zurückzugewähren, wobei wegen der Pflicht des Vorstands zur Bekanntmachung der Erhebung einer Klage gegen den Wahlbeschluss (§ 246 Abs. 4 AktG) der Gutglaubensschutz nach § 62 Abs. 1 S. 2 AktG entfällt[996].

---

993 *Lutter*, in: FS Semler, S. 835 (841).

994 *Hüffer*, in: MünchKommAktG, § 256 Rn. 30; *Rölike*, in: Spindler/Stilz, AktG, § 256 Rn. 38; *Habersack*, NZG 2003, S. 659 (660).

995 *Bezzenberger*, in: GroßkommAktG, § 256 Rn, 148; *Hüffer*, in: MünchKommAktG, § 256 Rn. 30; *Rölike*, in: Spindler/Stilz, AktG, § 256 Rn. 38. Die unwirksame Bestellung des Abschlussprüfers ist nicht mit dem Fall gleichzusetzen, dass eine Prüferbestellung gänzlich unterblieben und der Jahresabschluss daher überhaupt nicht geprüft wurde (§ 256 Abs. 1 Nr. 2 AktG), da § 256 Abs. 1 Nr. 3 AktG ansonsten leer liefe, siehe *Habersack*, NZG 2003, S. 659 (662).

996 *Lutter*, in: FS Semler, S. 835 (842).

Angesichts der „desaströsen“[997] Folgen einer erfolgreich angefochtenen Wahl eines Abschlussprüfers – die zudem anders als bei der Aufsichtsratswahl, bei der es nach der herrschenden Meinung immerhin auf die Ursächlichkeit der Stimmabgabe des fehlerhaft bestellten Aufsichtsratsmitglieder ankommt, automatisch eintreten – liegt der Gedanke, die Wirksamkeit der vom Abschlussprüfer vorgenommenen Rechtshandlungen trotz der Unwirksamkeit seiner Bestellung zu bejahen, nicht gänzlich fern; soweit ersichtlich, wird eine solche faktische ex nunc-Wirkung des der Anfechtungsklage gegen die Prüferwahl stattgebenden Urteils allerdings von niemandem vertreten[998]. Bei dem von der Hauptversammlung gewählten Abschlussprüfer handelt es sich schon nicht um ein Organ der Gesellschaft[999]; eine entsprechende Stellung wäre mit seiner gesetzlich geforderten Objektivität (vgl. § 319 Abs. 2 bis 4 AktG) unvereinbar. Stattdessen ist der Abschlussprüfer ein gesellschaftsexterner, unabhängiger und sachverständiger Vertragspartner der prüfungspflichtigen Gesellschaft mit gesetzlich umrissenen Kontroll-, Informations- und Beglaubigungsaufgaben[1000]. Damit scheidet eine Anwendung der Grundsätze des fehlerhaften Organs aus. Zudem hat der Gesetzgeber das Problem der Rechtsunsicherheit wegen eventueller Nichtigkeit des Jahresabschlusses selbst gesehen und daher in § 256 Abs. 6 AktG angeordnet, dass im Falle des § 256 Abs. 1 Nr. 3 AktG die Nichtigkeit binnen sechs Monaten nach Bekanntmachung des Jahresabschlusses geltend gemacht werden muss[1001]; andernfalls tritt Heilung ein. Daran vermag auch ein späteres rechtskräftiges Anfechtungsurteil nichts zu ändern[1002]. Daher muss derjenige Anfechtungskläger, der vom Erfolg seiner Klage gegen den von der Hauptversammlung gefassten Wahlbeschluss überzeugt ist, zugleich auch gem. § 256 Abs. 7 S. 1 AktG die gerichtliche Feststellung der Nichtigkeit des – durch den möglicherweise unwirksam bestellten Abschlussprüfer – geprüften Jahresabschlusses beantragen[1003].

Obgleich die Gesellschaft insofern in einem gewissen Maß abgesichert ist, birgt die Anfechtung des Beschlusses der Hauptversammlung über die Wahl des Abschlussprüfers angesichts der unbedingten Nichtigkeit des Jahresabschlusses im

---

997 *Lutter*, in: FS Semler, S. 835 (843).

998 Im Ergebnis für eine ex tunc-Wirkung auch *Adler/Dürig/Schmaltz*, § 256 AktG Rn. 28.

999 OLG Düsseldorf NZG 2006, S. 758 (759); *Ebke*, in: MünchKommHGB, § 316 Rn. 32 f. AA noch BGHZ 16, S. 17 (25); 76, 338 (342): „Stellung wie ein Gesellschaftsorgan“; *Scheffler*, in: FS Havermann, S. 651 (653).

1000 *Ebke*, in: MünchKommHGB, § 316 Rn. 32.

1001 *Vgl. Adler/Düring/Schmaltz*, § 246 AktG Rn. 28. Würde es sich bei der unwirksamen Bestellung des Abschlussprüfers um einen Fall des § 256 Abs. 1 Nr. 2 AktG handeln (s.o.), käme eine Heilung hingegen nicht in Betracht, da dieser Nichtigkeitsgrund nicht von § 256 Abs. 6 AktG erfasst wird.

1002 *Bezzenberger*, in: GroßkommAktG, § 256 Rn. 150.

1003 *Hüffer*, in: MünchKommAktG, § 256 Rn. 30; *Rölike*, in: Spindler/Stilz, AktG, § 256 Rn. 38; *Lutter*, in: FS Semler, S. 835 (842).

Falle eines Erfolges der Klage erhebliches Potential für eigennützig agierende Berufsopponenten. Betroffene Unternehmen dürften sich in hohem Maße dazu bereit erklären, die Nichterhebung einer Klage bzw. die gütliche Beilegung eines anhängigen Rechtsstreits großzügig zu „belohnen“[1004].

4. Rechtsfolgen der erfolgreichen Anfechtung des Hauptversammlungsbeschlusses über die Aufsichtsratsvergütung

Im Falle der erfolgreichen Anfechtung des Vergütungsbeschlusses und dessen rückwirkender Vernichtung wurde die Aufsichtsratsvergütung ohne rechtlichen Grund geleistet und muss dementsprechend nach bereicherungsrechtlichen Grundsätzen zurückgezahlt werden, wobei der Entreicherungseinwand ausgeschlossen ist, vgl. § 819 Abs. 2 BGB[1005]. Damit wohnt auch einer Beschlussmängelklage gegen den Beschluss der Hauptversammlung über die Vergütung des Aufsichtsrats durchaus ein gewisser „Lästigkeitswert“ inne. Zudem kommt einer Anfechtungsklage im Falle der Festsetzung der Aufsichtsratsvergütung in der Satzung eine „Hebelwirkung“ zu, da die Satzungsänderung nach § 181 Abs. 3 AktG zu ihrer Wirksamkeit einer Eintragung in das Handelsregister bedarf und eine Beschlussmängelklage insoweit eine faktische Registersperre bewirken dürfte, ohne dass die Gesellschaft die Möglichkeit hat, ein Freigabeverfahren durchzuführen. Empirische Studien spiegeln dieses Missbrauchspotential allerdings nicht wider[1006].

5. Ergebnis

Auch wenn es sich bei Anfechtungsklagen gegen Entlastungs-, Wahl- und Vergütungsbeschlüsse nicht um solche mit „Hebelwirkung“ handelt – abgesehen von einer solchen gegen eine Satzungsbestimmung betreffend die Aufsichtsratsvergütung i. S. d. § 113 Abs. 1 S. 2, 1. Alt. AktG –, kommt diesen aufgrund der aus der ex tunc-Wirkung eines Anfechtungsurteils resultierenden Rechtsfolgen ein mehr oder weniger großer „Lästigkeitswert“ zu, welche die Bereitschaft der betroffenen Gesellschaft, den Rechtsstreit auf anderer Weise als durch streitiges Urteil zu beenden, beeinflussen dürfte. Damit erweisen sich diese Beschlüsse als ein durchaus lohnendes Ziel für Berufsopponenten.

1004 *Lutter*, in: FS Semler, S. 835 (843). Auffällig ist, dass die Zahl der gegen die Wahl des Abschlussprüfers gerichteten Anfechtungsklagen trotz der insgesamt rückläufigen Anzahl von Beschlussmängelklagen in den letzten Jahren verhältnismäßig stark angestiegen ist, vgl. *Baums/Drinhausen/Keinath*, ZIP 2011, S. 2329 (2337).

1005 *Semler/Wagner*, in: Semler/v. Schenck, Arbeitshdb. Aufsichtsratsmitglieder, § 10 Rn. 11.

1006 Vgl. *Baums/Drinhausen/Keinath*, ZIP 2011, S. 2329 (2337), wobei freilich nicht ausgeschlossen werden kann, dass bei den angegriffenen Satzungsänderungen nicht auch solche betroffen waren, die die Vergütung des Aufsichtsrats betrafen.

IV. Verstöße gegen § 161 AktG – Neues Betätigungsfeld für räuberische Aktionäre?

Für „gewöhnliche" Aktionäre und die von der Entsprechenserklärungspflicht betroffene Gesellschaften gehört die klageweise Rüge von angeblichen Verstößen gegen § 161 AktG im Zusammenhang mit Aktionärsbeschlüssen längt zu den erwartbaren Folgen einer Hauptversammlung. Noch nicht einmal eineinhalb Jahre nach Einführung des § 161 AktG musste sich erstmals das LG Schweinfurt mit einem klägerischen Vortrag zur angeblichen Unzulänglichkeit der von Vorstand und Aufsichtsrat abgegebenen Entsprechenserklärung auseinandersetzen[1007]. Seitdem hat die Anzahl derjenigen Anfechtungsverfahren, in denen Verstöße gegen die Pflicht zur Abgabe bzw. Aufrechterhaltung einer zutreffenden Kodex-Erklärung geltend gemacht werden, stetig zugenommen – selbstverständlich auch aufgrund der äußerst aktionärsfreundlichen Rechtsprechung des BGH zur Anfechtbarkeit von Entlastungsbeschlüssen und der Instanzgerichte zu derjenigen von (Aufsichtsrats-)Wahlbeschlüssen[1008].

1007 LG Schweinfurt WPg 2004, S. 339 ff.

1008 In diesem Zusammenhang sei darauf hingewiesen, dass – ohne insoweit unlautere Motive unterstellen zu wollen – mittlerweise auch ein Mitglied der Kodex-Kommission selbst vermeintliche Verletzungen von § 161 AktG im Wege der Anfechtungsklage rügt: So klagte in Sachen „Continental" u. a. *Christian Strenger* gegen die Wahl von *Rolf Koerfer* in den Aufsichtsrat der *Continental AG* (siehe den zweiten Nachweis in Fn. 699). Auch war es *Strenger*, der sich unter Hinweis auf eine angeblich unrichtige Entsprechenserklärung gegen die Rechtmäßigkeit der für das Geschäftsjahr 2010 erteilten Entlastung von Vorstand und Aufsichtsrat der *SolarWorld AG* wandte, wobei die Herleitung der vermeintlichen Unrichtigkeit der Kodex-Erklärung mit *Krieger*, ZGR 2012, S. 202 (220), durchaus als „kreativ" bezeichnet werden kann: So sollte nach klägerischer Auffassung die Entsprechenserklärung der *SolarWorld AG* vom 09.08.2010 bereits deshalb missverständlich und damit hinsichtlich ihres Informationsgehalts defizitär gewesen sein, da der Vorstand erklärt hatte, die Empfehlungen des DCGK zu befolgen, „soweit sie sich an ihn richten". Das LG Köln sah in dieser Formulierung indes keinen Verstoß gegen § 161 AktG, da für die vom Kläger vorgenommene Auslegung der Erklärung dergestalt, dass sich Vorstand und Aufsichtsrat eine Hintertür in Bezug auf die Kodex-Befolgung haben offen halten wollen, kein Raum sei (Der Konzern 2012, S. 139 (143)). Auch dem weiteren klägerischen Vortrag, wonach Aufsichtsratsmitglieder nach zwölfjähriger Amtsdauer nicht mehr als unabhängig i. S. d. Ziffer 5.4.2 DCGK anzusehen seien, vermochte das Gericht nicht zu folgen (Der Konzern, S. 139 (145)). Zwar wurde die Entscheidung des LG Köln in zweiter Instanz aufgehoben und die Beschlüsse über die Entlastung von Vorstand und Aufsichtsrat für das Geschäftsjahr 2010 für nichtig erklärt (OLG Köln NZG 2013, S. 548 (550)). Grund hierfür war allerdings ein eindeutiger und schwerwiegender Verstoß der Verwaltung gegen §§ 113 f. AktG; eine Unrichtigkeit der Entsprechenserklärung konnte auch das OLG nicht erkennen. Die eigene Rechtsauffassung zu beiden Fällen darlegend *Strenger*, Der Konzern 2012, S. 10 (13 f.).

Räuberischen Anfechtungsklägern dürfte insbesondere letztere geradezu in die Hände spielen. Nachdem die gesetzgeberischen Maßnahmen der vergangenen Jahre dafür gesorgt haben, dass das bislang äußerst lukrative Geschäftsmodell von Berufsopponenten „einen deutlichen Dämpfer erhalten"[1009] hat, stellt die bisherige Rechtsprechung zu den Auswirkungen unrichtiger Entsprechenserklärungen geradezu eine Steilvorlage dar, welche von geschäftstüchtigen Kleinstaktionären nur allzu gerne aufgegriffen werden wird. Denn dass räuberische Anfechtungskläger in der Praxis auch weiterhin eine nicht zu vernachlässigende Größe sind, zeigt die jüngste Studie von *Baums et al.*, der zufolge trotz insgesamt rückläufiger Anzahl der Beschlussmängelklagen der Anteil der als räuberisch zu qualifizierenden Anfechtungsklagen im Vergleich zu früheren Studien nahezu gleich geblieben ist, während sich die Gruppe der als Berufsopponenten bekannten Anfechtungskläger sogar noch vergrößert hat[1010].

Aus Sicht räuberischer Aktionäre erweist sich der Umstand, dass sich Verstöße gegen § 161 AktG nahezu ausschließlich nur auf den Bestand solcher Hauptversammlungsbeschlüsse auswirken können, zu deren Wirksamkeit keine Registereintragung erforderlich ist, als positiv. Wenngleich auch infolge des fehlenden Eintragungserfordernisses der „Lästigkeitswert" einer erhobenen Anfechtungsklage grundsätzlich geringer ist als bei einer solchen Klage mit „Hebelwirkung", stehen den betroffenen Gesellschaften in einem solchen Fall keinerlei besondere Rechtsschutzmöglichkeiten offen. In den vergangenen Jahren sind nicht eintragungspflichtige Hauptversammlungsbeschlüsse, insbesondere die Wahl des Aufsichtsrats und die des Abschlussprüfers, immer stärker in den Fokus von Berufsopponenten gerückt[1011]. Dieser Umstand dürfte maßgeblich auf die gesetzgeberischen Tätigkeiten im Rahmen und UMAG und des ARUG zurückzuführen sein, welche Klagen gegen eintragungspflichtige Hauptversammlungsbeschlüsse haben deutlich unattraktiver werden lassen. Mit Blick auf die instanzgerichtliche Rechtsprechung zur Anfechtbarkeit von Wahlbeschlüssen wegen Verstoßes gegen § 161 AktG ist zu befürchten, dass sich dieser Trend künftig fortsetzen bzw. sogar noch verstärken wird. Die Ablehnung der Anwendung der Grundsätze der fehlerhaften Bestellung im Falle der erfolgreichen Anfechtung der Aufsichtsratswahl durch den BGH dürfte ihr Übriges zu dieser Entwicklung beitragen, verhindert sie doch die Schmälerung des „Lästigkeitswerts" einer Anfechtungsklage gegen Aufsichtsratswahlen.

Bislang hat sich die Praxis äußerst sensibel im Hinblick auf drohende Anfechtungsrisiken im Zusammenhang mit der Entsprechenserklärung zum DCGK gezeigt, ohne insoweit zwangsläufig die Umtriebigkeit von Berufsopponenten im Blick zu haben. Auch die Kodex-Kommission selbst zeigt sich offen für Vorschläge, Kodex-Empfehlungen so zu formulieren, dass auf Verstöße gegen § 161 AktG gestützten

---

1009 *Bayer/Hoffmann/Sawada*, ZIP 2012, S. 897 (910).
1010 *Baums/Drinhausen/Keinath*, ZIP 2011, S. 2329 (2340).
1011 *Baums/Drinhausen/Keinath*, ZIP 2011, S. 2329 (2337).

Anfechtungsklagen nicht zusätzlicher Vorschub geleistet wird[1012]. Die Rechtsprechung hat, jedenfalls in Bezug auf die in Kapitel C. und D. behandelten Grundsatzentscheidungen, diese Sensibilität bislang leider vermissen lassen. Insbesondere die Entscheidung des OLG München in Sachen „MAN“ sticht in diesem Zusammenhang negativ hervor, vermochte doch das Gericht im konkreten Fall keinerlei Abweichungen vom DCGK festzustellen, welche hätten unterjährig offen gelegt werden müssen. Die Frage, welche Auswirkungen eine unrichtige Entsprechenserklärung auf den Bestand von Hauptversammlungsbeschlüssen über die Wahl von Aufsichtsratsmitgliedern hat, hätte folglich unter Hinweis auf die Richtigkeit der Kodex-Erklärung im konkreten Fall dahinstehen können. Dass die Münchener Richter an dieser Stelle keine Zurückhaltung geübt haben, ist aus Sicht der Praxis äußerst bedauerlich.

Bis Mitte 2007 konnten empirische Untersuchungen zum Verhalten räuberischer Anfechtungskläger noch auf die Befassung mit (angeblichen) Verstößen gegen § 161 AktG verzichten. Nunmehr finden vermeintlich unrichtige Entsprechenserklärungen in diesem Zusammenhang ausdrücklich Erwähnung: Ausweislich der jüngsten Studie von *Baums et al.* wurden in sechs von 87 untersuchten Anfechtungsverfahren Verstöße gegen § 161 AktG gerügt[1013]. Wenngleich auch eine Quote von lediglich sieben Prozent nicht besonders hoch erscheint, so ist doch der Umstand bemerkenswert, dass § 161 AktG ausdrücklich im Rahmen einer Studie genannt wird, welche sich mit der Umtriebigkeit einschlägig bekannter Berufsopponenten beschäftigt. Für die Zukunft ist zu befürchten, dass der Anteil derjenigen Beschlussmängelverfahren, in denen (vermeintliche) Verstöße gegen die Pflicht zur Abgabe bzw. Aufrechterhaltung einer inhaltlich zutreffenden Entsprechenserklärung gerügt werden, steigen wird. Wenngleich auch entsprechende Klagen im Ergebnis aufgrund der Unbestimmtheit mancher Kodex-Empfehlungen oder wegen der Verwaltung eingeräumter Ermessensspielräume häufig erfolglos bleiben werden[1014], so verbleibt doch, jedenfalls im Hinblick auf Wahlbeschlüsse, ein erhebliches Störpotential, welches sich Berufsopponenten künftig stärker zu Nutze machen dürften. Sofern nicht das Beschlussmängelrecht allgemein oder speziell im Hinblick auf § 161 AktG eine Reform erfährt oder aber der BGH die bisherige instanzgerichtliche Rechtsprechung zur Anfechtbarkeit von Aufsichtsratswahlbeschlüssen infolge unrichtiger

1012 Vgl. *Klaus-Peter Müller* im Interview mit der Börsen-Zeitung Nr. 112 vom 14.06.2012, S. 11, demzufolge die im Rahmen der Kodex-Novelle 2012 eingegangenen Stellungnahmen (z. B. Stellungnahme des *DAV-Handelsrechtsausschusses*, NZG 2012, S. 335 (336)) die Kommission davon haben Abstand nehmen lassen, die Unabhängigkeit i. S. v. Ziffer 5.4.2 DCGK künftig anhand objektiver Kriterien zu bestimmen, da damit zu große Anfechtungsrisiken verbunden gewesen wären.

1013 *Baums/Drinhausen/Keinath*, ZIP 2011, S. 2329 (2340).

1014 Siehe oben unter D. III 6. und D. III 4.

Entsprechenserklärung korrigiert[1015], wird sich die Praxis künftig nicht mehr nur verstärkt mit „gewöhnlichen", auf vermeintliche Verstöße gegen § 161 AktG gestützte Anfechtungsklagen auseinandersetzen müssen, sondern auch mit solchen, die ausschließlich mit dem Ziel erhoben werden, die betroffenen Gesellschaften zu finanziellen Leistungen an die Kläger zu veranlassen.

1015 Eine entsprechende Korrektur ist angesichts der vom BGH in Sachen „Kirch ./. Deutsche Bank" gewählten Formulierung, wonach „jedenfalls" einem Verstoß gegen § 161 AktG zuwider gefasste Entlastungsbeschlüsse anfechtbar sind (BGHZ 180, S. 29 (20)), freilich eher unwahrscheinlich. Zu den einzelnen Reformmöglichkeiten sogleich.

H. Möglichkeiten zur künftigen Verringerung des Risikos von Beschlussmängelklagen, gestützt auf Verstöße gegen § 161 AktG

Nicht nur mit Blick auf die unter Umständen gravierenden Rechtsfolgen einer erfolgreichen Anfechtung von Hauptversammlungsbeschlüssen wegen unrichtiger Entsprechenserklärung wird in Schrifttum und Praxis in jüngster Zeit eine Reform des derzeitigen Systems von Kodex und dazugehöriger Erklärung angemahnt. Die Vorschläge diesbezüglich sind mannigfaltig. Im Vordergrund steht dabei die Forderung nach einer gesetzlichen Grundlage für Besetzung und Arbeitsweise der Kodex-Kommission, nicht zuletzt, um den jüngst wieder verstärkt geäußerten Bedenken hinsichtlich der Verfassungsmäßigkeit von Kodex und/oder § 161 AktG Rechnung zu tragen[1016]. In der Tat wäre ein entsprechendes gesetzgeberisches Handeln wünschenswert, um dem Kodex-Regime insgesamt zu größerer Akzeptanz zu verhelfen[1017]. Im Hinblick auf die dem DCGK i. V. m. der Entsprechenserklärung (mittlerweile) innewohnende beschlussmängelrechtlichen Problematik hilft die gesetzliche Absicherung der Kommissionsarbeit freilich nicht weiter. Daher sollen im Folgenden – ohne Anspruch auf Vollständigkeit – verschiedene Möglichkeiten diskutiert werden, die künftig zu einer Verringerung des aus einer unrichtigen Entsprechenserklärung erwachsenden Anfechtungsrisikos beitragen könnten.

I. Auflösung der Kodex-Kommission, Abschaffung des Kodex

Bereits seit einiger Zeit wird, auch in der Tagespresse[1018], die radikale Möglichkeit der gänzlichen Abschaffung des DCGK bzw. der Auflösung der Kodex-Kommission diskutiert. Mit *Jürgen Weber*, damals noch Vorsitzender des Aufsichtsrats der *Deutschen Lufthansa AG*, und *Kurt Bock*, Vorstandsvorsitzender der *BASF AG*, fand letzterer Vorschlag schließlich auch prominente Fürsprecher aus der Wirtschaft. Laut *Bock* sei – in Anbetracht der Schwierigkeiten, einen Nachfolger für den bisherigen Kommissionsvorsitzenden *Klaus-Peter Müller* zu finden[1019], im Frühjahr 2013

1016 Vgl. *Habersack*, Gutachten, S. E 54; *Krieger*, ZGR 2012, S. 202 (226); *Spindler*, NZG 2011, S. 1007 (1012). Siehe auch den Beschluss Nr. 8 lit. a) des 69. Deutschen Juristentags 2012.

1017 Siehe schon oben unter A. I. 5. B) cc) und A. II. 3. d).

1018 *Jahn*, F.A.Z. Nr. 46 vom 24.02.2011, S. 11; *ders.*, F.A.Z. Nr. 158 vom 11.07.2011, S. 9; *Knop*, F.A.Z. Nr. 236 vom 11.10.2010, S. 13.

1019 Siehe *Büschemann*, Süddeutsche Zeitung Nr. 132 vom 11.06.2013, S. 18; *Jahn*, F.A.Z. Nr. 116 vom 22.05.2013, S. 15. Obgleich *Klaus-Peter Müller* die Bundesjustizministerin bereits 2012 über sein geplantes Ausscheiden aus der Kodex-Kommission

der geeignete Zeitpunkt erreicht (gewesen), die Kommissionsmitglieder „mit allem Dank und in allen Ehren“ zu verabschieden[1020]. Denn auf der einen Seite habe die Kommission die ihr obliegende Aufgabe, das deutsche Aktienrecht ausländischen Investoren verständlich zu erläutern, erfüllt, sodass – so *Weber* bereits eineinhalb Jahre zuvor[1021] – das „ursprüngliche Anliegen des Kodex als abgearbeitet“ betrachtet werden könne. An anderer Stelle sei die Kommission hingegen offenkundig gescheitert und insofern ohne Existenzberechtigung[1022], da es ihr nicht gelungen sei, durch Maßnahmen der freiwilligen Selbstregulierung den Gesetzgeber von der Schaffung verbindlicher Regelungen abzuhalten[1023].

Mit dem simplen Vorschlag, die Kodex-Kommission aufzulösen, ist indes noch nichts über das Schicksal des DCGK selbst gesagt: Soll dieser auch weiterhin in Kraft bleiben, obgleich die Möglichkeit einer inhaltlichen Überarbeitung und insbesondere einer Anpassung an Gesetzesänderungen ausgeschlossen wäre? Die Beibehaltung eines – in Zukunft zwangsläufig – veralteten Kodex kann indes in niemandes Interesse liegen, sodass die Auflösung der Kodex-Kommission nur Hand in Hand mit der Abschaffung des DCGK gehen kann. Bereits unter diesem Gesichtspunkt erscheint die Idee der vermeintlich einfachen Auflösung der Kommission als nur wenig durchdacht. Die Abschaffung des Kodex – verbunden mit der Auflösung der Kodex-Kommission – dürfte in- und ausländischen Investoren angesichts der Bedeutung, die einer „guten“ Unternehmensleitung und -kontrolle insbesondere vor dem Hintergrund der Finanzkrise der vergangenen Jahre zukommt[1024], kaum zu vermitteln sein und würde den Wirtschaftstandort Deutschland damit erheblich schwächen[1025]. Auch mit Blick auf die mit der Einführung des Kodex bezweckte

informiert hatte, wurde *Dr. Manfred Gentz*, ehemaliger Finanzvorstand der *DaimlerChrysler AG* und Aufsichtsrats- bzw. Verwaltungsratsvorsitzender der *Deutsche Börse AG* und der *Zurich Financial Services* erst mit Wirkung zum 30.09.2013 zum neuen Kommissionsvorsitzenden berufen, siehe die Pressemitteilung der Regierungskommission Deutscher Corporate Governance Kodex vom 17.09.2013.

1020 *Meck*, F.A.S. Nr. 20 vom. 19.05.2013, S. 28 („BASF-Chef Bock will die Tugendwächter loswerden“).

1021 *Jahn*, F.A.Z. Nr. 236 vom 11.10.2010, S. 17 („Widerstand gegen den Corporate Governance Kodex“).

1022 Vgl. *Jahn*, F.A.Z. Nr. 236 vom 11.10.2010, S. 17.

1023 *Meck*, F.A.S. Nr. 20 vom 19.05.2013, S. 28.

1024 Hierzu ausführlich *Bachmann*, AG 2011, S. 181 (187 ff.).

1025 So auch *Hoffmann-Becking*, ZIP 2011, S. 1173 (1176); *Kremer*, ZIP 2011, S. 1177 (1181 f.); *Krieger*, ZGR 2012, S. 202 (225); *Woitzyk*, Anfechtung, S. 207; vgl. auch *Storn*, DIE ZEIT Nr. 52 vom 22.12.2010, S. 37; *Wadewitz*, Börsen-Zeitung Nr. 122 vom 29.06.2011, S. 8. Im Grundsatz für die Fortsetzung der Kommissionsarbeit auch *Jahn*, F.A.Z. Nr. 158 vom 11.07.2011, S. 9, wobei die (Selbst-)Auflösung der Kommission allerdings als ultima ratio für den Fall angesehen wird, dass es ihr in Zukunft nicht gelingt, „sich der immer neuen Zumutungen aus Berlin und Brüssel zu erwehren.“ Eine europarechtliche Problematik wäre mit der Auflösung der Kommission und der Abschaffung des DCGK hingegen nicht verbunden, da

Selbstvergegenwärtigung der eigenen Corporate Governance-Praxis erscheint die Beibehaltung des Kodex dringend geboten. Auch in Zukunft soll der Kodex keinesfalls „sozialistische" Befolgungsquoten vorweisen können; die Umsetzung der DCGK-Empfehlungen darf auch weiterhin kein Selbstzweck sein. Mit Blick auf die – schon immer angestrebte, nunmehr auch ausdrücklich verankerte – „Abweichungskultur" liefert der Kodex jedoch eine sinnvolle Richtschnur, an der Vorstände und Aufsichtsräte auch künftig ihr eigenes Verhalten ausrichten können.

Zweifelsohne besteht in Bezug auf die Arbeit der Kodex-Kommission noch erhebliches Verbesserungspotential. Eine Kapitulation vor den derzeitigen Unzulänglichkeiten der Kommissionsarbeit dergestalt, dass diese schlicht beendet wird, erscheint jedoch als der gänzlich falsche Weg; angezeigt ist vielmehr ein tatsächliches Angehen der Probleme mit dem Ziel, diese auszuräumen und dem Kodex auf diese Weise zu einer (noch) größeren Akzeptanz unter den Betroffenen zu verhelfen. Vollkommen zu Recht hat sich daher auch *Habersack* in seinem Gutachten zum 69. Deutschen Juristentag 2012 ausdrücklich für die Beibehaltung des DCGK ausgesprochen[1026].

II. Abschaffung der Entsprechenserklärungspflicht gem. § 161 AktG

Ähnlich radikal wie der Vorschlag der Auflösung der Kodex-Kommission und der Abschaffung des Kodex stellt sich die Idee der gänzlichen Abschaffung der Pflicht zur Abgabe der Entsprechenserklärung durch ersatzlose Streichung des § 161 AktG dar[1027]. Dieser Vorschlag erweist sich indes als europarechtlich problematisch: Nach Art. 46a Abs. 1 lit. b) der sog. EU-Bilanzrichtlinie i. d. F. Abänderungsrichtlinie[1028] ist bei Existenz eines nationalen Unternehmensführungskodex, von dem zulässigerweise abgewichen werden kann, eine Erklärung der diese Möglichkeit nutzenden Gesellschaften über den Umfang der Abweichung und die Gründe hierfür zwingend erforderlich. Derzeit erfüllt § 161 AktG als Bestandteil der Erklärung zur Unternehmensführung gem. § 289a HGB diese Funktion[1029]. EU-rechtlich nicht erforderlich ist allerdings eine aktienrechtliche Entsprechenserklärungspflicht; der europäische Gesetzgeber sieht lediglich vor, dass die Erklärung zum Umgang mit dem nationalen

---

Art. 46a der sog. EU-Bilanzrichtlinie (Vierte Richtlinie 78/660/EWG des Rates vom 25.07.1978 aufgrund von Artikel 54 Abs. 3 Buchstabe g des Vertrages über den Jahresabschluss von Gesellschaften, ABl. EG Nr. L 222, S. 11 ff.) i. d. F. der Abänderungsrichtlinie (siehe Fn. 153), die Existenz eines Verhaltenskodex nicht zwingend vorschreibt, siehe *Habersack*, Gutachten, S. E 148; ebenso *Hoffmann-Becking*, ZIP 2011, S. 1173 (1776).

1026 *Habersack*, Gutachten, S. E 48, E 53 und E 55.

1027 Dafür *Waclawik*, ZIP 2011, S. 885 (891); in diesem Sinne wohl auch *Timm*, ZIP 2010, S. 2125 (2133).

1028 Siehe Fn. 153.

1029 Vgl. Begr. RegE BilMoG, BT-Drs. 16/10067, S. 78.

Unternehmensführungskodex als Bestandteil des Lageberichts zu veröffentlichen ist[1030]. Unter diesem Gesichtspunkt erscheint die Streichung von § 161 AktG möglich. Die hierdurch geschaffene „Lücke" müsste aber in jedem Fall wieder geschlossen werden; denn ein gänzliches Entfallen der Kodex-Erklärung – und dies scheint das Ziel der geforderten „ersatzlosen" Streichung des § 161 AktG zu sein – wäre eindeutig europarechtswidrig[1031]. Bei Streichung der aktienrechtlichen Vorschrift des § 161 AktG müsste folglich § 289a Abs. 2 Nr. 1 HGB dahingehend geändert werden, dass die (unionsrechtlich unumgängliche) Erklärung zur Unternehmensführung künftig eine eigenständige Kodex-Erklärung beinhaltet, die den Anforderungen des Art. 46a Abs. 1 der Bilanzrichtlinie i. d. F. der Abänderungsrichtlinie genügt[1032]. Entsprechend den in Kapitel C. getroffenen Feststellungen würde eine „Zusammenführung"[1033] der Erklärungen gem. § 161 AktG und § 289a HGB für die betroffenen Gesellschaften jedenfalls in Bezug auf die Problematik der Anfechtung von Entlastungsbeschlüssen indes keine Entlastung mit sich bringen[1034]. Aus Sicht der Praxis vorteilhaft wäre jedoch, dass eine umgehende Aktualisierung der Erklärung bei unterjähriger Änderung der Corporate Governance-Praxis aufgrund der Stichtagsbezogenheit des Lageberichts nicht länger erforderlich wäre[1035]. Auf die Notwendigkeit einer unterjährigen Aktualisierung der Kodex-Erklärung bei Abkehr von der bisherigen Befolgungspraxis wurde vorliegend jedoch bereits hinlänglich hingewiesen[1036].

1030 Vgl. auch *Waclawik*, ZIP 2011, S. 885 (892).

1031 So auch *Krieger*, ZGR 2012, S. 202 (225). Zudem würde die Existenz eines Corporate Governance Kodex, an dem auch bei ersatzloser Streichung des § 161 AktG offensichtlich festgehalten werden soll, ohne Flankierung durch eine Pflicht zur Erklärung über den Umgang mit ihm zu dessen gänzlicher – möglicherweise auch beabsichtigten – Entwertung führen. Die bloß theoretische Beschreibung „guter" Unternehmensführungspraktiken nützt weder (ausländischen) Investoren noch den Unternehmen selbst, wenn nicht zugleich für die betroffenen Gesellschaften auch die Notwendigkeit besteht, sich mit den Empfehlungen tatsächlich auseinanderzusetzen und eine unternehmensindividuelle Haltung hierzu zu entwickeln und darzulegen. AA *Waclawik*, ZIP 2011, S. 885 (892).

1032 Vgl. *Habersack*, Gutachten, S. E 48; ebenso *Bachmann*, AG 2012, S. 565 (568).

1033 *Habersack*, Gutachten, S. E 48.

1034 Dies müssen auch *Bachmann*, AG 2012, S. 565 (569) und *Habersack*, Gutachten, S. E 48, einräumen.

1035 *Bachmann*, AG 2012, S. 565 (569); *Habersack*, Gutachten, S. E 68.

1036 Siehe oben unter A. II. 8. b) bb). Vgl. auch den Beschluss Nr. 7 e) des 69. Deutschen Juristentags, mit dem der Vorschlag, auf eine Pflicht zur unterjährigen Aktualisierung der Entsprechenserklärung zu verzichten, abgelehnt wurde. *Habersack* hält demgegenüber „(d)ie mit dem Wegfall der Aktualisierungspflicht verbundene Einbuße an Transparenz" demgegenüber für verkraftbar, insbesondere da das Risiko von Beschlussmängelklagen, gestützt auf angebliche Unrichtigkeiten der Kodex-Erklärung, erheblich sinken würde, siehe Gutachten, S. 68. Dagegen *Leyens*, Referat, S. N 20 f., der sich wegen der dann unumgänglichen Abstimmung zwischen Vorstand und Aufsichtsrat über die künftige Corporate Governance-Praxis

Unter diesem Transparenzgesichtspunkt sind die Streichung des § 161 AktG und die Neuformulierung des § 289a Abs. 2 Nr. 1 HGB – obgleich dadurch das selbst eher intransparente Nebeneinander beider Vorschriften freilich aufgehoben werden würde – daher abzulehnen.

III. Reduzierung der Aktivitäten der Kodex-Kommission

Seit Einführung des DCGK im Jahre 2002 hat die Kodex-Kommission lediglich dreimal auf eine jährliche Kodex-Revision verzichtet, namentlich in den Jahren 2004, 2011 und 2014[1037]. Die Geschäftigkeit, die die Kommission insoweit an den Tag legt, stößt auf teilweise heftige Kritik seitens der Wirtschaftspraxis, des juristischen Schrifttums und der medialen Öffentlichkeit. Die ständige Überarbeitung des Kodex sei „zum Selbstzweck geraten" und sorge dafür, dass Vorständen und Aufsichtsräten betroffener Unternehmen weniger Zeit für ihre eigentlichen Aufgaben bliebe, da sie sich mit immer „neue(n) semantische(n) Spitzfindigkeiten" auseinandersetzen müssten[1038]. Zudem bliebe den Unternehmen infolge der häufigen Überarbeitungen der Kodex-Empfehlungen nicht ausreichend Zeit, diese in die Praxis umzusetzen und ihre Wirkung über einen längeren Zeitraum hin zu überprüfen[1039]. Erforderlich sei daher eine Unterbrechung der Kodex-Arbeit für einen längeren, unter Umständen sogar mehrjährigen Zeitraum, damit der DCGK nicht gänzlich den Rückhalt der Wirtschaft verliere[1040].

Ein „Einfrieren"[1041] des Kodex auf dem aktuellen Stand und der Wegfall des Charakters der Kodex-Kommission als „Standing Commission" trügen zur Lösung des Problems der Anfechtbarkeit von Hauptversammlungsbeschlüssen wegen unrichtiger Entsprechenserklärung jedoch nur einen geringen Teil bei. Zwar würde eine

---

der Gesellschaft für die Beibehaltung der Aktualisierungspflicht ausspricht; vgl. auch die These Nr. 8 zum Referat *Leyens'*.

1037 Zu den Gründen für den jeweiligen Verzicht auf eine Kodex-Novelle siehe die Pressemitteilungen der Regierungskommission Deutscher Corporate Governance Kodex vom 08.06.2004, vom 19.01.2011, vom 04.05.2011 und vom 25.06.2014.

1038 *Jahn*, F.A.Z. Nr. 137 vom 17.06.2010, S. 11.

1039 So der *Bundesverband der Deutschen Industrie e.V.*, Positionspapier, S. 5. *Wilsing/von der Linden*, DStR 2012, S. 1391 (1394) weisen darauf hin, dass eine Reduzierung der Aktivitäten der Kodex-Kommission diese zudem selbst in die Lage versetzen würde, die Kodex-Novellen „sorgfältiger vorzubereiten und deren Folgen besser abzuschätzen."

1040 *Jahn*, F.A.Z. Nr. 46 vom 24.02.2011, S. 11; vgl. auch *Gehling*, DB 2011, Beilage zu Heft 31, S. 51; *Jahn*, Der Aufsichtsrat 2010, S. 169. Siehe auch *Kremer*, ZIP 2011, S. 1177 (1181), der ein Pausieren der Kodex-Kommission i. E. jedoch ablehnt, da damit schnelle und flexible Lösungen von Corporate Governance-Problemen verhindert würden; in dem Sinne auch *Bachmann*, AG 2012, S. 565 (567), der aus Gründen der Flexibilität jedenfalls eine gesetzlich erzwungene Pause ablehnt. Hiergegen *Krieger*, ZGR 2012, S. 202 (226).

1041 *Kremer*, ZIP 2011, S. 1177 (1181).

Unterbrechung der Kommissionsarbeit insoweit zur Verringerung der aus dem DCGK i. V. m. der Entsprechenserklärung resultierenden Anfechtungsrisiken beitragen, als dass nicht immer wieder neue Anknüpfungspunkte für Beschlussmängelklagen geschaffen werden würden. Insbesondere die Kodex-Novellen 2012 und 2013 haben mit der Einführung einer Vielzahl unbestimmter Rechtsbegriffe dazu beigetragen, den Kreis der (vermeintlichen) kodexbezogenen Anfechtungsgründe erheblich auszuweiten. Wenngleich auch entsprechende Beschlussmängelklagen ausweislich der in Kapitel C. bis E. getroffenen Feststellungen im Ergebnis häufig unbegründet sein dürften, so stellt auch der letztlich erfolglose Versuch der gerichtlichen Kassation von Aktionärsentscheidungen die betroffenen Gesellschaften zunächst vor große Rechtsunsicherheiten, insbesondere wenn es sich bei den angegriffenen Beschlüssen um solche betreffend die Wahl von Aufsichtsratsmitgliedern oder des Abschlussprüfers handelt. An dem grundsätzlichen Problem von Beschlussmängelklagen, gestützt auf angebliche Unrichtigkeiten der Entsprechenserklärung, ändert jedoch auch eine Reduzierung der Kommissionsaktivitäten nichts. Dies soll keinesfalls bedeuten, dass es nicht tatsächlich wünschenswert wäre, würde die Kommission künftig häufiger kritisch hinterfragen, ob sie ihrem eigenen Anspruch, den DCGK so wenig wie möglich und nur so viel wie nötig zu überarbeiten[1042], noch gerecht wird, um im Zweifel auf eine Überarbeitung zu verzichten[1043]. Die Möglichkeit, sich kurzfristig mit neu aufkommenden Corporate Governance-Themen auseinander zu setzen und entsprechend zu reagieren, bliebe ihr dabei weiterhin unbenommen. Ein Allheilmittel zur Begrenzung der dem DCGK inzwischen innewohnenden beschlussmängelrechtlichen Problematik stellt ein entsprechend angepasstes Kommissionsverhalten freilich nicht dar.

IV. Reduzierung des Kodex-Inhalts

Nicht nur die häufigen Überarbeitungen des DCGK bieten Anlass zur Kritik, sondern auch dessen über die Jahre erfolgte inhaltliche Ausweitung. Während der ursprüngliche Kodex aus dem Jahre 2002 lediglich 62 Empfehlungen beinhaltete[1044], umfasst der DCGK i. d. F. vom 05.05.2015 101 Empfehlungen. Mit Blick auf diese erhebliche Ausweitung des Anteils an „Soll“-Bestimmungen wird teilweise gefordert, im Gegenzug die Wiedergabe aktienrechtlicher Regelungen im DCGK zu reduzieren. Für eine – zum Teil sogar unzutreffende – „Kurzinterpretation“ des AktG durch die Kodex-Kommission bestünde angesichts der mannigfaltigen Kommentarliteratur

---

1042 Pressemitteilung der Regierungskommission Deutscher Corporate Governance Kodex vom 04.05.2011.

1043 Die Äußerungen des neuen Kommissionsvorsitzenden *Dr. Manfred Gentz* in seiner Rede anlässlich der 13. Kodex-Konferenz am 24./25.06.2014 machen insoweit Hoffnung (S. 10 ff. des Redemanuskripts).

1044 Wiederum in der Lesart des Berlin Center of Corporate Governance, vgl. *v. Werder/Talaulicar/Kolat*, DB 2003, S. 1857 (1860).

kein Bedürfnis. Insoweit weise der DCGK erhebliches Streichungspotential auf [1045]. Auch der 69. Deutsche Juristentag hat sich für die Streichung der Wiedergabe gesetzlicher Regelungen ausgesprochen (Beschluss Nr. 7 lit. a))[1046]. Mit Blick auf den ursprünglichen Sinn des Kodex, ausländischen Investoren das deutsche Aktienrecht verständlich zu machen, erscheint die Forderung nach einer Streichung der die Gesetzeslage beschreibende Teile des Kodex zunächst widersinnig. Zuzugeben ist den Kritikern jedoch, dass das Interesse ausländischer Anleger an einer verständlichen Darstellung des nationalen Rechts nur so weit reichen kann, wie diese Darstellung auch inhaltlich zutrifft[1047]. Mag die Verschlankung des DCGK in diesem Punkt auch zu einer größeren Übersichtlichkeit des Regelwerks beitragen – für das hier in Rede stehende Problem der Anfechtbarkeit von Hauptversammlungsbeschlüssen infolge unrichtiger Entsprechenserklärung hilft sie nicht weiter, da die gesetzesbeschreibenden Kodex-Passagen nicht von § 161 AktG erfasst werden; deren Geltungsanspruch beruht bereits auf der gesetzlichen Regelung selbst.

Eine kritische Sichtung und Überprüfung des Empfehlungsteils mit dem Ziel, die Anzahl der Kodex-Empfehlungen signifikant zu reduzieren[1048], würde hingegen nicht nur dazu beitragen, den DCGK übersichtlicher zu gestalten und leichter handhabbar zu machen; sie würde auch die aus den Kodex-Empfehlungen i. V. m. der Entsprechenserklärung erwachsenden Anfechtungsrisiken reduzieren. Insbesondere die Streichung problematischer – weil zu offen formulierter – Empfehlungen würde dazu beitragen, die Bemühungen von Aktionären um eine gerichtliche Kassation von Hauptversammlungsbeschlüssen wegen vermeintlicher Unrichtigkeit der Kodex-Erklärungen teilweise bereits im Keim zu ersticken. Eine grundsätzliche Lösung des Problems stellt auch die Verschlankung des Empfehlungsteils indes nicht dar.

1045 Vgl. *Bayer*, NZG 2013, S. 1 (5); *Gehling*, DB 2011, Beilage zu Heft 31, S. 51 (529); ebenso *Habersack*, Gutachten, S. E 58.

1046 Dem Vorschlag *Habersacks*, auch die Anregungen des DCGK zu streichen (Gutachten, S. E 58), ist der 69. Deutsche Juristentag 2012 demgegenüber nicht gefolgt, vgl. Beschluss Nr. 7 lit. b). *Bachmann* schlägt demgegenüber vor, die gesetzeswiedergebenden Passagen sowie die Anregungen beizubehalten, den Kodex aber übersichtlicher, namentlich in drei Teile, zu gliedern, siehe AG 2012, S. 565 (566). Für die Beibehaltung der Gesetzeswiedergaben trotz Straffungspotentials ebenfalls *Hemeling*, Referat, S. N 34.

1047 So *Habersack*, Gutachten, S. E 58.

1048 Dafür *Habersack*, Gutachten S. E 58 f.; *Hemeling*, Referat, S. N 34, und These Nr. 2 lit. b); *Kremer*, ZIP 2011, S. 1177 (1179); *Peltzer*, NZG 2012, S. 368; *Woitzyk*, Anfechtung, S. 204. In diesem Sinne auch *Bachmann*, AG 2011, S. 181 (192); *ders.*, AG 2012, S. 565 (567); *DAV-Handelsrechtsausschuss*, NZG 2012, S. 335; *Gehling*, DB 2011, Beilage zu Heft 31, S. 51 (52); *Krieger*, ZGR 2012, S. 202 (226). Beachtung verdient auch der beinahe einstimmige Beschluss des 69. Deutschen Juristentages 2012, der Empfehlungsteil des Kodex solle künftig regelmäßig mit Blick auf Verschlankungsmöglichkeiten überprüft werden (Beschluss Nr. 7 lit. c).

V. Gesetzliche Normierung eines Anfechtungsausschlusses

Naheliegend ist insoweit die gesetzliche Normierung eines (jedenfalls partiellen) Anfechtungsausschlusses, ähnlich § 120 Abs. 4 S. 3 AktG für den Beschluss der Hauptversammlung über die Billigung des Vorstandsvergütungssystems oder § 30g WpHG für die wertpapierinhaberorientierten Publizitätspflichten der §§ 30a bis 30f WpHG. Dabei existieren zwei Möglichkeiten: Die Anfechtbarkeit von Hauptversammlungsbeschlüssen wegen Verstoßes gegen § 161 AktG könnte gänzlich ausgeschlossen werden[1049], oder aber sie wird beschränkt auf Entlastungsbeschlüsse[1050].

Ein gesetzgeberisches Handeln jedenfalls im Sinne letztgenannter Alternative ist dringend geboten, um die im Ergebnis abzulehnende und zudem dogmatisch vollkommen verfehlte instanzgerichtliche Rechtsprechung zur Anfechtbarkeit von (Aufsichtsrats-)Wahlbeschlüssen zu korrigieren. Konnte die Notwendigkeit eines Anfechtungsausschlusses in Bezug auf Wahlbeschlüsse bislang noch in der Hoffnung verneint werden, der BGH werde angesichts der von ihm vertretenen Anwendbarkeit der Grundsätze der fehlerhaften Bestellung auf den besonderen Vertreter gem. § 147 Abs. 2 AktG[1051] die Problematik erfolgreich angefochtener Wahlbeschlüsse dadurch auflösen, dass Rechtshandlungen fehlerhafter bestellter Aufsichtsratsmitglieder ebenfalls als wirksam anzusehen sind[1052], so ist nach der höchstrichterlichen Absage diesbezüglich im Februar 2013[1053] ein Handeln des Gesetzgebers unumgänglich geworden. Die Andeutung *Seiberts* auf dem 69. Deutschen Juristentag 2012, die Legislative werde möglicherweise entsprechend tätig werden[1054], ist bislang jedoch folgenlos geblieben. Die Chance, das Problem der beschlussmängelrechtlichen Folgen einer unrichtigen Entsprechenserklärung durch Normierung eines Anfechtungsausschlusses im Rahmen der – zwischenzeitlich freilich ohnehin gescheiterten – Aktienrechtsnovelle 2013 bzw. des VorstKoG zu lösen, wurde nicht ergriffen. Insoweit bleibt nur zu hoffen, dass sich der Gesetzgeber der

---

1049 Hierfür *Kremer*, ZIP 2011, S. 1177 (1179); *ders.*, DB 2011, Beilage zu Heft 31, S. 5 (56); *Krieger*, ZGR 2012, S. 202 (227); siehe auch den Beschluss Nr. 10 lit. c) des 69. Deutschen Juristentags 2012.

1050 In diesem Sinne *Bachmann*, AG 2012, S. 565 (571); *Baums/Drinhausen/Keinath*, ZIP 2011, S. 2329 (2340); *Kleefass*, Entsprechenserklärung, S. 277; *Leyens*, Referat, S. N 24, und These Nr. 11 (Normierung des partiellen Anfechtungsausschlusses in § 243 Abs. 4 AktG); vgl. auch *Jahn*, F.A.Z. Nr. 158 vom 11.07.2011, S. 9.

1051 BGH NZG 2011, S. 1383 (1384) („HVB ./. UniCredit").

1052 In diesem Sinne *Bayer*, NZG 2013, S. 1 (14); *Habersack*, in: FS Goette, S. 121 (124); *ders.*, Gutachten, S. 66 f.; vgl. auch *Goette*, in: MünchKommAktG, § 161 Rn. 96.

1053 Siehe oben unter G. III. 2.

1054 Vgl. *Bayer*, NZG 2013, S. 1 (14).

Thematik im Rahmen der angedachten umfangreichen Reform des Beschlussmängelrechts[1055] annehmen und jedenfalls die Anfechtung von Wahlbeschlüssen infolge unrichtiger Entsprechenserklärung ausschließen wird.

Der gänzliche Ausschluss der Anfechtbarkeit von Hauptversammlungsbeschlüssen wegen unrichtiger Entsprechenserklärung erscheint demgegenüber nicht zwingend erforderlich, und hätte, wenn nicht zugleich ein anderweitiger Mechanismus geschaffen wird, die weitgehende Sanktionslosigkeit von Verstößen gegen § 161 AktG zur Folge[1056]. Die höchstrichterliche Rechtsprechung zur Anfechtbarkeit von Entlastungsbeschlüssen ist im Ergebnis überzeugend, sieht man von ihren dogmatischen Schwächen und dem verfehlten Anknüpfungspunkt für die Relevanzprüfung ab. Zudem sind die Rechtsfolgen einer erfolgreich angefochtenen Entlastung weitaus weniger gravierend als diejenigen einer gerichtlichen Kassation von (Aufsichtsrats-) Wahlbeschlüssen. Zur Aufrechterhaltung bzw. Stärkung von Kommunikations- und Ordnungsfunktion des DCGK und der dazugehörigen Kodex-Erklärung mag es daher bei der Anfechtbarkeit von Entlastungsbeschlüssen infolge unrichtiger Entsprechenserklärung bleiben.

1055 Vgl. Bericht und Beschlussempfehlung des Rechtsausschusses zum VorstKoG, BT-Drs. 17214, S. 24. Allerdings ist auch im Rahmen der Aktienrechtsnovelle 2014 bislang keine umfassende Überarbeitung des Beschlussmängelrechts vorgesehen, vgl. BT-Drs. 18/4349.

1056 Vgl. *Leyens*, in: GroßkommAktG, § 161 Rn. 479; *Spindler*, NZG 2011, S. 1007 (1012); *von der Linden*, GWR 2011, S. 407 (410); *Weber-Rey*, Referat, S. N 76 und These Nr. 20. *Waclawik*, ZIP 2011, S. 885 (891) schlägt als Sanktionsmechanismus die Einführung eines neuen Ordnungswidrigkeitentatbestands vor, der die Aufrechterhaltung einer materiell unrichtigen Entsprechenserklärung mit einem Bußgeld belegt. *Bachmann*, AG 2012, 565 (571) hält gegenüber eine Überprüfung von Kodex-Erklärungen „nach dem Vorbild des Enforcement-Verfahrens (§§ 342b ff. HGB, §§ 37n ff. HGB) für sinnvoll. Vgl. demgegenüber den Beschluss Nr. 10 lit. d) des 69. Deutschen Juristentages 2012, mit dem die Überprüfung von Entsprechenserklärungen durch die Deutsche Prüfstelle für Rechnungslegung und letztlich der BaFin mit großer Mehrheit abgelehnt wurde.

I. Zusammenfassung der Ergebnisse

1. Der DCGK, geschaffen im Auftrag der Bundesregierung zur transparenten Darstellung des deutschen Corporate Governance-Systems und gedacht als Denkanstoß für Unternehmen zur Vergegenwärtigung ihrer eigenen Corporate Governance, ist trotz seiner Erarbeitung durch die private Kodex-Kommission ein dem Staat zurechenbares Werk, mittels dessen Standards „guter" Unternehmensführung und -kontrolle gesetzt werden. Der Kodex fügt sich in keine dem deutschen Recht bekannte Normenkategorie ein, sondern stellt ein („Regel"-) Werk sui generis dar, welches hinsichtlich seiner Empfehlungen und Anregungen gänzlich, d. h. sowohl rechtlich als auch faktisch, unverbindlich ist. Aufgrund dessen sind auch die Anforderungen an seine verfassungsrechtliche Legitimation gewahrt; eine gesetzliche Ausgestaltung von Besetzung und Arbeitsweise der Kodex-Kommission mag zwar wünschenswert sein, verfassungsrechtlich geboten ist sie jedoch nicht. In rechtlicher Hinsicht entscheidend ist allein die Verpflichtung zur Abgabe einer Erklärung der betroffenen Unternehmen über ihren Umgang mit den Empfehlungen des DCGK.
2. § 161 AktG – dessen Verfassungsmäßigkeit zu bejahen ist, wenngleich auch eine nähere gesetzliche Ausgestaltung von Benennung und Arbeitsweise der Kodex-Kommission durchaus wünschenswert ist – verpflichtet Vorstand und Aufsichtsrat als Organe zur Abgabe einer geschäftsjährlichen Erklärung über die Umsetzung der Empfehlungen des DCGK in der Vergangenheit sowie über die Absicht der künftigen Befolgung. Damit werden sowohl die Kommunikations- als auch die Ordnungsfunktion des Kodex aufgegriffen. Vorstand und Aufsichtsrat haben sich getrennt zu allen Kodex-Empfehlungen zu erklären, d. h. auch zu denjenigen, deren Adressat sie nicht sind. Die den Erklärungen zugrunde liegenden Entscheidungen über die Befolgung einer Kodex-Empfehlung werden freilich entsprechend dem aktienrechtlichen Kompetenzgefüge getroffen. Beide Entsprechenserklärungen können sodann zu einer gemeinsamen Erklärung zusammengefügt werden – was durchaus ratsam erscheint und auch praktisch der Regelfall ist –, eine Pflicht hierzu besteht nicht. Für den Fall, dass die Empfehlungen des DCGK durch die Kodex-Kommission unterjährig überarbeitet werden, sind Vorstand und Aufsichtsrat nicht zur Aktualisierung ihrer Erklärung verpflichtet, da sich diese Überarbeitung außerhalb des Einflussbereichs der betroffenen Gesellschaften vollzieht. Geben Vorstand und Aufsichtsrat jedoch ihre bisherige Absicht zur Befolgung von Kodex-Empfehlungen unterjährig auf, so muss mit Blick auf den Telos des § 161 AktG die Entsprechenserklärung umgehend aktualisiert werden, damit es nicht zu einer Fehlinformation des Kapitalmarkts kommt. In diesem Fall sind sowohl Vorstand als auch Aufsichtsrat zur Korrektur der Erklärung verpflichtet, unabhängig davon, welchem Organ dieser Korrekturbedarf durch Aufgabe der ursprünglichen Befolgungsabsicht zu Last fällt. Dementsprechend ist eine Entsprechenserklärung materiell unrichtig,

wenn Vorstand und Aufsichtsrat ihrer Aktualisierungspflicht nicht nachkommen. Weitere materielle Fehlerquellen sind die anfängliche inhaltliche Unrichtigkeit der Erklärung, sowohl in Bezug auf den retrospektiven Erklärungsteil als auch bzgl. der prospektiven Erklärung, sowie eine unzureichende Begründung der Abweichung vom Kodex. Schließlich stellt auch das vollständige Ausbleiben einer Entsprechenserklärung einen inhaltlichen „Fehler" dar.

3. Der in der Nichtabgabe einer Entsprechenserklärung liegende Verstoß gegen § 161 AktG führt zur Anfechtbarkeit eines dennoch gefassten Entlastungsbeschlusses wegen dessen inhaltlicher Fehlerhaftigkeit, da der Verwaltung in diesem Fall grundsätzlich ein eindeutiger und schwerwiegender Gesetzesverstoß zur Last fällt. Voraussetzung ist allerdings, dass die Verletzung von § 161 AktG durch Vorstand und Aufsichtsrat auch tatsächlich in den Entlastungszeitraum fällt. Mangelt es indes an einem Verstoß gegen obige Norm im dem von der Entlastungsentscheidung betroffenen Zeitraum, bleibt grundsätzlich die Möglichkeit, die Anfechtung des Hauptversammlungsbeschlusses auf eine Verletzung einer für das Mitwirkungs- und Teilhaberecht der Aktionäre relevanten Informationspflichtverletzung zu stützen. Die Bedeutung einer materiell zutreffenden Entsprechenserklärung für die Entlastungsentscheidung ergibt sich dabei aus den §§ 120 Abs. 3, 175 Abs. 2, 176 Abs. 1 AktG i. V. m. §§ 289, 289a HGB, ist aber auf die mit der Entlastungserteilung verbundene Billigung der Zweckmäßigkeit der Verwaltungstätigkeit beschränkt. Zudem bedarf es eines Bezugs des Informationsdefizits zum betroffenen Geschäftsjahr.
4. Die Abgabe bzw. Aufrechterhaltung einer in einem wesentlichen Punkt inhaltlich unzutreffenden Entsprechenserklärung begründet zuvörderst die Anfechtbarkeit des Entlastungsbeschlusses wegen Vorliegens eines Inhaltsfehlers. Bei der Beantwortung der Frage, wann eine wesentliche Unrichtigkeit in diesem Sinne vorliegt, bedarf es eines Blicks auf die Bedeutung derjenigen DCGK-Empfehlung, die die Unrichtigkeit der Kodex-Erklärung begründet. Diese lässt sich anhand gesetzlicher Wertungen, insbesondere der des § 243 Abs. 4 AktG, bemessen. Dessen Hinzuziehung erscheint angesichts des Umstandes, dass die Aktionäre im Falle einer wahrheitswidrigen Kodex-Erklärung nicht zutreffend über den tatsächlichen Umgang der Verwaltungsorgane mit dem DCGK informiert sind, auch nicht als systemwidrig. Anknüpfungspunkt für die Hinzuziehung der Wertungen des § 243 Abs. 4 AktG muss jedoch stets die Fehlinformation über die Umsetzung der jeweiligen Kodex-Empfehlung sein; ob diese wiederum selbst eine Informationserteilung vorsieht, spielt – entgegen der Auffassung des BGH – keine Rolle. Die Anfechtbarkeit des Entlastungsbeschlusses kann – ebenso wie im Falle des gänzlichen Ausbleibens der Entsprechenserklärung – dann nicht auf dessen inhaltliche Fehlerhaftigkeit gestützt werden, wenn Vorstand und Aufsichtsrat nicht im Entlastungszeitraum gegen § 161 AktG verstoßen haben. Nicht entscheidend ist jedoch, welches Organ infolge der unterjährigen Kodex-Abweichung die Unrichtigkeit der Entsprechenserklärung zu verantworten hat. Aus der umfassenden Erklärungspflicht folgt die Verpflichtung beider Organe, für eine umgehende Korrektur der Kodex-Erklärung zu sorgen, sofern deren

Wahrheitswidrigkeit dem an sich nicht verantwortlichen Organ bekannt ist oder bekannt sein muss.

5. Fällt der Verstoß gegen § 161 AktG nicht in den Entlastungszeitraum, so kann – ebenso wie im Falle der Nichtabgabe der Entsprechenserklärung – die Anfechtbarkeit des Entlastungsbeschlusses grundsätzlich mit dem Vorliegen einer Informationspflichtverletzung als Fallgruppe des Verfahrensfehlers begründet werden. Zwischen den Voraussetzungen für die Bejahung eines schwerwiegenden Verstoßes und denjenigen für die Bejahung der Relevanz der Fehlinformation besteht Deckungsgleichheit. Insbesondere muss auch in diesem Zusammenhang die Relevanzprüfung bereits bei der durch die wahrheitswidrige Kodex-Erklärung bedingten Fehlinformation der Aktionäre über die tatsächliche Corporate Governance-Praxis der Gesellschaft ansetzen und nicht erst dort, wo der DCGK selbst die Erteilung von Informationen vorsieht. Das Informationsdefizit ist jedoch dann nicht für die Zweckmäßigkeitsprüfung als Komponente der Entlastungsentscheidung relevant, wenn sich die unzutreffende Information über die Befolgung oder Nichtbefolgung von Kodex-Empfehlungen nicht auf das von den Aktionären zu beurteilende Geschäftsjahr bezieht. Eine Irrelevanz der Fehlinformation wegen anderweitiger Kenntniserlangung der Aktionäre wird in praxi kaum vorliegen, da die Aktionäre nicht nur wissen müssten, dass die bisherige Entsprechenserklärung die tatsächliche Corporate Governance-Praxis unzutreffend wiedergibt, sondern ihnen auch die Gründe für das (nicht erklärte) Abweichen vom Kodex bekannt sein müssten.
6. Die praktische Eignung der Empfehlungen des DCGK, über § 161 AktG die Anfechtbarkeit von Entlastungsbeschlüssen zu begründen, ist geringer, als die aktionärsfreundliche Rechtsprechung des BGH zunächst vermuten lässt. Das Erfordernis des eindeutigen und schwerwiegenden Gesetzesverstoßes i. S. d. „Macrotron“-Rechtsprechung dürfte insbesondere deshalb häufig nicht erfüllt sein, weil die Kodex-Empfehlungen zum Teil eine Vielzahl auslegungsbedürftiger Rechtsbegriffe enthalten und dem für ihre Umsetzung zuständigen Verwaltungsorgan einen großen Ermessenspielraum diesbezüglich einräumen. Selbst wenn die von den einzelnen Empfehlungen behandelten Thematiken auch bedeutsam und damit wesentlich i. S. d. höchstrichterlichen Rechtsprechung sein mögen, so wird angesichts der Offenheit vieler Formulierungen ein Verstoß gegen § 161 AktG in Form einer nicht erklärten Abweichung in vielen Fällen nicht nachweisbar sein.
7. De lege lata kommt ein Ausschluss der Anfechtbarkeit von Entlastungsbeschlüssen wegen unrichtiger Entsprechenserklärung nicht in Betracht. Insbesondere kann ein Anfechtungsausschluss nicht auf eine analoge Anwendung des § 30g WpHG gestützt werden. Mit Blick auf die zwischenzeitlichen gesetzgeberischen Initiativen, die obiges beschlussmängelrechtliches Problem nicht aufgegriffen haben, erscheint bereits das Vorliegen einer planwidrigen Regelungslücke zweifelhaft. Jedenfalls aber fehlt es an einer vergleichbaren Interessenlage, da § 161 AktG nicht ausschließlich der Information der Kapitalmarktteilnehmer dient, sondern auch verbandsrechtliche Interessen schützt.

8. Die bisherige instanzgerichtliche Rechtsprechung zur Anfechtbarkeit von (Aufsichtsrats-) Wahlbeschlüssen infolge unrichtiger Entsprechenserklärung ist verfehlt. Eine inhaltliche Fehlerhaftigkeit des entsprechenden Hauptversammlungsbeschlusses wegen Verstoßes gegen § 161 AktG – auf die sowohl das OLG München und das LG Hannover gar nicht erst eingegangen sind – scheidet aus, da die Empfehlungen des DCGK auch i. V. m. obiger Norm unter keinem denkbaren Gesichtspunkt persönlichen Voraussetzungen für die Wahl zum Aufsichtsratsmitglied normieren. Die von den Instanzgerichten zur Begründung des Ergebnisses der Anfechtbarkeit gewählte Argumentation, der zufolge der in dem Unterlassen einer erforderlichen Aktualisierung der Entsprechenserklärung liegende Verstoß gegen § 161 AktG zur Nichtigkeit des dem Wahlvorschlag an die Hauptversammlung zugrunde liegende Beschlusses wegen inhaltlicher Fehlerhaftigkeit führt, und diese Nichtigkeit wiederum die Verfahrensfehlerhaftigkeit des dennoch von der Hauptversammlung gefassten Wahlbeschlusses begründet, vermag nicht zu überzeugen. Die in dem Unterlassen einer gebotenen Aktualisierung der Kodex-Erklärung zweifelsohne liegende Verletzung des § 161 AktG hat keinerlei Auswirkungen auf die Rechtmäßigkeit des Beschlusses des Aufsichtsrats über den der Hauptversammlung zu unterbreitenden Wahlvorschlag, da die Notwendigkeit zur Aktualisierung erst durch den Beschluss selbst begründet wird.
9. Selbst bei einer unterstellten Nichtigkeit des dem Wahlvorschlag an die Hauptversammlung zugrunde liegenden Aufsichtsratsbeschlusses wegen Verstoßes gegen § 161 AktG folgt daraus nicht die Anfechtbarkeit des dennoch gefassten Hauptversammlungsbeschlusses. Mit Blick auf die geringe Bedeutung, die den Wahlvorschlägen der Verwaltung angesichts der Wahlfreiheit der Hauptversammlung zukommt, erfasst das „Beschlussverbot" des § 124 Abs. 4 S. 1 AktG nach hier vertretener Ansicht keine fehlerhaften Beschlussvorschläge. Andernfalls würden die Aktionäre für die Versäumnisse der Verwaltung in die Pflicht genommen werden, ohne selbst die Möglichkeit zu haben, noch im Wege eines Gegenantrags gem. § 126 AktG korrigierend einzugreifen. Zur Vermeidung von Wertungswidersprüchen, insbesondere im Hinblick auf die Behandlung fehlender Verwaltungsvorschläge im Rahmen des § 126 AktG, ist davon auszugehen, dass nicht jeder Verstoß gegen § 124 Abs. 3 AktG automatisch die Anfechtbarkeit des dennoch gefassten Hauptversammlungsbeschlusses zur Folge hat.
10. Auch bei unterstellter Nichtigkeit des dem Wahlvorschlag zugrunde liegenden Aufsichtsratsbeschlusses und bei unterstellter Einschlägigkeit des „Beschlussverbots" des § 124 Abs. 4 S. 1 AktG fehlt es an der Relevanz des Bekanntmachungsfehlers, wenn die Hauptversammlung – wie im Falle „Continental" – gar nicht über den Beschlussvorschlag der Verwaltung abstimmt, sondern über einen Alternativvorschlag von Aktionärsseite. Dies gilt auch dann, wenn beide Vorschläge nahezu deckungsgleich sind.
11. Die Anfechtbarkeit der Aufsichtsratswahl kann auch nicht damit begründet werden, dass im Falle einer unrichtigen Entsprechenserklärung eine relevante Informationspflichtverletzung vorliege, die zu einem Verfahrensfehler der von den Aktionären dennoch gefassten Wahlbeschluss führe. Von einer tatsächlichen

Fehlinformation kann häufig erst nach erfolgter Wahlentscheidung gesprochen werden. Zudem erscheint die Qualifizierung des Inhalts der Entsprechenserklärung als eine für die Teilnahme und Mitwirkung der Aktionäre an der Aufsichtsratswahl relevante Information äußerst zweifelhaft, insbesondere da es nach hier vertretener Ansicht insoweit auf die Information über die tatsächliche Corporate Governance-Praxis der Gesellschaft, nicht aber auf einzelne vom Kodex als berichtswürdig eingestufte Umstände ankommt.

12. Die Empfehlungen des DCGK betreffend die Wahl und die Zusammensetzung des Aufsichtsrats erweisen sich in der Gesamtschau als wenig geeignet, über eine auf sie bezogene unrichtige Entsprechenserklärung die Anfechtbarkeit von Wahlbeschlüssen zu begründen.
13. Die instanzgerichtliche Rechtsprechung zur Anfechtbarkeit von Aufsichtsratswahlen lässt sich sowohl auf die Wahl des Abschlussprüfers als auch auf den Beschluss der Hauptversammlung über die Vergütung des Aufsichtsrats gem. § 113 Abs. 1 S. 2 AktG übertragen. Diesbezüglich existieren auch Kodex-Empfehlungen, zu deren bislang erklärter Befolgung sich der Aufsichtsrat mit seinem Wahlvorschlag in inhaltlichen Widerspruch setzen kann. Nach hier vertretener Ansicht kommt mit obiger Begründung eine Anfechtbarkeit dieser Hauptversammlungsbeschlüsse wegen Verstoßes gegen § 161 AktG freilich nicht in Betracht.
14. Die von der Rechtsprechung eröffnete Möglichkeit zur Anfechtung von Hauptversammlungsbeschlüssen, gestützt auf angebliche Unrichtigkeiten der Entsprechenserklärung, verträgt sich nicht mit den bisherigen gerichtlichen und gesetzgeberischen Versuchen, das Phänomen räuberischer Anfechtungsklagen einzudämmen. Empirische Untersuchungen verzeichnen bereits einen Anstieg von Beschlussmängelklagen, welche von einschlägig bekannten Aktionären unter Geltendmachung von Verstößen gegen § 161 AktG erhoben werden. Insbesondere Klagen gegen Beschlüsse über die Wahl von Aufsichtsratsmitgliedern oder des Abschlussprüfers erweisen sich angesichts der gravierenden Rechtsfolgen, die eine erfolgreiche Anfechtung in diesen Fällen mit sich bringt, als lukrativ. Diese erfährt durch Entscheidung des BGH, der zufolge im Falle einer erfolgreich angefochtenen Wahl eines Aufsichtsratsmitglieds die Anwendung der Grundsätze der fehlerhaften Bestellung nicht in Betracht kommt, eine weitere Verschärfung.
15. Um zu verhindern, dass sich räuberische Aktionäre tatsächlich ein neues Betätigungsfeld erschließen, und um die – sowohl im Ergebnis als auch in ihrer dogmatischen Begründung – vollkommen verfehlte instanzgerichtliche Rechtsprechung zur Anfechtbarkeit von Wahlbeschlüssen wegen Verstoßes gegen § 161 AktG zu korrigieren, bedarf es eines Tätigwerdens des Gesetzgebers. Dieser sollte die Anfechtung jedenfalls von Wahlbeschlüssen, gestützt auf vermeintliche Unrichtigkeiten der Kodex-Erklärung, ausschließen. Ein gesetzlicher Ausschluss auch der Anfechtbarkeit von Entlastungsbeschlüssen erscheint demgegenüber nicht erforderlich und hätte zudem zur Folge, dass Verstöße gegen § 161 AktG (wieder) weitgehend sanktionslos bleiben würden.

Zivilrechtliche Schriften
Beiträge zum Wirtschafts-, Bank- und Arbeitsrecht

Herausgegeben von Arnd Arnold und Hartmut Oetker
Begründet von Peter Kreutz und Dieter Reuter

Band 1 Sabine Koch: Eigenkapitalleistungen und eigenkapitalersetzende Leistungen des Kommanditisten in der gesetzestypischen Kommanditgesellschaft. 1992.

Band 2 Knut Weigle: Die leitenden Angestellten zwischen Sprecherausschuß und Betriebsrat. 1993.

Band 3 Stephan Worpenberg: Die konzerninterne Arbeitnehmerüberlassung. 1993.

Band 4 Carsten Führling: Sonstige Unternehmensverträge mit einer abhängigen GmbH. 1993.

Band 5 Heike Grote-Seifert: Das englische Arbeitskampfrecht unter besonderer Berücksichtigung der Entwicklung seit 1979. Zugleich: Vergleichende Analyse der Rechtslage in Deutschland und England. 1994.

Band 6 Uwe Theobald: Gesamthaftungsverhältnisse. Die Gesamtschuld als Ausgleichsmodell bei der mehrfachen Drittsicherung einer Forderung. 1994.

Band 7 Kay-Uwe Jacobs: Die Wahlvorstände für die Wahlen des Betriebsrats, des Sprecherausschusses und des Aufsichtsrats. 1995.

Band 8 Horst-Jürgen Michallek: Die Verteilung des wirtschaftlichen Risikos der Nothilfe. Eine rechtsvergleichende Studie. 1995.

Band 9 Sibylle Kessal-Wulf: Die Innenverbände. Am Beispiel Publikumsgesellschaft, Franchising, Mitarbeiterbeteiligung und Betriebsverband. 1995.

Band 10 Britta Holdorf-Habetha: Der Übergang von gewerblich genutztem Vermögen im Wege der Erbfolge im Einkommensteuerrecht. 1996.

Band 11 Sönke-Peter Nehlsen: Nutzungsausfallersatz. Ein notwendiges Übel? Versuch einer dogmatischen Begründung und Alternativlösungen. 1997.

Band 12 Sebastian Graf von Wallwitz: Tarifverträge und die Wettbewerbsordnung des EG-Vertrages. Wettbewerbsbeschränkende Tarifverträge und das Kartellverbot des Artikel 85 EGV. 1997.

Band 13 Hans-Joachim Arnold: Die Bilanzierung des Geschäfts- oder Firmenwertes in der Handels-, Steuer- und Ergänzungsbilanz. 1997.

Band 14 Volker Hoes: Die Überschuldung Privater als Problem von Ungleichgewichten. 1997.

Band 15 Dörte Christiansen: Betriebszugehörigkeit. Die Zuordnung von Arbeitnehmern aus betriebsverfassungsrechtlicher Sicht. 1998.

Band 16 Axel Boysen: Betriebsverband und Arbeitsverhältnis am Beispiel der Gruppenarbeit. Ein Beitrag zur Entwicklung der arbeitsrechtlichen Dogmatik im Wandel der Industriearbeit. 1998.

Band 17 Kristoffer Blydt-Hansen: Die Rechtsstellung der Destinatäre der rechtsfähigen Stiftung Bürgerlichen Rechts. 1998.

Band 18 Per Christiansen: Über die reale Seite der Verbände. Die Bedeutung der tatsächlichen Zweckverfolgung in einem Verband für dessen Legitimität, Existenz und Kontinuität. 1999.

Band 19 Annette Grotkamp: Die Bedeutung des Gesamtbetriebsrats und die Abgrenzung seiner Zuständigkeit zu den Einzelbetriebsräten im Rahmen des Strukturwandels in der deutschen Wirtschaft. 1999.

Band 20 Oliver Ebert: Die Kosten der Einigungsstelle gemäß § 76 a BetrVG 1972 unter besonderer Berücksichtigung der Honorierung von Einigungsstellenmitgliedern. 1999.

Band 21 Christoph Nawroth: Die steuerliche Anerkennung von Familienpersonengesellschaften bei fehlerhaftem Gesellschaftsvertrag. Zur Anwendung der Lehre von der fehlerhaften Gesellschaft im Steuerrecht. 1999.

Band 22 Kai Litschen: Die juristische Person im Spannungsfeld von Norm und Interesse. Am Beispiel der Gesellschafterhaftung in der GmbH. 1999.

Band 23 Eva Günther-Gräff: Kündigung und Kündigungsschutz von Absatzmittlungsverträgen. Dargestellt am Beispiel des Handelsvertreters, des Vertragshändlers und des Franchisenehmers. 1999.

Band 24 Martin Steiner: Entgelte der Kreditinstitute. Regelungen beim Girovertrag mit rechtsvergleichender Darstellung des anglo-amerikanischen Rechts. 2000.

Band 25 Sven Claussen: Grenzen der Insichgeschäfte im Gesellschaftsrecht. 2000.

Band 26 Sönke Peters: Der gesellschaftsrechtliche Grundsatz der Einheitlichkeit der Mitgliedschaft. 2000.

Band 27 Gabriele Komp: Die juristische Person als Geschäftsführungsorgan einer Kapitalgesellschaft. Betrachtungen zu §§ 76 Abs. 3 S. 1 AktG und 6 Abs. 2 S. 1 GmbHG. 2000.

Band 28 Gunnar Mayer: Das außerdienstliche Verhalten von Arbeitnehmern. Ein Beitrag zu Geschichte, Grundlagen und Erscheinungsformen außerdienstlicher Verhaltenspflichten. 2000.

Band 29 Michael Mönke: Die Sicherung der Bauunternehmer nach § 648 a BGB. Unter besonderer Berücksichtigung der Vereinbarkeit der Regelung mit den Prinzipien des Zivilrechts. 2000.

Band 30 Oliver May: Die Zulässigkeit der Regelung von Lohn und Arbeitszeit in Betriebsvereinbarungen. 2001.

Band 31 Robert Pape: Die tarifvertragliche Unkündbarkeit. Zugleich ein Beitrag zu den Grenzen der Tarifautonomie im Kündigungsschutzrecht und zum partiell zweiseitig-zwingenden Charakter des § 1 Abs. 2 und 3 KSchG. 2002.

Band 32 Wilm-Christian Jaekel: Die Bindung an formnichtige Grundstücksverträge nach Treu und Glauben. 2002.

Band 33 Susanne Müller: Die Gesellschafterklage als rechtsformübergreifendes Institut. 2002.

Band 34 Freia Peters: Treuhand und Unterbeteiligung an Gesellschaftsanteilen. Eine vergleichende Betrachtung für den Bereich des Gesellschafts- und des Steuerrechts. 2003.

Band 35 Mario Nahrwold: Die wirtschaftliche Betätigung von Idealvereinen am Beispiel der Ausgliederungsvorhaben der Fußballbundesligavereine. Eine Untersuchung zu Geltungsgrund und Grenzen des Nebentätigkeitsprivileges. 2003.

Band 36 Henning Plöger: Sonderarbeitsrechte im Pressebereich. Auswirkungen eines institutionellen Grundrechtsverständnisses auf das Arbeitskampf- und arbeitsrechtliche Statusrecht der Presse. 2003.

Band 37 Christian Springmann: Der Betriebsrat und die Betriebsbeauftragten. Ein Vergleich zweier betrieblicher Funktionsträger unter besonderer Berücksichtigung ihres Verhältnisses zueinander. 2004.

Band 38 Holger Meyer: Der Tatbestand des Betriebsübergangs nach der Rechtsprechung des Europäischen Gerichtshofs und des Bundesarbeitsgerichts. 2004.

Band 39 Philipp Christopher Brügge: Das Gesetz über Teilzeitarbeit. Eine Analyse unter arbeitsrechtlichen und beschäftigungspolitischen Gesichtspunkten. 2004.

Band 40 Sebastian Klausch: Unmöglichkeit und Unzumutbarkeit im System des allgemeinen Leistungsstörungsrechts nach der Schuldrechtsmodernisierung 2002. 2004.

Band 41 Felix Hütte: Die individualistische GbR als Mitglied anderer Vereinigungen. 2005.

Band 42 Tobias Schommer: Die Berücksichtigung und Gewichtung der Interessen der Arbeitsvertragsparteien im Rahmen des kollektiven und allgemeinen Weiterbeschäftigungsanspruchs des Arbeitnehmers. 2005.

Band 43 Christa Wettzel: Die unternehmerische Entscheidungsfreiheit im Rahmen der betriebsbedingten Kündigung. 2006.

Band 44 Andrea Scheibe: Die Mitbestimmung der Arbeitnehmer in der SE unter besonderer Berücksichtigung des monistischen Systems. 2006.

Band 45 Sebastian Ritz: Die Auswirkungen des Gesetzes zu Reformen am Arbeitsmarkt auf den Anwendungsbereich der dreiwöchigen Klagefrist gemäß den §§ 4 bis 7 KSchG. 2007.

Band 46 Anne Pfister: Die Übertragung von Aufgaben auf Arbeitsgruppen gemäß § 28a BetrVG unter besonderer Berücksichtigung der Förderungspflicht aus § 75 Abs. 2 Satz 2 BetrVG. 2007.

Band 47 Merve Ehlers: Personalkostenabbau durch betriebliche Bündnisse für Arbeit. Welche Gesetzesänderungen des geltenden Rechts sind zur Anpassung an die heutigen Wirtschafts- und Arbeitsbedingungen und zur Legalisierung der gängigen Rechtspraxis erforderlich? 2007

Band 48 Nicole Hasselmann: Die Lehre *Ulmers* zur Gesellschaft bürgerlichen Rechts im Wandel der Jahrzehnte. Das Rechts- und Haftungssystem der Gesellschaft bürgerlichen Rechts. 2007.

Band 49 Ina Maria Wiesner: Die Schriftform im Betriebsverfassungsgesetz. 2008.

Band 50 Christian Rebel: Grundprobleme des Nachteilsausgleichs gemäß § 113 Abs. 3 BetrVG. 2008.

Band 51 Benedikt von Wissel: Die Beeinflussung des eigenen Börsenkurses durch die Aktiengesellschaft. Erscheinungsform, Zulässigkeit und Grenzen im deutschen Kapitalmarktrecht. 2008.

Band 52 Malte Kriebitzsch: Die Inhaltskontrolle von Allgemeinen Arbeitsbedingungen anhand der §§ 305 ff. BGB. 2008.

Band 53 Torsten Volkholz: Geltung und Reichweite der Privatautonomie bei der Errichtung von Stiftungen. Die Weiterentwicklung des Stiftungsrechts nach Neufassung der §§ 80 bis 88 BGB durch das Gesetz zur Modernisierung des Stiftungsrechts zum 1. September 2002. 2008.

Band 54 Kirstin Trautvetter: Die Übernahme von Aktiengesellschaften und die Verhaltenspflichten von Vorstand und Aufsichtsrat der Zielgesellschaft. 2008.

Band 55 Petra Boldt: Ethikregeln als verbindlicher Verhaltensmaßstab für die Arbeitsverhältnisse in deutschen Unternehmen. 2008.

Band 56 Liv Heimbach: Das Verhältnis der außerordentlichen Kündigung des Arbeitgebers zur ordentlichen Kündigung nach dem KSchG. 2009.

Band 57 Entwicklungen im Arbeits- und Wirtschaftsrecht. Festgabe für Peter Kreutz zum 70. Geburtstag. Herausgegeben von Jakob Hoffmann und Claudia Schubert. 2009.

Band 58 Marlena Hütte: Gefahrverteilung und Schadensersatz im Rückabwicklungsschuldverhältnis nach gesetzlichem Rücktritt. Unter Berücksichtigung der Auswirkungen auf die Rückabwicklung nach Leistungskondiktion. 2010.

Band 59 Tim Ebert: Stille Gesellschaft, Genussrecht und partiarisches Darlehen als mezzanine Kapitaltitel zur Finanzierung einer GmbH. Eine Analyse der historischen Entwicklung und Abgrenzung dieser Finanzierungsinstrumente sowie der mit diesen verbundenen Kompetenz- und Eigenkapitalersatzfragen im GmbH-Recht. 2010.

Band 60 Ingo Krist: Grenzen des Tarifsozialplanes. 2010.

Band 61 Jakob Hoffmann: Zusammenlegung und Zulegung rechtsfähiger Stiftungen des bürgerlichen Rechts. 2011.

Band 62 Nils J. Herrmann: Verjährung, Verjährungsbeginn und Regress bei Bürgschaft und Gesamtschuld. 2012.

Band 63 Sarah Nitsche: Die Rechte der außenstehenden Aktionäre bei qualifizierten Nachteilszufügungen. 2013.

Band 64 Matthias Dumke: Streikrecht i. S. des Art. 6 Nr. 4 ESC und deutsches Arbeitskampfrecht. Vorgaben, Vereinbarkeit und Umsetzung. 2013.

Band 65 Inga Hildebrand: Arbeitnehmerschutz von geschäftsführenden Gesellschaftsorganen im Lichte der *Danosa*-Entscheidung des EuGH. 2014.

Band 66 Sylvia Witt: Auswirkungen materiell unrichtiger Entsprechenserklärungen auf den Bestand von Hauptversammlungsbeschlüssen. 2015.

www.peterlang.com